KB040906

라스푸틴

라스푸틴

—

그는 과연
세상을 뒤흔든
요승인가

Rasputin:
The Untold Story

라스푸틴

조지프 푸어만 지음
양병찬 옮김

생각의힘

차례

라스푸틴

그는 과연 세상을 뒤흔든 요승인가

프롤로그

"여기 있다!"

수사관들은 너무 춥고 피곤해서 더 이상 견딜 수 없었다. 그들은 이틀 동안 꼬박 페트로프스키 다리 근처 강둑에서 묵묵히 기다림과 탐색을 반복했다. 잠수부들이 강을 뒤덮은 부빙浮氷 사이에서 시체를 찾는 동안, 수사관들은 가끔씩 화로가 있는 곳으로 내려가 옹기종기 둘러앉아 불을 쬐었다. 다리에서 끊긴 핏자국이 철책을 넘어 눈 더미 위에서 발견된 것으로 보아, 시체는 물속에 있는 게 분명해 보였다. 셋째 날이 되자, 궁금해진 군중들은 경찰의 제지에도 아랑곳하지 않고 꾸역꾸역 모여들었다. 마침내 오후 두 시가 조금 지나 강을 뒤지던 경찰 한 명이 비버 모피코트 자락을 발견했다. 꽁꽁 얼어붙은 코트 속에는 그리고리 라스푸틴Grigori Rasputin의 시신이 있었다.

경찰들이 삽, 곡괭이, 대형 해머로 얼음을 깨뜨렸다. 그러고는 무시무시한 갈고리를 이용하여 얼음 속에서 시체를 꺼낸 다음 강기슭으로 끌고 왔다. 흉측해진 몰골을 흐트러진 머리카락이 감싸고 있었다. 양팔은 위로 들려 있고 다리는 서로 포개져 있었다.

몇 사람이 냄비, 양동이, 병을 들고 (라스푸틴이 박혀 있었던) 얼음 구멍으로 달려와 강물을 퍼 담았다. '혹시 이 물을 마시면 라스푸틴의 신통력을 흡수할 수 있을지도 모른다'고 생각하는 것 같았다. 물론 부질없는 희망이었다. 강은 하루 종일 얼어붙어 있었으므로 라스푸틴의 신통력이 강물에 녹아들 틈이 없었기 때문이다.

어쨌든 사람들이 시체를 놓고 이렇게 소란을 피운 것만 봐도, 라스푸틴은 살아서나 죽어서나 논란 많은 인물이었음을 알 수 있다. 그를 둘러싼 의문은 오늘날까지도 이어지고 있다. 그는 성자였을까, 아니면 악마였을까? 그의 이름 '라스푸틴'은 정말 '방탕하다'는 뜻의 형용사에서 유래한 것일까? 그는 '신을 섬기는 자'였을까, 아니면 단지 교활한 조작자manipulator에 불과했을까? 그는 정말 기도를 통해 사람들을 치유했을까? 그가 여성들을 사로잡은 비법은 뭘까? 그는 차르 니콜라이 2세와 황후 알렉산드라에게 얼마나 많은 영향력을 행사했을까? 그는 알렉산드라의 연인이었을까? 제1차 세계대전 동안, 그는 러시아 정부를 조종했을까? 독일의 스파이였을까? 그의 국정농단은 러시아혁명에 얼마나 기여했을까?

라스푸틴의 죽음도 여전히 베일에 가려 있다. 전해지는 이야기에 의하면, 그는 독극물에 중독된 상태에서 총을 맞고 구타당해 의식을 잃었지만, 암살자들이 수장시키기 전까지 목숨은 붙어 있었다고 한다. 라스푸틴은 정말로 익사했을까? 얼어붙은 강물 속에서 숨이 끊어지기 전에, 정말로 오른손을 움직여 성호를 그었을까? 그가 암살된 이유는 뭘까? 로마노프 왕조를 살리기 위한 계략이었을까, 아니면 영국 첩보기관의 작전이었을까?

풍문에 따르면 라스푸틴은 '미친 수도승'으로, 술에 만취해 상트페테르부르크 거리를 헤매며 수십 명의 여성들과 정을 통하는 등 방종과 종교적 극단주의religious extremism의 전형이었다고 한다. 물론 라스푸틴은 떠돌이 수도자가 아니었을 뿐만 아니라 정신도 말짱했다. 그는 제정러시아 말기의 난세를 상징하며, 최선과 최악이라는 인간 본성의 양면성을 표상하기도 한다. 설사 숭고한 의도와 진정한 확신을 가진 구도자로 출발했다고 해도, 그는 곧 탐욕·욕망·유혹의 화신으로 전락했다. 혹자는 그를 일컬어 '사악한 조작자'와 '방탕한 사기꾼'으로 끝을 맺었다고 하는데, 그건 다소 가혹한 평가인 듯싶다.

라스푸틴의 전설은 한 세기가 지난 지금도 사람들을 매혹시키고 있는 것 같다. 시베리아, 밴쿠버, 런던, 방콕에는 그의 이름을 딴 레스토랑들이 있고, 그의 얼굴이 그려진 맥주와 보드카 상표도 있다. 그에 관한 뮤지컬, 오페라, 카툰, 만화책, 다큐멘터리가 수두룩하고, '시베리아의 소농小農 라스푸틴'을 주제로 한 영화도 10여 편 만들어졌다.

라스푸틴의 흥망을 연대기적으로 다룬 서적들이 산더미처럼 나와 있지만, 대부분 선정적인 측면을 과도하게 부각시켰거나 팩트에 근거하고 있지 않은 책들이 대부분이다. 더욱이 영어로 쓰인 책은 몇 권 안 되며, 이 중 라스푸틴의 삶을 제대로 소개하고 있는 책은 거의 없다고 할 수 있다. 첫 번째 책은 1918년에 나온 일리오도르(세르게이 트루파노프)의 『라스푸틴: 러시아의 미친 수도자The Mad Monk of Russia』였다. 수도자였던 일리오도르는 라스푸틴의 친구로 시작하여 종국에는 철천지원수가 되었지만, "라스푸틴의 종교적 추구는 적어도 처음 몇 년 동안에는 진심이었다"라고 인정했다. 이 책은 라스푸틴이 권좌에 오른 과정을 직접 관찰하고 서술한 것으로 가치가 있으나, 훗날 그가 "특히 마지막 부분에 약간 가필을 했다"고 실토한 것처럼 꾸며낸 대화와 거짓 사실들을 포함하고 있다.

1928년에는 중요한 책 두 권이 발간되었다. 하나는 알렉산드르 스피리도비치의 『라스푸틴 평전: 러시아의 문헌과 저자의 개인 보관 문서를 중심으로Rasputin 1863~1916, based on Russian Documents and the Author's Private Archives』였고, 다른 하나는 르네 풀룁-밀러의 『라스푸틴: 성스러운 악마Rasputin, the Holy Devil』였다. 스피리도비치는 로마노프 왕조를 호위하는 친위대장 출신으로, 다소 부정확하기는 해도 정직한 관찰자의 입장에서 경찰 보고서와 공문서에 접근할 수 있다는 장점을 충분히 살렸다. 풀룁-밀러는 인기 작가로서, (완전한 영문판은 아니었지만) 영어권 독자들이 읽을 수 있는 라스푸틴의 전기를 최초로 펴낸 것으로 유명하다. 그는 비망록과 주요 출판물에 의존했는데, 꾸며낸 에피소드와 대화를 많이 삽입하여 책에 대한 신뢰를 떨어뜨렸다. 그럼에도 불구하고 『라스푸틴: 성스러운 악마』는 라스푸틴의 20세기 생활 전반에 대한 문헌으로 참고할 만하다.

라스푸틴의 큰딸 마리아는 라스푸틴의 삶을 밀착해서 관찰할 수 있었던 이점을 살려 『진정한 라스푸틴The Real Rasputin』(1929), 『나의 아버지My Father』(1934), 『라스푸틴: 신화 뒤의 남자Rasputin: The Man behind the Myth』(1977)를 차례로 출간했다. 앞의 두 권은 가치 있는 정보와 통찰을 담고 있으며, 아마도 라스푸틴의 자아관을 상당히 반영한 것으로 보인다. 그러나 세 번째 책은 선정적일 뿐만 아니라 신빙성이 부족하며, 앞의 두 책과 배치되는 설說과 사건들을 다수 포함하고 있다.

그 밖에도 20세기 내내 수많은 책들이 발간되었다. 눈에 띄는 것으로는 엘리자베스 주다스의 『라스푸틴: 악마도 성자도 아니다Rasputin: Neither nor Saint』(1942)가 있는데, 이 책은 저자와 라스푸틴의 관계에 기초하고 있다. 콜린 윌슨의 『라스푸틴과 로마노프 왕조의 몰락Rasputin and the Fall of the Romanovs』(1964)은 라스푸틴의 악마적 이미지를 부인하려고 노력한 데 반해, 로버트 K. 매시의 『니콜라이와 알렉산드라 Nicholas and Alexandra』(1967)는 제정러시아 말기의 상황을 방대하게 언급했다. 매시의 설명은 상당 부분 풀롭-밀러의 책과 일치한다.

완전한 영문판 전기는 1982년 알렉스 드 종이 쓴 『그리고리 라스푸틴의 일생과 시대The Life and Times of Grigorii Rasputin』였다. 드 종은 라스푸틴을 제대로 이해하고 있었지만, 안타깝게도 '니콜라이 2세와 그 측근에 대한 기록은 비밀로 유지한다'는 구소련의 정책이 그의 앞을 가로막았다. 이로 인해 그는 기록에 접근할 수 없어 핵심 정보를 입수할 수 없었을 뿐 아니라 심지어 '라스푸틴은 언제 태어났나?'라든가 '라스푸틴은 부유했나 아니면 가난했나?'와 같은 간단한 의문조차도 해결하지 못했다. 브라이언 모이나한의 『라스푸틴: 죄를 지은 성자Rasputin: The Saint Who Sinned』(1999)는 라스푸틴의 일생과 경력에 대한 외설스러운 가십에 초점을 맞췄기 때문에 전기로서는 실패작이었다.

구소련은 1980년대까지 라스푸틴의 스토리를 쓰는 데 필요한 문헌들을 외국인들에게 공개하지 않았다. 그 문헌들을 열람할 수 있었던 소비에트 학자들은 로마노프 왕조의 황혼기를 연대기적으로 서술한 문헌들을 출판했는데, 그중 가장 중요한 것은 1924~1927년에 발간된 『차르 체제의 몰락The Fall of the Tsarist Regime』이라는 7권짜리 책이었다. 이 책에는 1917년 봄 러시아혁명 때 수립된 임시정부의 특별조사위원회가 실시한 심문과 증언 등에 관한 자료가 수록되었다. 조사위원들은 구체제 핵심 인물들의 공적 활동과 사생활에 관심을 갖고 있었지만, 『차르 체제의 몰락』에는 차르와 황후, 라스푸틴에게 유리한 자료들은 포함되지 않았다. 그 자료들은 소비에트연방이 붕괴될 때 서고에서 분실된 엄청난 비밀파일 속에 들어 있었는데, 유명한 첼리스트 무스티슬라프 로스트로포비치는 1995년 이 자료를 구입하여 친구 에드바르트 라진스키에게 주었다. 소비에트 문화계의 거물이던 라진스키는 이 자료를 이용하여 2000년에 『라스푸틴 파일Rasputin File』을 발간했다. 라스푸틴의 일생에 관한 라진스키의 서술은 매혹적이었으며, 라스푸틴의 섹슈얼리티와 종교관에 대해 날카로운 통찰력을 보였다. 다만 이 책은 인상적으로 쓰였지만 체계적인 전기는 아니었으며, 수많은 가공된 구절 때문에 신뢰성이 손상되었다.

　최근 들어 라진스키 외에도 많은 러시아인들이 라스푸틴의 일생을 탐구했다. 최근 10년 동안 알렉산드르 보하노프, A. P. 코츄빈스키, 올레그 플라토노프, 올레그 시슈킨, 뱌체슬라프 & 마리나 스미르노프가 총 10여 권의 책을 썼는데, 이 책들은 모두 유용한 정보를 제공하며 흥미로운 주장을 펼친다. 그러나 그중 몇 권은 군주제에 대한 지지나 종교적 감정을 노골적으로 드러낸다. 설상가상으로 국수주의와 반유대주의에 굴복한 나머지 라스푸틴의 삶을 프리메이슨, 유대인, 볼셰비키가 꾸민 음모로 몰아세우는 작가들도 종종 볼 수 있다. 이런 책들은 전문가에게는 유용할지언정 일반 독자들을 혼란에 빠뜨릴 우려가 있으므로 주의해야 한다.

　라스푸틴의 피살 장면을 증언한 두 권의 책은 매우 중요하다. 라스푸틴을 저격하여 목숨을 빼앗은 블라디미르 푸리슈케비치는 1918년 『라스푸틴의 암살자The Murder of Rasputin』를 출판했고, 암살을 모의하고 범행 장소를 제공한 펠릭스 유수포프는 1927년 그 사건을 설명한 책을 발간했다. 또 한 명의 암살 가담자인 의사 스타니슬라브 라조베르트가 쓴 것으로 보이는 단편은 픽션에 불과하다.

'라스푸틴의 암살 배후에는 영국비밀정보국British Secret Intelligence Service(BSIS)이 있다'는 시나리오를 처음 제기한 사람은 올레그 시슈킨이었다. 앤드루 쿡은 2006년에 발표한『라스푸틴 암살: 그리고리 라스푸틴의 삶과 죽음To Kill Rasputin: The Life and Death of Grigori Rasputin』에서 그 아이디어를 발전시켰다. 그에 의하면 유수포프는 행동대원에 불과하며 음모를 꾸민 사람들은 영국의 첩보원들이라고 한다. 리처드 컬렌 역시 2011년에 출판한『라스푸틴: 그의 고문과 암살에서 영국 정보기관의 역할Rasputin: The Role of Britain's Secret Service in His Torture and Murder』에서 쿡의 견해를 따랐다. 스코틀랜드야드*의 수사관 출신인 컬렌은 기존의 설명들이 앞뒤가 맞지 않음을 지적하면서, "라스푸틴 암살에 대한 전통적 내러티브는 천편일률적으로 유수포프와 푸리슈케비치의 비망록에 기초하고 있는 게 문제"라고 비판했다. 그러나 컬렌의 주장에는 구태의연하고 순진한 측면이 있다. 그는 모든 설명들이 완벽하게 들어맞기를 바라는 것처럼 보이는데, 민완 수사관 출신이라면 '설사 정직한 증인이라도 오류를 범할 수 있으며, 상반되는 설명들이 반드시 속임수를 의미하는 것은 아니다'라는 점을 알아야 한다. 그럼에도 불구하고 컬렌은 라스푸틴의 피살에 대해 매우 흥미로운 아이디어를 제시했다는 점에서 높이 평가받을 만하다.

2010년에 출간된 마르가리타 넬리파의『라스푸틴의 암살The

---

* 런던경찰국의 별칭. _ 옮긴이.

Murder of Grigorii Rasputin』은 라스푸틴의 죽음을 상세히 파고들었다. 이 책이 중요한 것은, 학자들이 흥미로워 할 만한 정보를 가득 담고 있으며, 특히 사소한 인물들까지도 자세히 설명하고 있기 때문이다. 넬리파의 주장에 따르면, 차르의 당숙인 니콜라이 마하일로비치 대공이 암살을 배후에서 추진했다고 한다. 하지만 이 가설은 신빙성이 없으며 상황 증거에 의해서도 뒷받침되지 않는다. 더욱 큰 문제는, 넬리파가 의존한 최근의 문헌들이 '차르에 대항하는 광범위한 음모들'을 중구난방으로 주장하고 있어 설득력이 떨어진다는 점이다. 또한 넬리파는 라스푸틴을 '신성한 사람'으로 바라봄으로써, 그의 어두운 면을 암시하는 수많은 증거들을 기각했다.

평론가들은 내가 1990년에 발표한 『라스푸틴: 하나의 삶Rasputin: A Life』을 "시베리아의 신비주의자 겸 치유자healer를 신중하게 다룬 전기로서, 과장이나 선정성을 배제했다"라고 평가했다. 그러나 그 책은 러시아와 시베리아의 기록물을 제대로 참고하지 못했다는 단점이 있었다. 차르와 황후가 전시에 주고받은 서신을 부정확하고 불완전하게 인용했다는 문제도 있었다. 그럴 수밖에 없었던 것이, 외국의 학자들은 소비에트연방이 붕괴되면서 비로소 러시아의 기록물들을 접할 수 있게 되었기 때문이다. 나는 1994년부터 모스크바, 튜멘, 토볼스크를 일곱 차례 방문하여 자료를 열람했는데, 그중에는 소비에트의 역사가들이 전혀 접해보지 못한 것도 상당수 포함되어 있었다. 나의 목표는 라스푸틴이 차르와 황후에게 발휘한 영향력의 본질을 정확히 파악하는 것이었고, 그 첫 번째 단계는 그들이 전시에 주고받은 편지(영어)와 전보(러시아어)를 수집하는 것이었다.

모스크바와 시베리아에서 열람한 문서들은 이전에 알려지지 않았던 라스푸틴의 사생활을 드러냈는데, 이것들은 내가 두 번째 단계로 넘어가는 디딤돌이 되었다. 나의 두 번째 목표는 러시아에서 열람한 문서들을 근거로 하여 라스푸틴의 전기를 새로 쓰는 것이었다. 이 책은 그 결과물로, 나는 그 독창성을 강조하기 위해 『라스푸틴: 알려지지 않은 이야기』＊라고 제목을 붙였다. 독자들은 붕괴 직전의 제정러시아가 타락했던 이유를 알고 싶어 하는데, 학술적인 성격이 강한 나의 첫 책 『라스푸틴: 하나의 삶』과 달리 이 책은 독자들의 이러한 욕구를 충족시킬 것으로 기대된다.

　이 책은 문헌 정보를 이용하여 라스푸틴의 일생을 다룬 최초의 책으로, 1639년의 과세대장tax roll에서 시작한다. 1639년은 라스푸틴 가문의 시조인 '표도르의 아들 이조심'이 우랄산맥을 넘어 시베리아 서부로 이주한 해다. 나는 세례 기록을 이용하여 라스푸틴의 출생일을 확정했는데, 혹자는 이를 단순하게 여길지 모르지만, 구소련이 붕괴하여 기록물이 공개되기 전에는 불가능한 일이었다. 또한 나는 1907~1908년의 교회 기록을 이용하여 라스푸틴이 흘리스티Khlysty라는 기독교 종파의 구성원이라는 혐의로 조사받았음을 입증했고, 뒤이어 1912년 11월 새로운 주교가 제출한 보고서를 열람하여 라스푸틴이 최종적으로 무혐의 판정을 받았음을 확인했다. 이처럼 방대한 문헌 조사를 통해, 나는 라스푸틴의 종교적 가르침과 추종자 등에 대해 흥미로운 자료를 얻을 수 있었다.

　이 책은 경찰 보고서를 이용하여 라스푸틴의 농사일, 일상생활,

＊이 책의 원제는 *Rasputin: The Untold Story*이지만 한국어판은 『라스푸틴 ─ 그는 과연 세상을 뒤흔든 요승인가』로 출간하였다. _ 옮긴이.

종교적 추구를 기술했다. 그리고 오흐라나Okhrana＊가 관리한 라스푸틴에 대한 (방대하고 인상적인) 신문 스크랩 자료도 활용했다. 토볼스크의 경찰 기록에는, 1914년 여름 한 광신도 여성이 라스푸틴을 칼로 찌른 사건에 대한 새롭고 정확한 설명이 담겨 있다. 라스푸틴이 남긴 유명한 메모와, 그가 평범한 시민들에게서 받은 편지도 처음으로 공개된다. 자신이 포크로프스코예에 설립한 라스푸틴 박물관의 소장 자료와 사진을 열람할 수 있도록 허락해준 뱌체슬라프 스미르노프에게 감사한다. 소비에드 시설에 몰락했던 포크로프스코예는 지금 활기를 띠고 있다. 마을의 교회는 1950년대에 파괴되었고, 라스푸틴의 집은 1980년 (지역의 공산당을 이끌던) 보리스 옐친의 감독 아래 철거되었다. 라스푸틴의 집이 있던 곳 근처에는 비슷한 크기의 박물관이 들어서, '포크로프스코예가 배출한 최고의 인물'과 관련된 공예품, 문서, 사진을 전시하고 있다.

이 책에는 라스푸틴과 동성애자들 간의 관계에 관한 내용도 담겨 있다. 당시 동성애자들은 골방에서 나와 신분을 드러냈는데, 이는 오늘날 세계 어느 곳에서도 상상할 수 없는 일이다. 독자들은 러시아가 사회의 모든 수준에서 동성 관계를 신속하게 받아들였다는 사실을 알고 깜짝 놀라게 될 것이다. 이 분야에서 선구적인 연구를 수행하며 내 저술을 도와준 댄 힐리에게 감사한다. '니콜라이와 알렉산드라가 자신들을 알현한 사람들이 동성애자라는 사실을 알고도 별 관심을 보이지 않았다'는 흥미로운 사실을 밝힌 것은 이 책이 처음이다. 라스푸틴과 친분이 있던 동성애자들은 주로 건달이었는데, 이는 그들이 사회를 주

＊제정러시아의 비밀경찰. _ 옮긴이.

도하는 위치에 있지 않았음을 의미한다. 이처럼 라스푸틴과 긴밀한 관계였던 남성들 중 상당수는 출신이 미천했고, 그중에 포함된 이성애자들 역시 크게 다르지 않았다.

나는 영국의 정보요원들이 라스푸틴의 암살에 깊숙이 관여했다는 주장에 동의하지 않지만, 그 문제를 제대로 평가한 전기는 이 책이 처음이다. 또한 이 책은 라스푸틴이 죽었을 때 법원이 작성한 라스푸틴의 재산 목록을 분석한 최초의 책이기도 하다. 따라서 이 책은 '마지막 차르의 총애를 받았던 라스푸틴이 부유했나, 아니면 가난했나?'라는 오랜 의문에 종지부를 찍을 수 있다.

독자들이 이 책을 읽고, 소농 출신 라스푸틴의 삶이 어떠했고 구체제가 전복되는 과정에서 그가 어떤 역할을 수행했는지를 깊이 이해할 수 있게 되기를 바란다. 라스푸틴은 루머와 전설의 영역으로 쉽게 넘어갈 수 있을 정도로 매혹적인 삶을 살았다. 비록 탐욕과 부패로 막을 내렸지만, 그는 매력적이며 인간적이기도 했다. 수많은 어린이들이 포크로프스코예에 돌아온 그를 '그리샤 아저씨'라고 부르며 반겼는데, 그 이유는 그가 젤리과자 등의 먹을거리가 가득한 가방을 들고 있었기 때문이다. 라스푸틴은 고양이를 사랑했고, 1,000루블짜리 종마를 한 마리 보유하고 있었으며, 가난한 사람들에게 자선을 베풀었다. 그는 평화와 종교적 관용을 지지했고, 유대인과 창녀들의 친구가 되어줬다. 그가 새로 마련한 저택에는 오펜바흐 피아노 한 대, 축음기 하나, 그리고 페르시아산 카페트가 구비되어 있었다.

철저하게 팩트에 기초한 평가를 통해 지난 한 세기 동안 쌓인 라스푸틴에 대한 오해와 오류들을 바로잡는 데 이 책이 기여할 수 있기를 바란다.

주요 등장인물, 장소, 용어

지명과 장소
우랄산맥 러시아 북부를 남북으로 가로지르는 산맥. 동쪽으로 시베리아 평원이 펼쳐진다.

포크로프스코예 투라강 유역에 위치한 라스푸틴의 고향.

토볼스크 토볼강 유역의 도시로, 서시베리아 구베르니야 주의 주도州都.

아발락 토볼스크 주변의 마을로, 즈나멘스키 수도원이 있는 곳으로 유명함.

듀멘 투라강 유역에 위치한 시베리아 북서부의 경제 중심지.

베르호투르예 투리강이 내려다보이는 마을로, 종교의 중심지이자 성 니콜라이 수도원이 있는 곳.

카잔 볼가강 상류에 위치한 도시로, 토볼스크에서 남쪽으로 1,200킬로미터 떨어진 곳에 위치함.

아토스 성산 그리스 북중부의 해안에 위치한 동방정교회 수도원의 중심지.

차리친 볼가강 유역의 도시로, 스탈린그라드를 거쳐 오늘날에는 볼고그라드라고 불림.

상트페테르부르크 러시아제국의 수도로, 발트해 핀란드만의 머리 부분에 있는 네바강 유역에 위치함. 제1차 세계대전 중이던 1914년, '부르크'가 독일풍이라고 생각한 니콜라이 2세에 의해 페트로그라드로 이름이 바뀐다. 1924년 레닌그라드로 바뀐 이 도시는 1991년 시민들의 투표를 거쳐 원래의 이름을 되찾는다.

모스크바 소비에트연방의 수도가 된 1918년까지 '옛 수도'로 알려져 있었음.

차르스코예셀로('차르의 마을') 상트페테르부르크에서 24킬로미터 남동쪽에 있는 황궁의 소재지.

알렉산드르 궁전 차르스코예셀로에 있는 궁전으로, 1905년 이후 황실의 주요 거주지로 사용됨.

알렉산드르 네프스키 수도원 1710년 상트페테르부르크에 건립되었고, 라스푸틴 시대에 이 수도원 주변에 러시아 최고의 신학교, 상트페테르부르크 시청과 함께 16개 교회가 세워짐.

스타프카 러시아 서부전선의 최고사령부. 1915년 8월 독일군의 진격으로 인해 모길레프로 옮겨지기 전까지 바라노비치에 위치함.

야르 모스크바에 소재한 레스토랑.

포크로프스코예의 사람들
그리고리 예피모비치 라스푸틴('그리샤', '그리슈카', '우리의 친구') 법적인 성이 라스푸틴-노비로 바뀜. 포크로프스코예의 소농 출신으로, 두브로비노 마을에 사는 프라스코바야 두브로비나와 결혼하여 드미트리, 마리아(또는 마트료나), 바르바라를 낳음.

예핌 & 안나 라스푸틴 그리고리 라스푸틴의 아버지와 어머니.

V. I. 카르타프체프 포크로프스코예의 주민으로, 1917년 임시정부 특별조사위원회에 라스푸틴의 어린 시절에 대한 정보를 제공함.

페체르킨 자매 예카테리나('카탸')와 에프토키야('두냐'). 라스푸틴의 초기 추종자들로, 후에 라스푸틴의 연인인 동시에 하녀가 됨.

표트르 오스트로우모프 포크로프스코예의 수석 제사장으로, 표도르 체마긴은 그의 조수임.

로마노프가

니콜라이 2세 러시아의 차르Tsar(황제)로, 재임 기간은 1894~1917년.

알렉산드라 러시아의 차리차Tsaritsa(황후)이자 니콜라이 2세의 아내. 헤센의 알릭스 대공녀Princess Alix of Hesse und hei Rhein로 태어남.

알렉세이 러시아의 차레비치Tsarevich(황태자)이자 니콜라이 2세와 알렉산드라의 아들로, 황위 계승자. 그의 누이로는 올가, 타티야나, 마리아, 아나스타샤가 있음.

알렉산드르 3세 러시아의 차르이자 니콜라이 2세의 아버지로, 재임 기간은 1881~1894년.

알렉산드르 2세 러시아의 차르이자 니콜라이 2세의 할아버지로, 재임 기간은 1855~1881년.

마리아 표도로브나 알렉산드르 3세의 미망인이자 니콜라이 2세의 어머니.

크세니아 알렉산드로브나 니콜라이 2세의 여동생이자 알렉산드르 미하일로비치의 부인.

알렉산드르 미하일로비치('산드로') 대공 니콜라이 2세의 당숙이자 매제. 차르의 여동생인 크세니아와 결혼함.

올가 알렉산드로브나 니콜라이 2세의 여동생.

미하일 알렉산드로비치('미샤') 니콜라이 2세의 남동생.

니콜라이 미하일로비치 알렉산드르 미하일로비치의 친형으로 역사가이자 문필가.

몬테네그로의 자매들('검은 대공비들') 몬테네그로의 왕 니콜라 네고시의 딸들로 밀리차와 아나스타샤('스타나')로 불림. 밀리차는 차르의 6촌 표트르 니콜라예비치와 결혼하고 아나스타샤는 그의 친형 니콜라이 니콜라예비치('니콜라샤')와 결혼하였음. 니콜라이 니콜라예비치는 1915년 서부전선에서 러시아군을 지휘함.

엘리자베트 표도로브나('엘라') 황후 알렉산드라의 언니.

니콜라이 2세 및 알렉산드라와 관련된 사람들

안나 비루보바 황후와 라스푸틴의 절친한 친구.

예프게니 보트킨 황실의 주치의.

S. P. 표도로프 알렉세이의 주치의 중 한 명.

필립 나지에르-바쇼('M. 필립') 비술秘術로 치료하는 프랑스 의사로, 1901~1904년 러시아에 거주함.

블라디미르 데듈린 1906~1913년 알렉산드르 궁전의 황실 경호 책임자. 1913~1917년에는 블라디미르 뵈이코프가 임무를 승계함.

파벨 쿠를로프 1909~1911년에는 스톨리핀, 1916년에는 프로토포포프 밑에서 내무차관 역임함.

알렉산드르 드렌텔른 차르의 집무실을 호위하는 친위대장이며, 프레오브라젠스키 경비연대를 지휘함.

조피 북스회베덴 남작 부인, 황후 알렉산드라의 시녀이자 친구.

율리아 폰 덴('릴리') 황후 알렉산드라의 친구이자 라스푸틴의 측근 중 한 명.

피에르 길리아드 황손들의 프랑스어 교사이자 황실의 친구.

찰스 시드니 깁스 황손들의 영어교사.

라스푸틴의 친구와 동료들

마카리 수도자 베르호투르예에 있는 성 니콜라이 수도원의 영적 지도자.

이반 도브로볼스키 부패한 전직 장학사이자 라스푸틴의 첫 번째 사업 관리자.

아론 시마노비치 보석상, 노름꾼, 고리대금업자로, 1915~1916년 라스푸틴의 사업 관리자.

이반 마나세비치-마누일로프 유대인 기자, 경찰 스파이, 때로는 라스푸틴의 비서.

게오르기 사조노프 유명한 저널리스트.

레오니드 몰차노프 라스푸틴의 친구이자 토볼스크의 주교인 알렉세이의 아들.

드미트리 루빈슈테인('미챠') 유대인 은행가.

이그나티 마누스 유대인 은행가, 드미트리 루빈슈테인의 라이벌.

알렉세이 필리포프 라스푸틴의 출판업자이자 친구.

이반 오시펜코 피티림의 비서이자 라스푸틴의 친구.

라스푸틴을 추종하고 숭배한 사람들

바바라 윅스켈 상트페테르부르크 사교계의 명사로, 라스푸틴의 초기 추종자.

올가 로흐티나 상트페테르부르크에서 라스푸틴을 최초로 추종했던 사람.

아킬리나 랍틴스카야 전직 수녀이자 간호사로, 라스푸틴의 비서이자 초기 추종자 중 한 명.

알렉산드라 피스톨코르스 안나 비루보바의 누이로, 남편 에릭과 함께 라스푸틴의 추종자였음.

엘레나 자누모바야 부유한 상인의 아내로, 라스푸틴의 추종자.

베라 주코프스카야, 마리아 골로비나('무냐'), 지나이다 만슈테트 라스푸틴의 추종자들.

라스푸틴의 적들

토볼스크의 안토니 주교 1907~1908년, 라스푸틴이 흘리스티의 멤버라는 혐의를 조사함.

히오니야 베를라츠카야 라스푸틴의 초기 추종자로, 라스푸틴에게 성희롱을 당한 후 등을 돌림.

일리오도르 본명은 세르게이 트루파노프. 수도자 겸 정치적 인물로, 처음에는 라스푸틴의 협력자였지만 종국에는 철천지원수가 됨.

알렉산드르 구치코프 10월당Octobrist Party의 지도자이며, 제3차 두마의 의장.

미하일 로잔코 10월당의 지도자이며, 두마의 의장.

M. A. 노보셀로프 모스크바 신학원에서 공부하였으며, 1910년 라스푸틴을 반대하는 언론 캠페인에서 핵심적인 역할을 수행함.

페오판 상트페테르부르크 신학교의 장학관에서 총장으로 승진. 처음에는 라스푸틴의 친구였지만 나중에 철천지원수가 됨.

헤르모겐 사라토프의 주교로, 라스푸틴의 친구였다가 철천지원수가 됨.

드미트리 콜랴바('미챠') 기형의 뇌전증epilepsy 환자, 종교적 인물.

히오니야 구세바 일리오도르의 추종자로, 1914년 6월 29일 라스푸틴을 살해하려고 시도함.

펠릭스 유수포프 공 라스푸틴의 암살을 주동. 니콜라이 2세의 조카딸인 이리나와 결혼.

드미트리 파블로비치 니콜라이 2세의 사촌이자 유수포프의 친구. 라스푸틴의 암살을 공동 모의함.

V. M. 푸리슈케비치 두마의 의원, 라스푸틴을 살해한 총탄을 발사한 자.

정부의 인사와 기관들

오흐라나 내무차관의 지휘를 받는 러시아 비밀경찰.

세르게이 비테 1905~1906년 수상을 지낸 인물로, 라스푸틴의 지지를 등에 업고 권좌에 복귀하려
는 헛된 희망을 품음.

표트르 아르카디예비치 스톨리핀 1906~1911년 수상 겸 내무장관.

블라디미르 코코프초프 1911~1914년 수상.

이반 고레미킨 1914~1916년 수상.

보리스 스튀르머 1916년 1월~11월 수상.

니콜라이 골리친 1917년 1월~3월 차르 치하의 마지막 수상.

제1차 트로이카 사업가이자 동성애자인 미하일 안드로니코프 공이 조직한 동맹으로, 알렉세이 흐
보스토프와 스테판 벨레츠키를 내무장관과 내무차관으로 기용. 세 사람은 1915년 9월부터
1916년 3월까지 재임함.

제2차 트로이카 사업가 겸 의사로, 라스푸틴의 협력자인 표트르 바드마예프 박사가 1916년에 조직
한 동맹. 내무장관은 A. D. 프로토포포프, 내무차관 겸 경찰총장은 파벨 쿠를로프임.

알렉산드르 모솔로프 황실법원장.

알렉산드르 프로토포포프 1916년 내무장관.

알렉산드르 흐보스토프 알렉세이 흐보스토프의 삼촌으로 1915~1916년 법무장관.

블라디미르 준코프스키 내무차관 겸 경찰총장.

알렉산드르 마카로프 1911~1912년 내무장관, 1916년 법무장관.

니콜라이 마클라코프 1913~1915년 내무장관.

니콜라이 셰르바토프 1915년 내무장관.

바실리 마클라코프 니콜라이 마클라코프의 형제로, 두마의 의원 겸 유명한 변호사.

알렉산드르 마카로프 1916~1917년 법무장관.

블라디미르 수호믈리노프 1914~1915년 전쟁장관.

알렉세이 폴리바노프 1915~1916년 전쟁장관.

미하일 알렉세예프 장군 1915년 니콜라샤를 대신하여 참모총장이 됨. 3월혁명까지 군사작전을 지
휘함.

미하일 코미사로프 경찰관, 제1차 트로이카 기간 동안 라스푸틴을 감시함.

미하일 코소로토프 페트로그라드의 수석 검시의로, 1916년 12월 20일 라스푸틴의 시체를 부검함.

블라디미르 자로프 교수 의학박사로 1993년 코소로토프의 부검 결과를 재평가함.

임시정부 차르 체제의 뒤를 이어 1917년 3월에 수립. 1917년 11월 볼셰비키에 의해 전복됨.

조사위원회 1917년 3월 임시정부가 구성한 위원회로, 정식 명칭은 '차르 체제의 장관과 기타 책임
자들이 저지른 불법행위 조사를 위한 특별조사위원회'임.

알렉산드르 케렌스키 임시정부의 초대 법무장관으로, 1917년 5월에 수상이 됨.

모리스 팔레올로그 프랑스의 대사.

블라디미르 일리치 레닌 1917년 11월에 임시정부를 전복시킨 볼셰비키의 창시자.

러시아정교회와 관련된 사람과 단체들

세르게이 루키아노프 1911년 러시아정교회 최고회의 고위감독관ober-procurator.

V. K. 사블레르 1911~1915년 러시아정교회 최고회의 고위감독관.

알렉산드르 사마린 1915년 러시아정교회 최고회의 고위감독관. 라스푸틴에 대항하였음.

알렉산드르 볼진 1915~1916년 러시아정교회 최고회의 고위감독관으로, 라스푸틴에 대항함.

니콜라이 라예프 차르 치하의 마지막 러시아정교회 최고회의 고위감독관으로, 라스푸틴의 협력자.

니콜라이 자이온치코프스키 1915~1916년 러시아정교회 최고회의 부감독관으로, 라스푸틴에 대항함.

니콜라이 제바코프 1916년 러시아정교회 최고회의 부감독관으로, 라스푸틴의 협력자.

표트르 다만스키 러시아정교회 최고회의의 재무책임자로, 후에 부감독관이 되었음. 라스푸틴의 친구이자 협력자.

크론스타트의 요한 크론스타트 성당의 영향력 있는 대사제.

피티림 그루지아의 총주교였다가, 나중에 페트로그라드의 수석 대주교가 됨. 라스푸틴의 협력자.

알렉세이 토볼스크의 주교로, 라스푸틴이 이단이 아님을 인정함. 라스푸틴의 친구인 레오니드 몰차노프의 아버지.

이시도르 수도자이자 주교, 라스푸틴의 친구, 동성애자로 유명함.

바르나바('수슬릭') 수도자이자 라스푸틴의 친구, 토볼스크의 대주교.

게오르기 샤벨스키 차르 군대의 마지막 군목軍牧. 라스푸틴의 적.

세르게이 주교 알렉산드르 네프스키 신학대학교의 교부敎父로, 라스푸틴의 초기 숭배자 중 한 명. 1943년에 총대주교로 선출됨.

안토니 볼히니아의 대주교, 러시아정교회 최고회의에서 라스푸틴에 대항함.

블라디미르 보스토코프 사제, 대중연설가, 자유주의 사상가로서, 모스크바 근방의 교회에서 대규모 노동자들을 대상으로 설교함.

마리아 차리친 근처에 있는 발라셰프스카야 수녀원의 원장으로, 라스푸틴의 협력자.

영국의 주요 인물과 기관들

영국비밀정보국(BSIS) MI6의 전신.

조지 뷰캐넌 영국의 대사.

새뮤얼 호어 중령 BSIS 페트로그라드 분실의 실장.

오즈월드 레이너 페트로그라드에서 활동하던 BSIS 요원이자 유수포프의 친구로, 그가 『라스푸틴의 종말The End of Rasputin』(1927)을 쓰도록 도와줌.

스티븐 앨리와 존 스케일 페트로그라드에서 활동하던 BSIS의 요원들.

교회 지도자들의 직위명

총대주교Patriarch 한 나라의 독립된 정교회Orthodox Church를 지휘하는 주교를 말한다. 여기서 독립되었다는 것은 모든 종교권위에서 독립되어 있음을 의미한다. 총대주교는 1589년에 처음으로 생겨났고, 1721년 표트르 대제에 의해 폐지되었다가, 1918년과 1943년에 복구되었다.

최고회의The Most Holy Synod　표트르 대제가 총대주교라는 직위를 폐지한 후, 최고회의라는 국가기구가 러시아정교회를 관리하게 되었고, 이 회의는 고위감독관이 주재했다. 최고회의의 의결기관인 관리위원회Governing Council는 고위감독관, 여섯 명의 당연직 종신위원, 그리고 여섯 명의 임명직 위원으로 구성된다. 임명직 위원은 임기가 정해져 있다.

수석 대주교 Metropolitan　상트페테르부르크, 모스크바, 키예프를 관할하는 주교를 말한다. 그루지아의 총주교Exarch of Georgia는 수석 대주교와 동급이며, 러시아정교회 서열 4위에 해당된다. 네 명의 수석 대주교들은 관리위원회의 당연직 위원이 된다.

대주교Arch-Bishop　수석주교 또는 하나의 중요한 교구를 관할하는 주교를 말한다.

주교Bishop　하나의 교구diocese, 보통은 대도시를 관할하는 성직자를 말한다.

대리주교Vicar bishop　주교를 보좌하거나, 별도의 임무를 부여받은 성직자를 말한다.

구교도Old Believers　1660년대에 니콘 총대주교의 개혁에 항의하여 러시아정교회를 떠난 사람들을 말한다. 이들은 후에 여러 분파로 나뉘었다.

종파주의자Sects　러시아정교회와 역사적 연관성이 없이, 그에 반대하여 생겨난 신도들을 말한다.

흘리스티Khlysty(**'편달鞭撻고행자'**)　종파의 하나로, 죄를 지으면 궁극적으로 신에게 더 가까이 다가간다고 믿는 사람들을 말한다. 자칭 '그리스도인'이라고 하고 섹스를 예배와 뒤섞었으며 라스푸틴에게 영향을 미쳤다.

스타레츠Starets　성스러운 삶을 영위하는 남성으로서, 반드시 사제나 수도자일 필요는 없으며, 신앙인들에게 '경건한 자'로 인정받는 사람을 말한다. 여성의 경우에는 스타르차Startsa라고 한다.

스트란닉Strannik　순례자로서, 교회, 수도원, 성지, 기타 종교적 의미가 있는 장소들로 도보 여행을 떠나는 남녀를 말한다. 이들은 다음과 같은 주기도문을 반복하여 읊조리는 것으로 유명하다. "주 예수 그리스도여, 죄인인 나를 긍휼히 여기소서."

1

아웃사이더

　　그리고리 라스푸틴은 시베리아의 농민 출신이다. 이 간단한 사실 하나만으로도 그의 많은 부분들(다면적 성격, 순박함, 숙명적 태도, 강력한 종교적 감정, 무모한 권력 행사 등)을 설명할 수 있다. 시베리아 사람들은 여느 러시아인들과 다른 구석이 있었다. 경건하고 솔직 담백하지만 의심이 많고, 충성심이 강하지만 독립심도 강했다. 이러한 모순들은 라스푸틴을 형성한 토대가 되었다. 그는 권력의 정점에 있을 때도 시베리아의 농민 출신임을 자랑스럽게 여겼다.

　　라스푸틴은 '피의 역사'와 '끊이지 않는 음모'에 휩싸인 수수께끼의 땅, 시베리아에서 태어났다. 라스푸틴이 태어나기 3세기 전, 모스크바 대공이자 최초의 차르인 이반 뇌제Ivan the Terrible가 군대를 이끌고 (당시 몽골제국의 일부였던) 시베리아를 침공했다. 러시아의 사령관 예르마크가 살육과 정복을 마친 후, 정착민들이 도착하여 서시베리아의 황무지에 문명을 건설했다. 마치 19세기의 진취적 미국인들이 그랬던 것처럼, 그들도 방책防柵과 요새와 마을을 건설했다.

광대한 시베리아 땅에서 정착민들은 목초지, 숲과 함께 농토를 선사받았다. 정통신앙에 충실했던 정착민들은 십자가들이 온 천지를 뒤덮을 정도로 많은 교회를 세웠다. 몇 세기 동안 조상들이 했던 것처럼, 라스푸틴 시대의 시베리아인들은 농사, 고기잡이, 사냥으로 생계를 유지했다. 삶이 땅과 엮여 있던 그들에게, 자연(계절의 순환, 죽음과 탄생)은 여전히 신성한 대상이었다.

혹독한 삶이었음에도 시베리아 정착민들은 우랄산맥 서쪽의 소작민들에게 우월감을 느꼈다. 그도 그럴 것이, 소작민들은 대부분 농노로서 고상한 영주들의 소유물이었기 때문이다. 그에 반해 이곳에서는 농노제를 거의 찾아볼 수 없었으며, 농민의 독립성이 철저히 보호되었다. 만약 지방의 관리들이 정착민들을 억압하면, 다음 날 아침에 일어났을 때 마을이 텅텅 빌 것을 각오해야 했다. 억압에 못 이긴 주민들이 하룻밤 사이에 마을을 빠져나갔을 테니 말이다. 시베리아에서 순종obedience은 항복submission을 의미하지 않았다. 신神은 부富와 권력의 차이를 인정했지만, 적어도 시베리아에서만큼은 모든 사람들이 평등했다.

얼어붙은 툰드라와 어두운 숲으로 이루어진 황량한 불모지는 우랄산맥에서 태평양까지 이어졌다. 페름이나 예카테린부르크와 같은 몇몇 도시들이 신속하게 형성되었지만, 서시베리아의 대부분은 개간되지 않은 야생 상태였다. 도시와 마을들은 작고 뿔뿔이 흩어져 있었기 때문에, 철도로 연결된 일부 구간을 제외하고는 대부분 배, 말, 우마차로 이동해야 했다. 넓고 얕은 강들은 하얀 자작나무 숲과 오밀조

밀한 오두막집들을 거쳐 특색 없는 초원으로 흘러들어갔다. 여름에는 습지에 야생동물과 모기떼가 들끓었고, 겨울에는 눈이 내려 까마득한 들판을 한 장의 담요처럼 하얗게 덮었다. 시베리아의 광야는 평평하고 길고 나지막해서, 마치 창조의 끄트머리를 향해 끝없이 뻗어나가는 것 같았다.

라스푸틴이 태어난 포크로프스코예는 투라강 서안西岸에 있는, 고립된 마을 중 하나였다. 우랄산맥에서 포크로프스코예에 가려면 이틀 내내 육로를 어렵사리 통과한 후, 바닥이 평평한 증기선을 타고 온종일 강을 건너야 했다. 겨울에는 썰매를 이용해야 했기에 시간이 더 걸렸다. 썰매에 몸을 싣고 한참 달리다보면, 넓디넓은 시베리아 하늘을 배경으로 포크로프스코예가 모습을 드러냈다.

포크로프스코예는 지역 개발의 전초기지로 출발했다. 1642년 시베리아의 대주교는 투라강 서안에 농민 20가구를 파견했다. 농민들은 목재로 교회를 지어 성모 마리아에게 봉헌하고 교회의 이름을 '여성 후견인Protectress'을 의미하는 포크로비텔니차pokrovitel'nitsa라고 지었는데, 이 교회 이름을 따서 마을의 이름을 포크로프스코예라고 했다. 라스푸틴이 태어났을 무렵에는 교회 주변에 200채의 집이 들어서 있었고 1,000여 명의 주민들이 살고 있었다. 포크로프스코예는 튜멘과 북쪽의 토볼스크를 연결하는 마찻길coach road의 정거장이었으므로, 일찌감치 우체국이 설치되었다. 그뿐만 아니라 빵집, 제재소, 낙농장, 마구간, 시장, 여관, 술집, 대장간도 들어섰다. 학교도 하나 있었지만, 그 학교에 다니는 마을 어린이들은 별로 없었다.

1918년에 이곳을 방문했던 한 여행객은 마을 사람들에게서 한 가지 이야기를 전해 듣고 깜짝 놀랐다. 그 내용인즉, 라스푸틴의 조상들이 예카테리나 대제 시절(1729~1796년)부터 포크로프스코예에 살았다는 것이었다. 그러나 사실 라스푸틴 가문의 뿌리는 그보다 훨씬 더 깊다. 향토 기록에 따르면, 그리고리 라스푸틴 가문의 시조는 '표도르의 아들 이조심Izosim'이라고 한다. 이조심과 그의 아내가 1639년 러시아 대이동의 일환으로 우랄산맥을 넘을 때만 해도 자녀가 없었지만, 포크로프스코예에 머물던 1643년에는 어느새 아들 셋을 두고 있었다. 1643년이라면 포크로프스코예가 생긴 지 1년밖에 안 된 때이므로, 이조심은 마을의 개척자 중 한 명이었음에 틀림없다.

그런데 향토 기록이 이조심의 성을 기록하지 않은 건 그리 놀랄 일이 아니다. 관리들은 정착민들에게 거의 질문하지 않았는데, 그 이유는 변경을 개척하는 데 정착민이 급히 필요했기 때문이다. 그에 반해 이조심의 아들은 나손 로스푸틴Rosputin이라고 기록되었다. 라스푸틴 가문의 초기 세대는 평범한 삶을 살았는데, 1751년 8월에 큰 위기를 맞았다. 나손의 손자인 이고르와 니키포르 로스푸틴이 함께 살던 집에 큰불이 난 것이다. 18세기 초 포크로프스코예에는 347명의 주민들이 살고 있었는데, 이반과 미론 로스푸틴 형제는 마을의 '훌륭한 주민' 명단에 이름을 올렸다.

그리고리 라스푸틴 가문의 내력

1639년 표도르의 아들 이조심이 시베리아에 도착함.

1643년 포크로프스코예에 정착함.

1645년 이조심의 아들 나손 로스푸틴이 향토 기록에서 언급됨.

1666년 나손의 아들 야코프 로스푸틴이 향토 기록에서 언급됨.

1697~1761년 야코프의 아들 이고르 로스푸틴이 살았음.

1725~1770년 이고르의 아들 이반 로스푸틴이 살았음.

1749~1831년 이반의 아들 표트르 로스푸틴이 살았음.

1776~1858년 표트르의 아들 바실리 로스푸틴이 살았음.

1801년 바실리의 아들 야코프 라스푸틴이 태어남. 그의 사망 일자는 기
　　　록되지 않음.

1842~1916년 야코프의 아들 예핌 라스푸틴이 살았음.

1869~1916년 예핌의 아들 그리고리 라스푸틴이 살았음.

19세기 중반 무렵, 라스푸틴 가문의 성이 로스푸틴에서 라스푸틴
으로 바뀌었다. 러시아 정부의 기록에 의하면 1869년부터 1887년까지
라스푸틴이라는 성을 가진 사람들은 모두 19명인데, 그중 열여덟 번
째가 이 책의 주인공 그리고리 예피모비치 라스푸틴이었다. 그가 수도
상트페테르부르크에 처음 도착했을 때, 라스푸틴이라는 성은 부담으
로 작용했다. 그의 집안은 너무 비천하여 원래 성이 없었는데, 청년 시
절에 술을 마시고 여자들의 꽁무니를 쫓아다니는가 하면 동네 사람들
의 말을 훔치는 등 그의 망동에 화가 난 이웃들이 그에게 '주정뱅이'라
는 뜻에서 '라스푸틴'이라는 성을 붙였다는 소문이 돌았기 때문이다.
이는 '방탕하다' 또는 '시간이나 돈을 허투루 쓰다'라는 뜻을 가진 러
시아어 라스푸트니차티rasputnichat' 때문에 생겨난 오해로 보인다. 사실
시베리아인들의 이름은 종종 자연이나 지형과 관련이 있다. 라스푸틴
은 아마도 라스푸티차rasputitsa에서 유래한 것으로 추정되는데, 그것은
'봄에 눈이 녹거나 가을에 눈이 내려 길이 질퍽질퍽한 시기'를 말한다.
포크로프스코예에 라스푸틴이라는 성을 가진 사람들이 많았던 걸로
보아, 그것은 '교차로'라는 뜻을 가진 라스푸티예rasput'e에서 유래했을

수도 있다. 그러므로 러시아 역사에서 가장 악명 높은 라스푸틴이라는 이름은 주정뱅이나 개망나니와 같은 행동보다는 지리적 특성에서 유래했을 가능성이 높다.

라스푸틴의 부모에 대해서는 알려진 게 별로 없다. 1842년 포크로프스코예에서 태어난 아버지 예핌은 체격이 땅딸막하고, 머리털이 헝클어지고, 자세가 구부정한 전형적인 시베리아 농부로 묘사되었다. 1863년 예핌은 까만 눈과 금발머리의 마을 소녀 안나와 결혼했는데, 둘 다 건강했고 정신질환 등의 가족력은 없었다. 예핌의 가족들은 모두 농사를 지었다. 예핌은 여름에는 풀을 베거나, 지나가는 기선과 바지선에서 하역 작업을 하거나, 물고기를 잡기도 했다. 돈이 늘 부족하다보니, 한때는 세금을 내지 않았다는 이유로 감옥에 갇히기도 했다. 나라에서는 그를 고용하여 (서시베리아의 경제 중심지인) 튜멘과 (구베르니야 주의 행정 중심지인) 토볼스크 사이에서 승객과 물품을 실어 나르게 했다. 예핌은 가죽으로 된 견장과 모자를 자랑스럽게 여겼는데, 그것은 제정러시아의 상징인 쌍두독수리를 의미했다. 한 주민의 말에 의하면 그는 지식이 풍부하고 지적인 대화를 즐기는 것으로 유명했으며 마을 교회의 장로로 시무했다고 한다. 물론 그를 둘러싼 이야기들 중 독한 보드카를 좋아했다는 점을 빼놓을 수는 없다.

예핌은 결국에는 작은 밭, 소 십여 마리, 말 열여덟 마리를 소유하여, 부유하지는 않아도 안정적인 생활을 영위하게 되었다. 예핌 부부가 마을 주민들과 함께 찍은 사진이 있는데, 예핌은 호리호리한 체격에 수염을 길렀으며 안나는 키가 작고 뚱뚱한 모습이다. 당시의 농부들이 대부분 미천하게 살다가 생을 마감했다는 점을 감안할 때, 그런 사진이 아직도 남아 있다는 것은 이례적이다. 그 사진은 예핌과 안나 부부의 아들이 상당한 명성을 누렸음을 보여주는 증거라고 할 수 있다.

라스푸틴에 관한 전설은 그의 출생으로부터 시작된다. 라스푸틴의 딸 마리아는 아버지가 1873년 1월의 어느 날 자정 무렵 유성이 하늘을 가로지를 때 태어났다고 주장한다. 그녀는 이렇게 말했다. "자고로 하늘을 두려워하는 무지크*들은 그렇게 아름다운 유성을 뭔가 중요한 사건의 징조로 여겼다." 하지만 당시 많은 이들은 유성을 이빨이 난 아기, 발이 여섯 달린 개, 하늘에서 떨어진 뱀과 마찬가지로 역병이나 죽음을 암시하는 불길한 징조로 받아들이는 경우가 많았다. 어쨌든 그 당시의 천문 자료들을 찾아보면, 유성이나 하늘의 징조 따위는 없었다. 게다가 마리아 라스푸틴은 아버지가 태어난 연도를 잘못 알고 있었다. 공식적인 기록에는 "1869년 1월 9일, 예핌 라스푸틴과 (독실한 동방정교회 신도인) 안나 사이에서 아들이 태어났다"고 적혀 있다.

아기는 태어난 다음 날 포크로프스코예의 성모 마리아 교회에서 세례를 받았다. 동방정교회 달력에는 1월 10일이 니사의 성 그레고리오 축일Feast Day of St. Gregory of Nyssa로 적혀 있으므로, 아기는 (일찍이 3세기에 삼위일체를 확립한) 그레고리오 성인을 기리는 뜻에서 그리고리라는 이름을 얻었다. 라스푸틴은 신학을 정식으로 공부하지는 않았지만, 교부들의 글을 읽음으로써 성 그레고리오의 구원에 대한 가르침을 알고 있었던 것으로 보인다. 성 그레고리오는 '신은 인간의 이해력을 벗어나기 때문에, 인간은 신에 대해 아무것도 알 수 없다'고 믿었다. 따라서 지식은 인간과 신을 갈라놓는 장벽이며, 구원을 추구하는 데

---

* 제정러시아의 농민. _ 옮긴이.

있어서 배움은 자산이 아니라 장애물로 작용한다고 했다. 심지어 가장 큰 죄악도 구원과 무관하며, 오직 신만이 인간의 영혼을 평가할 수 있다고 했다.

그리고리 라스푸틴은 첫 번째로 태어난 자녀가 아니었다. 1863년 2월에 첫 번째 딸 에브도키야가 태어났지만 그해에 죽었고, 1864년 8월에 태어난 두 번째 딸(역시 에브도키야) 역시 유아 시절에 죽었다. 1866년에 태어난 세 번째 딸 글리케리야는 병에 걸려 죽었고, 1867년 8월에는 첫 번째 아들 안드레이가 태어났지만 넉 달 만에 병에 걸려 죽었다. 그리고리는 1869년에 태어나 1916년에 죽었다. 1871년 11월에 두 번째 아들(안드레이)이 태어났지만, 출생 직후에 죽었다. 1874년에는 티혼과 아그리피나 쌍둥이가 태어났지만, 태어난 지 나흘 만에 죽었다. 뱌체슬라프 & 마리나 스미르노프에 의하면, 아홉 번째 자녀 페오도시야가 1875년에 태어나 성인기까지 살았다고 한다. 게다가 라스푸틴은 페오도시야의 결혼식에 참석하고, 두 자녀의 대부代父로 섰다고 한다. 그러나 기자, 경찰, 교회가 라스푸틴의 과거를 계속 파헤치는 동안 페오도시야를 한 번도 언급하지 않았을 뿐만 아니라 여동생임을 확인하지 않았음을 감안할 때, 그녀는 그리고리의 친동생이 아닐 가능성이 크다. 페오도시야가 그리고리와 모종의 관계에 있었을 수도 있지만, 현재 남아 있는 자료에는 세부사항이 누락되어 있다.✢

라스푸틴의 어린 시절에 관한 정보는 대부분 그의 딸 마리아의

✢ 라스푸틴이 암살당했을 때 한 경찰관은 안나 니콜라예브나 라스푸틴이라는 여자와 인터뷰를 했다. 안나의 부칭patronymic을 보면, 니콜라이라는 사람이 그녀의 아버지였음을 알 수 있다. 니콜라이가 그리고리의 형제라는 주장도 있지만 이를 뒷받침해주는 자료는 찾을 수 없다.

회고록에서 유래한다. 그녀는 아버지의 단점을 최소화하고 일부 사건을 다른 목격자들과 상당히 다르게 묘사했다. 그렇다고 해서 그녀의 설명을 덮어놓고 무시할 수는 없다. 그녀는 아버지의 어린 시절에 관한 이야기를 라스푸틴 본인, 조부모인 예핌과 안나, 마을 사람들로부터 전해들을 수 있는 독특한 위치에 있었기 때문이다. 그녀의 설명에는 아마도 라스푸틴의 자존심이 반영되었을 것이다. 라스푸틴은 자신의 성장 과정을 있는 그대로 전하기보다는, 제정러시아의 총신寵臣이라는 위치에 걸맞게 신화적으로 포장하기를 원했을 테니 말이다.

마리아가 조부모로부터 들은 바에 의하면, 그리고리는 젖먹이 시절 한시도 가만히 있지 않아 잠 못 들고 이리저리 뒤척이는 아기를 달래느라 무진 애를 먹었다고 한다. 그리고리는 예측 불가능한 소년이어서, 하루는 숲속을 천방지축으로 뛰어다니더니, 다음 날은 친척들 품에 숨어 가슴이 터지도록 울기도 했다고 한다. 보이지 않는 유령에 쫓기는 것 같았으며 어둠을 무서워했다. 두 살 반이 될 때까지 입을 떼지 않았지만, 일단 말문이 터지자 느릿느릿한 목소리로 장광설을 늘어놓아 주변에서 애늙은이라는 소리를 듣기도 했다. 그는 수치스럽게도 오줌을 바지에 지르곤 했는데, 그 비밀은 어느새 마을 전체에 퍼져 조롱거리가 되기 일쑤였다. 그는 후에 이렇게 술회했다. "수치를 견뎌내기가 매우 힘들었지만, 나는 모든 것을 꾹 참고 전진해야만 했다."

라스푸틴의 어린 시절에 가장 큰 영향을 미친 것은 시베리아의 자연이었다. 포크로프스코예 지역의 비옥한 흑색토는 러시아제국을 통틀어 최상급에 속했다. 라스푸틴은 봄과 여름에는 아버지의 농사일을 거들었고, 겨울에는 온 가족과 함께 난로 주변에 옹기종기 모여 앉아 추위를 견뎠다. 삶은 고된 노동으로 점철되었지만, 한편으로는 즐

겁기도 했다. 라스푸틴은 나중에 일 년에 한 번씩 포크로프스코예에
돌아와 자신의 영적생활spiritual life에 새로운 힘을 불어넣었다. 그는 자
신의 추종자들에게 이렇게 말했다. "여름에는 나를 따라 포크로프스코
예로 오세요. 물고기도 잡고 들판에서 일도 하세요. 그러면 신을 정말
로 이해하게 될 거예요."

신은 늘 라스푸틴을 위해 존재했다. 신은 삶의 커다란 차이, 특히
육신의 욕망과 교회의 가르침 간의 갈등을 초래하는 원천이었다. 라스
푸틴은 평생 동안 구원을 추구했지만, 때때로 욕망을 이기지 못한 수
치심에 떨며 고개를 숙이곤 했다. 도스토예프스키는 "러시아인은 죄악
을 범할 수 있지만, 신 없이 살 수는 없다"라고 말한 바 있는데, 이는
라스푸틴에게 딱 들어맞는 말이었다. 종교는 러시아인의 삶을 규정하
는 힘이어서, 동방정교의 교리나 의식을 거부한 사람들도 종종 교회를
하나의 제도로서 존중하곤 했다.

대부분의 러시아인들은 이성보다 믿음에 더 큰 가치를 뒀다. 논
리나 신학보다 성화상icon*과 예전이 더 중요했고, 러시아인들의 생각
을 채운 것은 교리나 신학이 아니라 절기 행사church feast였다. 영국의
한 기자는 다음과 같은 결론을 내렸다. "러시아의 농민들은 종교적이
지만 교리에는 거의 무지하다. 그들은 성서를 거의 모른다. 어떤 사제
가 한 농부에게 삼위일체의 인격체를 말해보라고 했더니, 주저 없이
'구세주, 성모 마리아, 산타클로스'라고 말했다고 한다!"

라스푸틴은 신이 모든 것을 지배하며, 기쁨·슬픔·고통·벌은 모

✤ 성모 마리아나 그리스도 또는 성인들을 그린 그림이나 조각을 말하며, 그림을 성화聖畵, 조
각을 성상聖像이라고 함. _ 옮긴이.

두 신성한 지혜의 산물이라고 믿었다. 인생의 역경과 교회의 가르침은 러시아인 특유의 수드바sudba, 즉 숙명fate에 대한 태도를 만들어냈다. 수드바란 신의 뜻으로서, 불행을 수동적으로 받아들일 것을 요구했다. 고통은 구원과 은혜를 가져다주며, 불행에 저항한다는 것은 곧 우주의 질서에 의문을 제기하는 것이었다.

라스푸틴은 학교에 가본 적이 없었다. 일생 동안 땅을 일구는 농민에게는 교육이 중요하지 않다고 간주했다. 예핌과 안나도 교육을 받지 않았으며, 자식들이 공부 때문에 골치를 썩일 필요가 없다고 생각했다. 사실 그건 별로 놀라운 일이 아니었다. 1900년에 러시아의 문자 해득률은 20퍼센트였고, 시베리아의 경우에는 겨우 4퍼센트였기 때문이다. 1897년에 실시된 인구조사에서 그리고리 라스푸틴과 그의 부모들은 문맹으로 분류되었다.

학교에서 쫓겨나고 친구들에게 놀림을 당하며, 라스푸틴은 자신의 내면으로 침잠했다. 그는 조용하고 수심이 많고 나약하며 병치레를 자주 했다. 스스로도 "당시 나는 아웃사이더였다"라고 회상했다. 역사가 알렉산드르 보하노프는 시베리아에서의 삶을 '잔인하다'고 지적하며, "시베리아는 연약하거나 색다른 사람에게 위안을 주지 않는다. 자연은 강자를 선호하는데, 강자들은 선천적으로 직선적이고 잔혹하며 타인의 약점을 배려하지 않는다"라고 말했다.

라스푸틴은 잔혹한 현실을 몸으로 직접 깨달았다. 여덟 살이던 어느 여름날, 그는 열 살짜리 사촌 드미트리와 함께 수영을 하러 갔다. 드미트리는 놀다가 발을 헛디뎌, 그만 깊은 물속에 빠졌다. 그리고 라스푸틴이 급히 손을 내밀었지만, 결국 둘 모두 깊은 물속으로 휩쓸렸다. 함께 떠내려가던 이들은 지나가던 사람들에게 구조되어 간신히 물가로 나왔다. 둘은 폐렴에 걸렸는데, 가장 가까운 의사가 멀리 튜멘에 있었기 때문에 동네의 산파에게 치료를 맡겼다. 산파는 최선을 다했지만 소용없었다. 라스푸틴은 용케 회복되었지만, 드미트리는 목숨을 잃었다.

라스푸틴은 우울증에 휩싸였다. 이미 고립되어 세상과 어울리지 못하던 그에게는 그야말로 엎친 데 덮친 격이었다. 그는 동물, 특히 말과 함께 노는 것을 유일한 낙으로 여겼다. 그가 말과 의사소통을 한다고 생각했는지, 어른들이 그를 찾아와 말에 대해 묻곤 했다. 믿거나 말거나 라스푸틴은 고독한 길을 걷는 특이하고 신비로운 소년임이 분명했다.

라스푸틴은 여느 아이들과 달리 성격이 까다로워 다루기 어려운 아이였다. 그는 어릴 때 남의 물건을 절대로 훔치지 말아야 한다고 주장했는데, 그 이유가 걸작이었다. 마음의 눈으로 보면 물건을 훔친 사람을 알 수 있다는 것이었다. 그리고 누구나 그런 능력을 갖고 있을 거라고 여겼다. 어린 소년이 무슨 능력을 갖고 있었든, 라스푸틴의 추종자들로 하여금 그가 벌인 첫 번째 이벤트를 기적으로 여기게 하는 데는 충분했다.

열두 살 적의 어느 날 저녁, 라스푸틴은 고열로 몸져누워 있었다. 때마침 포크로프스코예에서 가장 가난한 사람 중 한 명이 말을 도난당했는데, 예핌이 친구 몇 명과 함께 그 이야기를 하고 있었다. 그때 라스푸틴이 갑자기 한 사람을 가리키면서 소리쳤다. "저 사람이 말을 훔쳤어요!" 당황한 예핌은 아들이 아파서 헛것을 봤다며 어색한 상황을 무마하려 했다. 그 후 의심을 품은 친구 둘이 라스푸틴이 지목한 사람의 뒤를 밟았고, 결국 그가 훔친 말과 함께 있는 현장을 덮치는

데 성공했다. 마리아에 의하면, 그 도둑은 몰매를 맞았고 라스푸틴은 마을에서 큰 명성을 얻었다고 한다. 이는 라스푸틴이 행한 첫 번째 기적으로 일컬어진다.

이제 와서 이 이야기의 진위를 다퉈봤자 아무런 의미가 없다. 라스푸틴의 인생사가 대부분 그렇듯 그것은 영원한 수수께끼로 남을 것이다. 중요한 것은 라스푸틴과 그 추종자들이 그것을 사실이라고 믿었다는 것이다. 그는 성인이 되었을 때 포크로프스코예에서 어린 시절에 경험한 특이한 사건들의 목록을 작성했는데, 아마도 자신이 어린 시절부터 신비로운 재능을 갖고 있었음을 과시하고 싶었던 것 같다.

그러나 라스푸틴을 일컬어, '비범한 인물로 태어나 어린 시절부터 예외적인 길을 걸었다'라고 하기에는 낯간지럽다. 사실 그는 전 세계의 여느 청소년들과 별반 다르지 않은 성장기를 보냈다. 그는 훗날 추종자들에게 이렇게 말했다. "나는 인생의 첫 스물두 해를 세속에서 보냈어요. 나는 한 사람의 평범한 청년으로서, 세상과 '세상이 내게 준 것'을 사랑했어요. 그리고 종종 세상을 향해 반항심을 표현하기도 했죠." 그는 아버지 예핌과 마찬가지로 독한 보드카를 좋아했으며 종종 코가 삐뚤어지도록 마셨다. 농사일을 하고 물건을 나르고 낚시질과 사냥을 마치면, 젊은 라스푸틴은 마을에서 광란의 밤을 보낼 준비가 되어 있었다. 그는 말에 마구를 채운 후 마을을 휘젓고 달렸다. 물론 술도 취하도록 마시고, (가던 길을 멈추고 그를 응시하는) 점잖은 주민들에게 음담패설도 내뱉었다.

라스푸틴은 알코올보다 젊은 여자들을 훨씬 더 좋아했다. 게다가 매너가 세련되지도 않았다. 매력적인 소녀들을 붙들고 다짜고짜 키스를 퍼붓거나, 대뜸 손을 뻗어 단추를 풀려고 하기도 했다. 일부 소녀들은 그저 슬쩍 피하기도 했지만, 따귀와 발길질이 날아오기 십상이었다. 신비로움에 빠져 기분이 들뜬 이상한 젊은이 앞에서 그녀들은 위험을 감지했을 것이다. 라스푸틴은 이내 마을의 난봉꾼으로 명성을 날렸다. 그는 나중에 이 시기의 일들을 뭉뚱그려 "대체로 좋았던 농사꾼 시절"이라고 회고했다.

열일곱 살 시절 라스푸틴의 키는 175센티미터였고, 얼굴이 길고 갸름했던 것으로 보아 영양실조나 과음의 결과인 것으로 보인다. 암갈색 머리칼은 정확히 둘로 나뉘어 양쪽 어깨로 번들거리며 내려왔고, 헝클어진 턱수염과 콧수염이 얼굴 아랫부분을 뒤덮었다. 코는 크고 약간 비뚜름한데, 그건 아마도 술집에서 난투극을 너무 많이 벌였기 때문인 것으로 보인다. 무성한 눈썹 밑에서 세상을 응시하던 휘둥그런 눈은 전설적인 트레이드마크가 되었다. 한 친구는 "그의 눈은 이글거리며 당신을 곧바로 관통한다. 그것은 눈구멍에 깊숙이 박혀 있으며, 흰자위가 약간 돌출해 있다. 끊임없이 움직이는 눈망울은 너무 눈이 부셔, 색깔이 뭔지 도통 알 수가 없다"고 언급했다. 제정러시아 최고의 명물로 손꼽혔던 라스푸틴의 눈빛은 회색, 파란색, 심지어 '파란색과 갈색의 앙상블'로 다양하게 묘사되었다.

라스푸틴의 묘한 눈망울과 특이한 연설법에는 힘이 있었다. 그는 연설하기 전에 사람들을 응시했는데, 특히 청중들의 얼굴에 날카롭고 불편한 시선을 던지는 게 특징이었다. 그의 말은 일관성이 없고 불확실하게 느껴졌다. 문장들은 혀끝에서 굴러떨어지듯 퍼져나가며 특이한 의식의 흐름을 형성했다. 그는 단편적인 생각들을 말했고 삶과 종교를 성찰하며 성적인 언급을 곁들였다. 그는 신경이 과민한 듯 사지를 비틀고 발을 이리저리 움직이며 근처에 있는 사물을 더듬어 손아귀에 넣었다. 그러면서 아이러니하게도 사람들에게는 집중하라고 다그쳤다.

라스푸틴의 성격은 양립하기 어려워 보이는 면들을 동시에 갖추고 있었다. 그는 '종교적 구도자'인 동시에 '방탕한 주정뱅이'였다. 어떤 마을에나 말썽꾸러기가 하나쯤 있기 마련인데, '칭얼거리는 놈'이나 '건방진 놈'과 같은 조롱 섞인 별명으로 미루어볼 때 그가 어떤 사람인지를 알고도 남음이 있다. 그러나 젊은 라스푸틴은 부모와 함께 인근의 수도원으로 순례를 떠나기도 했다. 그는 특히 토볼스크 근처의 아발락에 있는 즈나멘스키 수도원에 마음이 끌렸다. 1886년 여름, 부모는 그에게 혼자서 순례를 떠나도 좋다고 허락했다.

그런데 수도원에서 예상치 못했던 일이 벌어졌다. 라스푸틴이 사랑에 빠진 것이다. 젊은 여성의 이름은 프라스코바야 표도로브나 두브로비나로 가까운 마을 출신이었다.* 신앙심이 깊은 재원이었던 프라스코바야는 작고 통통한 처녀로, 까만 눈과 아름다운 금발의 소유자였다. 스무 살의 나이로 미루어볼 때, 그녀는 최고의 신랑감들에게 여러 번 딱지를 맞은 게 분명했지만 라스푸틴은 개의치 않았다. 그는 그녀에게 홀딱 반했으며, 헤어지는 순간 그녀의 뜨거운 입술에 맹렬한 키스를 퍼부었다.

라스푸틴은 더듬는 손에 굴복하거나 따귀로 맞대응하는 소녀들에게 이력이 나 있었지만, 프라스코바야는 달랐다. 그녀는 결혼할 때까지 스킨십을 허락하지 않았고, 라스푸틴은 다섯 달 동안의 구애 끝

＊마을의 이름은 그녀의 가족 이름을 딴 것이 분명해 보이는데, 이는 시베리아의 농민들이 종종 부를 축적하여 위신을 얻었음을 시사한다.

에 프라스코바야의 마음을 얻었다. 예핌과 안나는 그들의 결합을 재촉했고, 1887년 2월 2일, 그러니까 라스푸틴의 열여덟 번째 생일이 지나고 불과 3주째 되는 날에 그들은 결혼에 골인했다.

라스푸틴은 매우 탁월한 선택을 한 셈이었다. 어떤 의미에서, 둘의 결혼은 두 아웃사이더의 연합이었다. 라스푸틴이 끊임없이 갈등하는 젊은이라면, 프라스코바야는 상상을 초월하는 포용력과 이해심을 소유한 노처녀였다. 그녀는 남편이 종교적 소명을 갖고 있다고 믿었고, 이 같은 확신은 그녀로 하여금 남편의 많은 부분을 얼마든지 눈감아주고 용서하게 만들었다. 그중에는 장기간 집을 비우는 것은 물론, 음주나 간음도 포함되어 있었다. 그녀는 최후의 순간까지 단순함과 독실함을 유지하며, 남편이 직면한 도전이 그를 압도하기 일보 직전인 것처럼 보이는 순간마다 안식처를 제공했다.

젊은 부부는 풍습에 따라 신랑의 부모들과 함께 살았다. 첫 번째 자녀 미하엘은 1888년 9월 29일에 태어나, 1893년 5월 16일에 성홍열scarlet fever로 죽었다. 1894년 5월에는 그리고리와 안나 쌍둥이가 태어났는데, (1896년에 포크로프스코예에 유행하여 하루 동안 여섯 명의 아기들을 희생시킨) 백일해를 견디지 못하고 죽었다. 그다음 태어난 세 자녀는 생존하여 성인이 되었는데, 드미트리는 1895년 10월 25일, (마리아로도 불리는) 마트료나는 1898년 3월 26일, 바르바라는 1900년 11월 28일에 각각 태어났다. 일곱 번째 자녀인 프라스코바야는 1903년에 태어났지만 78일 후에 백일해로 죽었다. 높은 유아 사망률은 시베리아 생활의 일부로 받아들여지던 시절이었으므로, 라스푸틴은 그에 대해 일언반구도 하지 않았다. 그런 죽음은 신의 불가해한 뜻inexplicable will을 드러내는 것이니, 더 이상 말할 게 없었던 것이다.

결혼생활도 한시도 가만히 있지 못하는 라스푸틴의 성격을 달랠 수는 없었다. 사람들은 그에게 뭔가 나쁜 일이 일어났다고 생각했다. 결혼 후에도 여전히 술을 마시고, (아내가 있음에도) 대놓고 간음을 하고, 종교적 주제에 대해 장황하고 두서없는 담론을 늘어놓았으니, 사실 그럴 만도 했다. 한 이웃은 당시의 상황을 이렇게 회고했다. "그

라스푸틴과 그의 세 자녀

는 빵이든 뭐든 돈이 될 만한 물건들을 닥치는 대로 내다 팔아 술을 사들였다. 그래서 프라스코바야는 남편 때문에 고통을 받았다." 포크로프스코예의 주민들은 그를 고용하기를 거부했고, 절도나 공공기물 파괴와 같은 사건들이 일어나면 일차적으로 그를 의심했다. "사람들은 무슨 일만 생기면 나를 비난해. 내가 아무런 관련이 없는 경우에도 말이야"라며 그는 불평했다.

한번은 카르타프체프라는 주민이 자기 땅에서 물건을 훔치는 라스푸틴을 목격했다고 주장했다. 그는 임시정부의 특별조사위원회*에 출석하여 "라스푸틴은 물건을 잘게 썰어 우마차에 싣고 급히 달아나려던 참이었어요. … 나는 그를 잡아 훔친 물건과 함께 경찰에 넘기려

---

*무너져가는 차르 체제하에서 권력을 남용하던 사람들을 조사하기 위해 설립된 기관이었다.

아웃사이더

고 했지요. 그는 도망칠 요량으로 도끼를 휘둘렀지만, 내가 막대기로 세게 때리자 그의 코와 입에서 피가 났습니다"라고 증언했다. 라스푸틴이 의식을 잃고 쓰러지자, 카르타프체프는 그가 죽었으려니 생각했다. 라스푸틴은 잠시 후 정신을 차렸지만, 경찰서에 가지 않겠다고 완강히 버텼다. "내가 그의 얼굴을 주먹으로 여러 차례 가격하자, 그제서야 그는 순순히 경찰서로 갔어요"라고 카르타프체프는 말했다.

그 사건은 라스푸틴의 얼굴에 영구적인 흉터를 남긴 것 같았다. 그는 머리를 길러 넓은 이마를 가렸는데, 라스푸틴의 딸 마리아는 그의 단정치 않은 헤어스타일을, "뿔을 연상시키는 작고 특이한 혹을 감추기 위해 일부러 연출한 것"이라고 설명했다. 어쩌면 그 혹은 카르타프체프에게 얻어맞아 생긴 흉터인지도 모른다.

카르타프체프는 라스푸틴이 자기에게 얻어맞은 후 정신이 약간 이상하고 멍청해졌다고 생각했지만, 라스푸틴 스스로는 그 전부터 자신이 영적인 재능을 보유하고 있으며 '고귀한 사명을 수행하라'는 신의 소명을 받았다고 확신하고 있었다. 후에 그는 당시 미래를 곰곰이 생각하며 자신이 불충분하고 무가치하다는 느낌에 젖어 있었노라고 회고했다. 그는 추종자들에게 이렇게 말했다. "나는 불만이 많았어요. 평생 동안 병을 앓았지만, 의사는 아무런 도움이 되지 않았어요. 나는 매년 봄이 찾아올 때마다 40일 동안 잠을 자지 못했어요."

40이라는 숫자는 성경의 내용을 암시했다. 40일간의 폭우가 대홍수를 일으켰고, 이스라엘 백성들은 광야에서 40년간 방황했으며, 예수는 40일간 굶으면서 사탄의 시험을 받았기 때문이다. 라스푸틴은 그 질풍노도의 시기를 '삶의 의미를 찾기 위한 시험 기간'으로 간주했다. 그는 자신을 특별하다고 간주할 필요가 있었지만, 그의 기도에도 불구하고 응답은 오지 않았다. 그는 큰 실의에 빠졌다. 감정적·영적 질병을 떨쳐 버릴 수 없었기에, 라스푸틴은 거듭된 주색잡기에 빠져들었던 것이다.

사실 라스푸틴도 다른 사람들처럼 나이가 들어가며 젊은 시절의 잘못을 뉘우치고 회개하며 평범한 인생을 살 수도 있었다. 그러나 그에게는 변화의 기회가 찾아왔다. 1897년 카르타프체프가 소유한 말 중 두 마리가 감쪽같이 사라졌다. 즉시 라스푸틴과 그의 부랑아 친구 콘스탄틴과 트로핌이 유력한 용의자로 떠올랐고, 세 사람은 마을회의 에서 혐의를 뒤집어썼다. 콘스탄틴과 트로핌은 유죄를 인정받아 마을 에서 영구적으로 추방되었다. 하지만 라스푸틴에 대한 증거는 설득력 이 부족했으므로, 포크로프스코예 주민들은 그를 일시적으로 추방하 기로 결정했다.

이에 대해 라스푸틴은 유형流刑 대신 순례 여행을 떠나겠다고 제 안했다. 장장 520킬로미터를 걸어 시베리아의 베르호투르예에 있는 성 니콜라이 수도원에 가겠다는 것이었다. 언젠가 그의 아버지 예핌 도 법을 위반했을 때 그곳에 가겠노라고 약속했지만 이행하지 못했다. 그러니 라스푸틴은 자기 자신의 죄는 물론 아버지의 죄까지도 속죄할 기회를 얻은 셈이었다. 마을 사람들은 이를 계기로 라스푸틴의 성격이 바뀌거나 최소한 잠시 동안이라도 골치 아픈 그를 멀리 보낼 수 있다 는 생각에 제안을 받아들였다.

이때 그리고리 라스푸틴의 나이는 스물여덟 살로, 아내와 젖먹이 하나를 거느리고도 아직 아버지의 집에 얹혀살고 있었다. 그러나 이제 새로운 길이 펼쳐지고 있었으니, 그것은 가정적이고 규칙적인 포크로 프스코예를 떠나 미지의 목적지로 향하는 길이었다. 베르호투르예로 떠나던 날, 그도 곰곰이 생각했으리라. 라스푸틴은 '시베리아의 작은 마을'이라는 범위를 벗어나, 바야흐로 역사의 페이지로 발걸음을 옮기고 있었다.

2

구도자와 지도자

라스푸틴은 용서와 구원을 찾아 러시아제국을 가로지르던 수백만 순
례자의 일원으로 포크로프스코예를 떠나 베르호투르예로 향했다. 520
킬로미터를 걸어 베르호투르예에 도착하는 데는 2~3주 정도 걸린 것
으로 보인다. 밤에는 마구간이나 지저분한 길가에서 잠을 청했다. 만
약 그가 단지 이웃들의 질책으로부터 벗어날 목적이었다면, 일시적인
유배를 택하는 편이 순례생활보다 훨씬 편안했을 것이다. 그러나 라스
푸틴은 구도자였기 때문에 순례자의 길을 선택하였다.

　순례 도중 라스푸틴은 이 마을 저 마을을 다니며 자연과 교감을
나누었을 것이다. 그는 앳된 열정을 갖고 있어서 하늘과 (서시베리아의
들판과 숲속에서 피어나는) 꽃들은 물론 새, 동물, 나무에서 신의 얼굴을
봤을 것이다. 그는 언젠가 이렇게 선언했다. "자연은 신을 영화롭게 하

며 우리를 즐겁게 한다! 우리에게 많은 축복을 내리신 신께 감사드리자."

라스푸틴은 마침내 목적지에 도착했다. 먼발치에서 푸른 전원을 배경으로 베르호투르예에 있는 40개 교회, 수녀원, 수도원 들을 둘러싼 흰 벽과 총천연색 돔들이 모습을 드러냈다. 그것들은 지친 순례자들을 향해 손짓하는 듯했다. 대부분의 순례자들은 성 니콜라이 수도원으로 가서 성 시므온St. Simeon◆ 앞에서 기도를 했다.

라스푸틴은 그곳에서 수도자 마카리와 친구가 되었다. 그는 자신의 육신에 굴욕감을 주기 위해 사슬을 두르고 다니는 젊은 금욕주의자였다. 비록 문맹이었지만, 마카리는 예배 절차, 기도문, 긴 성경 구절들을 암기하고 광범위한 추종자들을 거느렸다. 그는 동방정교회에서 점차 힘을 얻고 있던 교파의 전형을 따라, 대중의 단순하고 확고한 믿음을 본받을 만한 것으로 존중했다. 마카리의 설교는 라스푸틴과 마찬가지로 일관성이 없었지만, 그의 말에는 폐부를 찌르는 예리함이 있었다. 마카리는 서민들에게 인기가 있었으며, 그들의 언어를 이용하여 '일상생활의 도전'과 '구원 추구' 간의 관계를 설명했다.

마카리는 리스푸틴에게 강력한 전범이 되었다. 그는 신의 뜻을 이해하기 위해 끊임없이 노력하는 사람이었고, 다른 사람들이 신의 뜻을 추구하도록 도와줄 준비가 되어 있었다. 그는 신비주의자였는데, 이는 신과 직접 교감을 나눈다는 것을 의미했다. 그는 분별력과 지혜, 기도와 단식, '인간 본성의 유혹', '큰 죄를 짓고도 신을 찾을 수 있는 방법'에 대해 말했다.

◆ 가난한 사람들을 돌보기 위해 특권적인 생활을 포기한다'고 선언한 것으로 유명한 성인.

라스푸틴은 농부였지만 설사 학교를 다니지 않더라도 비범한 능력을 가질 수 있다고 믿었다. '내가 어릴 적 발휘한 능력들이 내 인생에 대한 신의 계획을 미리 보여준 게 아니었을까?' '마카리와 마찬가지로, 나도 다른 사람들을 종교적 여정으로 이끌도록 예정되어 있는 것은 아닐까?' '나 자신을 구원하도록 예정된 방법은 바로 그것이 아닐까?' 이런 생각을 하던 라스푸틴에게 마카리는 "신에게 영적 인도를 기도하고 간구하세요"라고 조언했는데, 그것은 불확실성 속에 방황하던 그에게 큰 깨달음을 주었다. 후에 라스푸틴은 자신을 끊임없이 부르던 '내면의 음성inner voice'을 언급했는데, 그것은 '십자가를 지고 나를 따르라'는 거였다.

라스푸틴은 나중에 이렇게 썼다. "나는 사람들을 구원하는 방법을 배우기 위해 자아성찰을 했다. 그러기 위해 잠을 줄이고 열심히 노력했다." 그러던 가운데 뭔가 예기치 않은 일이 일어났다. 라스푸틴이 회개한 것이다. 그는 러시아정교회의 세례신도였지만, 방탕하게 생활하며 많은 가르침들을 무시했었다. 하지만 그랬던 그가 이제는 기독교 신앙의 '살아 있는 심령'으로 충만해 있었다. 라스푸틴은 갑자기 훌륭한 기독교적 삶을 영위하고 신에게 봉사하기로 결심했다. 그는 이미 타인을 진리로 이끄는 방법을 스스로 모색해온 터였다. "나는 베르호투르예에서 성자·수도자들과 함께 신을 발견했다"고 말했을 때, 그는 결심을 굳힌 상태였다. 그 과정에서 마카리의 영향력은 특히 중요했으며, 라스푸틴이 포크로프스코예로 돌아갔을 때 결과가 가시화되었다. 마을을 떠날 때는 목소리 크고 색色을 밝히던 주정뱅이가, 돌아올 때는 헝클어진 머리에 모자를 벗고 노래를 부르며 손을 흔들었다. 사람들은 능력 충만한 젊은이가 회개의 불길로 뜨겁게 타오르며 마주치는 사람들과 일일이 자신의 경험을 나누는 장면을 경이로운 눈으로 바라보았다.

영적 경험의 진정성을 검증하는 것은 매우 까다로운 작업이지만, 적어도 처음 몇 년 동안 라스푸틴은 진실했던 것으로 보인다. 또한 그는 자신을 돋보이게 하고 명성을 드높이는 관행들을 접하며 사람들의 마음을 사로잡는 방법을 익힌 것 같았다. 1903년 상트페테르부르크에 진출할 때까지 라스푸틴은 술을 끊고 채식주의자가 되었다. 마치 영화배우처럼, 라스푸틴은 자신만의 화려한 방법으로 신을 숭배했다. 마을 교회의 회중 앞에서, 라스푸틴은 미친 듯이 좌우를 응시하며 종종 부적절한 목소리로 찬송가를 불렀다. 또한 그는 기도하는 동안 머리 주위로 팔을 흔들거나, 의식을 치르는 동안 얼굴을 찡그리기도 했다. 그렇지만 그는 교회의 성화상들을 존중할 정도로 성실했고, 교회 절기와 금식에도 참여했으며, 성가대에서 노래를 부르는 등 경건함을 상징하는 행동들을 모두 적절히 소화했다.

라스푸틴은 설교자가 되기를 열망했는데, 그런 역할을 수행하려면 읽고 쓰기를 할 수 있어야 함을 깨닫고 베르호투르예에서 회개하던 무렵부터 이를 익힌 것으로 보인다. 어린 시절 학교를 다니지 않은 라스푸틴에게 성인이 된 후에 읽고 쓰기를 배운다는 것은 고통스러운 과정이었다. 그러나 그는 불과 몇 주밖에 안 되는 짧은 시간 동안 놀라운 집중력을 발휘하여 소기의 성과를 거뒀다.

라스푸틴은 포크로프스코예에 돌아온 이후 "책을 많이 읽는다"고 입버릇처럼 말했는데, 그 후 교부들의 말과 성경 구절을 인용하는 능력이 생긴 것으로 보아 그 말은 사실인 것으로 보인다. 그는 교육의 중요성을 깨달았음에 틀림없다. 그로부터 몇 년 후, 그는 포크로프스

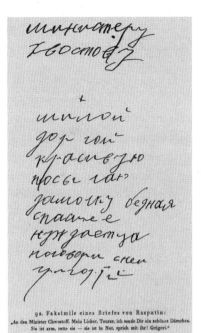

라스푸틴의 메모. 라스푸틴은 베르
호투르예에서 일기와 쓰기를 배웠
다. 그의 필체는 정돈되지 못했고,
철자와 문법에도 실수가 많았다.

92. Faksimile eines Briefes von Rasputin:
„An den Minister Chwostoff. Mein Lieber, Teurer, ich sende Dir ein schönes Dämchen.
Sie ist arm, rette sie — sie ist in Not, sprich mit ihr! Grigori."

코예로 가는 증기선에서 한 농부와 그의 아들을 만났다. 그는 노트를
펴들고 지나가는 배들의 이름을 적다가, 농부의 아들을 보며 이렇게
말했다고 한다. "학교에서 열심히 공부하고, 결석을 하지 말아라. 읽고
쓴다는 것은 매우 어렵거든!"

소명 의식으로 무장한 라스푸틴은 포크로프스코예의 군중들을
모으기 시작했다. 그들은 라스푸틴의 비전에 마음을 열고, 그의 리더
십을 받아들일 준비가 되어 있었다. 그의 추종자 중에는 일리야 아르
세노프, 니콜라이 라스포포프, 코르차코프 일가, 페체르킨 자매인 카
탸와 두냐가 있었다. 그들은 설사 동방정교회의 전통적 한계를 벗어
나, 신과의 강렬하고 개인적인 관계를 추구하는 라스푸틴에게 합류할
준비가 되어 있었다. 그들은 비밀리에 모였는데, 그로 인해 성장이 더

구도자와 지도자

뎠겠지만 교회 관계자들의 방해 공작을 막기 위한 불가피한 선택이었을 것이다. 또한 라스푸틴은 비밀을 유지함으로써 추종자들에 대한 영향력을 보다 공고히 할 수 있음을 알았을 것이다.

사람들은 곧 궁금증을 품기 시작했다. "그리슈카는 도대체 무슨 일을 하고 있는 거지?" 어떤 사람들은 "페체르킨 자매가 목욕탕에서 옷을 벗고 라스푸틴의 몸을 씻어줌으로써 예배를 시작한다"고 수군거렸다. 신도들은 예핌의 집에 모여, 경건한 표정의 페체르킨 자매가 라스푸틴을 (성화상으로 장식된) 재단으로 안내하는 동안 노래를 불렀다. 라스푸틴이 성경을 읽고 설교를 하면, 참석자들은 기도를 하고 찬송가를 불렀다. 음악은 이 세상 것 같지 않게 기이하고 섬뜩했다. 일부 마을 사람들은 어둑어둑한 곳에서 필시 다른 일이 벌어졌을 것이며, 라스푸틴이 흘리스티라는 악명 높은 종파의 일원일 거라고 믿었다.

라스푸틴은 죽는 날까지 러시아정교회의 신도로 남았지만, 열린 마음으로 다른 교리에도 관심을 가졌다. 그는 베르호투르예에서 회개한 후, 포크로프스코예에 들어온 침례교도와 복음주의 기독교인들의 말을 유심히 들었다. 라스푸틴은 야코프 바르바린에게서 많은 것을 배웠는데, 그는 이단으로 몰려 아발락 수도원에 감금된 사제였다. 종파주의자들도 라스푸틴의 관점을 형성하는 데 기여했는데, 그들은 구교도Old Believer들과 상당히 달랐다. 구교도들은 17세기에 니콘 총대주교의 개혁을 거부했지만, 여전히 자신들을 동방정교회의 일부라고 여기고 있었다. 이와 대조적으로 종파주의자들은 자신들을 러시아정교회의 일부로 여기지 않았다.

기독교 종파 중 하나인 흘리스티는 라스푸틴에게 가장 큰 영향을 미쳤다. 이 종파는 17세기 초, 다니엘 필리포비치라는 농부가 자신을

'만군의 주Lord of Hosts'라고 선언하면서 시작되었다. 그는 남녀를 불문하고 다른 평범한 사람들도 이러한 신성한 재능divine gift을 갖고 있다고 선포했다. 신도들은 자칭 '그리스도의 신도들Believers in Christ'이라고 하며, "필리포비치는 우리를 동방정교회의 이단들로부터 끌어내리려고 보내진 사람"이라고 확신했다. 흘리스트의 구성원들은 불법으로 몰려 사형을 당했음에도 종파 자체는 시베리아 전역에서 번창했기 때문에, 정부 당국에게는 심각한 골치거리였다.

대부분의 사람들은 '그리스도의 신도들'을 흘리스티 또는 흘리스트Khlyst라고 불렀는데, 이는 '편달(채찍질)'을 뜻하는 러시아어다. 편달고행자Flagellant들은 야간에 지하실이나 '지하 저장고의 배ship'라는 집회 장소에 몰래 모였다. 그들은 흰 가운을 걸치고 그리스도(또는 성모 마리아)라고 불리는 남성(또는 여성)의 지휘에 따라 찬송가를 부르거나 구호를 외쳤다. 팔을 흔들며 소리를 지르고, 지휘자가 휘두르는 채찍에 맞아 피가 흐르는 동안 미친 듯이 춤을 췄다. 그러다가 황홀경에 이르면 가운을 벗어던지고 성의 향연sexual orgy을 펼쳤다. 흘리스티는 (배우자와의 섹스를 포함하여) 섹스를 죄악이라고 믿었지만, 죄악은 회개에 이르는 관문이기도 했다. 죄악은 구원을 가져다주므로, 흘리스티는 죄악을 저지르고자 하는 용기*를 갖고 있었다.

흘리스티는 1905년 혁명이 일어난 후 합법화되었음에도, 라스푸틴이 흘리스티의 신도였다는 혐의는 죽을 때까지 그를 따라다니며 괴롭혔다. 그는 초기 가르침에서 흘리스티의 생각 중 일부를 채용했고, 그의 신도들은 지하 저장고에서 찬송가와 성가를 불렀다. 그러나 반복

❖ 라진스키는 이를 '어두운 용기dark courage'라고 불렀다.

된 조사와 탐문 수사에도 불구하고, 그가 홀리스티에 가입했다는 증거는 발견되지 않았다. 사실 라스푸틴이 홀리스티와 달리 예배에 섹스를 포함시키지 않았다는 사실은 주목할 만하다. 라스푸틴은 홀리스티에 우호적이었지만, 그들과 일정한 거리를 유지하고 홀리스티에 가입하는 것을 꺼렸다. 그럴 경우 엘리트층에 영향력을 행사하겠다는 그의 희망이 물거품이 될 가능성이 높았기 때문이다. 라스푸틴은 구도자를 넘어 지도자를 지향했으므로, 자신만의 사상체계를 확립하고 추종자 그룹을 만들 필요가 있었다.

라스푸틴은 자신이 1898년에 계시를 받았다고 주장했다. 즉, 하루는 들판에서 농사일을 하고 있는데, 성모 마리아가 하늘에 나타나 자기 주변을 맴돌며 날아다니는 것을 봤다는 것이다. 그는 무릎을 꿇고 앉아 명령을 기다렸지만, 성모 마리아는 아무 말 없이 지평선을 가리키기만 했다고 한다. 성모 마리아는 그에게 또다시 순례를 떠나라고 지시한 것이다. 그것은 창작이었을까, 환각이었을까, 기적이었을까? 진실이 무엇이든 간에, 그 경험은 그의 인생을 바꿨다. 그것은 이를 테면 제2의 회개, 즉 거듭남이었다. 그는 훗날 "어느 날 밤 방에서 성모 마리아를 만났다. 잠에서 깨어났는데, 그녀가 눈물을 흘리며 내게 이렇게 속삭였다. '그리고리, 나는 인간의 죄를 위해 울고 있단다. 가서 모든 사람들의 죄를 깨끗이 씻어주거라'"라고 회상하기도 했다.

사람들에게 신비감을 심어주려는 듯, 라스푸틴은 종종 신의 계시를 언급하곤 했다. 그것은 자신을 숙명적인 사람a man of destiny으로 각인시키는 효과도 있었다. 그것은 신도들의 종교적 감정을 이용하는 방법으로, 러시아정교회가 기적과 계시를 신의 은총의 현현manifestation으로 간주한 것과 같은 맥락에서 볼 수 있다. 정확한 날짜를 알 수는 없지만,✦ 라스푸틴은 느닷없이 "신에게서 그리스의 아토스 성산에 순례를 다녀오라는 명령을 받았다"라고 발표했다. 아토스 성산은 수도원들이 모여 있는 동방정교회의 중심이었다.

예핌은 아들을 믿지 않았다. 아들이 순례를 핑계로 게으름을 피운다고 생각한 것이다. 그러나 그의 평가는 그다지 공정하지 않았다. 라스푸틴은 비가 오나 눈이 오나 8,000킬로미터를 걷고, 시골의 마을과 전원지대를 통과하며, 숙식을 모두 자선에 의존하겠노라고 말했기 때문이다. 농사꾼으로 사는 것도 힘들지만, 라스푸틴이 제안한 순례 계획에 비하면 누워서 떡 먹기였다. 게다가 라스푸틴은 십 대 시절부터 순례생활을 경험하지 않았던가!

라스푸틴은 결국 스트란닉(순례자)의 자격으로 그리스를 향해 출발했다. 당시 러시아에서는 순례자들을 종종 볼 수 있었다. 그들은 나무껍질로 만든 신발을 신고 농부의 옷을 입었으며, 어깨에 아무렇게나 짊어진 배낭 외에는 소지품도 별로 없었다. 순례 여행은 그들의 소명이었으므로, 그들은 소명을 다하는 데 총력을 기울일 뿐이었다. 스트란닉들은 편안함이나 즐거움을 추구하지 않고, 스파르타식 생활을 영위하며 주기도문을 끊임없이 반복했다. "주 예수 그리스도여, 죄인인 나를 긍휼히 여기소서." 라스푸틴도 그들과 전혀 다르지 않았다.

그는 그때 일을 나중에 이렇게 회상했다. "나는 삶을 치열하게 받아들였다. 선악을 막론하고 모든 것에 관심을 가졌다. 모든 것을 받아들이고 아무것도 의심하지 않았다. 폭풍이 불든 바람이 불든 비가 오

✦ 아마도 1900년쯤인 것으로 추정된다.

구도자와 지도자

든 전혀 개의치 않고 하루에 40~50킬로미터씩 걸었다. 먹을 게 거의 없어서 탐보프에서는 감자만 먹었다. 돈이 한 푼도 없었지만 아무것도 걱정하지 않았다. 밤에 숙소가 필요하면 아무 데서나 잠을 청했다. 신이 모든 것을 제공해줬다." 그는 6개월간 속옷을 갈아입지 않은 것은 물론, 자신의 몸에 일절 손대지 않았다. 매일 밤 성경 구절 몇 개를 읽고 기도했으며, 때때로 지역 주민들의 안내로 길을 찾았다.

몇 달 동안 도보 여행을 하니 의지가 약해지며, 불현듯 이런 목소리가 들려왔다. "너는 과분한 일을 하고 있다. 네가 뭘 하고 있는지 아는 사람이 아무도 없다." 라스푸틴은 그게 사탄의 유혹임을 느꼈다. 의심이 고개를 드는 순간은 인생의 슬럼프였지만, 그는 극복하는 방법을 스스로 터득했다. 순례 도중 어려운 고비를 맞을 때마다 좌절하지 않고 사랑의 사슬chain of love을 든든히 하는 계기로 삼았다. 그리고 육체적·정신적 헌신을 통해 신의 목적을 발견하려고 노력했다.

시베리아와 우크라이나를 횡단하여, 라스푸틴은 마침내 아토스 성산의 동방정교회 수도원에 도착했다. 혹자의 추측에 의하면, 라스푸틴이 이때 수도자가 될 생각을 했을 거라고 한다. 그러나 그가 자신을 위대한 지도자 감으로 여기는 사람이었다면 그럴 가능성이 거의 없다고 봐야 한다. 라스푸틴은 아토스 성산에 도착한 것을 자랑스럽게 여겼지만, 그곳의 수도자들 중 일부가 공공연한 동성애자라는 사실을 알고 나서 거부감을 느꼈기 때문이다(라스푸틴이 동성애에 노출된 것은 그때가 처음이었다). 비록 죄악과 섹스에 대해 유연한 태도를 갖고 있었음에도 불구하고, 그가 아토스 성산에 대해 가지고 있던 환상은 깨졌다. 그로부터 몇 달 후 시베리아에 도착했을 때, 그는 베르호투르예로 가서 마카리에게 그동안의 경험을 털어놨다. 라스푸틴의 설명을 들은 마카리는 아토스 성산에서의 생활에 대해 경악을 금치 못했다. 그럼에도 불구하고 마카리는 라스푸틴에게 "당신의 미래에 큰 역사가 기다리고 있습니다"라고 힘주어 말하며, "당신의 사명을 기억하세요. 수도원에서 구원을 찾을 수 없으므로, 당신은 세상을 스스로 구원해야 합니다"라고 덧붙였다.

아토스 성산으로 장거리 순례 여행을 떠난 라스푸틴은 거의 2년 동안 포크로프스코예를 비웠다.※ 마리아는 아버지가 돌아오던 장면을 다음과 같이 회고했다. "키가 크고, 갈색 수염에 피곤한 얼굴을 한 아저씨가 집을 향해 걸어왔어요. 먼발치에서 봐도 피곤한 기색이 역력했어요. 어머니는 '그리고리!'라고 외쳤어요. 나는 어머니가 낯선 남자와 포옹하는 것을 보고 깜짝 놀랐어요. 아버지가 그렇게 오랫동안 집을 비웠던 건 어머니와 나 모두에게 가혹한 일이었어요. 그러나 어머니는 아버지를 자랑스럽게 여겼어요. 왜냐고요? 어머니는 아버지가 '신을 섬기는 자'임을 확신하고 있었거든요."

포크로프스코예에서 라스푸틴의 영향력은 여전히 제한적이었다. 왜냐하면 신도들이 비밀리에 모이는 데다, 주민들에게 상당한 적대감을 야기했기 때문이다. 그는 종종 포크로프스코예를 떠나 시베리아 전역의 수도원과 종교 시설을 방문했는데, 포크로프스코예에 돌아올 때마다 주민들이 늘 의구심으로 가득 차 있는 것을 발견했다. 게다가 라스푸틴은 적들에게 빌미를 제공했다. 그는 돌아올 때 종종 수녀복 비슷한 복장을 한 젊은 여성들을 대동했고, 이웃들이 바라보고 있는 데

※ 라스푸틴이 포크로프스코예를 떠날 때 딸 마리아가 생후 몇 개월에 불과했으므로, 출발 시기는 1898년이 분명한 것 같다.

도 그녀들에게 키스하기도 했다. 그녀들은 스스로 동행한 경우가 대부분이었는데, 후에 몇몇 소녀들은 "라스푸틴이 나를 지하 저장고로 데려가 성추행하고는, 우리가 한 일은 죄악이 아니며, 단지 삼위일체 미사를 거행한 것일 뿐이라고 말했다"고 진술했다.

마을 사람들은 이미 라스푸틴이 흘리스티 신자라고 의심하고 있었다. 그러던 참에, 그들은 라스푸틴이 엽기적인 방법으로 성욕을 추구한다는 소문을 믿게 되었다. 성욕을 추구하는 것이 쾌락이 아니라 부담이라고 이해해준 사람은 프라스코바야 단 한 사람뿐이었다. 처자가 있는 몸임에도 불구하고 여전히 혈기왕성한 라스푸틴은 매 순간 욕구와 충동에 굴복하지 않으려고 최선을 다했지만 늘 성공한 것은 아니었다. 그는 늘 자신의 어두운 측면을 포용하면서, 그것을 '신이 보낸 또 하나의 시험'이라고 간주했다. 딸 마리아는 라스푸틴을 '근엄하고 어딘지 모르게 고뇌하는 인물'로 기억하며, "아버지는 삶의 목표가 오직 기도문을 외는 것뿐이라고 느끼는 것 같았다"라고 회고했다. 그러나 포크로프스코예의 수석 제사장이던 표트르 오스트로우모프 신부는 그런 미묘한 일 따위에는 관심이 없었다. 그는 "성욕과 종교를 뒤섞는 것은 명백히 이단"이라며 격노했다.

스캔들은 라스푸틴을 궁지에 몰아넣었다. 세상의 인정과 지위를 바라는 사람이 수많은 비웃음과 조롱을 감당하기에는 역부족이었다. 마을 사람들이 그를 진지하게 받아들이지 않는다면, 라스푸틴이 그곳을 떠나는 수밖에 없었다. 그래서 그는 1902년에 자기 신발 바닥에 묻은 먼지를 털고(마태복음 10:14), 포크로프스코예를 떠나 시베리아 너머의 세상으로 여행을 떠났다.

볼가강 둑을 따라 제멋대로 펼쳐진 카잔은 인구 밀집 지역이자 중요한 신학교가 있는 도시였다. 라스푸틴이 그곳에 도착했을 때, 사람들은 그를 스타레츠starets라고 불렀다. 스타레츠란 신비로운 자질과 함께 강력한 기도생활이 돋보이는 사람들에게 부여되는 칭호였다. 혹자는 라스푸틴이 비정상적인 애정 행각 때문에 그런 명예로운 칭호를 받기 어려웠을 것이라고 생각할지 모른다. 그러나 라스푸틴의 성격에는 상충되는 면들이 꽤 많았으며, 포크로프스코예 외부의 사람들은 (왜 그랬는지는 모르겠지만) '신을 섬기는 자'라는 면에 주목하여 그를 '스타레츠 라스푸틴'이라고 부르게 되었다. 도스토예프스키는 『카라마조프의 형제들』에서 스타레츠를 '타인의 영혼과 뜻을 꺼내 자기의 영혼과 뜻 속에 집어넣는 사람'이라고 묘사했다. 요컨대, 스타레츠란 '가르치는 자'와 '영적 길잡이'라는 역할을 결합함으로써, 삶의 불확실성 속에서 허덕이는 신앙인들을 기도와 종교적 인도를 통해 구원의 길로 안내하는 사람들이었다.

카잔에 도착했을 때, 라스푸틴의 나이는 서른셋이었다. 러시아의 무수한 도로와 샛길들을 다년간 섭렵하며 쌓은 경험은 어느새 유무형의 자산이 되어 있었다. 바람과 태양은 그의 피부를 그을렸고 좁고 수척한 얼굴에 탄력을 부여했다. 시베리아 농부 출신이라는 점도 긍정적으로 작용했다. 왜냐하면 시베리아의 농사꾼들은 중세의 농노와 달리 자랑스럽게 행동하고 독립적인 기질을 갖고 있었기 때문이다. 라스푸틴은 자신감과 권위가 있었기에 모든 상황을 제어할 수 있을 것으로 기대되었다. 밝고 총명한 눈으로 사람들을 응시함으로써 그들을 사로잡았고 많은 이들을 마법에 빠뜨렸다. 무엇보다 중요한 것은 라스푸틴에게 그들이 듣고 싶어 하는 것을 말하는 재능이 있었다는 점이다.

구도자와 지도자

라스푸틴이 늘 좋은 인상을 준 건 아니었다. 그의 머리칼은 번들거리며 흘러내렸고, 손톱은 농사일 때문에 새카맣게 변해 있었다. 사람들은 그의 턱수염을 보고, 아침에 뭘 먹었는지 알 수 있다고 숙덕거렸다. 라스푸틴에 관한 책을 읽어보면, 그는 강력하고 불쾌한 냄새를 풍겼다고 씌어 있다. 그러나 그건 좀 이상하다. 왜냐하면 라스푸틴이 카잔에 정착한 직후 목욕탕을 자주 드나들었고, 목욕을 자주 하는 것이 러시아인들의 기본적인 생활 습관이었기 때문이다. 따라서 그가 지저분하거나 악취를 풍겼을 가능성은 낮다. 사실 라스푸틴은 자신의 외모에 신경을 많이 쓰는 편이었다. 그는 늘 머리를 빗었고 옷이나 신발과 같은 선물을 좋아했다. 대중의 기대를 충족시킬 준비를 마친 라스푸틴은 세상을 정복하겠다고 결심하고 새롭고 교양 있는 세계로 진출했던 것이다.

라스푸틴은 교회가 위기에 처한 순간에 등장하는 바람에 반사이익을 얻었다. 동방정교는 러시아의 공식적인 종교로서 국가와 밀접하게 관련되어 있었다. 그런데 19세기 후반 정부에 대한 비판이 고조되며 교회의 이미지도 타격을 받았다. 많은 사람들은 동방정교를 부패한 사제와 성직자들의 집합체나 다름없다고 생각하며, 그들이 경찰의 정보원으로 행동한다고 여겼다. 화려한 의식과 번쩍이는 제의vestment◆는 엘리트층을 평신도들과 괴리시켰다. 그러다보니 신도들은 다른 곳에서 해답을 찾으려고 했다. 한편 니콜라이 1세가 시작한 '슬라브주의 부활'은 단순하고 영웅적인 과거(백성들이 교회의 지도하에 차르와 결합하는 체제)에 호소하며 러시아의 위대함을 되찾으려고 시도했다. 이러

◆성직자가 의식 집전 때 입는 옷._옮긴이.

한 노스탤지어의 상징으로 떠오른 것은 (신화를 통해 확고한 충성을 유지하고, 깊고 의심 없는 신앙으로 가득 찬) 농부였다. 일부 러시아인들은 삶의 심오한 의문을 해결하기 위해 과학에 눈을 돌렸지만, 교회는 평범한 사람들에게서 가능성을 찾았다. 농부들은 신에게 더욱 근접해 있고, 그들의 경건함은 모방할 만한 가치가 있으며, 그들의 지혜에는 간단하고 이해하기 쉬운 은혜가 스며들어 있다고 일컬어졌다.

카잔 사람들은 의문에 대한 응답을 찾고 있었고, 라스푸틴은 그들에게 응답을 제공할 준비가 되어 있었다. 당시에 방랑하는 순례자들과 성직자들은 널려 있었지만, 라스푸틴만큼 뚜렷한 인상을 주는 사람은 드물었다. 그의 설교는 의식의 흐름stream of consciousness을 방불케 했다. 믿음과 신의 힘에 대한 담론은 (사람의 진정한 음성을 들으려고 애쓰던) 그들의 귀에 꽂혔다. 라스푸틴은 담대하게 행동했다. 신성한 사명을 수행하는 사람에게 겸손과 아첨 따위는 불필요하다는 사실을 간파한 그는 단도직입적이고 일관된 게임을 했으며, 게임의 법칙도 그가 단독으로 정했다. 그는 교회의 지도자들과 지배층의 구성원들에게도 (자신의 동료인 농부들을 대하는 것처럼) 친근하게 대했다.

늘 그래왔던 것처럼, 한 여성의 손을 잡고 그녀의 얼굴을 응시하는 동안, 그의 눈은 그녀의 영혼의 깊은 곳을 탐색했다. 그의 탐색적인 질문은 고통의 밑바닥까지 파고들며, 그들로 하여금 불편해서 몸을 꿈틀대도록 만들 수 있었다. 라스푸틴은 사람의 마음을 여러 번 들었다 놨다 하는 재주가 있었다. 그는 직관적으로 사람을 분석하여 적절한 말이나 제스처로 대응했다. 이렇게 함으로써 라스푸틴은 감정적으로 연약한 사람들을 상당수 지배할 수 있었다. 그들은 길잡이와 위로자를 찾아 먼 거리를 마다하지 않고 찾아온 사람들이었다.

라스푸틴의 유머 덕택에 그와 함께 보내는 시간은 즐거웠다. 그는 사람들에게 별명을 붙였는데, 그것은 종종 예리하고 적절했다. 예컨대 그는 여성들을 '뜨거운 여자', '마님', '섹시걸', '얼짱녀'라고 부르고, 남성들은 '멋쟁이', '대물', '롱헤어', '좋은 친구'라고 불렀다. 사람들은 이런 별명을 매력적인 애칭이자 악의 없는 유머로 받아들였다.

라스푸틴은 카잔에서 '영적 지혜의 소유자'로 급부상했다. 짧은 기간 동안 두 자녀를 잃고 상심한 부부가 그를 방문한 적이 있는데, 남편은 다음과 같은 말을 남겼다. "내 아내는 절망한 나머지 정신이 이상해졌어요. 의사들은 손도 쓰지 못했죠. 그런데 어떤 사람이 라스푸틴을 찾아가 보라고 했어요. … 라스푸틴에게 30분 동안 이야기를 들은 후, 그녀는 제정신으로 돌아왔어요. 라스푸틴에게 아무리 험담해도 좋아요. 그러나 분명한 게 하나 있어요. 그건 그가 내 아내를 살렸다는 거예요!"

라스푸틴이 여자를 밝힌다는 소문은 카잔에서도 돌았다. 아마도 그는 여자들의 손을 잡고 친근함의 표시로 키스했을 것이다. 한 여성은 라스푸틴과 침대를 같이 썼다고 주장했지만, 라스푸틴의 목적은 그런 환경에서도 유혹을 이겨낼 수 있음을 증명하는 거였을 것이다. 왜냐하면 성 접촉은 전혀 없었기 때문이다. 그러나 라스푸틴이 항상 적절하게 처신한 것은 아니었다. 두 자매(한 명은 스무 살, 다른 한 명은 열다섯 살)가 카잔의 목욕탕에서 그에게 자진해서 몸을 맡긴 적이 있었다. 놀란 어머니가 목욕탕으로 달려왔지만, 모든 상황이 이미 종료된 후였다. 라스푸틴은 악의적인 미소를 지으며 이렇게 말했다. "이제 당신의 마음에 평화가 찾아올 겁니다. 당신의 딸들에게 구원의 날이 밝아왔으니까요."

이러한 스캔들에도 불구하고, 많은 사람들이 라스푸틴의 마법에 걸렸다. 카잔 외곽에 있는 수도원의 원장인 가브리일 신부에게 지지를 얻고 나서, 라스푸틴의 명성은 더욱 공고해졌다. 가브리일은 새로 온 라스푸틴의 능력이 대단하다는 소식을 들었고, 그가 이단이며 여성 추종자들과 성관계를 맺었다는 소문도 들었다. 그러나 이러한 혐의를 추궁받은 라스푸틴은 너무나 솔직해서 가브리일을 무장해제시킬 정도였다. 그는 자신이 죄인임을 인정하면서도, "여성들에게 키스하고 다정하게 대했던 건 맞지만, 부적절한 관계는 전혀 없었습니다"라고 부인했다. 그는 홀리스트임을 부인했는데, 최소한 이 점에 대해서만큼은 진실했다. 가브리일은 라스푸틴의 예언을 듣고 마침내 확신을 얻었다. 라스푸틴은 그에게 젊은 수도자인 필리프를 조심하라고 경고했다. 가브리일이 이유를 묻자, 그는 구체적으로 설명할 수는 없지만 느낌이 좋지 않다고 했다. 가브리일은 웃어넘기고 말았지만, 며칠 후 필리프가 가브리일을 칼로 찌른 사건이 발생했다. 가브리일은 그제서야 라스푸틴의 예지력과 신비로운 재능을 인정하고, 그가 진정한 스타레츠임을 확신하게 되었다.

라스푸틴은 카잔의 대주교인 안드레이에게도 강한 인상을 남겼다. 안드레이는 그 정도로 비범한 재능을 지닌 스타레츠라면 상트페테르부르크에 있는 교회 지도자들을 방문해야 한다고 생각했다. 라스푸틴이야말로 러시아정교회가 찾고 있는 사람으로서, 교회의 엘리트층과 평신도들 사이에서 새로운 가교 역할을 하는 데 안성맞춤이라고 여긴 것이다.

라스푸틴의 카잔 체류가 성공적이긴 했지만, 그가 상트페테르부르크로 여행을 떠난다는 데에는 고개를 갸우뚱하는 사람들이 있었다.

어쨌든 라스푸틴은 안드레이 수하의 한 신부를 대동하고, (알렉산드르 네프스키 수도원 부설 신학교의 총장인) 세르게이 주교에게 보내는 추천서를 지참했다. 예전처럼 힘들게 러시아의 시골길을 헤맬 필요가 없이, 그는 이제 일류 신부와 함께 편안한 여행을 즐길 수 있었다. 라스푸틴은 자신을 '길 위의 맹인'에 비유했지만, 그가 갈망하던 길은 가시밭길이 아니라 꽃길이었다.

라스푸틴은 1903년 사순절 기간 동안에 상트페테르부르크에 도착했다. 그는 난생 처음으로 100만 명 이상의 인구를 가진 대도시를 구경했다. 상트페테르부르크는 열아홉 개의 섬 위에 펼쳐져 있었고, (우아한 다리가 가로지르는) 운하가 건설되어 있었으며, 도시의 한 가운데로 네바강이 흐르고 있었다. 그것은 러시아의 모든 것과 반대였다. 표트르 대제는 이 도시를 처음 건설할 때 모스크바의 좁은 길과 중세의 공기를 부인했다. 그는 변화에 저항하는 무지한 모스크바 사람들, 서로 늘 반목하며 음모를 꾀하는 귀족들, 지위와 특권을 주장하던 성직자들을 경멸했다.

널찍한 상트페테르부르크의 거리들에는 (이탈리아 건축가들이 설계한) 바로크식 궁전들이 늘어서 있었다. 그곳의 사람들은 러시아인보다 유럽인에 더 가까워 보였고 유럽의 사상에도 개방적이었다. 또한 상트페테르부르크는 쾌락주의적이고 인공적이고 냉소적이어서, 사치스러운 특권과 끝없는 절망이 뒤섞여 있었다. 라스푸틴은 상트페테르부르크가 포크로프스코예와 판이하게 다르다는 데 충격을 받았지만, 동시에 그곳이 그가 큰 역할을 수행할 수 있는 무대가 될 것으로 생각했다.

라스푸틴의 일차적인 목적지는 알렉산드르 네프스키 수도원이었는데, 그곳은 러시아제국에서 가장 중요한 네 개의 종교적 중심지 중 하나였다. 라스푸틴은 다른 방문객들과 어울려 성당에서 촛불을 밝히고 기도했다. 그러고는 옷을 바꿔 입고 세르게이 주교를 알현할 준비를 했다. 그가 소지한 안드레이 주교의 추천서에는, "이 사람은 의심할 여지가 없는 통찰력과 영적 지혜를 지닌 스타레츠입니다. 상트페테르부르크의 교회 지도자들은 이 사람의 말을 경청할 필요가 있습니다. 왜냐하면 이 사람과 같은 영적 재능을 지니고 있다면, 교회가 평신도들과 유대 관계를 강화하는 데 도움이 될 것이기 때문입니다"라고 적혀 있었다. 라스푸틴과 세르게이는 오랫동안 이야기를 나눴다. 농부 출신인 라스푸틴은 성경, 교부들의 가르침, 일상생활의 도전에 대해 담론을 펼쳤고, 세르게이는 '신은 때때로 평범한 사람들을 통해 역사하기도 한다'는 자명한 이치를 상기했다. 주교는 대화의 끝 부분에서 큰 인상을 받은 나머지, 라스푸틴을 자신의 숙소로 초대했다.

어느 날 밤 세르게이는 라스푸틴을 다른 주교들에게 소개했다. 한 목격자는 그 모임을 이렇게 회고했다. "그 자리에는 학식이 높고 교양이 풍부한 사람들이 모두 모여 있었다." 권위를 받아들이는 데 늘 익숙했던 라스푸틴이었지만, 그날 밤에는 역할이 완전히 뒤바뀌었다. 라스푸틴은 만인의 관심이 자신에게 집중되는 것을 즐겼다. 그는 자신의 세계관을 설명하며 자신의 경험을 공유했고, '질문자들이 원하는 거라면 뭐든지 해줄 수 있다'는 자신감을 가지고 주교들이 퍼붓는 질문에 일일이 대답했다. 라스푸틴은 위험 부담이 매우 큰 세 가지 예언을 하며 끝을 맺었다. 첫째는 한 주교가 탈장hernia에 걸린다는 것이었고, 둘째는 다른 주교가 어머니를 잃는다는 것이었고, 마지막 예언은 또 다른 주교가 결혼을 하여 자식을 얻는다는 것이었다. 라스푸틴을 둘러싼 전설에 의하면, 세 가지 예언이 모두 적중했다고 한다. 믿거나 말거나 이 에피소드는 상트페테르부르크 동방정교회의 엘리트 사이에서 라스푸틴의 명성을 한층 더 강화했다.

라스푸틴은 크론스타트의 요한 신부도 만났다. 요한은 은혜로운 설교와 자비로운 빈민구호 활동으로 널리 존경받던 인물이었다. 그는 알렉산드르 3세와 가깝게 지냈고, 그가 임종할 때는 마지막 고해성사와 축복을 해주었다. 전해 내려오는 이야기에 의하면, 라스푸틴은 핀란드만의 코틀린 섬에 있는 성 안드레이 성당을 방문하여 요한의 설교를 들었다고 한다. 그런데 요한 신부는 설교하던 도중 갑자기 "이 자리에 영적 재능을 지닌 사람이 와 있습니다"라고 하더니, 라스푸틴을 호명하여 앞으로 나오게 했다. 요한은 라스푸틴과 몇 마디를 나눈 후, 그를 축복하며 "인내심을 갖고 당신의 소명을 완수하시오"라고 신신당부했다. 진위 여부는 알 수 없지만, 라스푸틴은 종종 이 이야기를 꺼내며, "내가 '신을 섬기는 자'로 선택받았음을 요한 신부가 인정했다"며 자랑스러워했다고 한다.

1903년 라스푸틴은 상트페테르부르크 신학교에서 일리오도르라는 젊은 수도자를 만났다. 일리오노르는 1880년에 태어났으며 본명은 세르게이 트루파노프인데, 뜨거운 확신과 화려한 야망에 가득 찬 인물로 과장된 언행을 일삼았다. 일리오도르는 처음에는 라스푸틴의 친구였지만, 나중에는 그에게 등을 돌리고 적이 된다. 그는 라스푸틴과 처음 만났을 때의 첫인상을 이렇게 회고했다. "나는 시베리아에서 온 그리고리 성자를 만났다. 그는 값싸고 평범한 회색 재킷을 입었고, 건달들이 신는 장화 속에 바짓가랑이를 쑤셔 넣었으며, 불쾌한 냄새를 풍겼다." 그러나 일리오도르도 라스푸틴이 신학교의 교수들과 학생들에게 깊은 인상을 준 것만은 인정했다.

라스푸틴이 상트페테르부르크에서 거둔 가장 값진 성과는 수도사 페오판을 만난 것이었다. 그는 상트페테르부르크 신학교의 장학관으로서 차르와 황후의 고해성사를 담당하고 있었다. 그는 라스푸틴에 대한 소식을 듣고 크게 흥분하며, 신학생들에게 "멀리 시베리아에서 온 위인을 신께서 일으켜 세우신다. 그는 시베리아의 구세주가 될 것이다"라고 말했다. 페오판은 첫눈에 라스푸틴의 심리적 통찰력이 대단하다고 느꼈다. 라스푸틴의 얼굴은 창백하고 눈은 상대방을 꿰뚫어보는 듯했으며, 외관상으로 볼 때 금식을 준수하는 것이 역력해 보였다. 라스푸틴의 인상이 워낙 강렬하여, 페오판은 즉시 그에게 자신의 숙소를 함께 쓰자고 권했다.

라스푸틴은 페오판의 권유를 얼씨구나 하고 받아들였다. 세르게이 주교는 인기가 많고 영향력도 상당했지만, 다혈질이어서 그의 경력을 향상시키는 데 별로 도움이 되지 않았다. 반면에 페오판은 발이 넓었고, 그의 측근 중에는 귀족 살롱이나 황궁에 수시로 드나드는 사람들도 포함되어 있었다. 페오판이 세르게이의 손이 미치지 않는 문을 열어줌으로써, 라스푸틴은 머지않아 권력의 정점에 있는 사람들을 줄줄이 만나게 된다. 라스푸틴은 인생 역전의 순간이 다가왔음을 직감했다. 그는 상트페테르부르크 신학교에서 페오판 및 그의 측근들과 소일하는 동안, 신학교 과정을 모두 이수했다.

라스푸틴은 페오판을 통해 종교 문제에 관심이 많은 사회집단에 발을 들여놓았다. 당시 러시아를 방문했던 한 영국인은 이렇게 말했다. "러시아의 지식층은 교회와 원만한 관계를 유지하고 있음에도 불구하고, 기독교 신자라고 말할 수는 없다." 라스푸틴이 카잔에서 접했던 회의적인 분위기는 수도인 상트페테르부르크에서 더욱 두드러졌다. 귀족들은 매너리즘과 냉소주의에 빠져 새로운 경험을 추구했다. 그들은 동방정교를 '농부와 부패한 사제들의 신앙'쯤으로 간주하고, 미신과 뒤섞여 있으며 인습에 물들어 타락했다고 비난했다. 심지어 강령술séance과 동양의 신비주의가 유행하고 있었다. 이러한 절망적 상황에서 라스푸틴은 널리 환영받았다. 그는 화려한 궁전과 럭셔리한 응접실을 드나들면서, 신과의 영적인 교감을 강력히 주장했다.

진리를 추구하는 구도자들 중에, 몬테네그로 출신의 대공비 밀리차와 아나스타샤 자매가 있었다. 그녀들은 발칸반도의 작고 가난한 왕국에서 태어났지만, 알렉산드르 3세의 극진한 보살핌을 받았다. 알렉산드르 3세는 그녀들을 상트페테르부르크로 데려와 스몰니 학교*에서 교육시키고, 후견인 노릇까지 떠맡았다. 밀리차와 아나스타샤는 1889년 정략결혼을 통해 사회적 지위를 굳혔는데, 밀리차는 (니콜라이 2세의 6촌인) 표트르 니콜라예비치 대공과 결혼했고, 아나스타샤는 로마노프가의 후손인 게오르게 폰 로이히텐베르크 공과 결혼했다. 그녀들은 얼굴색이 검어서 '까마귀' 또는 '검은 진주'라는 별명을 얻었는데, 악담을 일삼는 자들은 '검은 진주Black Pearl'를 '검은 위험Black Peril'이라는 불길한 별명으로 바꿔 불렀다. 밀리차는 성실한 학생으로서, 종교학적 관점에서 라스푸틴에게 흥미를 느꼈다. 그녀는 나중에 이렇게 말했다. "그리고리의 설교는 비문법적이며 이미지로 가득 차 있었다. 그래서 그는 마치 선지자처럼 보였다. 그가 설교한 복음서와 요한계시록의 내용은 우리의 폐부를 찔렀으며, 해석이 매우 독창적이었다."

* 귀족의 딸들만 교육하던 유명한 신부학교. _ 옮긴이.

라스푸틴은 자신의 경력을 향상시키기 위해, 탁월한 감탄고토^{甘吞}의 재능을 발휘했다. 페오판의 효용이 다했다고 여겨지자, (신문에 기사를 써줄 수 있는) G. P. 사조노프 기자의 숙소로 거처를 옮겼다. 여러 신문에 좋은 기사가 나면 자신의 신비로움을 더하고 대중의 호기심을 자극할 수 있었기 때문이다. 게다가 사조노프의 거처에는 여성을 데려올 수도 있었는데, 이는 페오판의 거처에서는 불가능한 일이었다.

라스푸틴이 영적 탐색spiritual search을 끝나고 냉정한 계산cold calculation을 시작한 것은 언제쯤일까? 사실, 라스푸틴은 유혹에 결코 둔감하지 않았으며, 특히 보상이 수반되는 유혹에는 매우 민감하게 반응했다. 그는 신에게서 독특한 재능을 부여받은 게 분명했는데, 그것은 진리를 미끼로 타인을 유인하는 재능이었다. 라스푸틴은 내친 김에 상트페테르부르크에서 몇 발자국 더 전진할 수도 있었지만, 몇 달 후 놀라운 결정을 내렸다. 다시 고향으로 돌아가기로 한 것이다. '영향력 있는 사람들을 포섭해야 한다'는 중압감에 시달려서인지, 아니면 단순한 시골생활을 탈피하고 시베리아의 뿌리와 재결합함으로써 육체적·영적 회복이 필요했는지는 분명치 않다. 이유야 어찌됐든, 라스푸틴은 적절한 때가 되면 상트페테르부르크로 되돌아올 것임을 알고 있었다.

1903년 가을, 라스푸틴은 완전히 딴사람이 되어 포크로프스코예로 돌아왔다. 그의 옷은 명품점에서 구입한 고가의 신상품이었고, 밝은 띠를 두른 컬러풀한 실크셔츠에 반짝이는 가죽부츠를 신고 있었다. 스타일리시한 바지와 넓은 가죽벨트는 패션의 완성이었다. 카잔을 정복하고 상트페테르부르크를 접수함으로써, 라스푸틴은 권력의 진정한 중심인 니콜라이 2세에게 한 걸음 더 다가섰다. 니콜라이 2세는 모든 러시아인들의 차르였다. '선지자 그리슈카'라는 말을 거부하며 빈정거

구도자와 지도자

렸던 마을 사람들은 머쓱해졌다. 그들은 농사꾼 라스푸틴이 많은 것을 이루었음을 인정하는 수밖에 없었다. 회개한 탕아가 두 번째로 고향에 돌아왔는데, 이번에는 개선장군의 모습이었다.

3

니콜라이와 알렉산드라

1881년의 추운 어느 날, 장차 러시아의 차르가 될 소년은 자신의 운명일지도 모르는 상황과 흘낏 마주치게 된다. 3월의 첫 번째 일요일, 상트페테르부르크의 시가지는 온통 흰 눈에 덮여 있었다. 알렉산드르 2세의 마차가 꽁꽁 얼어붙은 길을 따라 달리는 동안, 지평선에 걸친 태양 아래에서 뭔가가 반짝였다. 이윽고 한 젊은이가 마찻길에 폭탄 하나를 던지자, 순식간에 땅이 진동하고 창문이 흔들리며 불과 연기가 빙빙 돌며 하늘로 치솟았다. 알렉산드르 2세는 부상을 간신히 면했지만, 현장에서 다치거나 전전긍긍하는 사람들을 보니 마음이 놓이지 않았다. 그때 또 한 사람이 나타나 화약을 던졌고, 그것은 차르의 발밑에서 폭발했다. 차르는 숨이 넘어갈 듯 헐떡이며 이렇게 중얼거렸다. "궁전으로 가라. 죽더라도 거기서 죽어야 한다!"

황실 사람들은 상트페테르부르크 겨울궁전을 향해 경쟁하듯 달려가고 있었다. 열세 살이 다 된 미래의 니콜라이 2세는 피로 물든 길을 따라가며 차르의 운명을 공부했다. 그는 할아버지(알렉산드르 2세)가 중상을 입고 의식을 잃은 것을 두 눈으로 똑똑히 지켜봤다. 오른쪽 다리는 떨어져나가고 왼쪽 다리는 너덜너덜해졌으며, 위장 속에는 피가 가득 고이고 얼굴은 파편에 맞아 일그러졌다. 의사들은 손쓸 도리가 없었다.

차르에 대한 혁명가들의 증오는 아이러니했다. 사실 알렉산드르 2세는 러시아에서 가장 진보적인 지배자였다. 그는 1860년대에 농노를 해방하고 사법 개혁을 단행했으며 지방자치제도를 실시했다. 그러나 인텔리겐치아(진보주의자, 학생, 햇병아리 혁명가)는 그 이상의 양보를 요구했다. 이에 분노한 알렉산드르 2세가 개혁을 주저하자, 그들은 폭력으로 치달았다. 1881년 3월에 일어난 사건은 불만으로 가득 찬 제정러시아의 논리적 귀결이었다.

할아버지가 고통에 신음하던 장면은 손자의 정신을 마비시켰다. 러시아의 마지막 지배자가 될 소년은 불길한 예감을 갖게 되었다. "나는 장차 끔찍한 시련을 겪게 될 운명이로구나."

심지어 니콜라이 2세가 태어난 1868년 5월 6일도 불운한 날이었다. 왜냐하면 그날은 동방정교회가 욥Job을 기념하는 날이었기 때문이다. 신앙심이 깊고 신비주의적 성향이 있는 니콜라이는 자신의 재임 기간 중 겪은 재난과 사생활의 혼란을 신의 뜻으로 여기고 수동적으로 받아들였다. 아버지 알렉산드르 3세는 니콜라이에게 겁줬고, 어머니 마리아 표도로브나는 아들을 애지중지한 나머지 정서적 미성숙과 자신감 결핍을 조장했다. 아버지가 일찍 죽으면서, 니콜라이는 1894년 황위에 올랐다. 그는 흐느끼면서 당숙 알렉산드르 미하일로비치에게 물었다. "나는 차르가 될 준비가 되어 있지 않아요. 앞으로 어떻게 해야 하나요? 나는 차르가 되기 싫어요. 통치의 기술을 전혀 모르거든요."

자기 자신에 대한 의심에는 근거가 충분했다. 니콜라이 2세는 핸섬하고 공손했으며, 매너가 세련되고 외국어에 재능이 있었다. 그러나 그가 받은 교육은 주먹구구식이어서, 장차 러시아를 다스릴 황제에게 적절하지 않았다. 가정교사들은 그의 학업에 점수를 매기거나 그에게 질문할 수 없었다. 그는 총명하고 머리 회전이 빨랐지만 비판적 분석에는 소질이 없었다. 황위에 오르기 겨우 일 년 전, 아버지 알렉산드르 3세는 '유치한 판단을 내리고 본능과 감정에 지배되는 아들'을 '완벽한 아이'라고 불렀다. 니콜라이 2세는 황제가 되고 나서 어느 정도 시간이 지난 후에야 성숙해진 게 분명하며, 성실하게 거의 광적으로 황제의 임무에 몰두했다. 그러나 그는 종종 지당한 충고를 무시하고 충동적으로 결정했다.

니콜라이는 신이 자기를 러시아제국의 지배자로 점지했다고 믿었다. 비록 1613년 젬스키 소보르Zemsky Sobor(신분제 전국회의)가 미하일을 최초의 로마노프 왕조 차르로 선출했지만, 위대한 러시아의 밑바탕이 된 것은 전제정치였다. 한 신하는 이렇게 말했다. "니콜라이 2세는 '황위는 신의 섭리에 의한 것'이라고 굳게 믿었다. 황제의 사명은 신에게서 나오므로, 오로지 자신의 양심과 신에게만 책임지면 된다고 여겼다." 개혁, 시민의 자유, 대의정치는 현대 세계의 악으로, 러시아와는 전혀 맞지 않는 것 같았다. 니콜라이는 한때 이렇게 선언했다. "나는 대의정치에 전혀 동의하지 않는다. 왜냐하면 그것은 (신이 내게 돌보라고 맡긴) 국민들에게 해롭기 때문이다."

레온 트로츠키는 이렇게 썼다. "니콜라이 2세는 제국과 혁명을 상속받았지만, 나라를 다스릴 수 있는 자질을 물려받지는 못했다." 트로츠키의 말이 맞는지는 알 수 없지만, 세계 최대의 국가인 러시아가 많은 문제점들을 안고 있었던 것은 사실이다. 니콜라이가 차르가 되었을 때, 러시아인의 80퍼센트는 문맹이었으며 절반 이상이 가난했다. 소수의 학생들이 귓속말로 개혁과 혁명을 모의했지만, 스파이와 비밀경찰들은 철통같은 경계망으로 그들을 감옥으로 보냈다. 소수민족들이 핍박받고, 차르는 반유대주의anti-Semitism를 부추기는 가운데, 사회 전반에는 감시의 눈초리가 번득였다.

니콜라이 2세가 집권한 지 10년 후, 러시아는 나락의 언저리로 치달았다. 1894년, 니콜라이는 진보주의자들의 희망인 의회정치를 '무의미한 꿈'이라며 거부했다. 1896년 대관식 때 1,500여 명의 사람들이 밟혀 죽었는데도 그날 밤 차르가 프랑스 대사관에서 열린 무도회에 참석하자 국민들은 격분했다. 19세기에서 20세기로 넘어가는 시점에서, 파업, 반란, 정치적 암살, 피비린내 나는 집단 학살이 잇따랐다. 신중하지 못한 사명감에 이끌린 니콜라이는 극동을 식민지화하려고 섣불리 나섰다가, 1904년 러일전쟁에 휘말려 일련의 패배를 자초했다.

1905년은 전환점이었다. 그해 1월, 군대는 '전쟁을 끝내고 근로조건을 개선해달라'며 겨울궁전 앞에서 평화적 시위를 벌이는 군중에게 발포했다. '피의 일요일Bloody Sunday'로 알려진 이 사건은 '차르는 백성을 보호하는 자애로운 인물'이라는 신화를 파괴했다. 그러자 혁명의 물결이 러시아를 휩쓸었다. 흑해함대가 반란을 일으키고, 철도와 공장 노동자들이 파업을 일으켰으며, 시위자들이 거리를 가득 메웠다. 무시무시한 재앙에 직면한 차르는 마음에도 없는 10월 선언October Manifesto

을 발표하여, 백성들에게 자유를 부여하고 두마Duma(의회)를 소집하겠다고 약속했다. 그리하여 전제정치는 종말을 고한 듯했다. 하지만 니콜라이 2세는 자신이 전제군주임을 포기할 수 없었다. 그는 제1차 및 2차 두마를 '너무 급진적'이라며 거부했다.

니콜라이 2세는 전제정치에 관한 신념을 공유하는 아내를 선택했다. 헤센의 알릭스 대공녀Princess Alix of Hesse는 1872년 6월 6일 독일의 다름슈타트에서 태어났다. 그녀의 아버지 루트비히는 대공으로서 나라를 다스렸고, 어머니 앨리스는 빅토리아 여왕의 아홉 남매 중 셋째로서 신앙심이 깊고 내성적인 여성이었다. 첫째 딸을 여섯 살 때 잃은 어머니 앨리스는 알릭스를 우울하고 병약하고 수줍은 소녀로 만들었다. 알릭스는 타인과 교감을 일절 나누지 않고 자신만의 내면세계로 침잠했다. 할머니 빅토리아 여왕은 그녀를 훌륭한 공주로 키우기 위해 많은 공을 들였다. 그녀는 양질의 교육을 받았을 뿐만 아니라 그림과 피아노에도 두루 뛰어난 솜씨를 보였다. 그러나 그녀는 어수룩하고 고집이 세며 루터교에 깊이 빠져 있었다.

알릭스는 1884년, 언니 엘리자베트와 세르게이 알렉산드로비치(니콜라이의 삼촌)의 결혼식에 참석하러 러시아에 왔다가 니콜라이를 처음 만났다. 그 후 1889년 겨울, 알릭스가 상트페테르부르크에 왔을 때, 니콜라이는 알릭스와 사랑에 빠졌다. 하지만 니콜라이의 부모는 알릭스를 마땅치 않게 여겼다. 왜냐하면 그녀의 어수룩하고 거만한 처신이 황후가 되기에는 큰 결격사유라고 판단했기 때문이었다. 게다가 알릭스는 동방정교회로 개종하는 것을 망설였다. 그럼에도 불구하고 니콜라이는 알릭스를 포기하지 않았고, 결국 1894년 4월 그녀와 약혼식을 올렸다.

알렉산드르 3세는 1894년 10월 20일에 세상을 떠났다. 알릭스는 그다음 날 동방정교회로 개종하여 알렉산드라라는 세례명을 받았고, 장례식을 치른 지 일주일 만에 니콜라이와 결혼했다. 그런데 타이밍이 최악이었다. 사람들은 "알렉산드라가 관棺을 뒤따라왔다"고 수군거렸기 때문이다. 그녀는 결혼에는 성공했지만, '새로운 황후는 제위에 불운을 초래할 것 같다'는 첫인상을 남겼다.

루마니아의 여왕 마리아는 사촌 알렉산드라를 가리켜, "그녀는 거의 웃지 않고, 웃을 때는 마지못해 그러는 시늉만 낸다"고 했다. 알렉산드라는 아름다운 외모에도 불구하고 냉랭한 표정을 짓기 일쑤여서, 그녀에게서 친밀한 감정을 느끼기는 어려웠다. 그녀는 사명감이 투철해서 늘 옳은 일을 하려 했지만, 마리아는 "왠지 승자의 여유보다는 패자의 초조감이 엿보이며, 황후에게 걸맞은 태도가 아니다"라고 꼬집었다. 게다가 알렉산드라는 매너가 고상하고 부유층의 향락적인 문화를 배척하여, 상트페테르부르크의 엘리트들과 소원했다. '활력이 넘치고 인기가 높다'는 평을 받던 마리아 표도로브나(니콜라이의 어머니)와 비교할 때, 알렉산드라는 황후로서 빵점이었다. 주변의 따가운 눈총에 의기가 소침해진 알렉산드라는 점차 바깥출입을 삼가고 사생활에 몰두하게 되었다.

니콜라이와 알렉산드라는 차르스코예셀로('차르의 마을')에 있는 알렉산드르 궁전에서 함께 살았다. '차르의 마을'은 상트페테르부르크에서 남쪽으로 24킬로미터 떨어진 곳에 있는 주거 중심지로, 궁전을 둘러싼 철책 주변에는 새빨간 코트 차림의 카자크 기병대들이 순찰을 돌았다. 니콜라이와 알렉산드라는 함께 책을 읽고, 정원을 산책하고, 그윽한 차를 마시며 사랑을 나눴다. 그들은 영어로 쓰고 말하며 의사소통을 했다. 알렉산드라는 러시아어를 배웠지만, 러시아어를 자유자재로 사용하기까지 몇 년의 시간이 걸렸다. 1916년 그녀는 니콜라이에게 자랑스럽게 편지를 썼다. "나는 장관들에게 말을 할 때 더 이상 부끄러워하거나 두려워하지 않아요. 러시아어를 폭포수처럼 유창하게 구사하거든요." 그러고는 이렇게 덧붙였다. "친절하게도, 그들은 내가 실수를 해도 전혀 웃지 않아요."

1895년 11월, 알렉산드라는 딸 올가를 낳았다. 그로부터 2년 후에는 타티야나가 태어났다. 1899년 마리아가 태어나며 딸만 셋이 되자, 어떤 사람들은 "헤센-다름슈타트에서 온 차가운 독일 여자에 대한 신의 심판"이라고 악담했다. 1901년 아나스타샤가 태어났을 때는, 대부분의 러시아인들이 관심을 끊었다. 니콜라이와 알렉산드라는 딸들을 맹목적으로 사랑했지만, 문제가 하나 있다는 것을 깨달았다.

니콜라이 2세는 아들이 필요했다. 파벨 황제는 어머니 예카테리나 여제를 너무나 미워한 나머지, 1796년 권좌에 올랐을 때 '여자가 또다시 러시아를 통치할 가능성'을 배제하기 위해 황위계승법을 바꿨다. 알렉산드라는 계승자가 없는 것을 형벌로 느끼기 시작했다. 그녀는 동방정교로 개종한 뒤 새로운 신앙에 몰두했는데, 대부분의 러시아인들은 그녀의 열성을 이상하게 여겼다. 그녀는 마치 기적을 바라는 것처럼 보였던 것이다.

니콜라이와 알렉산드라는 독실한 신앙인들이었다. 동방정교회의 문화에서 양육된 니콜라이는 '신이 모든 것을 관장한다'는 가르침을 순순히 받아들였다. 또한 '수드바(숙명)는 우주를 지배하는 힘'이라는 러시아의 고전적 순응주의에 물들어 있었다. 이러한 태도에 따른다면, 모든 것은 신의 뜻의 산물이므로, 이미 일어난 일에 이의를 제기하는 것은 무의미했다.

알렉산드라의 신앙은 니콜라이와 달랐다. 그녀는 적극적이고 탐구적인 자세로 의미를 추구하고자 했다. 그런데 영국의 역사가 재닛 애시턴은 이렇게 지적한다. "그녀는 새로운 정보를 해석할 때, 자신의 기존 관점과 일치시키는 경향이 있었다." 아나스타샤가 태어난 뒤, 알렉산드라는 공식적인 동방정교를 초월하여, 동양의 신비주의와 (당시에 유명했던) 종교적 인물은 물론 난해한 중세의 신학이론까지 두루 섭렵했다. 그녀가 읽은 책 중에는 미국의 제임스 러셀 밀러나 메리 베이커 에디와 같은 작가들의 책도 포함되어 있었다. 알렉산드라의 생각에 특히 영향을 미친 것은 19세기에 나온 『신의 친구』라는 책으로, '신이 특정한 인간에게 놀라운 능력을 부여한다'는 주장을 담고 있었다.

니콜라이와 알렉산드라는 페오판의 영향을 크게 받았다. 2장에서 언급한 것처럼, 페오판은 상트페테르부르크 신학교의 핵심 인물로서 두 사람의 고해성사를 담당하고 있었다. 페오판은 두 사람에게 이렇게 말했다. "신을 섬기는 사람은 아직 지구상에 존재합니다. 성스러운 러시아에는 오늘날까지도 성인들이 풍부합니다. 신은 때때로 의인righteous man의 가면을 쓰고 신도들을 위로합니다. 의인들은 성스러운 러시아의 주류입니다." 방황하는 농민, 치유자healer, 그 밖의 성스러운 어릿광대holy fool들이 알렉산드르 궁전을 향해 퍼레이드를 벌이고 있는 것은 바로 이 때문이었다. 라스푸틴이 나타나기 전에, 이 그룹에서 가장 잘나가던 인물은 러시아인이 아니라, 필립 나지에르-바쇼(일명 '무슈 필립')라는 외국인이었다.

1849년 프랑스 사부아에서 태어난 필립 나지에르-바쇼는 도축업을 하다가 그만두고 영력spiritual power을 연마하기 시작했다. 리용 의과

대학에서 쫓겨난 뒤, 그는 소위 비술치료occult medicine를 시작했다. 비술치료란 사람들을 초자연적 액체psychic fluid와 영적 힘astral force으로 치료하는 것을 말한다. 그는 무면허 의료 행위로 체포되었지만 수많은 헌신적 숭배자들을 끌어모았다. 니콜라이와 알렉산드라는 1901년 프랑스에서 필립을 만났다. 그들은 "연금술, 천문학, 심령술과 같은 초월적 방법을 이용하여 배아의 성별을 선택할 수 있다"는 필립의 주장에 큰 인상을 받아 그를 러시아로 초대했다.

필립은 상트페테르부르크에서 3년 동안 바쁘게 지냈다. 환자들은 키 작고 쾌활한 그를 '우리 아버지' 또는 '주님'이라고 불렀으며, 그가 자기들의 몸에 손을 올려놓고 주문을 외우면 병이 씻은 듯이 낫는다며 즐거워했다. 니콜라이 2세는 그에게 박사학위를 수여하고, 한동안 차르스코예셀로에 드나들 수 있도록 출입증을 발급했다. 알렉산드르는 그를 '우리의 친구'라고 불렀으며, 많은 사람들은 "나는 물론 나와 함께 있는 사람들까지 안 보이게 할 수 있다"는 그의 주장을 곧이곧대로 믿었다.

1902년 필립은 황후가 아들을 임신했다고 발표했다. 알렉산드라는 심지어 체중까지 불었지만, 결국 상상임신으로 밝혀졌다. 그러자 황궁의 관리들은 스캔들을 방지하기 위해 "알렉산드라가 유산했다"는 거짓 발표문을 배포했는데, 알렉산드라와 황실 가족들은 이에 몹시 분개했다고 한다.

궁지에 몰린 필립은 황후에게 한 가지 제안을 했다. 황제에게 말해서 사로프의 세라핌Seraphim of Sarov을 성인으로 추서하면, 아들을 임신할 수 있다는 것이었다. 세라핌은 18세기의 유명한 금욕주의자이며, 예언을 잘하는 것으로 명성이 높았다. 하지만 러시아정교회는 '그의

니콜라이와 알렉산드라

시체가 썩었으며, 기적에 대한 증거가 불충분하다'는 이유로 세라핌을 성인으로 추서하자는 황실의 제안을 받아들이지 않았다. 그러자 황제는 단호한 조치를 취했다. 제안을 거부한 탐보프의 안토니 주교를 시베리아로 보내버린 것이다. 이제 남은 걸림돌은 러시아정교회 최고회의Holy Synod였는데, 이 회의를 주재하는 고위감독관Ober-Procurator은 니콜라이 2세의 가정교사를 역임했던 콘스탄틴 포베도노스체프였다. 고위감독관이란 표트르 대제가 총대주교Patriarch라는 직위를 폐지하고 최고회의에 파견한, 정부의 꼭두각시였다. 그러나 포베도노스체프 역시 교회를 의식하여 몸을 사렸다. 그는 "교회 지도자들의 동의 없이는 세라핌의 성인 추서를 밀어붙일 수 없습니다"라고 경고했다.

알렉산드라는 포베도노스체프에게 매정하게 쏘아붙였다. "교회의 모든 일은 황제의 손아귀 안에 있어요. 심지어 성인을 만드는 것까지도." 니콜라이는 그대로 밀고 나갔지만, 교회의 불만을 완전히 잠재울 수는 없었다. 그들은 이렇게 수군거렸다. "조만간 세라핌의 시대가 오면, 필립의 시대가 막을 내리겠군."

1904년 알렉산드라가 정말로 아들을 임신했지만, 들끓는 교회의 압력에 부담을 느낀 황제는 결국 필립을 추방하기로 결심했다. 눈물을 머금고 헤어지는 자리에서, 프랑스의 비술치료 의사는 알렉산드라에게 이별의 선물을 줬다. 그 선물은 작은 벨이 달려 있는 우상인데, 필립에 의하면 그 벨은 악인이 접근할 때마다 울린다고 했다. 알렉산드라는 그 선물을 고이 간직했다가, 나중에 남편에게 쓴 편지에서 이렇게 자랑했다. "필립에게서 받은 선물이 선악을 구별해줘요. 그래서 나는 악인을 미리 간파하고 그의 접근을 막음으로써, 당신을 보호할 수 있게 되었어요." 필립은 이별하는 자리에서 예언도 하나 남겼는데, 내용인즉 "언젠가 나와 비슷한 친구가 또 한 명 나타나, 당신에게 신에 대해 말해줄 겁니다"라는 거였다. 프랑스로 건너간 필립은 1905년 그곳에서 죽었다.

1904년 7월 30일, 알렉산드라는 기다리고 기다리던 아들을 순산했다. 니콜라이는 일기장에 이렇게 적었다. "오늘은 잊을 수 없는 위대한 날이다. 신이 우리에게 은총을 베푼 게 분명하다." 니콜라이는 (로마노프 왕조의 2대 차르의 이름을 본떠서) 아들의 이름을 알렉세이라고 지었는데, 거기에는 상당한 정치적 의미가 담겨 있었다. 알렉세이는 유명한 표트르 대제와 달리 전통적인 지배자로서, 현대화와 과학보다는 경건함을 더 중시했기 때문이다. 니콜라이 2세는 아들의 이름을 통해 자신의 욕망을 표현한 셈이었다. 그가 마음속에 그리던 이상향은 단순한 복고적 형태로, 전제군주가 권력을 휘두르고 백성은 변함없이 충성을 바치는 세계였다.

황태자의 가정교사 중 한 명은 이런 기록을 남겼다. "알렉세이는 황실의 중심이며 희망과 애착의 촛불이었다. 그는 부모의 자랑거리이자 기쁨이었다." 그러나 기쁨은 곧 절망에 무릎을 꿇었다. 아들이 태어난 지 6주 후, 니콜라이는 이렇게 적었다. "알렉산드라와 나는 걱정이 매우 많다. 오늘 아침 젖먹이 알렉세이의 배꼽에서 아무런 이유도 없이 피가 나오기 시작한 것이다. 그것은 간혹 멈추기도 했지만, 완전히 그치지 않고 저녁때까지 계속되었다." 출혈은 3일째 되는 날에 멈췄지만, 차레비치Tsarevich(황태자)가 그 후 몇 달 동안 기어다니며 넘어지기를 반복하자 사지에 흉하고 시커먼 멍이 생겼다. 첫 번째 생일 직전에 유모차에서 굴러떨어졌을 때, 알렉세이는 유난히 날카로운 비명을 지르며 울음을 터뜨렸다. 의사의 진단 결과, 황태자는 혈우병hemophilia 환

니콜라이 2세, 알렉산드라 황후, 네 딸과 아들 알렉세이

자인 것으로 밝혀졌다.

황태자를 진단한 세르게이 표도로프 박사는 이렇게 경고했다. "황태자가 앓고 있는 질병은 근본적 치료가 불가능합니다. 혈우병은 종종 재발할 것입니다. 강력한 예방법은 낙상, 절상, 찰과상을 막는 것입니다. 조금만 피가 나도 치명적일 수 있습니다."

혈우병은 유전병으로서, 보인자carrier인 어머니가 50퍼센트의 확률로 아들에게 물려줄 수 있다. 알렉세이의 혈액에는 응고인자clotting factor가 부족해서, 칼에 베거나 날카로운 물건에 긁히기만 해도 몇 시간 또는 며칠 동안 피가 멈추지 않았다. 그러나 가장 위험한 것은 경미한 타박상을 입어도 커다란 내출혈internal hemorrhage을 초래할 수 있다는 것이다. 이 경우 의사가 수술한다면, 환자는 출혈이 심해 사망하게 된다. 통증을 완화할 수 있는 약물이나 치료법이 없었기 때문에, 알렉세이는 (상상할 수 있는) 가장 큰 고통을 감내할 수밖에 없었다.

혈우병은 (황후의 할머니인) 빅토리아 여왕에서부터 시작되었다. 할머니가 낳은 아홉 남매 중에서 레오폴드는 혈우병 환자였지만, 그의 누이인 앨리스와 비어트리스는 보인자였다. 혈우병의 원인유전자는 아마도 영국 왕실 내부에서 일어난 자연적 돌연변이 때문인 것으로 보인다. 그 유전자는 러시아, 프로이센, 스페인의 왕가들로 흘러들어갔다. 알렉산드라의 오빠 프리드리히는 그녀가 두 살 때 혈우병으로 죽었다. 삼촌 레오폴드는 그녀가 열두 살 때 계단에서 굴러떨어지며 생긴 내출혈 때문에 목숨을 잃었다. 알렉산드라의 언니 이레네는 카이제르 빌헬름 2세의 동생 하인리히와 결혼하여, 혈우병을 아들 중 두 명에게 옮겼다. 첫 번째 아들은 발데마르 왕자로, 1889년에 태어나 1945년까지 살며 주기적인 혈우병 발작 때문에 고통을 받았다. 두 번째 아들은 하인리히 왕자로, 네 살 때 혈우병 발작으로 사망했는데, 그것은 이종사촌 알렉세이가 태어나기 불과 며칠 전이었다.

알렉산드라가 혈우병을 이해하고 있었을까? 혈우병은 그즈음 공론화되고 있었으므로, 그녀의 가족은 혈우병의 위험을 분명 인식하고 있었을 것이다. 삼촌, 오빠, 두 명의 조카가 혈우병 환자였기에, 그녀 역시 자신이 아들에게 혈우병을 옮길 수 있음을 알았을 가능성이 있다. 그러나 니콜라이나 알렉산드라가 그런 가능성을 고려했다는 증거는 없다. 혈우병은 두 사람 모두의 행복을 짓밟았다. 니콜라이는 본래 숙명론자였으니 아들의 질병을 담담히 받아들였을 수도 있다. 그러나 그의 아내는 현실을 받아들이지 않았다. 그녀는 아들 알렉세이에게 혈우병을 옮긴 장본인이 자신이라는 것을 인식했을까?

알렉산드르 미하일로비치는 이렇게 회고했다. "알렉세이의 부모들은 인생의 의미를 모두 잃었다. 나와 아내는 그들이 있는 곳에서 미소지을 수 없었다. 우리는 궁전을 방문할 때마다 상가에 온 듯이 행동했다." 알렉산드라는 전문의의 의견을 최종 결론으로 받아들이려 하지 않고, 소위 '의사의 무지'만을 탓했다. 그녀에게 모든 인생사의 궁극적인 해답은 기도였기에, 그녀는 신에게 좀 더 가깝고 남녀를 불문하고 자신의 중보자intercessor가 되어줄 수 있는 사람을 바랐다. 그 중보자는 황태자와 성스러운 러시아를 모두 구원해줄 수 있을 것 같았다.

요컨대, 한 어린이의 불행이 '기적을 행하는 자'를 위한 장을 마련해준 셈이 되었다.

4

새로운 라스푸틴

1905년 11월 1일, 차르는 일기장에 이렇게 썼다. "우리 부부는 오늘 오후 네 시에 밀리차, 스타나와 함께 차를 마셨다. 우리는 '신을 섬기는 자'를 한 명 소개받았는데, 그의 이름은 토볼스크 주州에서 온 그리고리였다." 니콜라이와 알렉산드라는 그날 페테르호프의 세르게프스카 마을에 있는 몬테네그로 자매의 우아한 별장에서 라스푸틴을 만났다. 황제와 황후는 자신들이 만난 남자가 장차 자신들을 몰락시킬 주범이리라고는 미처 상상하지 못했다.

그 만남이 성사되는 데는 무려 두 해가 걸렸다. 1903년 페오판이 라스푸틴을 몬테네그로 자매들에게 소개했을 때, 라스푸틴은 차르를 비롯한 황실 가족을 만나보고 싶다는 뜻을 비쳤다. 몬테네그로 자매는 라스푸틴의 생각에 호의적이었지만 한 가지 문제가 있었다. 그 당시에는 필립이 맹활약하던 때여서, 그를 제치고 니콜라이와 알렉산드라의 총애를 받기란 어려운 상황이었다. 그러나 1905년 라스푸틴이 상트페테르부르크에 돌아왔을 때, 필립은 이미 이 세상 사람이 아니었다. 알렉산드라가 필립의 빈자리를 아쉬워하고 있음을 안 스타나와 밀리차는 '지금이야말로 그리고리가 전면에 부상할 절호의 기회'라고 생각했다. 그리하여 니콜라이와 알렉산드라는 몬테네그로 자매의 주선으로, 1905년 어느 가을날의 멋진 오후에 토볼스크 출신의 성자 그리고리와 만나기로 약속을 정했다.

아나스타샤와 밀리차는 내심 라스푸틴을 띄워줄 생각을 하고 있었다. 그녀들은 감사와 순종의 마음이 충만한 농부가 황실을 위해 찬양가를 부르는 장면을 상상했다. 그리고 라스푸틴의 식견과 안목을 감안할 때, 시시각각 변하는 제정러시아의 정치 상황에 대해 유용한 정보도 가지고 있을 거라고 믿었다. 그러나 두 자매가 라스푸틴을 너무 순진하게 바라본 것도 사실이었다. 라스푸틴은 그녀들의 순수한 종교적 관심을 이용하여 구약성서에 나오는 선지자의 이미지를 연상하도록 유도했다. 그가 설교하는 복음서와 요한계시록의 내용은 그녀들의 폐부를 꿰뚫었으며, 해석이 매우 독창적이었다. 라스푸틴은 그녀들에게 "질병을 치료하고, 미래를 예언하며, 불행을 쫓아버릴 수 있습니다"라고 호언장담했다. 마침내 그녀들은 자신들이 그렇게 오랫동안 기다려왔던 '기적을 행하는 자'를 찾아냈다며 열광했다.

그렇다고 해서 그녀들이 라스푸틴을 통제하는 데 관심이 없었던 건 아니다. 그녀들은 어떤 상황에서도 라스푸틴이 황실과 직접 거래하는 것을 막아야 했다. 그건 페오판도 마찬가지여서, 그는 라스푸틴을 이용하여 황실에 대한 자신의 영향력을 강화하고 싶어 했다. 하지만 라스푸틴을 이용하려는 사람들은 늘 그를 과소평가했다는 게 문제였다. 그들은 농사꾼 출신의 라스푸틴이 인텔리만큼이나 교활하다는 사실을 간파하지 못했다. 라스푸틴은 자신에게 이익이 되면 협조하는 체했지만, 이용 가치가 떨어지면 죽마고우일지라도 가차 없이 버릴 준비가 되어 있었다.

라스푸틴은 차르를 만났을 때 짜릿한 승리감을 느끼면서도 느긋한 척하며 여유 있게 행동했다. 그는 황제와 황후를 지칭할 때 각각 바튜슈카Batyushka(아버님)와 마투슈카Matushka(어머님)라는 말을 썼는데, 이것은 농부들이 황제와 황후를 가리킬 때 사용하는 말이었다. 라스푸틴은 2인칭 대명사도 비vy보다 티ty를 사용했는데, 후자는 가족이나 친구에게 사용하는 격의 없는 호칭인 데 반해, 전자는 높은 지위에 있는 사람에게 사용하는 존칭이었다. 니콜라이와 알렉산드라는 격의 없는 호칭이 마음에 들었던지, 자기들도 라스푸틴을 '티'라고 불렀다.

차르 부부와의 첫 만남 후 라스푸틴은 포크로프스코예로 돌아갔는데, 그곳에 도착한 즉시 차르에게 이런 전보를 보냈다. "차르 아버님, 이곳 시베리아에 도착했으니, 당신에게 베르호투르예의 거룩한 의인 시므온의 우상을 보내드리겠습니다. 그는 기적을 행하는 자입니다." 그에 대한 답례로, 차르 부부는 처음 만난 때로부터 8개월 후인 1906년 7월 18일에 라스푸틴을 알렉산드르 궁전으로 초청하여 함께 차를 마셨다.

두 번째 만남은 결과가 좋았던 게 분명하다. 1906년 10월 13일, 라스푸틴이 또다시 알렉산드르 궁전에 초대되었으니 말이다. 니콜라이와 알렉산드르는 '러시아인의 목소리'를 대변할 사람을 원했는데, 라스푸틴을 그런 인물로 간주했다. 그들은 "우리가 그토록 찾던 인물이 바로 라스푸틴"이라고 생각했으며, 라스푸틴은 그들의 기대를 충족시킬 정도로 교활했다. 세 번째 만남은 라스푸틴 일생일대의 전환점이 되었다. 차를 마시고 난 뒤, 라스푸틴은 네 명의 딸들(올가, 타티야나, 마리아, 아나스타샤)과 두 살짜리 아들 알렉세이를 소개받았다. 니콜라이 2세는 일기장에, "몸이 좋지 않아서 그랬는지, 내 아들은 한시도 가만히 있지 않았다"라고 적었다.

마리아 라스푸틴은 "내 아버지가 알렉세이의 건강을 위해 처음으로 기도한 것은 1906년의 어느 날이었다"라고 했는데, 그날은 10월 13일일 공산이 크다. 왜냐하면 그로부터 3일 후, 황제가 스톨리핀 수상에게 이런 편지를 썼기 때문이다. "나와 황후는 그 농사꾼에게 큰 인상을 받았소. 그래서 우리의 대화는 예정되었던 5분을 훨씬 넘어 30분 이상 지속되었소." 이어서 차르는 "나와 알렉산드라는 라스푸틴이 '기도를 통해 병을 치유하는 능력'을 가진 사람임을 알게 되었소. 라스푸틴을 초청하여 나탈리야의 치료를 위해 기도해달라고 부탁해보시오"라고 권유했다.✦

라스푸틴이 돌아간 후, 차르는 곁에서 시중들던 푸탸틴 공에게 방문객을 어떻게 생각하느냐고 물었다. 푸탸틴이 "진실하지 않고 정신적으로 문제가 있는 사람인 것 같습니다"라고 대답하자, 니콜라이는 고개를 흔들며 "나는 그 사람을 만나서 얼마나 기뻤는지 모른다"라고 말했다. 뒤이어 푸탸틴에게 역정을 내고, 그 이후로는 그에게 라스푸

✦ 황제가 스톨리핀에게 이런 편지를 쓴 데는 그만한 이유가 있었다. 1906년 8월, 한 테러리스트가 던진 폭탄이 스톨리핀의 여름 별장에서 폭발하여 32명이 죽거나 중상을 입었는데, 중상자 중에는 스톨리핀의 딸 나탈리야가 포함되어 있었다. 라스푸틴은 스톨리핀의 요청을 받고 나탈리야를 치료하기 위해 달려왔지만, 치유의 기적은 일어나지 않았다.

틴 이야기를 두 번 다시 꺼내지 않았다.

황실이 라스푸틴에게 관심을 갖게 되었다는 것은, 그가 '방랑하는 순례자'와 '기적을 행하는 자' 사이에 선을 그었다는 것을 의미한다. 차르는 1906년 12월 9일의 일기장에 이렇게 적었다. "우리는 밀리차, 스타나와 함께 식사를 하고, 저녁 내내 그리고리에 대한 이야기로 꽃을 피웠다." 그로부터 6일 후일 12월 15일, 라스푸틴은 차르에게 자신의 이름을 합법적으로 개명해달라고 청원했다. 그의 설명은 이러했다. "포크로프스코예에는 라스푸틴이라는 성을 가진 가족이 여섯이나 되다보니 사사건건 혼란이 일어나고 있습니다. 바라건대, 저와 제 자손들의 성을 '라스푸틴-노비'로 바꿔주십시오." 노비Novyi란 새롭다는 뜻의 러시아어이므로, 라스푸틴-노비란 '새로운 라스푸틴'을 의미했다. 니콜라이는 라스푸틴의 소원을 들어줬을 뿐만 아니라, 청원서 상에 "이 청원을 12월 22일자로 받아들인다"라는 칙령까지 적어 넣었다. 그 당시 러시아가 '느려 터진 관료주의'로 소문난 나라였음을 감안할 때, 민원을 급행료 없이 단 7일 만에 해결한다는 건 대단한 실력자가 아니면 불가능한 일이었다. 일개 농사꾼 출신의 라스푸틴이 그걸 해냈다는 것은, 차르가 최소한 1906년 12월부터 그를 '특별한 존재'로 간주하기 시작했음을 의미한다.

라스푸틴이 성을 바꾼 건 아마도 '라스푸틴은 신분이 너무 미천해서 성조차 없다'는 풍문 때문이었을 것이다. 마을 사람들이 그를 '라스푸틴'이라고 부른 건, 어쩌면 술에 취해 방탕한 생활을 일삼았기 때문이었을지도 모른다. 실제로 라스푸틴이라는 이름은 '주정뱅이' 또는 '방탕한 생활'이라는 러시아어에서 유래했다는 소문이 있어, 그의 지지자들을 당혹스럽게 만들기도 했었다. 니콜라이와 알렉산드라는 라스푸틴을 '그리고리', 또는 '우리의 친구'라고 불렀다. 알렉산드라는 언젠가 한번 라스푸틴의 동명이인을 보고 기분이 상해, 종이에 '라스푸'까지 쓰다 말고 이렇게 중얼거린 적이 있었다. "이 이름은 너무 흔하고 천박해. 그는 이제 면모를 일신할 필요가 있어."

이름에 노비나 노비흐Novykh라는 말을 첨가한다는 것은 라스푸틴의 아이디어였지만, 그는 모종의 이유 때문에 그럴듯한 이유를 둘러댔다. 그가 황태자의 방으로 들어갔을 때, 침대 위에서 껑충껑충 뛰놀던 알렉세이가 그를 보며 "노비! 노비!"를 외쳤다는 것이다. 그렇다면 라스푸틴에게 새로운 이름을 지어준 사람은 알렉세이라는 이야기가 되는데, 그건 새빨간 거짓말이었다. 사실 말도 안 되는 거짓말을 늘어놓는 것은 그의 주특기였다. 그는 가끔 "차르가 내 허락도 없이 나를 '노비'라고 불렀다"며 어깨를 으쓱하곤 했는데, 그건 '라스푸틴-노비'를 기정사실화하기 위한 노림수였다. 그에게 있어서 '노비'라는 이름을 사용한다는 것은, 단순한 개명이 아니라 과거와 단절한다는 것을 의미했다. 그는 1906년의 새로운 환경에서 새로운 사람이 되었고 새로운 사람을 만나며 새로운 경험을 맛보게 된 것이다. 그는 과거와 단절하고, 현재 상황에서 새로운 정체성을 형성하기를 갈망했다.

라스푸틴은 1907년 4월 6일과 6월 19일에도 궁전을 방문했다. 아마도 두 번째 방문 때 그는 알렉세이가 몹시 괴로워하고 있는 장면을 목격한 것 같다. 차르의 여동생 올가가 회상한 바에 따르면, 알렉세이가 넘어지는 바람에 내출혈이 일어난 것으로 보인다. 넘어진 지 불과 몇 시간도 안 되어 극심한 통증에 시달렸고, 의사들은 속수무책이었다고 한다. 알렉산드라는 그날 밤 늦은 시각에 사람을 보내 라스푸틴을 불러들였는데, 이는 그가 이전에도 몇 번(최소한 한 번) 알렉세이를 치료한 적이 있음을 의미한다. 한 자료에 의하면, 라스푸틴은 알렉세이의 침대 끝에 서서 기도를 하다가, 마지막에는 이렇게 선언했다고 한다. "착한 아이야. 네 병은 곧 나을 것이다. 그러나 너의 미래는 오직 신만이 안다." 다음 날 아침 알렉세이의 병은 기적처럼 나았고, 영문을 모르는 올가에게 알렉산드라는 "지난밤에 라스푸틴이 들어와 기도로 내 아들을 치료해줬어요"라고 말했다.

알렉산드라는 라스푸틴을 '신이 보내준 사람'이라고 믿고, 기도의 힘을 확신했다. 하루는 한 시녀가 '어떤 부부가 의사를 제쳐놓고 안수치료를 하다가 자녀를 죽였다'는 뉴스를 보고했다. 이 말을 들은 알렉산드라는 화를 내며 "기도가 부족해서 그랬을 것이다. 부모가 열심히 기도했다면 아이가 분명히 회복되었을 거야"라고 말했다.

알렉산드라는 아들을 위해 끊임없이 기도했지만, 신은 그녀에게 끝내 자비를 베풀지 않았다. 따라서 '아들이 혈우병에 걸린 건 내가 죄를 지었기 때문이다'라는 그녀의 죄의식도 사라지지 않은 게 틀림없다. 엘리자베트 나리슈키나-쿠라키나 공녀는 라스푸틴이 알렉산드라의 민감한 부분을 정서적으로 압박한다고 생각했다. 즉, 그는 주로 죄의식을 자극함으로써 황후에게 영향력을 행사했다는 것이다. 만약 공녀의 판단이 옳다면, 우리는 라스푸틴이 알렉세이의 혈우병을 교묘하게 이용한 것으로 해석할 수 있다. 그는 황후에게 '아들이 불행해진 것은 어머니가 죄를 지었기 때문'이라고 확신시켰는데, 그럼으로써 그녀의 죄의식을 온존시키면서 자신에게 유리한 방향으로 이용할 수 있었다. 니콜라이와 알렉산드라는 회한에 가득 찬 나머지, '신이 우리에게 그리고리를 보내줬으며, 그가 우리 곁에 있는 한 아들의 생명은 안전하다'고 생각하게 되었다.

알렉세이의 질병과 이를 치료하는 과정에서 라스푸틴이 수행한 역할은 철저히 비밀에 붙여졌다. 니콜라이와 알렉산드라는 그들의 아들이 '실수로 넘어질 경우 사망할 수 있는 불치병 환자'라는 점을 인정할 수 없었다. 사람들은 그런 속사정도 모르고, 라스푸틴을 '황실에 갑자기 등장한 새로운 비선 실세'라고만 생각하고, 어떻게든 그의 환심을 사려고 우르르 몰려들었다. 그는 단순하고 반문맹인 이국적 캐릭터로서, 그 독특함 때문에 많은 관심과 존경을 한 몸에 받았다.

'구원을 추구하는 성자'의 마음은 결코 사라지지 않았시만, 상트페테르부르크에서의 화려한 생활은 라스푸틴의 허파에 바람을 불어넣기에 충분했다. 지금껏 자신이 큰일을 하기 위해 태어난 사람이라고 믿어왔던 라스푸틴은 자신에게 쏟아지는 찬사를 그 믿음에 대한 확증으로 해석하기 시작했다. 확신은 돈보다 더 강한 동기부여 요인이었다. "신이 나를 상트페테르부르크에 보낸 건, 차르를 섬기고 러시아의 미래를 지키기 위해서다"라는 확신만큼 커다란 동기부여 요인은 없었다. 라스푸틴을 단순한 모험가나 사람들의 진심을 교묘히 이용한 사기꾼으로 치부하려는 사람들이 많지만, 실상을 들여다보면 스토리가 그리 간단치 않은 것이다.

한 여성은 이렇게 회고했다. "처음에 그는 꽁꽁 얼어붙은 북쪽에서 온 전형적인 농사꾼처럼 보였어요. 그러나 그의 시선은 내 눈을 사로잡았고, 강철처럼 차갑게 빛나는 눈동자는 내 마음을 꿰뚫는 것 같았어요." '싫증난 귀족들은 겸손함이나 아첨 따위에 감동받지 않는다'는 사실을 잘 알고 있었기에, 그는 모든 상황을 완전히 장악하는 쪽을 택했다. 웍스켈 남작 부인의 집에 들어갈 때, 라스푸틴은 집 안을 한번 휘 둘러본 다음 이렇게 트집을 잡았다. "어머니, 이게 뭡니까? 마치 박물관처럼 벽에 그림을 잔뜩 붙여놓았군요. 한쪽 벽에 붙어 있는 그림들만 팔아도 다섯 개 마을의 굶주린 백성들을 배불리 먹일 수 있겠네요. 먹지도 못하는 농부들을 상상해 보세요!" 상류층과 부유층에게 죄책감을 유발하는 것만큼 강력한 무기는 없었다.

라스푸틴은 '예의 바른 대화'의 규칙을 무시하고, 귀족이나 고관들에게 비$_{vy}$ 대신 티$_{ty}$라는 2인칭 대명사를 사용했다. 그는 이 주제 저 주제를 넘나들며 성경 구절을 인용하고, 틈틈이 자신이 목격한 사회상, 영적 훈계, 개인적 질문을 곁들였다. 낮고 진지한 어조로 "당신이 사는 방법은 옳지 않아요!"라든가 "요점은 사랑해야 한다는 거예요! 당신은 지금 사랑하고 있나요?"라고 읊조림으로써 상대방을 놀라게 또는 어리벙벙하게 만들었다. 일부는 그의 말에 탄복하며 이렇게 수군거리기도 했다. "그리고리 성자는 삶의 열쇠를 갖고 있다. 진실을 말하고 모든 것을 분별한다."

라스푸틴은 군중들의 가식적인 매너, 좋은 옷, 편한 생활을 비판했다. 자신이 신과 교감을 나눴던 고향, 포크로프스코예에 대해서도 이야기했다. "당신들은 훨씬 더 단순하게 살아야 해요. 여름에 나를 따라 포크로프스코예에 와 보세요. 그곳은 시베리아의 탁 트인 공간이에요. 주민들은 들판에서 농사를 짓고 물고기도 잡죠. 그들과 함께 일하면 신을 제대로 이해하게 될 거예요." 자신의 손을 보여주며, "거칠고 힘든 일을 하는 바람에 손이 이렇게 됐어요"라고 신음하듯 말했다.

상트페테르부르크의 응접실에는 (바람둥이 남편을 둔) 불행한 여성들이 득실거렸다. 그녀들은 주로 자선 활동을 했는데, 그건 가정의 불행을 보상받기 위한 수단이었다. 라스푸틴은 그녀들의 욕구 불만과 이야기를 들어주며 (위로하는 의미에서) 고개를 끄덕이는가 하면, 입장을 수긍하며 공감을 표시하기도 했다. 그는 질문을 던지고 조언했지만, 적어도 그즈음에는 그녀들의 여린 감정을 이용하지는 않았다. 그는 희망의 등대로서, 그녀들이 오랫동안 포기해왔던 희망을 제공했다.

많은 여성들이 라스푸틴에게 전적으로 매달렸다. 그녀들은 그의 수발을 들고, 선물 세례를 퍼붓고, 스케줄 관리를 해주는가 하면, 설교를 열심히 들으며 심지어 그가 의식하지 못하는 버릇까지도 흉내내려고 애썼다. 라스푸틴은 그녀들을 '꼬마 아가씨들'이라고 불렀고, 그녀들은 라스푸틴을 '그리고리 성자님'이라고 불렀다. '꼬마 아가씨들' 그룹의 우두머리는 올가 로흐티나였다. 그녀는 속세에 환멸을 느낀 마흔 살의 귀부인으로서, 1905년 11월 라스푸틴을 처음으로 만났을 때는 심한 만성 장질환 때문에 병상에 누워 꼼짝하지도 못하고 있었다. 라스푸틴이 그녀에게 다가가 기도하자 그녀가 병상에서 일어났고, 정상적인 일상으로 돌아갈 수 있었다. 그녀는 당시의 상황을 이렇게 회고했다. "나는 라스푸틴의 기도를 받고 건강이 호전되었으며, 그 이후로 질병에서 완전히 해방되었어요." 올가와 그녀의 남편은 큰 감명을 받고, 라스푸틴을 자신들의 호화 저택으로 초청하여 머무르게 했다. 로흐티나는 그의 비서로 활동하며, 스케줄을 관리하고 라스푸틴이 받은 편지에 일일이 답장했다(라스푸틴은 어설픈 필체로, 맨 마지막에 'G'라고 크게 서명만 했다). 또한 로흐티나는 차르스코예셀로에 있는 황후를 종종 방문하여, 라스푸틴의 명언과 놀라운 성품 등을 주제로 한담을 나눴다.

아킬리나 랍틴스카야는 서른한 살의 미혼녀로, 라스푸틴의 최측근 중 하나였다. 그녀는 우크라이나 농촌 출신의 간호사로서, 라스푸틴을 지극정성으로 보살피며 질병과 숙취를 관리했다. "라스푸틴의 애심愛心은 순수하며, 딴 뜻이 있어서 주변에 모여든 여성들에게 애정을 표시하는 건 결코 아니에요"라고 그녀는 주장했다.

라스푸틴에게 헌신한 또 한 명의 여성은 히오니야 베를라츠카야 였다. 그녀는 서른한 살의 유부녀였는데, 육군 중위였던 그녀의 남편 은 아내가 간음한 사실을 알고 스스로 목숨을 끊었다. 베를라츠카야 는 라스푸틴을 처음 만났을 때 죄의식에 가득 차 있었는데, 라스푸틴 은 그 점을 교묘히 이용할 수도 있었지만 그러지 않았다. 그는 그녀에 게 "신의 자비를 구하고, 다가올 유혹에 저항할 힘을 달라고 기도하세 요"라고 조언했다. '꼬마 아가씨들' 그룹의 멤버들은 라스푸틴과의 성 접촉을 한사코 부인했으며, 적어도 처음 몇 년 동안 그녀들의 말은 진 실이었다. 그녀들은 "그리고리는 추종자들에게 '양심에 거리끼지 않고 사랑을 나누는 방법'을 가르쳤어요"라고 주장했는데, '양심에 거리끼 지 않는 사랑법'의 의미가 뭔지는 아리송하다.

라스푸틴의 추종자 중에서 가장 중요한 사람은 뭐니 뭐니 해도 안나 비루보바였다. 그녀는 모순적이며 유치한 성격의 소유자였다. 그 녀는 1884년에 태어났는데, 아버지는 니콜라이 2세의 황실 법원에서 일하던 알렉산드르 타네예프였고, 어머니는 톨스토이 가문의 규수였 다. 펠릭스 유수포프는 안나를 "키 크고 억세며, 토실토실하고 환한 얼 굴을 가졌으며, 매력이라고는 눈곱만큼도 없는 여자"라고 하며, "술수 가 뛰어나고 약간 교활하지만 전혀 총명하지는 않다"라고 깎아내렸다. 1903년 그녀는 황실로 들어가 황후의 시녀가 되었다.

외로운 황후는 젊은 시녀와 마음이 잘 통한다는 것을 알았다. 두 사람은 금세 절친한 친구가 되었고, 안나는 매년 발트해에서 열리는 황실 가족의 뱃놀이에도 동행했다. 알렉산드라는 안나의 단순한 태도가 마음에 쏙 들었고, 안나는 뜻하지 않게 차르의 사생활에 깊숙이 개입하게 되자 그저 황송할 따름이었다. 황후는 완전한 순종을 요구했고, 안나는 시종(몸종을 방불케 하는 친구)의 역할을 받아들였다. 황후가 상트페테르부르크의 양가집 자녀들을 제쳐두고 그녀를 선택한 이유는 납득하기 어려웠다. 그러다보니 주변의 질투심을 자극하여, 악의적인 언급은 물론 '안나와 알렉산드라는 레즈비언'이라는 억측까지 나돌았다.

게다가 안나의 불행한 결혼은 황후와의 관계를 더욱 돈독하게 만들어, 그녀를 (점점 더 늘어나고 있는) 라스푸틴의 측근 세력에 편입시켰다. 1906년 가을, 안나는 몇 가지 결점에도 불구하고 알렉산드르 비루보프 중위의 눈에 들었다. 비루보프는 그녀를 끈질기게 따라다녔는데, 이는 황실과 가까운 관계에 있는 여자와 결혼하면 경력에 보탬이 되리라는 기대 때문이었다. 안나는 비루보프를 사랑하지 않았지만, 부모, 친구, 심지어 황후까지도 그의 청혼을 받아들이라고 재촉했다. 견디다 못한 안나는 밀리차 대공비에게 도움을 요청했고, 밀리차는 그녀에게 라스푸틴의 도움을 받아보라고 권했다. 그리하여 그녀는 상트페테르부르크의 잉글랜드 제방English Embankment에 있는 밀리차의 집에서 라스푸틴을 만났다.

라스푸틴은 나이가 좀 들어 보였고, 호리호리한 체격에 창백한 얼굴, 긴 머리칼에 헝클어진 턱수염을 가진 촌부村夫였다. 그는 영락없는 농부의 옷차림을 하고 있었는데, 아무렇게나 함부로 입고 오랫동안 여행한 탓에 새까맣고 약간 허름해 보였다. 그러나 그의 눈은 크고 밝고 총명해 보였고, 눈구멍 속 깊은 곳에서 상대방의 마음과 영혼을 꿰뚫어보는 듯했다. 안나가 결혼에 대해 조언을 구하자, 라스푸틴은 이렇게 말했다. "행복하지는 않겠지만, 결혼은 해야 합니다."

안나와 알렉산드르 비루보프는 1907년 4월 30일에 결혼식을 올렸지만, 둘 다 마음의 준비가 되어 있지 않은 상태였다. 진실은 더욱 암담했다. 그녀는 불안정하고 야수 같은 남편에게 희생당한 선의의 피해자였다. 그녀는 부부 관계를 거부한 게 분명했다. 왜냐하면 1917년의 정밀 진단 결과, 그녀가 숫처녀인 것으로 밝혀졌기 때문이다.※ 비루보프는 승진을 위해 어떻게든 결혼생활을 유지하려고 했지만 뜻대로 되지 않았다. 안나는 황후를 믿고 남편을 무시했고, 남편이 불만을 토로하자 그를 집에서 쫓아냈다. 1908년에 이혼하고 나서, 시녀와 육군 장교의 비극은 막을 내렸다.

결혼의 굴레에서 벗어난 안나 비루보바는 황후를 보필하는 데 전력을 기울였다. 알렉산드라가 안나에게 높은 직위를 허락하지 않았음에도 불구하고, 안나의 영향력은 막강해졌다. 안나는 회고록에서 자신이 가난했음을 주장하며, 가진 재산이라고는 알렉산드르 궁전에서 200미터 남짓 떨어진 곳에 있는 작은 빌라 한 채뿐이었노라고 했다. 안나의 영향력이 증가함에 따라, 공직이나 각종 이권을 노리는 자들이 그녀의 노란색 작은 빌라에 몰려들었다. 제정러시아의 마지막 내무장관을 지낸 알렉산드르 프로토포포프는 그녀의 빌라를 '권력의 문턱'이라고 불렀다. 안나는 황후와 밀접한 관계를 유지하려고 애썼으므로, 황후가 하루라도 자신을 부르지 않으면 입술이 뿌루퉁해졌다. 황후는 안나의 집착에 거부감을 느낀 나머지 때때로 심통을 부리기도 했다.

안나는 라스푸틴을 진심으로 믿으며, 그를 "신에게 영감을 받아

※안나는 남편이 알코올 중독자로서 가정폭력을 일삼았으며, 심지어 발기부전 환자라고 주장했다. 그러나 어찌된 일인지, 비루보프는 그동안 외도를 통해 자녀들을 여럿 낳았다.

새로운 라스푸틴

말씀을 전하는 성자"라고 불렀다. "그는 오류를 범하지 않아요. 그는 총명하며 천부적인 재능을 지니고 있어서, 그의 말을 들으면 즐거움이 샘솟는걸요"라고 그녀는 말했다. 물론 안나가 이토록 라스푸틴을 믿게 된 데는 알렉산드라의 영향이 컸다. 왜냐하면 안나는 라스푸틴이 황후의 삶에서 독특한 위치를 차지하고 있음을 간파했기 때문이다. 그러나 안나는 개인적으로도 라스푸틴에게 헌신했으며, 그의 풍부한 지식에 감동하여 이렇게 말했다. "라스푸틴은 정식으로 교육을 받지 않았음에도 불구하고, 성경과 교리에 통달했어요."

라스푸틴과 황후를 안나 비루보바보다 더 잘 이해한 사람은 없었다. 좀 어수룩한 면이 있긴 했지만, 그녀는 라스푸틴과 황후의 관계를 어느 누구보다도 자신 있게 설명할 수 있었다. 그녀는 이렇게 말했다. "하나밖에 없는 아들이 선천적으로 난치병을 앓고 있다면, 어느 엄마라도 마찬가지일 거예요. 외줄타기와 같은 인생을 살아가던 아들의 질병이 어느 날 갑자기 기적적으로 치료되었어요. 그 기적을 행한 사람이 의사가 아니라, 농촌 출신의 수도자라고 생각해 보세요. 그 아이의 엄마가 평생 동안 그 수도자를 신처럼 떠받드는 게 당연하지 않을까요? 질병이 재발할 경우를 대비해서, 최소한 아들이 성장할 때까지 그 수도자를 곁에 두고 도움과 조언을 요청하는 것이 합당하지 않을까요? 황후와 라스푸틴을 둘러싼 온갖 스캔들의 본질은 바로 이것이에요."

5

러시아정교회의 반격

1907년 9월 라스푸틴은 개선장군의 모습으로 포크로프스코예에 귀환했다. 그를 조롱과 의구심 어린 눈으로 바라보는 마을 사람들은 이제 아무도 없었다. 그는 돈 주머니를 흔들며 "나는 기쁜 마음으로 고향에 돌아왔다"라고 선언한 후, 황실과의 친분과 추종 세력을 과시했다. 네 명의 숭배자들이 그를 따라 포크로프스코예에 들어왔는데, 그들의 이름은 올가 로흐티나, 베를라츠카야, 랍틴스카야, 그리고 고관의 아내 지나이다 만슈테트였다. 오래된 시골 마을에 그런 귀인들이 왕림한 적은 과거에 단 한 번도 없었다.

프라스코바야는 라스푸틴의 귀향을 환영했다. 로흐티나는 그녀가 남편의 발 앞에 엎드리는 것을 보고 깜짝 놀랐다. 프라스코바야는 남편과 의견이 다를 때는 (설사 자기가 옳더라도) 언제든지 양보하고,

그 이유를 묻는 사람들에게 자신의 철학을 이렇게 설명했다. "남편과 아내는 일심동체처럼 살아야 합니다. 당신이 양보하면, 남편도 가끔 양보할 겁니다."

페오판이 포크로프스코예를 방문했을 때, 라스푸틴은 이렇게 말했다. "종전에는 농사를 지으며 오두막집에 살았지만, 지금은 아주 큰 집에 살며 농사와 종교 활동을 병행하고 있습니다." 라스푸틴은 밀리차에게서 받은 돈으로 투라강의 도선사가 소유했던 집을 구입하고, 남은 돈으로 보수와 인테리어를 했다. 그 집은 전통적인 2층짜리 목조 주택으로, 천장 위에는 양철 지붕이 설치되어 있고 창가에는 화분이 놓여 있었다. 울타리에 난 문을 열고 나가면, 조촐한 정원을 지나 아버지가 사는 집으로 이어졌다. 예핌은 1904년 아내 안나와 사별한 후 아들과 함께 살 수도 있었지만, 따로 사는 쪽을 선택했다.

라스푸틴과 가족은 1층에 살고, 2층은 수시로 방문하는 손님들을 위해 비워두었다. 거실에는 피아노, 고급 소파, 값비싼 책상, 그리고 (아름다운 흑단 캐비닛 속에 들어 있는) 대형 괘종시계를 하나씩 배치했다. 거실의 벽은 온통 성화상과 사진으로 뒤덮였는데, 사진 중에는 물론 니콜라이와 알렉산드라의 사신노 있었다. 거대한 카페트 위에는 고가의 샹들리에가 매달려 있었는데, 라스푸틴은 그 가격이 자그마치 600루블이라고 자랑했다. 페오판은 그 장면을 보고 이렇게 중얼거렸다. "졸부가 된 농사군이 동경하는 도시의 부자가 고작 이 정도였군!"

라스푸틴의 주요 재산은 집, 농장, 가축이었다. 일반인들의 생각과 달리, 라스푸틴이 황실을 등에 업고 챙긴 금전적 이익은 거의 없었으며, 그의 돈벌이는 주로 추종자들의 기부금에 의존하였다. 라스푸틴은 셈이 흐려, 자신의 상황을 고려하지 않고 가난한 사람들에게 덮어놓고 선심 쓰곤 했다. 그는 마을 사람들에게 '관대한 사람'이라는 인상을 주고 싶어 했으며, 포크로프스코예의 사람들은 그의 새로운 지위를 인정하여 선생님Gospodin 또는 각하Noble Lord라고 호명했다.

마을 사람 하나는 이렇게 회상했다. "그리샤 아저씨가 고향에 돌아왔을 때, 모든 어린이들은 공휴일을 맞은 기분이었어요. 그는 우리에게 과일과 스파이스 케이크를 나눠줬어요. 우리 손에 돈을 쥐어주진 않았지만, 가게 주인에게 '아이들이 원하는 건 뭐든지 다 주라'는 메모를 건넨 다음 나중에 값을 치렀어요. 덕분에 코트나 부츠를 장만한 아이들도 있었어요." 어떤 여성은 이렇게 덧붙였다. "그는 사람들에게 돈을 주며 말이나 소를 사라고 했어요. 가난한 가족에게 집을 지어주고, 장례 비용도 대신 지불했어요. 한때 마누라의 반찬값을 훔쳐 술을 퍼마시던 악당이 이제는 '의롭다', '총기 있다', '현명하다'며 대환영을 받았어요."

마을에는 형편이 어려운 사람들이 많았지만, 특히 한 사람이 겪었던 곤경은 라스푸틴의 가슴을 찡하게 만들었다. 한 가난한 여성은 외출복을 살 돈이 없어서 딸들을 학교에 보내지 못했다. 그녀는 라스푸틴에게 "가죽을 사주시면, 그걸로 신발 한 켤레를 만들어 딸 하나라도 학교에 보내고 싶습니다"라며 애원했다. 그 자신이 교육을 받지 못해 한이 맺혔던 라스푸틴은 눈물을 글썽이며 선뜻 그러마고 했다. 하지만 그는 깜짝 선물을 계획했다. 모든 딸들에게 신발을 만들어줄 수 있을 만큼 많은 가죽을 주문해준 것이다.

라스푸틴은 궁정에서의 위치를 자랑스럽게 여겼지만, 어디를 가든 경찰의 감시를 받아야 했다. 경찰은 요인들의 편지와 활동을 일상적으로 모니터링했는데, 그중에는 로마노프가의 구성원들도 포함되어

러시아정교회의 반격

있었다. 상트페테르부르크에 불쑥 나타나 유력자들에게 위협적인 존재로 부상한 미천한 농사꾼을 경찰이 가만히 놔둘 리 없었다. 그들은 라스푸틴을 미행하고, 그가 주고받은 편지를 검열하고, 보고서를 작성했다. 아이러니하게도 그때 작성된 보고서들은 오늘날 귀중한 정보원으로 이용되고 있다.

예컨대 1910년 1월 7일자 보고서에 의하면, 라스푸틴은 그 당시에도 정기적으로 농사를 지으며 마을 사람들과 똑 같은 방식으로 살았다고 한다. 그러나 부와 권력은 그의 성품에 서서히 영향을 미쳤다. 갑작스러운 성공 이후 당장은 아니었지만, 권세가 늘어나면서 점점 더 거만해지고 사악한 자만심과 악마적 욕망을 갖게 되었을 것이다. 라스푸틴은 애초에 겸손과는 거리가 먼 사람이었기 때문에, 니콜라이 2세와의 친분과 상류사회 장악이라는 요소를 결합하여 자아$_{ego}$를 한껏 부풀렸다. 그는 고급 주택과 가구를 자랑하며, 황실에서 자신이 차지하는 위치를 마을 사람들에게 끊임없이 상기시켰다.

라스푸틴은 한 방문객에게 이렇게 말했다. "이 황금 십자가를 보세요. 'N'자가 찍혀 있죠? 이건 니콜라이 2세에게 직접 하사받았다는 표시입니다. 그분이 나를 이만큼 신뢰한다는 뜻이죠." 그는 니콜라이와 알렉산드라가 하사한 성화상들을 방문객에게 보여주곤 했는데, 그 중에는 작은 보석들이 박힌 부활절 달걀$_{Easter Egg}$과 (집의 구석구석을 비추는) 우아한 랜턴도 있었다. 그는 황후가 바느질해준 셔츠도 보여주며, 그런 셔츠가 몇 벌 더 있다고 자랑했다.

라스푸틴은 '관대한 후원자'인 동시에 '자랑질하는 농사꾼'이었는데, 이는 그의 마음속에서 타오르는 갈등의 일면이 표출된 것에 불과했다. 바로 위에서 인용한 경찰 보고서는 라스푸틴을 이렇게 평가했다. "라스푸틴의 헌신과 경건한 삶은 그의 언행과 상당 부분 모순된다. 그는 마을 사람들을 무시하고 업신여긴다." 라스푸틴은 한 측근에게 보낸 편지에 이렇게 썼다. "나는 포크로프스코예를 영원히 떠날 것이다. 알다시피 이곳에는 나를 제대로 이해하는 사람이 아무도 없다." 한 종교계 인사는 이렇게 덧붙였다. "라스푸틴은 평민 출신의 못 배운 사람이었다. 그는 이 약점을 만회하기 위해 수많은 대공과 고관들의 저택을 뻔질나게 드나들었다."

발끈한 라스푸틴은 이렇게 항변했다. "나는 사제들에게 도움의 손길을 내밀었지만, 그들은 나를 파멸시키려고 안간힘을 썼다. 그들은 나를 이단으로 고발하는 등 온갖 해괴망측한 일을 저질렀는데, 도대체 말도 안 되는 소리여서 이루 다 열거할 수가 없다. 그들은 세력이 매우 강한데, 그 힘으로 선행을 베풀 생각은 전혀 하지 않고 의인을 잡기 위해 함정만 판다. 그들은 나를 '가장 저열하고 비도덕적인 종파의 괴수'라고 고발했다. 교회의 지도자들은 사사건건 나에게 반기를 들었다."

사건의 발단은 라스푸틴이 포크로프스코예의 성모 마리아 교회를 중건하라고 5,000루블을 기부한 일이었다. 그 돈은 니콜라이 2세가 라스푸틴에게 마음대로 사용하라며 하사한 것이었는데, 라스푸틴은 금박을 입힌 은 십자가 하나를 제단에 걸고, 금도금된 은 램프 네 개로 성화벽iconostasis을 밝히기를 원했다. 그리고 커다란 황금 십자가 하나를 (사람들이 목에 거는 것처럼) 성소sanctuary에 걸고 싶어 했다. 마지막으로, 라스푸틴은 기적을 행하는 것으로 알려진 우상을 손질하고 장식하려고 했다. 그러자 많은 마을 사람들이 불만을 토로했다. "라스푸틴이 진심으로 마을을 돕고자 했다면, 그 돈을 교회에 처발라 종교계의 환심을 사지 말고, 학교를 증축하라고 내놨어야 한다"는 거였다.

지역의 성직자들이 라스푸틴을 견제한 데는 그만한 이유가 있었다. 포크로프스코예의 성직자들은 라스푸틴이 회개하기 전부터 그를 미워했고, 회개한 후에도 그의 진실성을 의심했다. '신이 큰 목적을 이루기 위해 나를 선택했다'는 라스푸틴의 주장은 그들을 언짢게 했다. 그들이 특히 신경을 썼던 것은, 라스푸틴이 추종자들을 규합하여 비밀리에 독자적인 단체를 만든다는 점이었다. 라스푸틴과 여성들이 유난히 친근하게 지내고, 지하 저장고에서 이상한 찬송가를 부르며, (홀리 스티들이 흔히 사용하는) '형제'나 '자매'와 같은 호칭을 사용하는 것도 신경에 거슬렸다.

1907년 9월 초, 포크로프스코예의 표트르 오스트로우모프 신부와 표도르 체마긴 신부는 토볼스크의 안토니 주교에게 보낸 공식 문서에서 라스푸틴을 이단이라고 고발했다. 고발장에 적힌 그들의 주장은 이러했다. "그리고리 노비는 특별한 멘토, 영적 지도자, 기도 인도자prayer guide, 카운셀러, 위로자 등의 간판을 내걸고 활동하고 있습니다. 그는 '내 마음속에는 사랑이 충만하다'든지 '나는 모든 사람들을 사랑한다'고 말하며, 영적 희망을 고취하는 대화를 나누는 것으로 유명합니다. 많은 사람들이 영적생활에 대해 조언을 해달라며 그를 초청하고 있습니다." 이 중에서 특히 문제가 되는 것은 "많은 사람들이 영적생활에 대해 조언을 해달라며 그를 초청하고 있습니다"라는 마지막 문장이었다. 그건 곧 '라스푸틴이 사제의 역할을 대신하고 있어서, 사제들이 발 디딜 틈이 없다'는 것을 의미했다.

이와 관련하여, 밀리차와 아나스타샤가 은밀히 라스푸틴에 대한 조사를 추진했다는 설도 있다. 라스푸틴이 황후에 대한 영향력을 강화하는 데 앙심을 품은 그녀들이 오래된 루머를 이용하여 그의 이름을 더럽힘으로써, 알렉산드라에 대한 영향력을 회복하려 했다는 것이다. 그러나 이 가설은 신빙성이 떨어진다. 비록 안나 비루보바가 등장함으로써 밀리차와 아나스타샤 자매가 알렉산드라의 생활에서 차지하는 비중이 감소하기는 했지만, 그녀들은 알렉산드르 궁전에 여전히 빈번하게 드나들고 있었기 때문이다.

한편 아나스타샤가 이혼 상황에 직면하자 라스푸틴은 그녀에게 재혼을 권유했는데, 그 대상이 흥미로웠다. 그녀가 재혼 상대로 선택한 사람은 밀리차의 아주버니(남편의 형) 니콜라이 니콜라예비치 대공으로, 니콜라이 가문에서는 그를 니콜라샤라고 불렀다. 그런데 1907년 아나스타샤와 니콜라샤가 결혼했을 때 뜻하지 않은 파문이 일어났다. 그 전까지만 해도 밀리차와 아나스타샤는 라스푸틴의 가장 큰 지지자 그룹에 속했는데, 때마침 그때 라스푸틴에 대한 조사가 시작된 것이다. 하지만 그녀들은 라스푸틴의 주택과 가구 값을 지불한 지 얼마 안되었으므로, 조사의 배후에 이들 자매들이 도사리고 있었을 가능성은 희박해 보인다.

토볼스크의 안토니 주교는 고발장을 받은 직후에 행동을 개시했으므로, 누군가가 그를 선동했을 거라는 주장은 신빙성이 부족하다. 1907년 9월, 그는 이렇게 발표했다. "라스푸틴은 흘리스트와 유사한 거짓 교리를 퍼뜨리고, 이 거짓 교리를 추종하는 자들을 규합하여 단체를 만들고 있다." 그러나 이러한 혐의는 이미 오래 전부터 제기되던 것이었다. 흘리스티에 가담하는 것은 더 이상 불법이 아니었지만, 라스푸틴이 흘리스티의 멤버라는 사실이 확인되었다면 그는 벌써 파문당했을 것이다.

조사관들은 포크로프스코예에 갑자기 들이닥쳐, 마을 사람들의 진술을 모조리 받아적었다. 그들은 라스푸틴과 그 아버지의 집을 수색했다. 조사관들은 6개월 동안 마을에 머무르며, 라스푸틴과 그의 가족에서부터 이웃과 지인들에 이르기까지 모든 사람들을 샅샅이 파헤치고 심문했다. 혹자는 라스푸틴이 페름의 공장에서 일하던 시절 흘리스티로 개종했을 거라고 주장했다. 그러나 라스푸틴이 페름에 갔었다는 증거는 전혀 없었다.

    마을 사람들의 말을 종합하면, 까만 코트를 입은 사람들과 하얀 머리 스카프를 두른 사람들이 라스푸틴의 집에 모여 예배를 드렸으며, 라스푸틴은 수도자처럼 까만 카속cassock*을 입고 가슴에 황금 십자가를 걸고 있었다고 했다. 그리고 늦은 밤 예배 장소에서 울려나오는 음악 중에는 「시온산은 잠들었다」와 「아토스 성산의 산맥」이라는 찬송가가 포함되어 있었다고 했다. 조사관들은 음악의 멜로디와 하모니가 동방정교회의 것과 다르며, 정체불명의 원고나 출판물에 수록된 음악이거나 흘리스티의 음악인 것 같다고 지적했다. 라스푸틴이 깊은 베이스 음성의 소유자이며 노래를 꽤 잘한다는 의견에 이의를 제기하는 사람은 아무도 없었다.

    아무리 샅샅이 뒤지고 캐물어도 라스푸틴이 흘리스티 교도임을 입증하는 증거가 나오지 않자, 조사관들은 다른 혐의를 조사하기 시작했다. 그것은 '라스푸틴이 종교를 빙자하여 자신의 욕정을 충족시킨다'는 거였다. 라스푸틴은 자신을 추종하는 여성들의 손을 잡고 포크로프스코예를 활보하고, 키스하고 쓰다듬고 어루만지고 포옹하며, 그녀들을 음탕한 애칭으로 부른다는 소문이 파다했다. 체마긴 신부의 증

---

* 성직자들이 평상시에 입는 긴 옷._옮긴이.

언에 의하면, 한번은 라스푸틴이 목욕탕에서 젖은 몸으로 나오는 걸 봤는데, 그 뒤로 여러 명의 여성들이 젖은 몸으로 김을 모락모락 내며 따라 나오더라는 것이었다. 라스푸틴은 이런 관행을 대수롭지 않게 여기며, "나는 '꼬마 아가씨들'에게 포옹하고 키스하는 것을 좋아하고, 정결 의식을 치르기 위해 종종 그녀들과 함께 목욕탕에 드나든다"라고 순순히 인정했다. 그리고 자기 집에는 젊은 미혼 여성들이 우글거린다고도 했다. 아내 프라스코바야도 그녀들이 자기를 도와준다고 항변했지만, 체마긴은 라스푸틴의 주변에서 뭔가 부적절한 일이 벌어질 거라고 추측했다.

라스푸틴을 헐뜯는 사람들은 그가 무질서한 생활을 하며, 예배 시간에 신도들의 집중력을 떨어뜨린다고 비난했다. 그들은 라스푸틴의 신앙이 동방정교회 교리와 어긋나는 것 같다고 의심했지만, 구체적인 사례를 적시하지는 못했다. 전해지는 이야기에 의하면, 프라스코바야의 고향 두브로비노에서 한 여성이 폐결핵으로 죽었는데, 그 이유는 라스푸틴이 그녀에게 '겨울에 맨발로 순례를 하라'고 강요했기 때문이라고 했다. 그러나 그녀의 이름이나 신원을 아는 사람은 아무도 없었다.

안토니 주교가 1908년 5월 15일에 조사보고서를 발표하자, 보고서를 읽어본 라스푸틴의 적들은 깜짝 놀랐다. 보고서의 내용은 어이없게도, "조사관들이 수집한 증거들을 종합적으로 검토한 결과, 라스푸틴이 흘리스티 교도인지 아닌지 확실하지 않다"는 것이었다. 주교는 라스푸틴의 꼬투리를 잡고 싶었지만, 그러기에는 증거가 너무 부족했다. 그는 자기가 보낸 조사관들의 허술함을 꾸짖으며, 그들이 흘리스티를 너무 몰랐던 것 같다고 생각했다. 사실 조사관들은 라스푸틴이 흘리스티 교도임을 시사하는 채찍, 상징물, 성화상을 하나도 찾아내지 못했다. 그도 그럴 것이, 그들은 '흘리스티의 예배가 목욕탕, 헛간, 지하 저장고에서 진행되지만, 교주의 집에서는 공식 행사가 진행되지 않는다'는 사실을 까맣게 모르고 있었기 때문이다. 그래서 조사관들은 곳간이나 광과 같은 별채들을 무시했고, 흘리스티 예배에서 사용되는 경전을 찾아내지 못했던 것이다. "그들은 그리고리 노비의 신도들이 사용한 경전은 물론, 찬송가 가사가 한 줄이라도 적힌 노트를 전혀 발견하지 못했다"라고 안토니는 말했다.

설사 라스푸틴이 증거를 치밀하게 인멸했더라도, 신중하게 조사했다면 실낱 같은 단서라도 발견되었을 것이다. 따라서 안토니는 다음과 같이 알맹이 없는 결론을 내릴 수밖에 없었다. "라스푸틴은 유사 종교 집단을 만들어 밤에 모임을 가졌다. 그는 성경을 읽었고, 신도들은 찬송가를 부르고 기도했다. 그러나 그들이 집회를 하는 동안 무슨 일이 일어났는지, 그가 신도들에게 뭘 가르쳤는지는 알 수 없다. 그의 설교 내용 중 일부는 흘리스티의 가르침과 유사해 보인다. 그러나 조사관들은 그가 흘리스티의 멤버임을 입증하는 결정적 증거를 제시하지 못했다."

안토니 주교의 보고서는 사실상 라스푸틴을 추켜세운 셈이 되었다. "그는 동방정교회의 이단아가 아니며, 자신이 속한 교구의 교회에 정기적으로 출석하여 성가대석에 앉아 찬송가를 부른다. 그는 교회에 설치된 성화상에 경의를 표하고, 금식을 엄격하게 실천하며, 고해성사와 성체성사 등 크리스천의 의무 일체를 성실히 수행한다. 그는 교회에 기여하며, 그의 가족도 모두 그러하다."

보고서는 종교 다원주의religious pluralism을 사실상 승인했다. "우리는 라스푸틴에게 동방정교회와 별개의 종교 집단을 형성할 권리를 인정하고, 그 종교 집단에 속한 신도들에게 독자적인 종교적·도덕적 견해와 생활방식을 인정한다. 그리고리 노비는 특정 종교 집단의 핵심이며 지도자임이 분명하다. 라스푸틴은 특별한 멘토, 영적 지도자, 기도 인도자, 카운셀러, 위로자이고, 영적생활에 관한 조언을 제공하며, 영적 희망을 고취하는 대화를 나누는 것으로 유명하다. 그는 추종자들에게 종종 이렇게 말한다. '나는 모든 사람들을 사랑합니다. 여러분도 서로 사랑하며 선행을 베푸세요.'"

하지만 안토니는 라스푸틴을 종교 지도자로 평가하는 데 있어서 많은 애를 먹었다. 모든 증거를 종합해보면 그의 진실성이 인정되지만, 라스푸틴이 정말로 '특별히 선택된 성자', '지도자', '기도 인도자'인지 확신하기가 어려웠다. 그래서 그는 보고서의 말미에 다음과 같은 단서를 달았다. "동방정교회에 대한 그의 경건함과 헌신은 단지 겉치레에 불과하며, 자신이 분파주의의 거짓 지도자이며 위험하고 사악한 홀리스티의 전파자propagator라는 사실을 은폐하기 위해 꾸며낸 것일 수도 있다. 따라서 라스푸틴과 홀리스티의 관련성을 제대로 밝혀내려면, 경험과 지식이 풍부한 분파주의 전문가의 후속 조사가 요망된다."

안토니 주교의 조사보고서는 라스푸틴에게 은총일 수도 있고 저주일 수도 있었다. 한편으로는 그가 홀리스티의 멤버라는 험담을 부인했지만, 다른 한편으로 후속 조사의 필요성을 제기했기 때문이다. 따라서 그에 대한 빈정거림과 험담은 그 이후에도 계속되었다. 라스푸틴을 둘러싼 논란은 늘 그런 식이었다. 무수히 제기된 혐의 중에서 확정된 것은 하나도 없고, 일부는 기각되었다가 나중에 형태만 조금 바뀌어 다시 제기되기 일쑤였다. 라스푸틴은 끊임없는 인신공격의 희생자였지만, 그렇다고 해서 그가 종종 그 빌미를 제공했음을 부정할 수는 없다. 어찌됐든 그에게 순종하는 사람들은 그에 대한 인신공격의 신빙성을 덮어놓고 의심했다. 무고를 입증할 증거가 분명한 만큼, 니콜라이와 알렉산드라는 모든 정보들을 일고의 가치도 없다며 묵살했다.

교회의 조사가 끝날 즈음, 라스푸틴과 교회 지도자들 사이에 불안정한 화해 무드가 조성되었다. 오스트로우모프 신부와 교구 모임에서는 조사가 끝나기 넉 달 전, 교회의 중건 비용을 부담해준 라스푸틴에게 감사의 뜻을 표했다. 안토니 주교는 마음이 썩 내키지 않았겠지만, 교구를 대표하여 1908년 6월 1일 발간된 토볼스크 교구 뉴스 1년에, "포크로프스코예의 농민들과 성모 마리아 교회에 선행을 베푼 그리고리 노비에게 감사의 뜻을 표합니다"라는 기사를 실었다. 결국 가장 까다로운 교구 주민 한 명을 길들이려던 지역 사제들의 계략은 수포로 돌아갔다.

조사보고서가 발표된 후 몇 달 동안, 라스푸틴은 오스트로우모프와 체마긴을 회피했다. 안토니 주교는 아직도 라스푸틴과 흘리스티의 관련성을 캐고 싶어서, 세 명의 지역 사제들에게 '그리고리의 행적을 추적하여 매월 한 번씩 보고하라'고 지시했다. 그들은 놀랄 만큼 객관적으로, "지역 주민들은 그리고리에게 경미한 비판을 하는 경우도 있지만, 대체로 칭찬 일색입니다"라고 보고했다. 오스트로우모프는 라스푸틴이 1911년 아발락 수도원으로 순례를 떠난 사실과, 토볼스크와 상트페테르부르크를 방문했던 사실도 보고했다. "그리고리는 토볼스크와 상트페테르부르크 일대를 얌전히 여행하며, 농민들에게 최근에 나온 브로셔와 함께 자기 사진을 나눠줬습니다. 신앙생활로 말할 것 같으면 전과 다름없이 교회에 열심히 출석하며, 농사일도 게을리하지 않고 있습니다"라고 그는 말했다. 마지막으로, 그는 라스푸틴의 신앙을 높게 평가하며 이렇게 말했다. "그는 교회에 정기적으로 출석하지만, 최근에는 사람들에게 '교회에 출석하는 것은 단지 형식일 뿐이며, 정말로 중요한 것은 형식이 아니라 내면적인 신앙'이라고 역설하고 있습니다."

라스푸틴은 조직화된 기성 종교에 환멸을 느껴, "교회는 영적으로 부패한 가짜 지도자들로 꽉 차 있다"고 불평했다. 그는 "대부분의 사제들은 (농부가 도끼로 장작을 패는 것처럼) 크고 서툴게 노래하며 설교한다"고 생각했다. 그는 교회에 갔다가도, 죄의식과 공포감을 이용하여 신자들을 조종하려고 하는 사제들을 보고 짜증이 났다. 믿음은 사랑에 기초해야 한다는 것이 라스푸틴의 지론이었는데, 너무 많은 사제들이 외적 경건함과 내적 위선에 얽매여 구원의 손길을 뻗치지 못함을 안타까워했다.

라스푸틴이 이런 느낌을 갖게 된 것은 경험 때문이었다. 적어도 이 시점까지, 그는 욕망을 충족시키는 것보다 의미를 추구하는 것을 더 중요시했다. 라스푸틴은 자신의 죄악과 영성spirituality에 담대했다. 그는 과거를 회상하여, (어린 시절에 가졌던) 재능과 (종교적 황홀경의 순간에 느꼈던) 사랑을 결합하려고 노력했다. 나중에는 섹스와 알코올에 탐닉했지만, 적어도 처음에는 기도와 묵상에 전념했다.

라스푸틴은 자신만의 독자적인 진로를 찾는 과정에서 성인과 교부들의 저술에 눈을 돌렸다. 그는 가방끈이 짧았지만 예리한 지성을 갖고 있어서, 타인들이 자신의 소명calling으로 여기는 사명mission을 다루는 방법을 이해하려고 노력했다. 그는 성 아우구스티누스와 (자신의 이름을 감안하여) 니사의 성 그레고리오St. Gregory of Nyssa의 저서들을 탐독했다. 그들의 비밀을 알아내고 그들의 삶을 흉내냄으로써 자신의 길을 찾기를 희망했다.

프라스코바야는 늘 라스푸틴의 편에 서서 살림을 하고 자녀들을 돌보면서 (야망이 많고, 한시도 가만히 있지 못하는) 남편을 다독였다. 아론 시마노비치는 자신의 옛 보스 라스푸틴의 아내를 일컬어 "이해심이 넘치는 아내"라고 했다. 라스푸틴과 프라스코바야는 진심 어린 우정을 나눴으며, 단 한 번도 다투지 않았다. 언젠가 프라스코바야가 방문객들에게 한 쌍의 남녀가 부적절한 행위를 하는 장면을 보여줬는데, 내용인즉 그녀의 남편이 여성 신자를 대상으로 구마exorcising◆ 의식을 하고 있다는 것이었다. 방문객들은 기겁했지만, 프라스코바야는 놀라지도 언짢아하지도 않으며 이렇게 말했다. "모든 사람들은 자신의 십자가를 져야 해요. 그리고 이건 그의 십자가예요."

라스푸틴이 십자가를 지고 있는 모습을 관찰하는 것은 얼마나 가관이었을까. 사람들은 그가 성적 일탈을 즐기고 있는 거라고 생각했겠지만, 프라스코바야는 그게 그의 짐burden이라고 이해했다. 그녀는 많은 사람들이 쾌락으로 여기는 게 사실은 시련이라고 여겼다. 프라스코바야는 남편이 신의 사명을 수행하고 있으며, 다른 여성들과의 음란 행위는 그 일부일 뿐이라고 생각했다. 그녀는 라스푸틴이 유혹과 싸우고 있으며, 유혹에 굴복했을 때 그가 낙심한다는 것을 잘 알고 있었다. 그러나 프라스코바야는 남편의 곁을 떠나지 않고 늘 그 자리에 머물러 있었다. 한 친구의 말에 따르면, 그녀는 매력적이고 분별 있는 여성이었다.

◆ 귀신을 쫓음. _ 옮긴이.

6

로마노프가의 어릿광대들

라스푸틴이 러시아정교회와의 전쟁에서 거둔 승리를 기뻐하기는 아직 일렀다. 그가 포크로프스코예에서 머뭇거리고 있는 동안 상트페테르부르크에서 두 번째 공격이 준비되고 있었다. 이번에는 위험 부담이 훨씬 더 커서, 무죄 판결을 기대하기가 거의 불가능해 보였다. 제정러시아의 수상 표트르 스톨리핀이 라스푸틴을 수도에서 쫓아낼 궁리를 하고 있었던 것이다.

라스푸틴이 차르스코예셀로를 빈번히 드나들기 시작하자, 경찰이 감시의 눈을 번득이기 시작했다. 그의 방문은 결코 비밀이 될 수 없었다. 사람들은 차르스코예셀로 기차역에서 라스푸틴의 모습을 볼 수 있었고, 그가 탄 승용차는 도로 위의 여러 바리케이드와 게이트에서 잠깐씩 멈춰 섰다. 라스푸틴은 옆문을 이용해 알렉산드르 궁전에 들어가는 게 상례였지만, 경비병이 전화를 통해 '들여보내도 좋다'는 통보를 받을 때까지 검문소에서 대기해야 했다. 라스푸틴의 동선은 완전히 공개되어 있었을 뿐만 아니라 면밀히 관찰되고 있었던 것이다.

최근 몇 년 동안 정부의 고위 인사들은 좌불안석이었다. 제정러시아는 전쟁과 혁명에서 겨우 살아남았고, 황실의 구성원들은 사유지를 벗어날 때마다 암살 위험에 시달렸다. 차르의 비밀경찰 오흐라나 요원의 증언에 의하면, 1908년에는 새로운 등장인물을 일단 부정적인 시선으로 바라봤다고 한다. 성자가 언제든지 테러리스트로 돌변할 수 있었으며, 외국의 정보 요원들이 도처에 숨어 있다고 여겨졌기 때문이다. 알렉산드르 궁전의 지휘관으로서 황실의 안전을 책임지던 블라디미르 데뷸린은 라스푸틴을 즉시 의심했다. 그는 '저 농사꾼이 안나 비루보바의 지원을 받고 있는 게로군'이라고 생각했는데, 그건 라스푸틴의 입장에서 볼 때 별로 달갑잖은 일이었다. 왜냐하면 경찰에서는 안나의 신분과 동기를 의심하고 있었기 때문이다. 데뷸린은 즉시 경찰을 시켜 라스푸틴의 배경을 샅샅이 조사하게 했다.

데뷸린이 조사 결과를 스톨리핀에게 넘기자, 스톨리핀은 자체적인 조사에 착수했다. 스톨리핀은 귀족 가문 출신으로, 지식과 능력과 부를 이용하여 관가의 정상에 올라 막강한 권력을 휘두르고 있었다. 스톨리핀은 차르에게 충성을 바쳤으며, '앞을 내다보는 개혁'과 '잔인한 탄압'을 병행함으로써 황제의 권좌를 강화하려고 했다. 그는 적절한 개혁이 황제 체제를 뒷받침할 수 있다고 믿었으며, 항간에 물의를 일으키고 있는 라스푸틴이 자신의 목표를 가로막는 장애물이라고 여겼다.

스톨리핀은 데뷸린의 조사 결과를 기반으로 하여 조사 범위를 확대했다. 스톨리핀의 보고서는 오늘날 행방이 묘연하지만, 우리는 그가 색안경을 끼고 라스푸틴을 바라봤음을 충분히 짐작할 수 있다. 그런데 흥미롭게도, 비밀경찰의 행동과 태도는 그다지 비밀스럽지 않았다. 수사관들의 특이한 복장을 보고 낌새를 눈치챈 라스푸틴은 황제에게 불만을 털어놓았다. 그러자 황제는 스톨리핀을 불러, "며칠 후 라스푸틴에 대한 조사 결과를 보고할 때, 라스푸틴도 그 자리에 참석하게 하시오"라고 말했다. 그런데 유감스럽게도, 스톨리핀은 황태자가 혈우병 환자라는 사실을 모르고 있었다. 만약 니콜라이와 알렉산드라가 그 사실을 공개했다면, 세상 사람들은 라스푸틴이 알렉산드르 궁전을 빈번히 드나드는 이유를 알게 되었을 것이다. 하지만 사정이 이러하다보니 사람들은 그저 추측에 의존할 수밖에 없었고, 그건 스톨리핀도 마찬가지였다. 한편 니콜라이 2세의 입장에서는, 사람들이 그렇게 겸손한 농사꾼을 헐뜯느라 혈안이 된 이유를 도무지 알 수 없었다. 순진한 차르는 라스푸틴을 '신을 섬기는 자'이자 '민중을 대변하는 목소리'로 간주했으며, 사람들이 그를 그 이상으로 생각하는 이유를 알 수가 없었다. 차르는 '스톨리핀도 라스푸틴을 만나보기만 하면, 나와 똑같은 생각을 갖게 될 거야'라고 생각했다.

스톨리핀은 라스푸틴을 참석시키라는 차르의 명령을 마지못해 받아들이고, 만일의 사태를 대비하여 (내무차관으로서 경찰을 실제로 지휘하고 있는) 파벨 쿠를로프에게 그 자리에 배석하라고 요청했다. 그것은 매우 기이한 만남이었다. 쿠를로프는 라스푸틴을 호리호리한 체격의 평범한 사람으로, 까만 쐐기 모양의 턱수염을 갖고 있으며, 상대방을 꿰뚫어보는 듯한 총명한 눈을 갖고 있는 인물로 기억했다. 라스푸틴은 그 자리에서, "나는 정치적 의도가 없는 평화주의자이므로, 경찰이 나를 염려할 필요가 없습니다"라고 강조했다. 그러자 총리는 이렇게 응수했다. "만약 그게 사실이라면, 당신도 경찰을 무서워할 필요가 없잖소?"

라스푸틴이 스톨리핀에게 무슨 주문을 걸려고 했던 것으로 보아, 스톨리핀의 말이 라스푸틴을 언짢게 만든 게 분명했다. 스톨리핀은 나중에 딸에게 이렇게 말했다. "그는 나를 향해 눈을 부라리더니, 신비롭고 불분명한 성경 구절을 중얼거리며 손을 이상하게 움직였단다." 스톨리핀은 라스푸틴의 최면력에 놀랐다. '벌레 같은 인간'에 대한 증오심과 반감이 자신을 압도하는 것 같았기 때문이다. 잠시 후 정신을 차린 그는 마음을 단단하게 먹고 이렇게 반격했다. "나는 당신을 종파주의자로 기소할 수 있는 증거를 충분히 확보했소." 스톨리핀의 말이 사실이라면, 라스푸틴은 상트페테르부르크를 떠나거나 기소되거나 둘 중 하나를 선택해야 했다. 격분한 라스푸틴은 폭발 일보 직전이었고, 스톨리핀은 옆에 있던 쿠를로프에게 "수중에 있는 서류 일체를 차르에게 보여드리시오"라고 말했다.

쿠를로프는 주저했다. 왜냐하면 차르는 단순한 사람이어서, 자신이 총애하는 라스푸틴을 음해한다고 생각할 수 있었기 때문이었다. 아니나 다를까, 스톨리핀이 쿠를로프의 서류를 낚아채 차르에게 보여주며 라스푸틴의 혐의를 낱낱이 열거하자, 잠자코 듣고 있던 차르는 점차 안색이 변하며 불쾌감을 내비쳤다. 그러나 워낙 스톨리핀의 기세가 등등하자, 니콜라이는 "앞으로 두 번 다시 라스푸틴을 만나지 않겠소"라고 그에게 약속했다.

스톨리핀은 차르가 자신의 계획을 승인한 것으로 받아들이며 쾌재를 불렀다. 그는 라스푸틴으로 하여금 향후 5년간 상트페테르부르크에 발을 들여놓지 못하게 할 생각이었다. 하지만 그건 오산이었다. 아마도 라스푸틴에 대한 증오감이 스톨리핀의 판단력을 흐리게 한 모양이었다.

스톨리핀의 음모는 라스푸틴이 포크로프스코예를 떠날 때부터 시작되었다. 그는 경찰을 기차역에 잠복시켜놓고, 라스푸틴이 상트페테르부르크에 도착하는 즉시 그를 연행할 생각이었다. 그러나 이미 정보를 입수한 라스푸틴은 대기 중이던 승용차에 올라타고 니콜라샤·아나스타샤 부부의 집으로 직행했다. 누구든 차르의 허가 없이 황족의 거주 지역에 들어갈 수 없었으므로, 비밀경찰 오흐라나는 궁전 밖에서 기다리며 라스푸틴이 나오기만을 기다렸다. 그러나 용무를 마친 라스푸틴은 포위망을 슬그머니 빠져나와, 기차를 타고 포크로프스코예로 돌아갔다. 스톨리핀은 제정러시아의 거물로, 1906년부터 1908년까지 수많은 혁명가들을 잡아들이고 수천 명의 테러리스트들을 처형했었다. 그런데 일개 농부와 그 일당이 그를 따돌리다니, 총리의 체면이 말이 아니었다. 한 부하가 "시베리아로 체포조를 급파할까요?"라고 묻자, 스톨리핀은 아무 말 없이 (그래 봐야 무슨 소용이 있겠냐는 의미로) 손을 가로저었다. 이로써 라스푸틴을 상트페테르부르크에서 추방하려던 스톨리핀의 계략은 수포로 돌아갔다. 하지만 라스푸틴 역시 안전을 100퍼센트 장담할 수는 없었다.

니콜라이와 알렉산드라도 라스푸틴 때문에 마음이 뒤숭숭했다. 라스푸틴의 혐의에 은근히 신경이 쓰이던 중, 알렉산드라는 그의 생활을 은밀히 내사하기로 마음먹었다. 1908년 그녀는 수도원장 페오판을 시베리아로 보내 증거를 수집해오게 했다. 그런데 페오판이 수집한 증거는 알쏭달쏭했다. 표트르 오스트로우모프 신부는 안토니 주교의 조사 결과를 여전히 미심쩍게 여기면서도, "라스푸틴이 분파주의자로 활동했다고 고발하는 사람이 아무도 없다는 점을 감안할 때, '그가 독실한 러시아정교회 신도인 것 같다'는 의견에 동의할 수밖에 없습니다"라고 말했다. 그러나 페오판은 분위기가 왠지 심상찮다는 의심을 지울 수 없었다. 그래서 사로프 근처의 디베예프 수도원을 방문하여 수녀원장에게 "라스푸틴을 어떻게 생각합니까?"라고 물어보니, 그녀는 들고 있던 포크를 마룻바닥에 내팽개치며 이렇게 대꾸했다. "그렇게 궁금하면, 라스푸틴에게 직접 물어보슈!"

페오판의 보고서가 영 신통치 않자, 알렉산드라는 1909년 안나 비루보바와 두 명의 다른 시녀를 포크로프스코예로 보내 소문의 진위를 직접 확인하게 했다. 안나는 "저는 수사 능력이 전혀 없어요"라고 펄쩍 뛰었지만, 결국에는 황후가 시키는 대로 했다. 세 시녀는 하녀 한 명을 대동하고, 포크로프스코예로 가는 길에 라스푸틴과 페름 역에서 만났다. 그녀들은 기차의 같은 칸(침대칸)에서 하룻밤을 함께 지내며 그의 인간성을 테스트해보기로 했다 라스푸틴과 하녀가 2층, 시녀 세 명이 1층에 각각 자리를 잡았는데, 젊은 하녀가 갑자기 비명을 지르기 시작했다. 라스푸틴이 자기에게 수작을 건다는 거였다. 그래서 하녀는 복도에서 하룻밤을 지새는 수밖에 없었다. 라스푸틴은 결백을 주장했는데, 세 시녀는 현장을 확인하지 못했으니 그의 말을 믿을 수밖에 없었다.

포크로프스코예의 모든 것은 안나 비루보바를 감동시켰다. 그녀는 단순·소박함의 극치를 보이는 주민들의 생활을 가리키며, 포크로프스코예에서의 삶을 성경적인 삶에 가깝다고 극찬했다. "사람들의 삶은 단순했고, 메뉴는 주로 건포도, 빵, 견과류, 그리고 약간의 페이스트리로 구성되어 있었어요. 라스푸틴의 친구들이 밤에 몰려와 찬송가를 부르고, 시골 사람다운 소박함과 열정으로 기도를 했어요"라고 그녀는 회상했다.

다른 두 명의 시녀들은 뚜렷한 결론을 내리지 못했다. 그중 한 시녀는 라스푸틴이 하녀에게 손을 댔다고 주장하며, 황후에게 "라스푸틴은 위험한 색골이었어요"라고 경고했다. 짜증난 알렉산드라가 "라스푸틴이 하녀에게 손을 대는 것을 직접 봤느냐?"라고 묻자, 그녀는 "직접 본 적은 없습니다. 저는 깜빡 잠이 들었었거든요"라며 한 걸음 뒤로 물러섰다. 안나는 그날 밤에 아무 일도 없었노라고 주장하며, 라스푸틴은 특유의 소박함과 성자다움saintliness 때문에 피해자가 된 것뿐이라고 역성을 들었다. 그러나 안나 역시 직접 보지는 못했다며 말꼬리를 흐렸다. 알렉산드라는 자기가 듣고 싶은 것만 듣고, 나머지는 모두 무시했다. 그리하여 그날 밤의 사건은 오해 때문에 생긴 해프닝인 것으로 결론이 났다.

알렉산드라는 특이한 성격의 소유자로서, 매사를 자신의 선입견을 강화하는 방향으로 평가하는 경향이 있었다. 페오판과 안나 비루보바가 포크로프스코예를 다녀와서 올린 라스푸틴 보고에 대해서도, 보고 내용 중 불편한 진실은 무시하고 자신의 입맛에 맞는 것들만 취했다. 그 이후에 일어난 사건 중 상당수도 그런 전철을 밟았다. 라스푸틴에 대한 그녀의 평가는, 그를 치유자 겸 카운슬러로 간주하며 믿고 의지한 데서 비롯되었다. 니콜라이 2세 역시 알렉산드라만큼은 아니었지만, 아들을 사랑하는 아버지로서 어떤 방식으로든 라스푸틴에게 의지한 것은 피차 마찬가지였다.

언젠가 스톨리핀이 "라스푸틴이 황제의 위신을 추락시킵니다"라고 주장했을 때, 차르는 목소리를 낮춰 이렇게 말했다. "총리의 말이 옳을지도 모르오. 그러나 내 앞에서 라스푸틴을 두 번 다시 언급하지 않았으면 좋겠소. 설사 내 위신이 땅바닥에 떨어질지라도, 내가 할 수 있는 게 아무것도 없으니 말이오." 차르의 말에는 의미심장한 메시지가 담겨 있었지만, 스톨리핀은 그 점을 이해하지 못했다. 그는 차르가 "라스푸틴을 감싸고 도는 황후의 고집을 꺾을 힘이나 용기가 없다"고 인정하는 줄 알았다. 물론 그것도 틀린 생각은 아니었지만, 차르의 진의는 '알렉세이가 혈우병이라는 난치병을 앓고 있으며, 라스푸틴이 그를 치유하고 있다'는 거였다.

차르가 황태자의 질병 때문에 라스푸틴에게 의존하던 상황에서, 속사정도 모르면서 라스푸틴을 황실에서 쫓아내려고 안간힘을 쓰던 적들의 시도는 성공할 가능성이 희박했다. 그런데 1909년 라스푸틴이 (가장 열성적인 초기 추종자 중 한 명인) 히오니야 베를라츠카야를 성추행한 사건이 발생하자, 적들의 대의명분은 최고조에 달했다. 라스푸틴에게 등을 돌린 베를라츠카야는 페오판을 찾아가, 교회가 그 망나니를 처벌해야 한다고 호소했다. 페오판이 라스푸틴의 최측근으로부터 고발장을 접수한 것은 그것이 처음이었다. 전제주의를 열렬히 지지하던 페오판은 드디어 '라스푸틴은 거짓 스타레츠이므로, 그가 황제의 권좌를 무너뜨리기 전에 조치를 취해야 한다'고 결심했다.

때는 바야흐로 폭풍 전야였다. 1910년 내내 라스푸틴의 음란한 행동에 대한 소문이 러시아 전역에 퍼져나가면서, 그에게 불리한 증거들이 눈덩이처럼 불어났다. 페오판이 베를라츠카야에 관한 스캔들 정보를 몬테네그로 자매들에게 가져갔을 때, 그녀들도 이번만큼은 귀를 기울일 준비가 되어 있었다. 왜냐하면 그녀들과 황후의 관계가 1908

년 이후 지속적으로 악화되고 있었기 때문이다. 그녀들을 알렉산드라의 관심권에서 멀어지게 한 첫 번째 원인은 안나 비루보바였다. 안나의 역할이 부각되면서, 몬테네그로 자매와 황후의 친밀한 관계에 금이 가고 있었던 것이다. 베를라츠카야를 둘러싼 충격적 소문이 상트페테르부르크 전역에 파다하게 퍼지자, 몬테네그로 자매들은 자신들이 지금껏 신주단지 모시듯 떠받들던 라스푸틴을 의심하는 것을 넘어 차차 적개심을 품게 되었다. 밀리차와 아나스타샤 자매는 '라스푸틴은 교활한 농부로서, 로마노프 왕조를 위협하고 있을 뿐'이라고 확신하고, 페오판과 손을 잡았다.

1910년 봄에는 라스푸틴을 위협하는 새로운 혐의가 알렉산드르 궁전 내부에서 흘러나왔다. 황녀 네 명의 가정교사였던 소피 튜체바가 "소녀 넷이 취침 시간에 잠옷을 입고 있었는데, 느닷없이 라스푸틴이 방문했어요"라고 발설한 것이다. "황녀들의 나이가 아주 어리다면 문제될 게 없지만, 올가의 나이는 열다섯 살, 타티야나의 나이는 열세 살이에요. 궁정 내에서는 황족의 스캔들을 퍼뜨리는 무리들이 많으므로, 그들에게 빌미를 줘서는 안 돼요"라고 그녀는 덧붙였다.

차르는 튜체바가 과민한 것이라 생각하여 그녀를 불러 따끔하게 혼내줬다. "너는 라스푸틴을 잘 모르는 것 같다. 그리고 우리와 잘 아는 사람을 비판할 때는 우리에게 먼저 귀띔해줘야지, 동네방네 떠들고 다녀서야 되겠느냐?" 차르에게 혼이 난 튜체바는 꼬리를 내렸고, 알렉산드라는 그녀를 해고했다.

그즈음 라스푸틴의 성추행을 증언하는 여성들이 줄을 이었다. 베를라츠카야와 튜체바에 이어 이번에는 황태자의 보모인 마리아 비슈네코바였다. 비슈네코바는 궁전에서 라스푸틴에게 성폭행을 당했다고 주장했다. 황후가 믿지 않는데도 주장을 굽히지 않자, 황후는 그녀를 해고했다. 몸을 추스리기 위해 캅카스 산맥 기슭의 키슬로보츠크에 있는 요양원을 방문했을 때, 비슈네코바는 거기서 안토니라는 고위 성직자를 우연히 만났다.* 비슈네코바는 자신의 결백을 주장하며, 알렉세이를 사탄의 손아귀에서 구출해야 한다고 역설했다. 안토니가 차르에게 달려가 이 문제를 거론하자, 차르는 정색하며 "궁정에서 일어나는 일은 내가 철저히 관리하고 있으니 신경쓰지 마시오"라고 잘라 말했다. 깜짝 놀란 안토니는 차르에게 "러시아의 지배자라면 마땅히 스캔들과 죄악을 멀리해야 합니다"라고 직격탄을 날렸다.

밀리차와 아나스타샤 자매는 페오판과 합세하여, 알렉산드라에게 상황의 심각성을 경고했다. 그러나 알렉산드라는 요지부동이었다. 황후는 이들 자매에게 라스푸틴을 언급하지 말라고 재차 강조하고, 그녀들의 존재를 아예 노골적으로 무시했다. 그리고 페오판을 크림반도로 보내버렸다.

1910년 초여름, 러시아의 신문들은 일제히 라스푸틴 격하 운동에 나섰다. 교회의 소식통 미하일 노보셀로프는 「모스크바 뉴스」에 "라스푸틴: 영적 시기꾼"이라는 제목의 기사를 대문짝만하게 실었다. 진보 신문인 「스피치」는 "스타레츠와 고위층 인사들 간의 뒷거래를 수사하라"고 요구했다. 당시에는 언론 검열로 인해 로마노프 왕조의 구성원을 공공연히 언급할 수 없었지만, '고위층 인사'가 그들을 의미한다는 것을 모르는 사람은 아무도 없었다. 이에 대해 정부의 입장을 대변하는 「뉴 타임스」는 "항간에 떠도는 말은 모두 과장과 거짓이며, 일부 몰

---

*안토니는 상트페테르부르크의 수석 대주교로서, 러시아정교회의 최고 실력자였다.

지각한 사람들이 라스푸틴을 음해하고 있을 뿐"이라고 반박했다.

1910년 초, 라스푸틴이 부적절한 행동을 일삼아 비난의 표적이 된 이유는 뭘까? 그는 상트페테르부르크에 데뷔한 후 첫 2년 동안 자기 관리를 철저히 했고, 최소한 문란한 행동 따위로 물의를 일으키지는 않았다. 그러나 그 후 3년간에 걸쳐 뭔가 변화가 일어났다. 아마도 신분과 지위 상승에 방심한 나머지 긴장이 풀려, '더 이상 충동을 억제할 필요가 없다'고 오판한 듯하다. 자신이 영적 재능을 갖고 있으며, 신으로부터 '성스러운 사명을 수행하라'는 소명을 받았다는 믿음이 그의 모든 행동을 합리화했다. 그의 마음속에서는 '들뜬 상태'와 '기저상태'가 늘 균형을 이루고 있었는데, 1908년쯤 그 균형점이 '들뜬 상태' 쪽으로 이동하기 시작했다.

그러나 라스푸틴의 태도가 변한 것과, 차르 부부가 라스푸틴의 결점을 간과하고 신하들의 보고서를 무시하며 자신들의 종교관에 도전하는 사람들을 처벌한 것은 별개의 문제였다. 사람들은 차르와 황후가 순진하거나 귀가 얇다고 생각하게 되었는데, 그건 어느 정도 사실이었다. 그러나 그들은 세상 사람들이 생각했던 것만큼 멍청하지는 않았다. 올가는 오빠와 올케가 라스푸틴의 성격을 속속들이 알고 있었다고 주장했다. 그로부터 몇 년 후 그녀는 이렇게 선언했다. "니콜라이와 알렉산드라가 라스푸틴을 '악행을 저지를 수 없는 성자'로 간주했다는 말은 전혀 맞지 않다. 그들은 라스푸틴에게 사기를 당하지 않았으며, 그에 대해 털끝만한 환상도 갖고 있지 않았다."

우리는 올가의 말을 '한 여동생이 사랑하는 오빠를 두둔하려고 한 말'이라고 묵살할 수도 있다. 언젠가 한번은 라스푸틴이 올가와 함께 소파에 앉아 있다가, 니콜라이와 알렉산드라가 언짢은 표정으로 바

로마노프가의 어릿광대들

라보자, 올가에게 저만치 떨어져 있으라고 말한 적이 있다. 그러나 그들은 라스푸틴이 못된 짓을 하는 것을 한 번도 본 적이 없었다. 술에 취한 모습으로 차르스코예셀로에 갑자기 나타났을 때도, 라스푸틴은 냉정을 되찾고 지극히 정상적으로 행동했다. 1916년 어느 날 알렉산드라는 니콜라이에게 "그리고리는 신자 모임에서 저녁 식사를 한 후 매우 즐거워했지만, 술에 취해 있지는 않았어요"라고 말했다.

니콜라이와 알렉산드라는 라스푸틴에 대한 험담을 일절 금지했지만, 그의 성격에 어두운 측면이 섞여 있다는 것을 모르는 바는 아니었다. 그러나 설사 그런 면을 알고 있더라도, 그들이 대처할 수 있는 방법은 별로 없었다. 아무리 결점이 많은 사람일지라도, 아들의 생명을 지켜줄 수 있는 유일한 사람과 헤어질 수는 없었기 때문이다. 그들은 라스푸틴이 필요했기 때문에 그의 부정행위를 합리화하고, 오히려 그를 고발한 사람들에게 분풀이를 했다. 차르는 미세한 오류를 꼬투리 삼아 라스푸틴의 비행을 낱낱이 적은 보고서를 내팽개치기로 유명했다. 심지어 증거가 확실한 경우에도 말이다. 니콜라이는 자신이 받아들이기 싫은 것, 즉 라스푸틴이 성자임을 부인하는 증거를 무시했다. 니콜라이는 한 비판자와 화해하며 이렇게 말하기도 했다. "라스푸틴이 당신의 의심을 가라앉힐 것이오. 그는 순수한 믿음을 가진 사람이오."

황후와 속마음을 주고받는 몇 안 되는 친구 중에 릴리 덴이라는 여성이 있었는데, 그녀는 알렉산드라와 라스푸틴 간의 관계를 통찰력 있는 시선으로 바라봤다. 덴은 알렉산드라에게 이렇게 말했다. "당신이 라스푸틴에 관한 험담을 묵살하는 이유는, 당신과 차르가 그에게 우정의 손을 내밀었기 때문입니다. 두 분은 그게 실수일수도 있음을 인정하지 않는군요." 덴은 '황후의 라스푸틴에 대한 신뢰'를 '빅토리아 여왕의 존 브라운에 대한 신뢰'에 비유했다. "당신과 빅토리아 여왕에게 공통점이 하나 있다면, 절친한 친구를 선택하는 데 있어서 남이 이래라 저래라 간섭하는 것을 싫어한다는 것입니다. 타인의 조언을 용납하지 않으면 비타협적인 태도를 갖게 되어, 모든 반대 의견에 마음을 닫게 됩니다"라고 그녀는 말했다

알렉산드라는 라스푸틴의 어두운 측면을 방어하느라 고심하기도 했지만, 그녀는 이 점을 인정하지 않았다. 그녀는 라스푸틴을 정당화하기 위해 「그리스도 안에서 어릿광대였던 러시아의 성자들」이라는 연구를 의뢰했다. 연구자는 알렉세이 쿠즈네초프 신부였는데, 그 논문은 처음에 상트페테르부르크 신학교의 심사를 통과하지 못했지만 우여곡절 끝에 출판되었다. 쿠즈네초프는 그 후 모스크바 교구의 주교로 승진했는데, 그 과정에서 라스푸틴이 모종의 영향력을 행사한 것이 분명하다. 쿠즈네초프는 놀라울 만큼 솔직했다. "나는 라스푸틴이 어떻게 사는지 무슨 일을 하는지에는 관심이 없다. 중요한 것은, 그 사람 덕분에 내가 지금 모스크바에서 고위 성직자로 근무하면서 1만 8,000루블의 연봉을 받고 모든 복리후생 혜택을 누린다는 것이다."

「그리스도 안에서 어릿광대였던 러시아의 성자들」은 알렉산드라의 종교관을 그대로 반영했다. 저자는 '그리스도 안에서의 어릿광대'라는 전통을 탐구했는데, 그 내용은 '러시아의 성자들은 괴짜나 정신 나간 사람으로 간주되지만, 여전히 교회의 울타리 안에 있다'는 것이었다. 알렉산드라는 논문 사본 한 부를 카를로바 백작부인에게 보냈는데, 그녀는 알렉산드라의 친구로서 라스푸틴을 줄곧 비판해온 인물이었다. 백작부인은 성적 방종sexual dissoluteness을 설명한 부분에 밑줄이 그어져 있는 것을 발견했는데, 아마도 '라스푸틴의 일탈 행동을 큰 안

목에서 바라봐달라'는 뜻인 것 같았다. 또한 그 이면에는 '라스푸틴의 태도와 행동에 논란의 여지가 있는지는 모르겠지만, 어쨌든 그의 실추된 평판을 회복하고 싶다'는 뜻도 담겨 있는 것 같았다. 그런데 논문에 결정적인 오류가 하나 있었으니, 그것은 '성자들이 구원을 추구하던 초기 시절에는 죄악을 저지르지만, 나중에 신에게 귀의하고 나서는 성스러운 삶을 산다'는 것이었다. 그러나 그것은 라스푸틴에게는 해당되지 않는 사항이었다. 그는 예나 지금이나 죄악과 회개 사이에서 끊임없이 오락가락했으며, 죄악을 저지른 것을 후회하면서도 또다시 죄악에 빠지곤 했다. 이런 점에서 라스푸틴은 인간적이었으며, 알렉산드라가 흔히 알고 있는 음란한 인간 군상과도 구별되었다.

라스푸틴은 알렉산드라에게 중요한 존재였으며, 그러한 가운데 라스푸틴의 컬트cult는 끊임없이 강화되었다. 이를 위해서는 추종자들의 숭배, 알렉세이의 병세 호전, 알렉산드라와 라스푸틴의 거듭된 만남이 필요했으며, 알렉산드라는 그 과정에서 라스푸틴의 삶을 둘러싼 냉엄한 현실을 간과했다. 그녀는 언젠가 릴리 덴에게 이렇게 말했다. "나의 주님 라스푸틴은 추종자들을 고를 때 유대인 사회의 엘리트를 선택하지 않았어요." 그녀는 라스푸틴을 '신이 보낸 선지자'나 '그리스도의 제자'에 비유했으며, '성스러운 황실과 러시아를 구원하는 것'을 그의 사명으로 여겼던 것이다. 라스푸틴이 그리스도 안의 어릿광대였다면, 알렉산드라와 니콜라이는 로마노프가의 어릿광대들이었다.

7

경비대장의 비밀 보고서

때는 1911년 2월 10일, 사순절 시작 전날 아침이었다. 젊은 경비대장 알렉산드르 만드리카가 기차에서 내려 차르스코예셀로의 플랫폼에 발을 디뎠을 때, 한 줄기 싸늘한 바람이 그를 맞이했다. 대기하고 있던 승용차에 올라 알렉산드르 궁전에 도착한 후, 철문들을 통과할 때마다 도열해 있는 보초병들이 그를 향해 거수경례를 했다. 만드리카는 그리고리 라스푸틴에 대한 비밀 보고서를 한 장 들고 궁전을 방문했는데, 그 보고서는 엄청난 파괴력을 지니고 있었다.

　만드리카와 차르 부부의 만남은 종교적 열성, 반유대주의, 미천한 농부의 (권력을 향한) 야망으로 점철된 대하소설에서 새로운 페이지를 연 사건이었다. 새로운 스토리의 주인공은 일리오도르라는 수도자였다. 그는 엽기적인 행동으로 제정러시아를 뒤흔들며 차르 체제를 커다란 위기로 몰아넣었고, 종국에는 위기 상황을 초래함으로써 라스푸틴이 러시아 궁정에서 차지하는 위치까지도 위협하게 되는 인물이었다.

라스푸틴이 일리오도르를 처음 만난 것은 1903년, 상트페테르부르크 신학교에 다니던 때였다. 1905년 혁명으로 새로운 정치체제를 갖게 된 러시아에서는 연설 능력이 있는 사람이면 스스로 대중운동을 조직하여 큰 영향력을 행사할 수 있었다. 일리오도르는 이 기회를 포착했다. 일리오도르와 라스푸틴은 모두 '나는 신으로부터 제정러시아를 구원하라는 소명을 받은 사람'이라는 확신을 갖고 있었지만, 적으로 삼은 대상이 제각기 달랐다. 라스푸틴의 주적은 기성 종교였지만, 일리오도르가 생각하는 적은 유대인과 지식인은 물론 진보주의자, 마르크스주의자, 그리고 러시아어 이외의 억양을 구사하는 귀족들이었다.

일리오도르는 종교와 정치를 뒤섞었다. 많은 성직자들과 마찬가지로, 그는 검은 중대Black Hundreds, 러시아 국민동맹Union of the Russian People, 천사장 미카엘 연맹League of Michael the Archangel과 같은 반유대주의 조직과 보조를 같이했다. 황실에서는 이러한 극우 단체들에게 호의를 보였다. 왜냐하면 그들은 악랄한 폭력(집단 학살, 학생과 노동조합 공격)으로 좌익 테러리스트들에게 맞대응했기 때문이다. 또한 그들은 비열한 흑색선전을 통해, '유대인, 프리메이슨, 좌익 선동가들이 반정부 음모를 꾸미고 있다'는 헛소문을 퍼뜨렸다.

일리오도르는 큰 명성을 얻었으며, 그의 추종자들은 볼가강변의 차리친에서 무장 단체를 결성했다. 일리오도르가 차르를 제외한 모든 고위층들을 지속적으로 비판하자, 정부 당국과의 마찰이 불가피할 듯싶었다. 교회는 일리오도르를 꾸짖었지만, 일리오도르는 자신의 발언 수위를 낮추지 않았다. 그는 심지어 동방정교회의 지배층을 향해, 제위帝位를 찬탈하려 음모를 꾸미고 있다고 비난했다. 농민과 하층민들이 그의 일장 연설을 듣기 위해 홀을 가득 메우자, 당장이라도 무력시위가 일어날 기세였다.

일리오도르는 이렇게 소리쳤다. "극악무도한 적들에게 러시아를 넘겨줘서는 안 된다. 유대인 왕국을 타도하자! 붉은 깃발을 걷어내리자! 빨갱이들이 이야기하는 자유에 속지 말자! 평등과 형제애를 내세우는 붉은 유대인Red Yid들을 타도하자! 황제 폐하 만세, 동방정교회의 수호자 차르와 황실 만세!"

군중들은 일리오도르를 푸가초프*에 비유했다. 1909년 3월, 교회의 지도층 인사들이 일리오도르를 차리친에서 멀리 떨어진 교구로 발령냈지만, 일리오도르는 이에 불복했다. 하지만 그는 상황 판단이 빠른 인물이었으므로, 정부가 총력을 다해 공격해올 경우 배겨날 재간이 없음을 잘 알고 있었다. 그러한 상황에서, 민중을 선동하는 수도자에게 절실히 필요했던 것은 '체면을 세우는 것'이었다. 때마침 라스푸틴이 그를 대신하여 중재에 나서겠다고 제안하자, 그가 황실에서 발휘하던 영향력을 익히 알고 있던 일리오도르는 얼씨구나 하며 구명밧줄lifeline을 움켜잡았다.

그리하여 미천한 신분으로서 '러시아를 구원하는 사명을 수행하고 있다'고 주장하는 두 인물 간의 특이한 동맹관계odd alliance가 형성되었다. 일리오도르는 라스푸틴을 이용하여 경력을 향상시킬 수 있기를 원했고, 라스푸틴은 위기를 평화적으로 해결함으로써 차르와의 관계에서 입지를 강화할 수 있을 거라 생각했다. 사실 라스푸틴에게 '골

* 예카테리나 대제 치하에서 러시아를 뒤흔들었던 대규모 농민반란 지도자.

경비대장의 비밀 보고서

칫거리 수도자를 좀 길들여달라'고 부탁한 사람은 니콜라이 2세였고, 라스푸틴은 최선을 다하겠다고 약속했다.

라스푸틴의 첫 번째 전략은 성공이었다. 1909년 4월, 그는 차리친의 무장지역에 있던 일리오도르를 불러내 상트페테르부르크에서 만났다. 라스푸틴은 일리오도르에게 "지방 정부에 대한 공격을 중단하면, 차리친에 그대로 머무를 수 있도록 해주겠소"라고 약속했다. 그러고는 니콜라이 2세에게 돌아가, 일리오도르가 진심으로 뉘우치고 있으니, 그를 차리친에서 축출하라는 칙령을 거둬달라고 부탁했다. 이에 대해, 니콜라이는 "황제의 체면을 구기지 않으면서 칙령을 거두는 게 가능하다고 생각하나요?"라고 반문했다. 그러자 라스푸틴의 말이 걸작이었다. "그건 어렵지 않습니다. 지난번에는 왼쪽에서 오른쪽으로 가라고 명령하셨으니, 이번에는 오른쪽에서 왼쪽으로 가라고 명령하시면 되지 않겠습니까?"

라스푸틴의 두 번째 전략은, 일리오도르로 하여금 안나 비루보바의 집에서 황후를 만나게 하는 것이었다. 화가 잔뜩 나 있던 알렉산드라는 일리오도르를 만나 꾸짖으며 이렇게 경고했다. "당신은 제정러시아의 골칫거리예요. 내 남편은 당신의 행동을 절대로 용납하지 않을 거예요. 정부에 대한 공격을 당장 중단하세요." 얼이 빠진 일리오도르는 알렉산드라가 내미는 각서에 덜컥 서명하고 말았다. 일리오도르는 후에 양심을 어겼다고 실토했지만, 그 당시에는 어쩔 도리가 없었다. 알렉산드라가 다짜고짜 훈계를 하고 각서를 내미는 바람에, 곰곰이 생각하거나 반론을 제기할 틈이 없었기 때문이다.

알렉산드라의 말은 계속되었다. "그리고리 성자의 말을 잘 들으세요. 그분은 성자인 동시에 위대한 예언자이니까요. 그분은 당신을 광명으로 이끌어줄 거예요." 일리오도르는 '성자'와 '예언자'라는 말에 배알이 뒤틀렸다. 왜냐하면 그것은 바로 자기에게 어울리는 말이라고 생각했기 때문이다. 그러나 제정러시아의 심장부에 들어왔다가, 살아서 차리친에 돌아간다는 게 그저 황송할 따름이어서 꾹 참았다.

라스푸틴이 일리오도르라는 난적을 잘 처리하자, 니콜라이 2세는 또 다른 말썽쟁이 성직자, 헤르모겐 주교를 손봐달라고 부탁했다. 헤르모겐의 본명은 그리고리 달가노프로, 크림반도에서 대부호의 아들로 태어났다. 법률을 공부하다가 포기하고 사제 겸 수도자가 되었으며, 1903년 사라토프의 주교로 부임했다. 헤르모겐은 총명하고 인상적인 인물로, 큰 키와 근육질 몸매, 텁텁한 턱수염의 소유자였다. 카스트라토castrato라는 특이한 고음을 구사하여, 많은 사람들은 그가 투철한 신앙심 때문에 스스로 거세한 게 틀림없다고 생각할 정도였다. 헤르모겐과 일리오도르는 친구이자 정치적 동지였다. 또한 헤르모겐은 1905년 혁명 후 만들어진 두마를 가리켜, "정통신앙을 가진 러시아인들의 적으로서, 러시아를 파멸시키기 위해 수단과 방법을 가리지 않는 도둑들과 강도들의 패거리"라고 혹평했다. 헤르모겐의 발언은 너무나 충격적이어서, (좌익이 아니었던 게 분명한) 지방의 고위 성직자들까지도 편집자들이 그를 잘 다룰 수 있을 때까지 교구 신문의 발간을 금지했다.

1909년 9월 사라토프에서 두 사람이 만났을 때, 헤르모겐은 라스푸틴 앞에서 순한 양처럼 행동하는 것 같았다. 이에 용기를 얻은 라스푸틴은 차리친으로 달려가 일리오도르를 만나, 그 지역의 분위기를 탐색했다. (1904년 4월 추종자들과 다시 만날 수 있게 해줬던) 라스푸틴에 대한 감사의 표시로, 일리오도르는 "훌륭하고 경건한 분이 오셨군요"라고 말하며 자신의 추종자들에게 그를 소개했다. 모든 일이 원만하게

경비대장의 비밀 보고서

진행되며, 라스푸틴을 흠모하는 군중들이 그의 주변을 에워쌌다. 라스푸틴은 군중들의 인기를 더 끌려고 다소 무리한 시도를 하기도 했다. 군중들은 우호적이고 수용적receptive이었지만, 라스푸틴은 성에 차지 않아 좀 더 확실한 성공 전략을 구사했다. 이름하여 '호기심 유발하기' 전략이었는데, 예상과 달리 엄청난 역효과를 일으켰다.

라스푸틴이 젊은 여성들에게 키스했을 때, 일리오도르가 품고 있던 감사의 마음은 짜증으로 돌변했다. 더욱이 그는 늙고 매력 없는 여성들에게는 관심을 보이지 않았다. 라스푸틴은 한 나이든 여성을 옆으로 밀치며 이렇게 말했다. "어머니, 당신의 사랑은 나를 즐겁게 합니다. 그러나 신은 즐거워하지 않을 겁니다." 일리오도르의 추종자들도 귀한 손님에게 불쾌감을 느끼기 시작했다. 그들은 급기야 이런 불평을 늘어놓았다. "우리 성자님은 왜 저런 막돼먹은 놈을 초청한 거야?"

라스푸틴은 일리오도르에 대한 영향력을 강화할 요량으로, 포크로프스코예에서 열린 크리스마스 파티에 그를 초대했다. 그런데 이번에 일을 그르친 건 여자도 아니고 술도 아니고, 그놈의 '입'이었다. 라스푸틴은 일리오도르의 '수도자다운 천진난만함'을 비꼬며, 자신의 정력을 자랑했다. 게다가 자신이 황실에서 차지하고 있는 위치도 과시했다. 라스푸틴의 유아독존식 자랑은 브레이크 없는 벤츠처럼 멈출 줄 몰랐다. "차르께서는 나를 그리스도의 현신現身이라고 부르고, 황후께서는 내 발밑에 무릎을 꿇으며 나를 포기하지 않겠노라고 약속했소." 라스푸틴은 황후에게서 받은 선물을 자랑했는데, 그중에는 알렉산드라가 그를 위해 수놓았다는 실크셔츠 다섯 벌이 포함되어 있었다. 실크셔츠를 유심히 들여다보던 일리오도르는 그중 한 벌을 가리키며, 옷깃이 없는 이유가 뭐냐고 물었다. 라스푸틴은 황당한 답변을 내놓았다. "차르께서 인후염을 앓다가 내게 치료를 부탁했소. 나는 즉석에서 그분에게 내 옷깃을 떼어주며, 담배를 줄이고 밤에는 그것을 목에 두르라고 했소. 그랬더니 인후염이 감쪽같이 낫는 게 아니겠소? 차르는 그걸 기적이라고 생각했소."

일리오도르는 '라스푸틴이 니콜라이와 알렉산드라에게 영향력을 행사한다'는 사실에 분노했는데, 그와 라스푸틴과의 우정에 금이 간 이유도 바로 그 때문이었다. 라스푸틴이 황제 체제를 지배하고 있음을 확신한 일리오도르는 차리친으로 돌아가 지방 당국, 교회, 심지어 차르에 대한 공격을 재개했다. 이번 공격은 지난번보다 훨씬 더 맹렬했고, 이에 격분한 니콜라이 2세는 일리오도르를 차리친에서 축출하라는 칙령을 막 내리려던 참이었다. 그 미묘한 순간에, 라스푸틴은 평화로운 해결책을 하나 제시했는데, 그 내용인즉 차르의 특사를 보내 일리오도르를 설득하여 그곳을 떠나게 하는 것이었다.

심지어 라스푸틴은 위기를 해결할 적임자까지도 마음에 두고 있었으니, 그의 이름은 경비대장 알렉산드르 만드리카였다. 왜 하필 그였을까? 젊고 핸섬한 장교가 매력이 있거나 설득을 잘하기로 유명해서? 아니면 만드리카의 사촌인 마리아가 차리친 근방에 있는 발라셰프스카야 수녀원의 원장이라서? 그렇다. 마리아는 라스푸틴 덕분에 수녀원장이 되었기 때문에, 일리오도르는 결코 위험한 인물이 아니라고 사촌을 설득할 수 있을 것이다. 마리아에게 설득당한 만드리카는 일리오도르를 추종자들 곁에 머무르게 하라고 차르를 설득할 수 있을 것이다. 그렇다면 결말은 어떻게 되는 걸까? 영리한 라스푸틴은 이중 플레이를 즐기는 성격으로, 그의 구상은 이러했다. '차르에게는 내가 일리오도르를 꾀어 차리친을 떠나게 할 수 있다고 믿게 만들고, 일리

오도르에게는 내가 (차르를 움직여) 자기를 차리친에 눌러 앉힐 수 있는 실력자라고 믿게 만든다.'

라스푸틴은 드디어 행동을 개시했다. 먼저, 그는 마리아에게 '운명의 전보'를 한 통 보냈다. "당신의 친척 중 한 명이 모종의 임무를 띠고 차리친으로 특파될 예정인데, 그 임무의 내용이 영 마음에 걸립니다. 아무래도 원장님께서 그에게 영향력을 행사해주셔야겠습니다." 그런데 만드리카가 마리아를 방문하러 수도원에 도착했을 때, 마리아는 때마침 볼일이 있어 상트페테르부르크에 가 있었다. 수녀들은 이때다 싶어 만드리카를 붙들고 하소연하기 시작했다. "라스푸틴이 이곳에 자주 들러, 우리가 기도하거나 찬송가를 부르는 동안, 젊은 여인들과 함께 목욕을 한답니다. 라스푸틴은 차르 부부와의 친분을 과시하며 난교 파티를 하고 일부 수녀들을 유혹하기도 합니다. 그런데 이 모든 사건들은 원장님의 묵인 아래 이루어집니다. 그럴 수밖에 없는 것이, 원장님은 라스푸틴의 손아귀 안에 있으니까요." 흥분한 수녀들은 마지막으로, 만드리카에게 (라스푸틴이 마리아에게 보낸) '운명의 전보'까지 보여주고 말았다. 정의감에 불타는 젊은 장교는 소스라치게 놀라며 분기탱천했다.

만드리카는 그 길로 상트페테르부르크로 돌아가 황궁으로 향했다. 차르에게 비밀 보고서를 제출하고, 라스푸틴의 비리를 모두 폭로할 심산이었던 것이다. 니콜라이 2세는 경비대장을 보고 반색하며, "보고서는 점심 식사를 한 후 커피 한 잔을 마시며 읽어도 늦지 않소"라며 분위기를 이완시켰다. 그러나 정의감에 불타는 만드리카는 일리오도르에게서 느낀 인상과 차리친의 현 상황에 대한 개인적 의견을 표명하며 말문을 열었다. 그러고는 발라셰프스카야 수녀원에 대한 이야기로 화제를 바꿔, 그곳에서 라스푸틴이 행사하는 영향력과 (수녀들에게 들은) 각종 추문들을 적나라하게 설명했다. "그는 심지어 황제 폐하께 총애받는다는 걸 만천하에 과시한답니다." 분을 못 이긴 경비대장이 눈물을 흘리며 주저앉자, 흥분한 니콜라이는 물을 한 잔 마시러 자리를 비웠고, 그 사이에 알렉산드라가 다가와 경비대장을 위로했다. 만드리카가 자신의 친필 보고서를 제출하고 자리를 뜨자, 차르와 황후는 상심한 얼굴로 방금 전 들은 사실들을 받아들이려 애썼다. 라스푸틴이 마리아에게 보낸 전보로 인해, 그가 '두 얼굴의 사나이'임과 동시에 '이중 플레이를 일삼는 악당'임이 적나라하게 드러났다. 니콜라이와 알렉산드라는 라스푸틴이 자신들의 신뢰를 남용한다는 사실을 비로소 깨달았으며, 라스푸틴은 난생 처음으로 차르와 황후의 눈 밖에 났다.

라스푸틴은 최대의 위기에 처했다. 그의 난처한 입장은 믿을 수 없을 정도로 악화 일로를 걷고 있었다. 그의 적들은 새로운 공격을 개시하던 중, 핀란드의 발레리나 리사 탄신을 이용하여 라스푸틴을 낯뜨거운 상황으로 유인했다. 탄신은 라스푸틴을 집에 초대하여, 자기와 함께 보드카로 건배하자고 생떼를 썼다(그녀는 라스푸틴이 와인만 마신다는 사실을 알고 있었다). 결국 만취한 라스푸틴은 필름이 끊겨져 적들 앞에서 속수무책이 되었다. 음모자들은 그의 옷을 벗기고, 창녀들과 함께 있는 사진을 여러 장 찍었다. 후에 마리아 라스푸틴이 증언한 바에 의하면, 그 사진은 광란의 밤에 마그네슘 플래시를 터뜨리며 촬영한 것이며, 의도적으로 연출한 흔적이 역력했다고 한다.

다음 날 아침, 간밤에 무슨 일이 벌어졌는지도 어떻게 귀가했는지도 모르고 희희낙락하던 라스푸틴의 거처로 웬 사내가 찾아와 봉투를 하나 내밀었다. 사내는 라스푸틴에게 내용물을 힐끗 보여준 후, 심한 언쟁을 벌이다가 어디론가 자취를 감췄다. 그날 밤, 라스푸틴의 옛 애인이자 하녀인 두냐 페체르킨은 라스푸틴이 패닉 상태에 빠진 것을 목격했다. 사내가 던져주고 간 봉투에는 음란한 사진들이 잔뜩 들어 있었다. 마리아 라스푸틴에 의하면, 그녀의 아버지는 사진 속에서 벌거벗은 여성들에게 둘러싸여 있었다고 한다. 그는 죄악을 저지르다가 현행범으로 걸린 '타락한 성자'였다.

적들은 라스푸틴에게 "상트페테르부르크를 즉시 떠나라. 그러지 않으면 사진의 사본들을 차르에게 보내겠다"는 최후통첩을 했다. 라스푸틴은 궁지에 몰렸다. 평상시 같으면 결백을 주장했겠지만, 이번에는 명백한 증거가 있는 만큼 도저히 발뺌을 할 수가 없었다. 그러자 상황 판단이 빠르고 충직한 두냐가 한 가지 제안을 했다. "적들이 사진을 보내기 전에, 스스로 사진을 들고 찾아가 차르를 독대하세요. 그러면 차르의 동정심을 유발함으로써 상당한 선처를 기대할 수 있을 거예요. 특히 뉘우치는 기색을 보인다면 효과가 확실할 거예요."

라스푸틴은 한참 동안 궁리한 후 이렇게 말했다. "나도 차르가 날 동정할 거라 믿어. 만약 그렇지 않다면 신의 뜻이라고 생각할 수밖에 없지." 라스푸틴은 최후를 각오하고 차르에게 독대를 신청했다. 그는 차르에게 사진들을 모두 보여주며, 최선을 다해 상황을 설명했다. 니콜라이 2세는 사진들을 일일이 들여다보면서, 가끔씩 아무 말도 없이 고개만 가로저었다. 때로는 얼굴을 찌푸리며, 의심스러운 눈으로 라스푸틴의 얼굴을 응시하곤 했다. 한참 후 니콜라이는 이렇게 말했다. "내게 사실을 있는 그대로 말해줘서 고맙소. 그런데 한 가지 문제가 있소. 당신이 상트페테르부르크에 남아 있는 한, 이 사진을 보낸 자들은 당신을 음해하기 위해 또 다른 구실을 찾아낼 거요."

차르의 말은 계속 이어졌다. "그래서 하는 말인데, 언젠가 성지순례를 다녀오고 싶다고 말한 적이 있지 않았소? 때마침 좋은 기회가 온 것 같소. 물론 나는 존경의 표시로 당신에게 휴가를 주겠소. 이번 성지순례는 그동안 주님의 사명을 성실히 수행한 데 대한 보답이라고 생각하시오."

차르와 직접 담판을 지음으로써, 라스푸틴은 그가 정보를 받아들이는 방법을 제어하는 데 성공했다. 아마도 차르는 황후에게 라스푸틴의 사진 이야기를 하지 않은 것 같다.* 라스푸틴은 불명예를 안고 황실에서 추방되어 포크로프스코예로 낙향했다. 라스푸틴이 애초에 깊이 뉘우쳤다는 것은 분명하다. 그러나 그는 '아무리 죄악을 저질러도 스스로 회개하면 신이 용서해준다'고 믿었다. 그리스도는 살인자, 도둑, 간음한 자에게 은총을 베풀기 때문에, 실족한 자신에게도 희망은 있다고 믿었던 것이다. 라스푸틴은 실제로 보상을 받았다. 1911년 사순절을 맞아 성지순례 여행을 떠났기 때문이다. 그는 성지를 둘러보면서 새롭고 강렬한 신앙의 불길이 활활 타오르는 것을 경험했다.

성지순례 여행이란 동방정교회 신자가 신앙생활 과정에서 받을 수 있는 최고의 선물이었다. 러시아에서는 매년 약 2,000명의 순례자들이 러시아정교회 팔레스타인협회의 후원을 받아 성지순례 여행을 떠났다. 그들은 보통 도보로 여행했지만, 라스푸틴은 평범한 순례자들과 급이 달랐다. 차르가 경비 일체를 부담했으므로, 그는 늘 일등칸

---

*그는 황후에게 언짢은 이야기를 꺼내지 않는 게 상례라고 생각했다.

경비대장의 비밀 보고서

기차를 이용했을 것이다. 우리는 『나의 생각과 명상: 간단한 성지방문 기록과, 그곳에서 떠오른 종교적 의문에 대한 명상』이라는 얇은 책에서 그의 여행 일정을 확인할 수 있다. 그 책은 라스푸틴이 여행하며 쓴 편지와 비망록에 근거한 것으로, 그의 친구이자 출판업자인 알렉세이 필리포프가 1915년에 출판하였다. 출판 비용을 부담한 사람은 알렉산드라인데, 그녀는 라스푸틴이 그 책으로 인해 '신을 섬기는 자'로 인정받기를 희망했던 듯하다. 그 책은 비매품이었으며, 라스푸틴은 친구와 숭배자들에게 책을 증정하면서 어설픈 증정사와 함께 이름의 이니셜 'G'를 크게 적어 넣었다.

그 책에서 라스푸틴은 자신이 방문한 곳들을 소개하며 그곳에서 행한 묵상을 곁들였다. 이것은 동방정교회 문학에서 익숙한 장르이지만, 저자의 성격만큼이나 책의 성격이 불가사의하다는 측면이 있다. 라스푸틴은 자신을 '반쪽짜리 문학가'라고 소개했으므로, 그 책을 일반적인 의미의 저서라고 보기는 어렵다. 필리포프에 의하면 알렉산드라가 교정을 봤다고 하는데, 이는 책의 실제 저자가 알렉산드라와 (라스푸틴이 '불가분한 친구'라고 언급한) 안나 비루보바일 수도 있음을 시사한다. 그러나 책의 이면에 도사리고 있는 창의력의 원천이 라스푸틴임을 부인할 수는 없다. 왜냐하면 그 책에 나오는 구절 중 상당수가 다른 두 권의 저서나 (러시아 국립도서관 서고에 라스푸틴 명의로 소장된) 원고에 나오는 구절들과 일치하기 때문이다. 따라서 『나의 생각과 명상』은 라스푸틴의 마음과 성격을 반영하는 책임이 분명하다.

『나의 생각과 명상』은 "상트페테르부르크라는 헛되고 세속적인 도시를 벗어나니 기쁘기 한량없다"는 말로 시작된다. 그가 첫 번째로 들른 곳은 키예프인데, 이곳은 '러시아 도시들의 어머니'이자 '동굴 수도원의 본산'으로 유명하다. 라스푸틴은 성당에서 기도를 하고, 거대한 카타콤베 속에 고이 잠들어 있는 성자들의 무덤 앞에서 참배했다. 그는 키예프를 비추는 침묵의 빛light of silence에 깊은 인상을 받고, 진리의 보석jewel of truth을 수집하려고 모여든 진정한 숭배자들과 합류했다. 라스푸틴은 1898년 성모 마리아에게 처음 계시를 받은 이후, 성모 마리아에게 특별히 헌신해왔다. 기도하는 도중에 공포와 전율이 엄습할 때마다, 성모 마리아가 나타나 그를 위로해줬다고 한다.

라스푸틴은 오데사에서 배를 타고 흑해를 건널 때의 느낌을 이렇게 적었다. "내 영혼은 바다와 하나가 되었고, 나는 평화롭게 잠이 들었다." 저녁에는 영혼의 무한한 힘과 진홍색 석양의 아름다움에 대해 묵상했으며, 달밤에는 증기선에 살며시 부딪친 물결이 출렁이는 소리를 들을 수 있었다. 콘스탄티노플에서는 거대하고 경이로운 성 소피아 성당을 방문했다. 그것은 이미 박물관으로 개조되어 있었지만, 라스푸틴은 성모 마리아의 인도를 빌며 기도하는 동안 신이 함께하시는 것을 느낄 수 있었다. 그는 성 소피아 성당에서 느낀 점을 이렇게 적었다. "우리는 성모 마리아가 주님에게 간구하는 것을 모두 받을 수 있다. 성모 마리아의 유일한 관심사는 우리가 용서받고 위로받는 것이다."

라스푸틴은 사도 바울이 선교 활동을 했던 미틸레네(미둘레네)를 거쳐 스미르나(서머나)와 (폐허가 된) 에페수스(에베소)를 방문했다. 차르가 경비를 부담한 덕분에 매우 쾌적한 여행을 즐길 수 있었지만, 라스푸틴은 러시아 농부들과 함께 어울렸다. 농부들은 가식 없는 행동으로 그를 편안하게 해줬고, 라스푸틴은 농민들이 늘 두렵고 떨리는 마음으로(빌립보서 2:12) 행동한다는 데 깊은 인상을 받았다. '죄인 라스푸틴'과 '구도자 라스푸틴'이 화해한다는 것은 매우 어려웠을 것이다.

경비대장의 비밀 보고서

그러나 라스푸틴은 성지순례 기간 동안 초심으로 돌아가, 과거의 영적 강렬함spiritual intensity을 되찾으려고 노력하는 모습이 역력했다. 『나의 생각과 명상』에는 라스푸틴이 '겸손한 순례자'의 자세로 삶의 의미를 성찰하고 신의 인도를 갈구한 과정을 설명하려고 애쓴 흔적이 곳곳에 엿보인다.

마침내 예루살렘에 도착했을 때, 라스푸틴은 이렇게 선언했다. "지상의 평온한 영역realm of tranquility에 도착함으로써, 나의 여행은 완성되었다." 오스만투르크는 예루살렘에 러시아인들의 대규모 거주지를 건설하도록 허락했으므로, 순례자들은 성 삼위일체성당 근처에 호스텔, 병원, 수도원, 수녀원이 모여 있는 것을 발견했다. 황실의 친구로서, 라스푸틴은 상위 계층의 순례자들에게만 제공되는 호화 빌라의 객실을 배정받았을 것이다. 그러나 라스푸틴은 평민들과 스스럼없이 어울리며 그들과 함께 여러 성지들을 방문했다.

라스푸틴은 (알렉산드르 3세가 성 마리아 막달레나 교회를 세웠던) 올리브산으로 올라갔다. 그리스도가 간절히 기도했던 겟세마네 동산이 바로 그곳이라는 사실을 알고, 라스푸틴은 감격에 겨워 눈물을 글썽였다. '내가 그동안 신의 은혜를 얼마나 많이 저버렸나?'라고 생각하니, 죄의식과 수치심 때문에 고개를 들 수가 없었다. 그는 『나의 생각과 명상』에 이렇게 적었다. "우리는 악을 행하지 못하면 자지 못하며, 사람을 넘어뜨리지 못하면 잠이 오지 않는다"(잠언 4:16). 그는 예루살렘 거리를 걸으며 죄인을 구원해달라고 간절히 기도했다. 다른 순례자들과 골고다 언덕으로 가서 예수의 무덤 앞에서 기도하며, 라스푸틴은 '앞으로 두 번 다시 죄를 짓지 않겠다'고 맹세했다.

라스푸틴은 예루살렘에서 색다른 부활절을 맞이했다. 가톨릭과 동방정교의 달력이 달라, 러시아에서보다 일주일 먼저 부활절 행사를 구경할 수 있었던 것이다. 그는 『나의 생각과 명상』에 이렇게 썼다. "나는 비판하고 싶지 않으며, 심오한 지혜를 자랑하고 싶지도 않다. 그러나 이곳의 부활절 행사에서는 기쁨을 전혀 느낄 수 없다. 그에 반해, 동방정교회의 부활절 행사에서는 기쁨이 넘친다." 라스푸틴은 예수의 무덤 앞에서 예루살렘의 대주교가 대人안식일의 축복을 재현하는 광경을 지켜보고, 부활절의 시작을 기념하는 자정 예배에도 참석했다. 그는 성 삼위일체성당의 거대한 청색 돔 밑에서 길고 가느다란 양초를 들고 서 있었다.

라스푸틴은 동방정교회에 대한 자부심을 이렇게 표현했다. "나는 우리의 믿음이 과소평가되기를 원하지 않는다. 우리의 믿음은 크론스타트의 요한을 비롯한 수많은 동방정교회 성자들의 독실한 신앙 위에서 찬란히 빛난다. 우리는 수천 명의 '신을 섬기는 자'들을 보유하고 있다."

부활절이 끝났을 때, 라스푸틴의 성지순례 여행도 막을 내렸다. 그 여행은 (한때 그의 삶을 가득 채웠던) 영적 강렬함의 일부를 되찾는 계기가 되었다. 우리는 라스푸틴과 같은 사람을 바라볼 때 색안경을 쓰는 경향이 있지만, 『나의 생각과 명상』에는 진리의 반지ring of the truth가 들어 있다. 그러나 사순절과 부활절이 지나가면서, 그의 뜨거운 신앙심도 사그러들었다. 이제 상트페테르부르크로 돌아가 고차원적 정치 게임에 몰두할 차례였다.

8

주교가 된 땅다람쥐

라스푸틴이 성지순례 여행을 끝내고 러시아에 돌아왔을 때, 폭풍우가
또 한 차례 휩쓸고 지나갈 듯한 조짐이 보였다. 차르는 블라디미르 사
블레르를 러시아정교회 최고회의의 고위감독관으로 임명했다. 항간의
소문에 따르면 라스푸틴이 사블레르를 고위감독관으로 임명했다고도
하나, 그건 전혀 사실무근이었다. 사블레르는 총명하고 부지런한 인물
로서, 최고회의를 이끌어 갈 적임자였다. 사블레르는 근래에 알렉산드
라가 이끌던 자선 활동 기금을 조성하는 데 기여했으며, 상당수의 명
망 있는 주교들이 그의 승진을 지지했다.

심지어 사블레르가 라스푸틴 앞에 무릎 꿇고 임명을 애원했으며,
라스푸틴이 그 대가로 사블레르가 제공한 집에서 살고 있다는 소문도
있었다. 두마의 한 의원은 어떤 제보자에게서 편지를 한 장 받았는데,

그 편지에는 "차리친의 시민 1,000명이 '사블레르가 라스푸틴의 손아귀에서 놀아난다'며 불만을 터뜨리고 있습니다"라고 씌어 있었다. 이에 대해 사블레르는 라스푸틴을 한 번도 만나본 적이 없다고 항변했는데, 그의 주장은 사실인 것으로 보인다. 그러나 교회를 지배하려는 야심을 품고 있는 이상, 라스푸틴이 새로 부임한 고위감독관을 자신의 영향권 내로 끌어들이려고 안달한 것은 사실이었다.

사블레르가 승진한 직후 악의적인 소문을 퍼뜨린 장본인은 바실리 나크로핀이었는데, 그는 하위층 출신의 야심가로서, 라스푸틴의 인생에서 중요한 역할을 수행할 인물이었다. 바실리는 신앙심이 깊은 청년이어서, 지역의 사제들에게 '종교계에서 큰일을 할 인물'이라는 덕담을 들었다. 바실리는 아담한 키에 체격이 호리호리하고 얼굴도 잘생긴 데다, 매력적인 고음 덕분에 곱상한 여성으로 오인되는 경우도 있을 정도였다. 한번은 그가 가장무도회에 값비싼 가운을 걸치고 나타나자, 파티에 참석한 권력깨나 있는 남성들이 흑심을 품었다. 그러나 매력적인 여성인 줄 알았던 그가 남성이었던 것으로 밝혀지자, 참석자들은 모두 아연실색했다. 흑심을 품었던 남성들의 굴욕에 찬 낯빛을 보며 바실리는 고소하다는 듯이 히죽히죽 웃었다.

바실리는 삭발을 하고 바르나바라는 이름의 수도자가 된 후, 날카로운 지성과 유창한 화술을 무기로 초고속 승진을 했다. 서른다섯이라는 늦은 나이에 출가했지만 2년 후 수도자가 되었고, 서른여덟 살에는 작은 수도원의 원장이 되었다. 교구의 주교는 그가 타락한 수도원의 분위기를 개혁해주기를 바랐다. 그는 또한 새로운 기관들을 여럿 세워, 많은 이들에게 '살아 있는 성령'이라는 인상을 심어줬다.

수도자 바르나바의 엽기적인 행동은 두드러졌다. 그는 특이한

배경에서 이상야릇한 포즈로 사진 찍는 것을 즐겼다. 어떤 사진에서
는 성직자 가운을 입고 관 속에 들어가 누워 있었으며, 다른 사진에서
는 여장을 한 친구들과 나란히 서 있었다. 어떤 이들은 그가 사티로스
Satyros 또는 판Pan*을 연상케 한다고 했다. 수도원의 반대파들이 지속
적으로 투서를 하자, 교구의 집행부에서는 '언젠가 하루 날을 잡아 조
사를 해보자'고 결의했다. 이를 눈치 챈 '젊은 친구들'**이 바르나바에
게 경고를 하자, 그는 평범한 얼굴로 공손하게 인사하며 조사단을 맞
이했다.

  동방정교회의 전통에 의하면, 바르나바는 학력이 부족하여 주교
가 될 수 없었다. 그러나 라스푸틴은 자신과 같은 신진 세력이 교회의
지도자가 되야 한다고 생각했고, 차르 부부도 그와 같은 의견이었다.
왜냐하면 그들은 교회의 지도자급 성직자들을 '고루하고 상상력이 부
족하다'며 업신여겼기 때문이다. 니콜라이와 알렉산드라는 가식이 없
고 평범한 러시아어를 구사하는 하층민 출신의 후보자들을 선호했다.
차르는 후보자들의 사생활에는 전혀 관심이 없었는데, 역사가들은 이
놀라운 사실을 간과했다. 그것은 한편으로 정교갈등(또는 라스푸틴과
러시아정교회 간의 갈등)의 빌미를 제공했기 때문에, 공정하게 말하려면
이 점을 반드시 짚고 넘어가야 했는데도 말이다.

  라스푸틴은 바르나바를 무척 좋아했는데, 왜냐하면 그가 가난, 순
결, 순종을 서약했기 때문이었다. 라스푸틴과 바르나바는 공통점이 많

✦사티로스와 판 모두 그리스신화에 나오는 반인반수들로 색을 밝힌다는 공통점이 있다. _
  옮긴이.
✦✦남성 동성애자의 완곡한 표현임.

왔다. 첫째로, 그들은 모두 미천한 신분 출신으로, 진실하지만 다소 삐딱한 마음으로 종교에 헌신했다. 둘째로, 그들은 자아가 풍선처럼 부풀어 있었고 권세에 대한 망상을 품고 있었다. 셋째로, 그들은 선행을 베푸는 것만큼이나 자연스럽게 스캔들을 일으켰다. 라스푸틴은 바르나바를 자신과 동류, 즉 자기 자신만의 독특한 영적 재능을 지닌 인물로 간주했던 것 같다. 바르나바를 잘 아는 어떤 이는 그를 "자신의 약점을 수많은 장점으로 커버한 사람"이라고 평가했다.

라스푸틴은 바르나바를 황후에게 소개했는데, 황후는 별로 호감을 느끼지 못했다. 그녀는 바르나바가 식언을 하고 아첨을 잘 한다며, 수슬릭suslik(땅다람쥐)이라는 별명을 붙였다. 수슬릭은 다람쥐 비슷한 설치류로서 몸이 통통하고 풍성한 꼬리를 가졌는데, 왠지 음흉하다는 인상을 주는 별명이었다. 그러나 라스푸틴은 차르와 황후를 꼬드겨, 결국 바르나바를 지지하도록 만드는 데 성공했다.

니콜라이 2세가 바르나바를 대리주교vicar bishop로 임명하겠다고 하자, 사블레르는 깜짝 놀랐다. 왜냐하면 대리주교는 주교 다음 가는 자리로서, 대부분의 대리주교들은 조만간 정식 주교로 승진하기 때문이었다. 라스푸틴은 사블레르가 그런 반응을 보일 줄 알고 있었다. 러시아정교회 최고회의에는 관료적 마인드가 팽배해 있었기 때문이다.

라스푸틴은 으르렁거리듯 말했다. "만약 농부 출신의 대리주교가 틈을 비집고 들어오면, 정식 주교들이 모욕감을 느끼겠지. 이런 고리타분한 먹물들 같으니라구. 그게 뭐 어때서? 그들은 매너리즘에 빠져 있을 뿐이야!" 라스푸틴은 수단과 방법을 가리지 않고 바르나바를 대리주교로 임명할 생각이었다. 왜냐하면 라스푸틴은 바르나바를 동지로 여기고 있었으며, 그가 나중에 정식 주교로 승진하면 교회에서 자신의 발언권이 강화될 거라고 생각했기 때문이다.

라스푸틴은 최고회의에서 재무를 총괄하는 표트르 다만스키와 친구가 되었는데, 그것 하나만 봐도 라스푸틴의 영향력이 커지고 있음을 알 수 있었다. 다만스키는 라스푸틴을 스타레츠라고 부르며 노골적으로 존경심을 드러냈으며, (최고회의의 의결기관인) 관리위원회 Governing Council 위원들에게 '바르나바를 대리주교로 임명하라'고 압력을 가했다. 사블레르는 돌파력이 부족하여 '주교를 임명할 때는 높은 기준을 적용해야 한다'는 원칙을 밀어붙이지 못했다. 더욱이 그가 최고회의의 고위감독관으로 승진할 수 있었던 것도 차르의 요구를 충실히 이행해 왔기 때문인 탓에, 결국 차르의 압력에 굴복하고 '바르나바를 올로네츠Olonets 주에 있는 카르고폴Kargopol의 대리주교로 임명한다'는 안건을 관리위원회에 상정했다. 그러자 최고회의의 지도자들은 경악했다. 볼히니아Volhynia의 과격한 대주교인 안토니는 사블레르에게 대들며 "바르나바가 자격이 있는지 설명하고, 만약 자격이 없다면 안건을 철회하시오. 우리는 그런 악당을 주교로 인정할 수 없소"라고 말했다. 안토니의 반응에 놀란 사블레르는 임명안을 잠시 제쳐두고, 처리 시한이 경과하여 자동으로 폐기되기를 바랐다. 그러나 차르는 완강했다.

차르는 다음번에 사블레르와 만났을 때 다짜고짜 이렇게 물었다. "바르나바가 아직까지 대리주교로 임명되지 않은 이유가 뭐요?" 사블레르가 최고위원들이 동의하지 않아서 그렇다고 답변하자, 니콜라이 2세는 "신은 교회와 국가에 대한 모든 권력을 황제의 손에 넘겨줬소"라며 호통을 쳤다. 사블레르는 전제주의를 지지하는 사람이었으므로 차르의 의견을 거부할 수 없었다.

관리위원회가 바르나바의 대리주교 임명을 계속 반대하자, 사블레르는 이러다가 자신의 자리마저 흔들리겠다고 생각했다. 그는 차르와 교회가 정면으로 충돌하는 현장의 한복판에서 이러지도 저러지도 못하고 있었던 것이다. 사블레르가 고심 끝에 고위감독관 자리를 내놓겠다며 배수진을 치자, 관리위원회 위원들은 사태가 더욱 악화될지도 모른다고 우려했다. 사블레르가 물러나 러시아정교회의 최고회의와 관리위원회가 공백 상태에 빠진다면, 라스푸틴이 니콜라이 2세에게 노골적으로 영향력을 행사할 것이었다. 그렇게 되면 두마를 자극하여 (현재 보류되고 있는) 러시아정교회의 긴축 예산과 개혁안을 통과시킴으로써, 교회의 기득권층에 불리하게 작용할 것이 뻔했다.

　　안토니는 떨떠름한 표정으로 관리위원회 위원들에게 이렇게 말했다. "우리의 지위를 유지하기 위해, 바르나바를 대리주교로 임명할 수밖에 없군요. 차르와 교회가 충돌하면 그 피해는 고스란히 교회가 떠안을 수밖에 없으니까요." 그건 그들의 기득권을 지키기 위한 고육책이었다. 결국 최고회의는 차르에게 백기를 들고 바르나바의 대리주교 임명을 승인하였다.

　　안토니는 한 친구에게 보낸 편지에서 이렇게 말했다. "라스푸틴이 주교단episcopate에 자기 사람을 하나 심어놨군. 이건 완전히 낙하산인사야." 안토니는 다른 방법이 없었지만, 라스푸틴이 나랏일을 뭐든 제멋대로 할 수 있다는 능력을 과시한 게 기분이 나빴고, 그게 교회를 능멸하는 거라면 더욱 그러했다. 분을 이기지 못한 안토니는 "러시아정교회 최고회의로 하여금 굴욕적인 행동을 하게 만든 장본인은 바로 라스푸틴이다. 그는 홀리스트 신도로서, 그들의 의식에 참여하는 게 분명하다"며 길길이 뛰었다.

라스푸틴은 파워게임을 즐기며, 한 가지 일을 더 벌이려던 참이었다. 때마침 알렉세이라는 주교가 인사 발령을 받아, 따뜻하고 아름다운 크림반도에서 동토의 땅 시베리아로 부임했다. 알렉세이는 교회의 눈 밖에 났는데, 그 이유는 두 가지였다. 첫째는 젊은 여성과 살림을 차렸다는 것이고, 둘째는 (고인이 된) 크론스타트의 요한을 '그리스도의 현신'으로 떠받드는 이단을 두둔한다는 것이었다. 아버지를 방문하러 가던 알렉세이의 아들 레오니드 몰차노프는, 길에서 우연히 라스푸틴과 마주쳤다. 몰차노프는 라스푸틴에게 이렇게 하소연했다. "아버지는 '죄악을 범하고, 이단의 처형을 방해했다'는 누명을 쓰고 시베리아로 좌천되셨습니다. 아버지는 그렇잖아도 건강이 안 좋던 차에, 토볼스크의 차가운 날씨 때문에 심각한 지경에 이르렀습니다." 라스푸틴은 진심으로 동정심을 느껴, 알렉세이 주교의 딱한 사정을 차르와 황후에게 설명하겠노라고 약속했다. 그리고 안나 비루보바를 시켜, 알렉세이를 차르스코예셀로에 있는 그녀의 자택으로 초청했다. 안나는 노신사에게 즉시 호감을 느껴, 알렉산드라에게 전보를 쳤다. 알렉산드라는 휴일을 맞아 스탄다르트Standart라는 황실 요트를 타고 휴가를 즐기고 있었다.

　　알렉세이는 라스푸틴이 자기의 미래를 좌우할 중요한 인물임을 깨닫고, (아직 미결 상태로 남아 있는) 이단 혐의를 자신의 손으로 해결함으로써 그의 환심을 사기로 결심했다. 알렉세이는 기록들을 낱낱이 검토한 다음 포크로프스코예로 가서 관련된 주민들과 인터뷰를 했는데, 그중에는 라스푸틴의 가족도 포함되어 있었다. 라스푸틴이 흘리스티의 멤버라는 증거는 신빙성이 없었고, 그 후 4년 동안 증거를 보강할 만한 자료도 발견되지 않았다. 심지어 라스푸틴을 몰래 감시하던 사제들도 그를 '동방정교의 충직한 일꾼'이라고 칭찬하고 있었다. 이러한 사실이 기재된 알렉세이의 보고서는 1912년 11월 29일 러시아 정교회에 제출되었으며, 이 보고서로 인해 라스푸틴의 무죄가 확정되었다. 차르와 황후도 보고서를 보고 매우 흡족해했다.

알렉세이가 보상을 받는 데는 많은 시간이 필요하지 않았다. 1913년 8월 (러시아정교회 서열 4위인) 그루지아의 총주교가 사망하자, 사블레르는 관례에 따라 적당한 후임자 목록을 작성하여 차르에게 제출했다. 그러자 니콜라이 2세는 이렇게 말했다. "당신이 제출한 목록은 참고만 하겠소. 후임자는 이미 토볼스크의 알렉세이 주교로 결정했소." 사블레르는 망연자실했다. 바르나바가 스캔들을 일으키는 사람이라면, 알렉세이는 그보다 더한 짓도 저지를 수 있는 사람이었기 때문이다. 사블레르는 차르에게 이런 귀띔도 했다. "알렉세이는 지난번에 내가 환영사를 하는 동안 상스러운 농담을 내뱉어 나를 불쾌하게 했습니다."

그러나 차르는 사블레르의 말을 가로막으며, "나는 모든 걸 다 용서했소"라고 퉁명스럽게 대꾸했다. 차르는 이번에도 러시아정교회 최고회의를 압박하여 자신의 주장을 관철시켰다. 그러나 그게 전부가 아니었다. 보다 쇼킹하면서도 흥미로운 사태가 뒤를 이었다.

알렉세이가 승진하면서 공석이 하나 생겼으니, 누군가가 그를 대신하여 토볼스크 주교로 부임해야 했다. 그런데 아무리 생각해봐도 바르나바만한 적임자가 없었다. 그가 토볼스크의 주교로 부임한다면, 앞으로 라스푸틴을 겨냥하여 벌어질지도 모르는 조사들을 모두 차단할 수 있었기 때문이다. 그러나 라스푸틴에게는 다소 위험 부담이 있었다. 바르나바와 라스푸틴이 친구인 것은 분명했지만, 두 사람 사이에 간혹 긴장 관계가 형성되곤 했기 때문이다. 바르나바는 자신을 엄격한 수도자로 간주한 반면, 라스푸틴을 난봉꾼으로 여기며 깔보는 경향이 있었다. 게다가 바르나바는 야심이 커서, 언젠가 라스푸틴을 제치고 황실의 사랑을 독차지하겠다는 꿈을 꾸고 있었을 것이다.

바르나바의 마음을 훤히 꿰뚫어보는 듯, 라스푸틴은 그를 견제하려고 노력했다. 언젠가 불현듯 '바르나바가 차르스코예셀로를 너무 자주 드나든다'는 생각이 들자, 그를 불러 이렇게 으름장을 놓았다. "뭐 불만이라도 있소? 여기까지 올 때는 승용차로 왔지만, 자칫하면 걸어서 집으로 돌아갈 수도 있소. 여기는 당신이 쉽게 드나들 수 있는 곳이 아니라는 걸 명심하시오."

라스푸틴과 라이벌이 될 가능성이 있음에도 불구하고, 바르나바는 그의 환심을 사려고 노력했다. 토볼스크에 부임하는 즉시, 바르나바는 라스푸틴을 헐뜯는 자들을 압박하는 캠페인을 시작했다. 그는 성직자들을 두 진영, 즉 라스푸틴을 선호하는 진영과 라스푸틴을 반대하는 진영으로 나눈 다음, 후자를 시베리아 구석으로 보내버렸다. 힘 좀 쓴다는 성직자 한 명을 골라 어려운 과제를 세 가지나 떠넘겼더니, 바르나바 앞에 엎드려 한 번만 봐달라고 통사정을 했다. 바르나바가 꿈쩍도 하지 않자, 그는 모스크바에 있는 블라디미르 보스토코프에게 달려가 고자질했다. 보스토코프는 상당한 추종자를 거느리고 있는 성직자인 데다, 공교롭게도 (라스푸틴을 정기적으로 공격하는) 「응답받는 삶」이라는 잡지의 편집자였다. 보스토코프는 「응답받는 삶」에 기고한 칼럼에서 바르나바와 라스푸틴을 싸잡아 비판했다.

라스푸틴은 그런 비판에 노련하게 대응하기 위한 만반의 준비를 갖추고 있었다. 그루지아의 총주교인 알렉세이가 최고회의의 당연직 관리위원을 겸하고 있었으므로, 최고위층에서 라스푸틴의 이익을 대변함으로써 든든한 방패 구실을 할 수 있었기 때문이다. 그러니 보스토코프가 잡지에 쓴 글로 관리위원회를 움직여 라스푸틴이나 바르나바를 제재하는 것은 어림도 없었다. 오히려 라스푸틴의 측근들이 들고 일어나 보스토코프를 향해, "당신의 입장을 설명하고, 바르나바에게 공개적으로 사과하라"고 비난을 퍼부었다. 되레 역풍을 맞은 보스토코프는 기세가 한풀 꺾였다.

그러나 보스토코프는 물러서지 않고 힘과 명분을 겸비한 동맹군을 찾던 중, 관리위원회의 강경파인 블라디미르를 선택했다. 보스토코프는 그를 찾아가 자초지종을 이야기하고, 관리위원회에서 바르나바 탄핵안을 통과시켜달라고 요청했다. 블라디미르는 관리위원회에서 행한 모두 발언에서, "바르나바는 주교가 될 자격이 없는 사람입니다"라고 포문을 열었다. 블라디미르는 관리위원회의 살벌한 분위기에도 주눅 들지 않고, "바르나바의 직위를 박탈하고, 수도원으로 귀양 보내야 합니다"라고 요구했다. 설상가상으로 그는 "최악의 경우, 차르에게 바르나바의 스캔들을 고해바치겠습니다"고 목청을 높임으로써 사블레르의 간담을 서늘하게 했다.

일이 이쯤 되자 사블레르는 관리위원들을 향해, 바르나바와 관련된 문제를 더 이상 언급하지 말아달라고 하소연했다. "나도 여러분들의 말이 옳다고 믿습니다. 그러나 설사 여러분들이 나를 전폭적으로 지지해주더라도, 나는 종교적 신념을 옹호할 용기가 없습니다. 왜냐하면 차르의 지엄한 뜻을 거역할 수가 없기 때문입니다." 최고회의의 수장인 고위감독관이 차르를 무서워하다니, 러시아정교회의 체면이 말이 아니었다. 그러나 사실 그것은 자업자득이었다. 지금껏 차르가 교회의 일에 감 놔라 배 놔라 할 때마다 순순히 받아들이다보니, 차르가 주교의 임면권을 행사하는 게 당연한 것처럼 되어버린 것이다. 관리위원들이 약속이라도 한 듯 모두 침묵하는 가운데, 자신의 직을 걸고 바르나바를 탄핵하겠다고 나선 사람은 블라디미르 한 명밖에 없었다. 결국 블라디미르가 맥이 빠져 목소리를 낮추자, 관리위원회는 부랴부랴 다음 안건으로 넘어갔다. 블라디미르의 강경 발언으로 시작된 바르나바 탄핵안 발의는 용두사미로 끝을 맺었다.

그 뒤로도 스캔들이 꼬리에 꼬리를 물고 일어났지만, 라스푸틴의 영향력은 시간이 갈수록 더욱 강해질 뿐이었다. 라스푸틴은 러시아정교회를 분열시켰지만, 1912년 이후 농사꾼 출신의 그에게 감히 대적하려는 성직자는 거의 없었다. 더욱이 라스푸틴은 결코 혼자 행동하지 않았으며, 그의 곁에는 늘 니콜라이와 알렉산드라라는 공범이 있었다. 라스푸틴의 의견은 황제와 황후의 견해를 반영하는 것으로 여겨졌다. 그러나 그들이 모르는 사실이 하나 있었다. 그것은 자신들의 신중하지 못한 행동이 교회를 헷갈리게 함과 동시에 차르 체제 자체의 기반을 약화시킨다는 것이었다.

모든 상황이 라스푸틴에게 유리하게 전개되고 있는 가운데, 마침내 일리오도르가 라스푸틴에게 칼을 겨누기 시작했다. 라스푸틴은 순진하게도, 일리오도르를 보호해줌으로써 그의 지지를 얻을 수 있을 거라 생각했다. 라스푸틴은 심지어 감정적 협박emotional blackmail이라는 수단을 이용하기도 했다. 그는 니콜라이 2세에게 전보를 보내 이렇게 협박했다. "관계 당국에 일리오도르를 괴롭히지 말라는 명령을 내리십시오. 만약 그러지 않는다면, 신이 황태자에게 복수할 것입니다." 그런데 더욱 놀라운 것은, 차르가 라스푸틴의 협박에 굴복했다는 것이다.

1911년 6월, 라스푸틴은 기쁜 소식을 직접 전해주기 위해 차리친을 방문했지만, 일리오도르는 별로 달가워하지 않았다. 일리오도르는 라스푸틴과의 우정 덕분에 득을 보긴 했지만, 이제는 그를 '가짜 스타레츠'라고 확신하고 있었다. 일리오도르가 절교를 선언하자, 라스푸틴은 불같이 화를 내며 이렇게 위협했다. "차르와 총신의 권력을 존중하지 않으면, 너를 파멸시키고 말 테다."

라스푸틴은 그즈음 헤르모겐 주교와도 결별한 상태였는데, 그것은 굉장히 대담한 결정이었다. 왜냐하면 헤르모겐은 러시아정교회에서 가장 막강한 인물로 성장해 있었기 때문이다. 그는 최고회의와 관리위원회의 멤버로서, 많은 성직자들과 평신도들을 추종자로 거느리고 있었다. 교회 개혁자들은 총대주교라는 직위를 부활시켜달라고 요구하며, 그래야만 독립성이 확보되어 교회의 힘이 강해진다고 주장했다. 그리고 대부분의 사람들은 "만약 총대주교라는 직위가 부활한다면 (물론 차르는 반대했지만), 영순위top priority 후보는 당연히 헤르모겐"이라고 생각했다.

1911년 여름, 라스푸틴과 헤르모겐이 발라셰프스카야 수녀원에서 객실을 함께 사용할 때, 헤르모겐은 라스푸틴에게 덫을 놓은 적이 있었다. 헤르모겐은 잠이 든 척하고 있던 새벽 한 시에 라스푸틴은 몰래 밖으로 나가 한 사제의 거처를 향해 걷고 있었다. 헤르모겐은 라스푸틴의 뒤를 밟아, 사제의 부인을 유혹하려는 라스푸틴을 현장에서 체포했다. 헤르모겐은 분통을 터뜨리며, "저런 무분별한 행동을 일삼는 자가 황후에게 접근하여 스캔들을 일으키는 것은 시간문제다"라고 소리쳤다. 라스푸틴이 전혀 반성하는 기색을 보이지 않자, 헤르모겐은 그가 단지 무모한 모험가에 불과하다고 단정지었다.

그때를 전후하여, 일리오도르는 라스푸틴의 거짓말과 진실들을 폭로하기 시작했다. 헤르모겐은 마침내 '라스푸틴의 무신론적 행동에서 러시아를 구해내야 한다'는 데 동의했다. 헤르모겐은 법무장관 이반 셰글로비토프를 찾아가, "라스푸틴을 납치한 다음, 수사관들을 시켜 라스푸틴의 집을 샅샅이 수색하여 (차르에게 진실을 보여줄 수 있는) 증거를 찾아내세요"라고 제안했다. 법무장관이 자신의 제안을 거절하자, 헤르모겐은 한 걸음 더 나아가 "그러면 우리가 라스푸틴을 잡아다 줄 테니, 그를 처벌하시지요"라고 말했다. 그러자 어안이 벙벙해진 셰글로비토프는 이렇게 대답했다. "1905년 이후 진보적인 개혁이 많이 이루어져, 정부는 더 이상 백성을 함부로 구금하지 않으며, 그들의 재산을 압수하지도 않습니다."

법무장관은 헤르모겐의 말도 안 되는 계획 따위에는 관심이 없었다. 그러자 헤르모겐은 좀 더 직접적인 방법을 선택했는데, 그것은 일리오도르를 미끼로 이용하여 라스푸틴을 유인하는 것이었다. 1911년 12월 16일 아침, 일리오도르는 라스푸틴에게 전화를 걸어, 자신을 차리친에서 제거하라는 황제의 칙령을 취소해달라고 사정했다. 라스푸틴이 만나서 이야기하자고 하자, 일리오도르는 헤르모겐의 집에서 만나면 어떻겠냐고 수정 제안했다. 라스푸틴은 (호랑이굴로 들어간다는 것을 미처 깨닫지 못하고) 좋은 아이디어라고 생각했다. 그들을 태운 승용차가 바실리예프스키 섬에 있는 헤르모겐의 집으로 향하는 동안, 두 사람은 잡담을 계속했다.

응접실로 들어갔을 때, 라스푸틴은 바짝 긴장했다. 헤르모겐은 제의vestment를 반듯이 차려입은 채 커다란 황금 십자가를 들고 있었다.

주교가 된 땅다람쥐

그리고 그의 양옆에는 이반 로디오노프(저널리스트이자 두마의 의원)와 드미트리 콜랴바*가 서 있었다. 헤르모겐은 라스푸틴의 혐의가 열거된 기소장을 읽기 시작했다. "그리고리는 여성들을 유혹하고 강간했다. 그는 주정뱅이로서, 황제와 황후에 대한 영향력을 과시했다. 교회의 일에 사사건건 간섭하고, 섹스와 구원을 뒤섞어가며 이단자들에게 설교했다. 그는 흘리스티의 멤버로서, 황제의 권위를 실추시키는 낯뜨거운 현장에서 현행범으로 체포되었다."

라스푸틴은 자신의 결백을 주장했다. 라스푸틴이 거짓말을 하거나 차르를 핑계로 적들을 위협하는 동안, 콜랴바가 갑자기 날카로운 비명과 함께 소리를 지르기 시작했다. 그러더니 라스푸틴을 향해 돌진하여, 그의 하복부를 움켜쥐었다. 라스푸틴은 콜랴바의 손을 간신히 뿌리쳤지만, 이내 다시 붙들렸다. 헤르모겐은 그에게 죄를 자백하라고 요구했다.

라스푸틴은 어떻게든 도망치려고 했으나 고통을 이기지 못하고 울며불며 외쳤다. "맞아요, 맞아. 다 맞다고요!" 그러나 라스푸틴이 죄를 고백하는 즉시, 네 사람은 그를 성당으로 끌고가 '다시는 황족을 만나지 않겠다'고 맹세하게 했다. 그린 다음 키예프의 동굴수도원에 가서 용서를 빌고, 아토스 성산과 예루살렘으로 순례 여행을 떠나 모든 죄악을 속죄하고 돌아오라고 했다. 헤르모겐은 이렇게 호통을 쳤다. "앞으로 3년간 러시아에 발을 들여놓지 말아라. 만약 내 말에 순종하지 않는다면, 너의 치부를 만천하에 공개할 것이다."

라스푸틴은 끓어오르는 분노를 억지로 참으며 헤르모겐의 집에

---

* 뇌전증으로 인한 정신박약자로, 한때 니콜라이와 알렉산드라의 총애를 받았던 적이 있다.

서 기어나왔다. 다음 날 아침, 그는 차르스코예셀로로 달려가 차르에게 긴급히 알현을 요청했다. 1911년에 경험했던 엉터리 사진 사건으로 미뤄볼 때, 차르와 만나 모든 것을 털어놓고 담판을 짓는 게 최선의 해결책이라는 것을 그는 잘 알고 있었다. 그의 작전은 간단했다. 먼저 사건의 전모를 자신의 버전으로 각색하여 설명한 다음, 죄를 고백하고 반성함으로써 차르의 선처를 구하는 것이었다. 자신의 운명을 차르의 손에 맡기는 게 가장 안전한 전화위복의 지름길이었다.

라스푸틴의 전략은 주효했다. 차르는 헤르모겐을 최고회의에서 쫓아내고 귀양을 보냈다. 헤르모겐은 주교의 자격으로 열두 명의 성직자들을 소집하여 공식적인 청문회를 열 수 있었지만, 니콜라이는 법적 절차를 깡그리 무시했다. 친위대 병사들은 헤르모겐을 승용차에 싣고 기차역으로 직행한 다음, 기차에 싣고 상트페테르부르크에서 멀리 떨어진 오지로 추방했다. 러시아정교회의 최고 실력자가 졸지에 범죄자로 전락한 것이다.

이번 사건으로 일리오도르는 더욱 궁지에 몰렸다. 그는 비밀경찰의 거센 추격에 쫓겨 아예 잠적해버렸는데, 그건 라스푸틴이 바라던 일이었다. 라스푸틴은 황제와 황후 앞으로 보낸 전보에서 이렇게 단단히 일렀다. "사랑하는 황제 황후 폐하, 두 분은 만인 위에 군림하며, 마땅히 그래야만 합니다. 일리오도르는 악랄한 자이므로 완전히 제거해야 합니다. 인정사정 볼 것 없이, 그의 이빨을 모조리 부러뜨려야 합니다. 그를 좀 더 세게 몰아붙이고, 미행을 더 많이 붙여야 합니다. 암, 그렇고 말고요."

그러나 일리오도르는 당국의 눈을 피해 저항을 계속했다. 그는 동방정교회를 '혐오스럽고 황폐한 곳'으로 규정하고, "동방정교회에는 그리스도가 없으며, 최고회의는 돼지우리"라고 비난했다. 황제와 황후에 대해서는 "권좌 위에는 개 한 마리가 앉아 있다. 황제는 작달막한 주정뱅이·마약중독자·어릿광대고, 황후는 라스푸트나야rasputnaya(음탕한 여자)이며, 황태자는 그리슈카 라스푸틴의 아들이다. 러시아를 다스리는 사람은 차르가 아니라, 그리슈카 라스푸틴이다."

일리오도르의 히스테리는 1912년에 최고조에 달했다. 그는 최고회의에 다음과 같은 탄원서를 제출했다. "동방정교는 신앙이 아니라 마술이고 미신이다. 그리고 그 사제들은 멍청한 놈들이다. 그들은 신앙을 버리고 자신의 피로 서명을 하므로, 그들의 성직을 박탈하라." 그는 그리스도의 신성divinity, 부활, 영원한 구원을 부인하며, "결혼이나 성례식sacrament과 같은 잉여 요소를 배제하고 새로운 신앙을 확립하겠다"고 약속했다.

일리오도르는 반항적으로 이렇게 선언했다. "나는 지금껏 마법사로서 사람들을 미혹시켜왔다. 그러나 이제 나는 이신론자deist(자연신교自然神敎 신도)다. 이 세상에서 가장 멋진 신앙은 이교주의paganism다." 라스푸틴이 손댈 필요도 없이, 일리오도르는 스스로 몰락의 길을 걸었다. 그건 마치 손 안 대고 코 푸는 격이었다.

9

알렉산드라의 연서

1911년 여름, 라스푸틴이 기뻐할 만한 일이 생겼다. 눈엣가시 같은 스톨리핀 수상의 입지가 불안해지기 시작한 것이다. 알렉산드라는 오랫동안 스톨리핀을 싫어했지만, 차르는 그의 능력을 후하게 평가했고 무엇보다도 충성심을 높이 평가했었다. 그러나 스톨리핀은 최근 폴란드에서 발생한 정치적 위기를 어설프게 처리하는 바람에 차르를 실망시켰다. 사실 스톨리핀은 함께 일하기가 꽤 피곤한 사람이었으므로, 차르는 이번 기회에 그를 교체하기로 결심했다. 여름이 다가오면서 스톨리핀이 곧 캅카스의 총독으로 임명될 거라는 소문이 파다하게 퍼졌는데, 그것은 몇 단계 강등을 의미했다.

스톨리핀은 내무장관을 겸했으므로, 경찰을 총괄 지휘하는 위치에 있었다. 차르는 수상과 내무장관이라는 직위를 결합함으로써, 러시아의 모든 권력을 (1905년 혁명을 진압하는 데 공을 세웠던) 한 사람의 손아귀에 몰아주었다. 그러나 1906년에 수상이 된 스톨리핀의 공은 1911년이 되자 많이 희석되었다. 관료들에 대한 믿음이 시들해지자, 차르는 그리고리 사조노프라는 민간인에게 손을 벌렸다. 사조노프는 보수주의 저널리스트로서, 차르가 후임자를 물색하는 데 도움을 줬다. 차르는 라스푸틴에게도 조언을 구했는데, 그게 문제였다. 라스푸틴을 국가의 최고 의사결정 과정에 끌어들인 것은 차르와 러시아의 운명을 가른 패착이었다.

니콜라이 2세는 세르게이 비테와 블라디미르 코코프초프 중 한 명을 수상감으로 생각하고 있었다. 1905년에 수상을 역임한 비테는 능력을 널리 인정받고 있었지만, 차르는 그를 그다지 마음에 들어 하지 않았다. 코코프초프는 유능한 인물이었고 당시 재무장관으로 재직하고 있었다. 차르는 알렉세이 흐보스토프를 내무장관감으로 생각했는데, 흐보스토프는 서른아홉 살의 젊은 나이에 니즈니-노브고로드의 주지사로 활동하고 있었다. 능력이 있고 열심히 일하는 것은 물론, 상급자의 환심을 사는 재주가 탁월하여 관료체제에서 승승장구했다. 흐보스토프가 1911년에 차르의 눈에 든 것은 그의 과감한 행동 덕분이었다. 스톨리핀이 물러날 때가 됐다는 소문을 듣고, 그는 승부수를 띄웠다. '장차 내가 내무장관이 되면 경찰을 이런 식으로 관리하겠습니다'라는 내용의 보고서를 차르에게 제출한 것이다. 차르는 흐보스토프에게 좋은 인상을 받았지만, 그에게 결격사유가 있음을 깨달았다.

흐보스토프는 혐오스러울 정도로 뚱뚱하고 악당이라는 평판이 자자했다. 그는 한때 총명하고 정력적이고 진취적인 젊은이로 인정받았지만, 더 이상 나랏일에 어울리지 않는다는 평을 들었다. 그의 삼촌이며 나중에 법무장관이 된 알렉산드르 흐보스토프조차 차르에게 이렇게 털어놓았다. "내 조카는 간혹 음모를 꾸미며, 공과 사를 구별하지 않는 경향이 있습니다. 그는 총명하지만 자신의 동기와 생각을 성찰하는 능력이 없어서, 내무장관으로 적절하지 않습니다." 알렉세이 흐보스토프가 유능한 것은 사실이지만, 그를 둘러싼 여론은 상당히 부정적이었다. 그럼에도 불구하고 차르는 그에게 호감을 가졌는데, 아마도 젊은 흐보스토프에게 남다른 뭔가를 기대했던 것 같다.

니콜라이 2세는 사조노프와 라스푸틴을 니즈니-노브고로드로 보내 흐보스토프를 만나보게 했다. 사조노프의 임무는 그의 정치관을 탐색하는 것이었고, 라스푸틴의 임무는 관심법으로 영혼을 꿰뚫어보는 것이었다. 흐보스토프는 라스푸틴이 누군지, 그가 왜 중요한 인물인지도 몰랐다. 그는 나중에 이렇게 회고했다. "나는 그와 한참 동안 시시덕거린 다음, 경찰관을 불러 그를 기차역까지 모셔드리라고 했습니다."

농노제 폐지 15주년 기념식에 참석하기 위해, 차르, 스톨리핀, 라스푸틴이 키예프를 방문한 직후의 일이었다. 스톨리핀은 차르와 같은 마차에 타고 있었는데, 그것이 두 사람의 마지막 동행이 될 줄이야. 라스푸틴은 길가에 서서 주민들의 행렬을 유심히 바라보던 중, 갑자기 '비극이 곧 일어날 것 같다'는 예감이 들었다. 그것은 끔찍한 집단 학살극을 암시하는 전조였다. 스톨리핀이 탄 마차가 지나갈 때, 라스푸틴은 극도로 흥분한 상태에서 이렇게 소리쳤다. "죽음이 그의 뒤를 따르고 있다. 스톨리핀의 뒤쪽이다. 나를 믿지 못하겠는가?" 그날 밤 그는 잠을 이루지 못하고 이리저리 뒤척이며 이렇게 계속 중얼거렸다. "죽음이 다가오고 있다. 날 믿지 못하겠는가?" 그의 말을 심각하게 받아들이는 사람은 아무도 없었다.

다음 날인 1911년 9월 1일 저녁, 림스키-코르사코프의 오페라 「술탄 황제의 이야기」가 성황리에 공연되었다. 니콜라이 2세는 황제석에, 스톨리핀은 1층 앞쪽에 앉아 있었다. 중간 휴식시간에 한 대학생이 스톨리핀을 총으로 쐈다. 의사들은 스톨리핀이 회복될 걸로 기대했고, 차르는 아무 일도 없는 듯 우크라이나 방문 스케줄을 소화했다. 그로부터 5일 후 스톨리핀이 죽자, 차르는 그제서야 허겁지겁 병원으로 달려와 병상 옆에 무릎을 꿇고 "나를 용서하시오!"라고 거듭 되뇌었다.

차르와 황실 가족들은 스톨리핀의 장례식에 참석하지 않았는데, 일각에서는 이를 두고 '위대한 정치인에 대한 모독'으로 받아들였다. 그러나 실상은 좀 복잡했다. 알렉산드라가 스톨리핀을 싫어했던 건 사실이지만, 한 목격자에 의하면 그녀는 스톨리핀의 죽음에 큰 충격을 받아 장례식에 참석하지 못했다고 한다. 비극을 미리 예감하고 경고하려고 애썼던 라스푸틴은 황후 곁에서 그녀를 위로하고 있었다. 5년 후 키예프를 다시 방문했을 때, 차르는 과거를 회상하며 심정을 이렇게 토로했다. "5년 전 묵었던 숙소를 둘러보니, 지나간 일과 불쌍한 스톨리핀의 죽음이 떠오르는군."

알렉산드라가 스톨리핀을 미워했던 건, 그가 라스푸틴을 반대했기 때문이었다. 스톨리핀이 암살된 후, 그녀는 자신의 심경을 이렇게 피력했다. "라스푸틴의 형상으로 나타난 신을 모독한 사람은 신의 보호를 더 이상 받을 수 없는 것 같아요." 니콜라이는 블라디미르 코코프초프를 수상으로 기용했고, 신임 수상은 '견해가 극단적이고 경험이 부족하다'는 이유를 들어 알렉세이 호보스토프를 내무장관으로 기용하는 것을 반대했다. 스톨리핀이 암살됨으로써 러시아가 위기에 빠졌는데, 호보스토프는 (그런 중요한 시국에 내무장관이 갖춰야 할) 자질이 부족하다는 것이었다. 니콜라이는 코코프초프의 의견을 존중하여, 알렉산드르 마카로프를 내무장관으로 임명했다. 마카로프는 든든하고 경험이 풍부한 인물이었다.

스톨리핀 암살로 인한 위기는 유머러스한 해프닝으로 종결되었다. 흐보스토프는 그동안 라스푸틴을 우습게 본 게 실수였음을 깨닫고, 상트페테르부르크로 부리나케 달려가 용서를 빌었다. 그러나 라스푸틴은 탐탁지 않은 표정을 지으며 이렇게 말했다. "나는 안나 비루보바를 시켜 황후에게 넌지시 말하라고 했소. '신이 흐보스토프와 함께 하는 것은 사실이지만, 그에게는 뭔가 부족한 게 있다'고 말이오." 그러나 흐보스토프는 차르의 눈에 들기 위해 백방으로 노력했고, 차르는 '치명적인 불꽃으로 몰려드는 나방'처럼 흐보스토프에게 이끌렸다. 그로부터 4년이 지난 1915년, 흐보스토프는 마침내 내무장관에 올랐다.

코코프초프가 새로 취임한 수상 자리에 한창 적응하고 있을 때, 라스푸틴에게서 한 통의 편지가 왔다. "조만간 상트페테르부르크를 완전히 떠날까 생각 중인데, 그 전에 당신과 의견을 나누고 싶습니다. 약속 가능한 날짜와 시간을 알려주세요." 며칠 후 수상의 집무실에 들어섰을 때, 라스푸틴은 한마디 말도 없이 자리에 앉았다. 코코프초프는 이렇게 회상했다. "그의 시선은 나에게 고정되어 있었습니다. 두 눈은 눈구멍 깊숙이 박혀 있었는데, 크기가 작고 간격이 좁으며 푸르스름한 금속성 회색이었습니다. 라스푸틴은 오랫동안 내게서 눈을 떼지 않았는데, 아마도 내게 무슨 마법을 걸려는 것 같았습니다. 어쩌면 나를 단지 관찰하고 있었는지도 모릅니다."

한참 동안 그러고 있던 라스푸틴은 마침내 입을 열었다. "떠날까요, 말까요? 더 이상 하는 일도 없는데, 다들 나를 잡아먹지 못해 안달이에요." "떠나신다면 우리야 좋죠." 코코프초프가 반색하며 대답했다. "당신이 있을 곳은 여기가 아니에요. 황궁에 불쑥 나타나 차르를 위협하고, 이상한 관념과 결론을 심어주니 말이에요." "그럼 내가 나쁜 놈이로군." 라스푸틴이 중얼거렸다. "나는 떠나겠소. 다음부터는 아무리 불러도 절대 나타나지 않을 거요. 내가 없으면 당신들끼리 얼마나 잘할 수 있는지, 어디 두고 봅시다." 라스푸틴은 (마치 유화적인 제스처를 보일 기회를 주려는 듯) 수상을 잠시 동안 뚫어지게 쳐다보다가, 아무런 대꾸도 없자 자리에서 벌떡 일어나 나가며 말했다. "안녕!" 그 만남은 일종의 테스트였다. 신임 수상은 라스푸틴을 문제아로 간주하고, 그가 멀리 떠나주기를 바라고 있었던 것이 확인되었다.

알렉산드라는 코코프초프가 라스푸틴을 계속 견제할 건지, 아니면 합리적으로 처신할 건지 궁금했다. 라스푸틴은 알렉산드라에게 달려가, "코코프초프가 나를 상트페테르부르크에서 쫓아내겠다고 위협했습니다"라고 일러바친 게 분명했다. 왜냐하면 며칠 후 차르가 수상에게 "라스푸틴과의 상견례에서, 그를 상트페테르부르크에서 쫓아내겠다고 했다면서요?"라고 물어봤기 때문이다. 그러나 수상이 그런 일이 없었다고 잡아떼며 "제 말이 와전된 모양입니다. 누군가가 저 때문에 불편해한다면 유감입니다"라고 해명하자, 차르는 흡족해했다. 그러자 차르는 코코프초프에게 라스푸틴을 어떻게 생각하느냐고 물었는데, 이것은 두 번째 테스트였다. 코코프초프는 의미심장한 표정을 지으며 이렇게 말했다. "라스푸틴을 보니 전형적인 '시베리아 떠돌이'가 생각나더군요. 저는 러시아 교정본부Central Prison Administration에서 일하던 시절, 시베리아 출신의 기결수들과 마주친 적이 있습니다. 그 사람들은 입가에 미소를 흘리며 성호를 긋다가도, 느닷없이 달려들어 저의 목덜미를 움켜잡고 목을 조르곤 했습니다."

1912년 라스푸틴은 새로운 위기를 맞았다. 미하일 노보셸로프가 「그리고리 라스푸틴은 신비주의의 탈을 쓴 방탕아」라는 제목의 팸플릿을 인쇄해 배포했는데, 그 내용은 라스푸틴에 관한 옛 소문을 재탕한 것으로서 일부는 사실이고 일부는 거짓이었다. 노보셸로프는 "그리고리는 홀리스티 신도이며, 지체 높은 사람들의 비호를 받고 있다"고 주장했다. 경찰은 팸플릿을 압수하여 내용을 확인한 후, 출판사를 수색하고 원판을 찾아내 파괴했다. 라스푸틴의 주변에는 권력자들이 즐비하여, 언제든지 그를 보호해줄 수 있었다.

그즈음 제정러시아의 시국 상황을 개탄하기 시작한 인물이 있었으니, 그의 이름은 알렉산드르 구치코프였다. 그는 10월당Octobrist의 지도자이자 제3차 두마의 의장으로서, 상황 판단이 빠른 책략가였다. 또한 온건한 보수주의자로서, 차르와 손을 잡고 입헌군주제constitutional monarchy를 확립하고자 하였다. 그러나 차르의 생각은 달랐다. 그는 자기가 아직도 당당한 전제적 지배자이며, 두마가 만들어진 것은 실수라고 생각했다. 주변에서 차르에게 '구치코프가 이끄는 10월당과 손을 잡으라'고 충고한 것은 당연했지만, 차르의 거절과 그에 대한 구치코프의 반응이 문제였다. 구치코프의 동지들조차도 그가 '적의를 품고 펄펄 뛰는 야심가'임을 인정할 정도였다.

구치코프는 "러시아에 입헌정부가 들어서는 걸 가로막는 걸 보니, 니콜라이와 알렉산드라는 바보 천치"라며, 그게 모두 라스푸틴의 농간 때문이라고 생각했다. 구치코프는 두마에서 스타레츠를 둘러싼 논란을 공론화할 예정이었다. 그는 러시아의 유력 일간지 「모스크바의 목소리」의 지지를 받고 있었는데, 신문기자들은 라스푸틴의 비행을 논의할 수 있었지만, 그와 내통하는 '로마노프 왕조의 구성원'의 실명을 언급할 수는 없었다. 하지만 검열관들은 독자 투고에 다소 관대했으므로, 구치코프는 노보셀로프의 팸플릿을 독자 투고 포맷으로 각색하여 「모스크바의 목소리」에 게재했다. 구치코프의 전략은 주효했다. 노보셀로프의 팸플릿을 읽은 사람이 수십 명이었다면, 「모스크바의 목소리」에서 독자 투고를 읽은 사람은 수천 명이었다. 독자 투고의 내용을 간단히 요약하면, '라스푸틴은 백성들의 영혼을 타락시키고, 교회의 가면을 쓰고 성자 행세를 하는 교활한 모략가'라는 것이었다. 만약 그 신문이 정부의 압력을 받았다면, 그것은 "고위층 인사들이 라스푸틴을 비호한다"는 구치코프의 주장을 증명하는 것에 다름 아니었으리라.

다른 신문들은 노보셀로프의 팸플릿에서 일부 내용을 발췌하여 부풀렸다. 확인되지 않은 내용들이 확대 재생산되며 퍼져나가는 동안, 경찰은 문제의 기사들이 실린 신문들을 압수했다. 차르를 비판하는 세력들은 기사들을 읽고 똘똘 뭉쳐 이렇게 외쳤다. "악명 높은 스타레츠를 추방하고, 그와 내통한 정부 고위층이 누구인지 밝혀라."

1912년에 제4차 두마가 소집되어 새로운 의장이 선출되었다. 의원들은 미하일 로잔코를 의장으로 뽑았는데, 그 역시 10월당의 리더였지만 선임자 구치코프와는 사뭇 달랐다. 즉, 구치코프는 니콜라이 2세가 불명예 퇴진하기를 바랐지만, 로잔코는 차르에 호의적이었으며, 그가 성공하기를 바랐다. 로잔코는 독자적인 행동을 개시했는데, 그 목표는 '라스푸틴을 고향으로 돌려보냄으로써 정부에 대한 신뢰를 회복하라'고 차르를 설득하는 것이었다.

차르는 로잔코의 종용에 고개를 가로저었다. 그는 여전히 '조사를 정직하게 하면, 라스푸틴을 향해 종종 제기되는 혐의들이 모두 사실무근으로 밝혀질 것'이라고 믿었다. 그는 로잔코에게 상황을 제대로 조사한 후, 그 결과를 알려달라고 당부했다. 로잔코는 어깨가 으쓱해져, 라스푸틴에 관한 문서와 자료를 샅샅이 검토해보리라 다짐했다. 그러나 그는 차르의 진심이 뭔지는 파악하지 못했다.

최고회의에 보관된 라스푸틴에 관한 서류 일체를 입수하기는 매우 어려웠지만, 로잔코는 어렵사리 그 일을 해냈다. 다음 날 아침, 라스푸틴의 숭배자로서 최고회의 2인자인 표트르 다만스키가 로잔코를 찾아와, 전날 빌려간 서류를 반환해달라고 요구했다. 그는 종종 상대방을 적당히 윽박질러 항복을 받아내곤 했는데, 로잔코에게는 어림도 없었다. 로잔코는 덩치가 워낙 커서, 알렉세이 황태자에게 "러시아에서 제일 뚱뚱한 사람입니다"라고 자신을 소개함으로써 너털웃음을 이끌어낸 적이 있었다. 결국 다만스키는 로잔코의 위세에 눌려 이실직고하고 말았다. "사실은 황후로부터 라스푸틴에 관한 서류를 회수하라는 명령을 받았습니다."

로잔코는 다만스키에게 이렇게 말했다. "차르는 러시아제국의 최고 권력자입니다. 다른 러시아 백성들과 마찬가지로, 황후도 차르의 명령에 복종해야 합니다. 그녀에게 가서 전하시오. 나는 차르의 명령을 받아 라스푸틴을 조사하는 중이므로, 황후의 명령을 절대로 따를 수 없다고 말이오." 로잔코는 앞뒤가 꽉 막힌 사람이었다. 코코프초프는 차르의 의도를 대번에 파악했지만, 로잔코는 그러지 못했다. 차르는 로잔코가 라스푸틴의 무죄를 증명할 거라고 확신하고 있었는데, 로잔코는 정반대로 결론내린 것이다. 1912년 2월 26일로 예정된 차르와 로잔코의 만남은 일찌감치 난항이 예상되었다.

로잔코는 먼저 다음과 같은 말로 운을 뗐다. "제 결론 때문에 폐하의 심기가 불편해지신다면 입을 다물겠습니다. 그러나 폐하에게 충성을 다하는 사람이라면 모름지기 정직해야 한다고 생각합니다." 차르는 "계속하시오"라고 짧게 말했다. 로잔코가 라스푸틴의 죄상을 낱낱이 열거하는 동안, 니콜라이는 담배를 연거푸 피우며 고개만 연신 끄덕였다. 마지막으로, 로잔코가 사제복을 입은 라스푸틴의 사진 한 장을 내밀자, 차르는 "이건 좀 지나쳤군. 그는 가슴십자가pectoral cross◆를 패용할 자격이 없는 사람인데 말이야"라고 유감을 표시했다. 그러나 니콜라이는 "라스푸틴을 상트페테르부르크에서 추방해야 합니다"라는 로잔코의 주장에는 미동도 하지 않았다.

그즈음 구치코프와 로잔코의 움직임은 황실에도 영향을 미치고 있었다. 그간 묵묵히 차르를 보필해온 신하들이 마침내 라스푸틴에 대한 반대 입장을 분명히 한 것이다. 그들은 차르와 황후에게 바른말을 하기 위해 일사불란하게 행동했다. 하지만 그들의 노력은 차르의 각개 벽파 전술에 휘말려 실패로 돌아갔다. 니콜라이는 한 사람 한 사람의 말을 점잖게 듣고 나서, 그런 말을 두 번 다시 입 밖에 꺼내지 말라고 타일렀기 때문이다.

알렉산드라는 불같이 화냈다. 그녀는 황실의 주치의를 맡고 있던 예프게니 보트킨 박사에게 이렇게 투덜거렸다. "성자들은 늘 중상모략을 받는다니까요!" 라스푸틴의 혐의 중 일부는 사실임을 알고 있었지만, 황후는 "전체적으로 볼 때 스캔들은 시샘에서 비롯된 것"이라고 주

◆고위 성직자가 가슴에 다는 십자가. _ 옮긴이.

장했다. 그녀는 안나 비루보바에게 이렇게 말했다. "그분이 미움을 받는 것은 우리의 총애를 받기 때문이야."

차르는 논란이 저절로 잠잠해지기를 바랐지만, 잠잠해지기는커녕 새로운 위기의 도화선이 되었다. 두마가 러시아정교회 최고회의의 예산을 심의하게 되면서, 라스푸틴의 적들이 큰 건수를 잡은 것이다. 구치코프는 라스푸틴이 교회의 정책을 좌지우지하도록 방치했다며 고위감독관 사블레르에게 맹공을 퍼부었다. 사블레르는 구치코프의 공격에 안절부절못하면서도, 누군가가 자기를 옹호해주기를 바랐다. 때마침 에블로기 주교가 일어나 한마디 거들며 사블레르의 위신을 가까스로 세워줬다. 그는 선출직 성직자로서 최고회의의 관리위원회 위원이었는데, 사블레르가 정직한 사람이라는 것을 잘 알고 있었다. 사블레르가 라스푸틴의 전횡을 방치한 것은, 마음이 약해서 (라스푸틴의 뒤를 봐주는) 차르에게 대들 수 없기 때문이라는 것도 잘 알고 있었다.

"나는 고위감독관이 명예롭게 행동했으면 좋겠습니다"라는 에블로기의 말을 듣고 용기를 얻은 사블레르는 당당하게 자신의 입장을 변호했다. 그러나 모든 사람들은 구치코프의 공격이 정당하다고 믿었다. 구치코프는 이렇게 말했다. "교회는 사블레르의 지휘 아래 오명을 뒤집어썼습니다. 라스푸틴은 교회를 진흙탕 속으로 몰아넣고 모든 일들을 악의적으로 처리했습니다."

라스푸틴 문제가 두마에서 다뤄진 것은 그것이 처음이었다. 선거구민들은 의원들에게 불만을 쏟아냈는데, 어떤 사람들은 라스푸틴의 비행을 직접 증언하고, 어떤 사람들은 그가 홀리스티 멤버라고 주장했다. 수수께끼 같은 농사꾼에 대한 정보를 알려달라고 요구하는 사람들도 있었다. 자유주의 정당인 카데트당Kadet Party(입헌민주당)을 이끄는 파벨 밀류코프는 한 사람에게 다음과 같은 말을 들었다. "나는 1910년에 그리고리를 만났어요. 그는 사람들의 영혼을 편안하게 해줬어요. 어려운 문제를 도와주고 병도 고쳐주고 상담도 해줬어요. 그는 자신을 '영적생활에 헌신한 성자'라고 소개했어요. 그런데 궁금한 게 하나 있어요. 그는 이단일까요, 아니면 의인일까요?" 핵심을 찌르는 탁월한 질문이었다.

라스푸틴은 항상 니콜라이·알렉산드라 부부와의 친분을 자랑했다. 거실 벽에 황제와 황후의 초상화를 걸고, 집 전체에 램프를 환하게 밝혀 황후가 수를 놓아준 실크셔츠를 자랑스럽게 보여주곤 했다. 그런데 그런 과시와 허풍이 역풍을 맞는 것은 시간문제였다. 1909년 일리오도르가 포크로프스코예에서 라스푸틴과 함께 크리스마스를 보낼 때, 라스푸틴은 일리오도르에게 황후와 자녀들에게서 받은 편지 한 꾸러미를 보여준 적이 있었다. 일리오도르는 라스푸틴이 그중 일곱 통의 편지를 자신에게 줬다고 주장했는데, 어쩌면 그가 훔쳤을 가능성도 있다. 문제의 편지들이 1911년 후반 상트페테르부르크에서 젤라틴 복사본으로 돌아다닌 것으로 보아, 일리오도르가 그 편지들을 라스푸틴의 적들에게 넘겨준 것은 분명하다. 차브는 (코코프초프, 밀류코프와 마찬가지로) 구치코프를 범인으로 지목했지만, 그 편지들을 공개한 사람이 정확히 누구인지는 아직도 밝혀지지 않았다.

우리는 그 편지들을 통해, 라스푸틴이 황실 가족의 생활에 얼마나 깊숙이 파고들었는지를 짐작할 수 있다. 장녀 올가는 어떤 장교에게 연정을 품고 있다고 고백한 것이 분명하다. 왜냐하면 라스푸틴이 그녀에게 '그 장교를 너무 많이 만나지 말라'고 충고했기 때문이다. 알렉산드라의 건강이 점차 악화되고 있었다는 힌트도 얻을 수 있다. 올가가 편지에서 "신이 사랑하는 엄마에게 건강을 허락해주서서, 이번 겨울에는 더 이상 아프지 않으셨으면 좋겠어요"라고 말했기 때문이다. 올가는 고집 센 어머니와의 불편한 관계도 언급하며, 알렉산드라가 우울증 증세를 보이거나 까다롭게 굴지 않았으면 좋겠다고 말했다. 가장 순종적이었으며 알렉산드라와 성격이 가장 비슷했던 차녀 타티아나는 라스푸틴에게 "내가 당신에게 지은 죄를 모두 용서해주세요. 그리고 우리 죄인들을 용서하고 구원해달라고 신에게 기도해주세요"라고 말했다. 셋째 딸 마리아는 (라스푸틴에게 받은) 성경을 옆에 끼고 잠을 잤는데, "당신과 단 둘이서 신 옆에 서 있도록 어머니가 허락해줬으면 좋겠어요. 당신과 함께 신에게 기도하면 참 멋질 거예요"라고 말했다. 라스푸틴에게 부정적인 사람들은 이 대목을 근거로 하여 '라스푸틴이 차르의 딸들과 부적절한 관계를 맺었다'고 주장했지만, 명백한 근거를 찾아내기는 어렵다. 오늘날 같으면 이 정도의 내용으로는 스캔들시트 scandal sheet*에서 크게 다루어지지 못할 것이다.

그러나 뭐니 뭐니 해도 가장 큰 파문을 일으킨 편지는 1909년 2월 7일 알렉산드라가 라스푸틴에게 보낸 연서戀書였다. "사랑하는 당신이 우리 곁에 있다는 것이 말할 수 없이 기뻐요. 범사에 감사하다는 말씀을 아무리 드려도 부족한 것 같아요. 내가 바라는 것은 단 하나, 당신의 어깨에 기대어 잠드는 거예요. 당신은 우리의 전부예요. 선생님, 나를 용서해주세요. 내가 지금껏 죄를 지었고, 지금도 죄를 짓고 있다는 걸 잘아요. 그러니 인내심을 발휘하여 용서해주세요. 더 나아지려고 노력하지만 뜻대로 되지 않아요. 나의 생각과 행동이 옳지 않

✤스캔들을 주로 다루는 신문._옮긴이.

알렉산드라의 연서

다는 걸 알아요. 나는 훌륭한 사람, 훌륭한 그리스도인이 되고 싶지만 그게 쉽지 않아요. 그래서 가끔씩 나쁜 습관과 싸우기도 한답니다. 그러나 날 버리지 말고 도와주세요. 나는 연약해서 악의 구렁텅이에 빠지기 쉬워요. 나는 당신을 사랑하고 믿어요. 당신을 곧 만날 수 있는 기쁨을 허락해주세요. 당신에게 따뜻한 키스를 보내요. 나를 축복하고 용서해주세요. 나는 당신 앞에서 한갓 어린아이에 불과하답니다."

차르와 코코프초프는 시중에 돌아다니는 연서가 진본임을 확인했다. 여러 달 동안 떠돈 루머들로 미뤄볼 때, 사람들은 그 편지를 '황후와 라스푸틴이 연인임을 입증하는 증거'로 받아들인 것으로 보인다. 그러나 둘 간의 염문설이 오늘날까지 회자되고 있음에도 불구하고, 이는 사실이 아니었던 게 분명하다. 알렉산드라의 화려한 문체가 라스푸틴과 그녀 사이에 무언가 있음을 암시하는 것처럼 보였을 뿐이다.

수상 코코프초프는 후에 이렇게 회고했다. "내무장관 마카로프와 나는 그 편지들을 어떻게 처리할지 몰라 고민에 빠졌다. 나는 황후에게 돌려주자고 했지만, 내무장관은 차르에게 넘기자고 맞섰다. 결국 편지는 내무장관을 통해 차르에게 전달되었고, (봉투에서 편지를 신경질적으로 꺼낸) 차르의 얼굴은 금세 사색으로 변했다. 알렉산드라의 편지를 읽은 후, 차르는 '이건 위조된 게 아니야'라고 신음하며 편지를 책상서랍 속으로 집어던졌다. 나는 마카로프에게 '장담컨대, 당신은 곧 해고될 거요'라고 예언했고, 나의 예언은 채 며칠도 지나기 전에 실행되었다."

화가 머리끝까지 치민 알렉산드라는 라스푸틴의 경솔함을 책망하는 전보를 포크로프스코예에 보냈다. 라스푸틴은 일리오도르가 편지를 훔쳐간 게 확실하다고 변명했다. 그러나 황후는 라스푸틴의 변명을 받아들이지 않았고, 상트페테르부르크로 쏜살같이 달려온 그를 만나주지도 않았다. 안나 비루보바는 황실 가족이 크림반도로 부활절 여행을 떠날 때 라스푸틴을 몰래 끼워주기로 했는데, 그 이유는 부활절 기간이 용서와 화해의 기간이기 때문이었다. 그러나 그녀의 아이디어는 실패로 돌아갔다. 라스푸틴이 기차에 몰래 승차한 사실을 알게 된 차르는 다음 역에서 친위대원들을 시켜 짐과 함께 라스푸틴을 기차 밖으로 내동댕이쳐버렸다. 그러나 라스푸틴은 (크림반도의 최남단인) 얄타까지 끈질기게 쫓아갔다. 그를 본 황실의 신하 블라디미르 오를로프 공은 비꼬는 투로 이렇게 말했다. "이제 안심할 수 있겠네. 라스푸틴이 여기에 있으니 모든 게 다 잘될 거야!"

사실, 라스푸틴이 있다고 해서 황실 가족에게 득 될 일은 하나도 없었다. 주변 사람들은 지난 몇 년 동안 니콜라이와 알렉산드라에게 라스푸틴과의 관계를 끊으라고 귀에 못이 박히도록 이야기해왔지만 아무런 소용이 없었다. 어떤 루머도 어떤 스캔들도 그들을 떼어놓을 수 없는 것 같았다. 만약 라스푸틴의 경력이 갑자기 끝난다면, 그건 그 자신의 형편없는 판단력 때문이라고밖에 말할 수 없었다. 그러나 라스푸틴은 아직까지도 '나는 신이 보낸 사람이며, 나의 임무는 로마노프 왕조를 구원하는 것이다'라고 믿고 있었다. 그는 자신의 활동이 재개되기를 바라며 꿋꿋하게 기다렸다. 마침내 1912년 10월 2일, 모종의 돌발 사건이 일어나면서 라스푸틴에게 기사회생의 기회가 찾아왔다.

10

신에게 응답받은 기도

차르는 지난 반세기 동안 궁정생활의 압박과 피곤함을 피해 폴란드로 사냥을 떠나곤 했다. 1912년 9월, 황실 가족은 브레스트리토프스크 Brest-Litovsk 근처의 비아워비에자Bialowieza에 도착했다. 니콜라이는 자연에 묻혀 재충전하고, 가족들도 느긋하게 휴식을 취하고 있었다. 그러던 어느 날, 황태자 알렉세이가 보트에 올라타다 넘어지는 바람에 좌측 하복부에 내출혈이 생겼다. 며칠 동안 고열에 시달리며 생사를 넘나들던 알렉세이는 9월 16일이 되자 부종swelling이 기적적으로 가라앉는 덕분에 기력을 찾았다. 덕분에 황실 가족은 최종 목적지인 스팔라 Spala의 황실 전용 사냥터까지 갈 수 있었다.

스팔라의 숙소는 숲 가장자리에 대충 지은 엉성한 오두막집이었는데, 화창한 날에도 햇빛이 들어오지 않아 방이 매우 어둡고 음습했다. 니콜라이가 숲에서 사냥하는 동안, 황녀들은 테니스를 치고 알렉산드라는 일광욕을 즐겼다. 가족 전체가 숲을 산책할 때는 폴란드의 귀족들을 방문했다. 모든 것이 평화로운 휴가였지만, 알렉세이의 건강이 문제였다. 안나 비루보바는 그의 얼굴이 창백한 걸 보고 필시 컨디션이 좋지 않은 것으로 짐작했다. 알렉세이는 낙상으로 인한 내출혈에서 회복되고는 있었지만, 거동이 자유롭지 않아 신경이 날카로와진 상태였다. 하루는 알렉산드라가 알렉세이를 마차에 태우고 드라이브를 하는데, 노면이 고르지 못해 마차가 지속적으로 흔들리자 알렉세이가 통증을 호소했다. 숙소로 돌아오는 도중 그는 계속해서 비명을 질러댔고, 스팔라에 도착할 무렵에는 거의 실신할 지경이었다. 악몽이 시작된 그날은 1912년 10월 2일이었다.

황실 주치의 보트킨 박사가 진찰해보니, 사타구니 근처의 왼쪽 허벅지 윗부분에서 심한 출혈이 발견되었다. 잠시 후 열이 급격히 오르면서 자줏빛 부종이 형성되었다. 부종의 내부 압력이 너무 높아, 알렉세이는 주치의가 손댈 때마다 비명을 질렀다. 알렉세이의 주치의 세르게이 표도로프 박사가 상트페테르부르크에서 야간열차를 타고 현장에 도착했을 때, 출혈은 더욱 악화되어 있었다. 사타구니의 혈액이 복부로 스며들어가자, 알렉세이는 통증을 완화할 요량으로 왼쪽 다리를 들어올렸다. 그러나 내출혈 부위의 혈액이 신경을 강하게 눌러 견디기가 매우 힘들었다. 극도의 신체적·정신적 고통과 혼미함 속에서 황태자의 의식은 점점 더 가물가물해져 갔다. 필사적인 비명과 귀에 거슬리는 신음 소리가 오두막집을 진동시켰다. 한숨도 자지 못하고 음식을 입에 대지도 못하면서, 알렉세이는 이렇게 계속 뇌까렸다. "오 주여, 저에게 자비를 베푸소서!"

알렉산드라는 아들의 침상 곁에 앉아 수없이 "성모 마리아여 저희를 도와주세요!"라고 울부짖는 것 외에 할 수 있는 일이 아무것도 없었다. 니콜라이는 종종 황후를 위로했지만, 시련을 견뎌내는 힘은 알렉산드라가 자기보다 한 수 위임을 인정해야 했다. 그는 아들의 고통에 압도된 나머지 침실 밖으로 뛰쳐나가 엉엉 울었다.

알렉산드라의 언니인 프로이센의 대공녀 이레네가 그해 가을 스팔라에 도착하자, 차르는 일기장에 "그녀는 나와 알렉산드라를 위한 뜻밖의 선물"이라고 썼다. 한편 이레네는 니콜라이를 보고, "심성이 곱고 침착하며, 어떤 상황에서도 평정심을 유지한다"고 감탄했다. 이레네는 그 상황을 누구보다도 잘 이해했다. 그녀는 1904년에 혈우병으로 아들 하나를 잃고 나서, 혈우병을 앓고 있는 또 한 명의 아들 발데마르를 늘 염려해왔다. 알렉산드라의 자매들은 '우리가 아들들에게 몹쓸 병을 옮겼다'는 죄의식을 공유하면서도, 서로가 감정적으로 기댈 언덕이 되었다. 알렉산드라는 알렉세이의 연약한 삶이 스러져감을 느끼고 있었다. 알렉세이는 알렉산드라에게 가끔씩 뜬금없는 질문을 던졌다. "어머니, 죽으면 더 이상 아프지 않겠죠? 그렇죠?" 그는 부모들에게 이렇게 말하기도 했다. "내가 죽으면 숲속에 작은 비석을 하나 세워주세요."

하인들과 시중들은 일을 계속하기 위해 귀를 솜으로 틀어막아야 했다. 알렉세이가 혈우병을 앓고 있다는 사실은 극비 사항이었으므로, 그들은 황태자가 고통을 겪는 이유를 그저 추측만 할 뿐이었다. 러시아 황실의 후계자가 병상에 누워 죽어가고 있는데 모든 주변 사람들이 평상시처럼 행동하다니 그건 매우 엽기적인 상황이 아닐 수 없었다. 차르는 사냥을 하고, 황녀들은 테니스를 치고, 알렉산드라는 폴란드 귀

신에게 응답받은 기도

족들에게 차와 저녁 식사를 대접했다. 그건 '가식적인 태연함'으로, 알렉세이의 질병을 둘러싼 비밀을 지키기 위한 처절한 몸부림이었다.

황태자와 황녀들의 프랑스어 가정교사인 피에르 길리아드는 10년간 황실에서 생활하던 중 우연히 이 끔찍한 가식의 본질을 목격했다. 어느 날 저녁 한 무리의 지방 귀족들이 모여, 두 황녀 마리아와 아나스타샤가 출연하는 몰리에르의 연극 「부르주아의 귀족」을 관람했다. 그녀들의 부모가 맨 앞에 앉아 하객들과 잡담을 나눌 때, 길리아드는 옆에 우두커니 서서 그들을 바라보고 있었다. 그때 황후가 자리에서 천천히 일어나더니, 우아하게 "잠깐 어디 좀 다녀올게요"라고 말했다. 그런데 잠시 후 하객들의 시야에서 벗어나자마자, 알렉산드라는 뒤숭숭하고 공포에 질린 표정으로 돌변하여 알렉세이의 방으로 달려가는 게 아닌가! 알렉산드라는 이윽고 하객들이 있는 곳으로 되돌아와, 만면에 웃음을 머금으며 (그녀의 삶을 지배하는) 비극적인 게임을 속행했다.

10월 6일, 알렉세이의 체온은 다시 급상승했다. 그는 탈진하고 쇠약해졌으며, 심장박동이 불규칙해지면서 패혈증과 복막염이 진행되었다. 그날 밤 표도로프 박사는 황세와 황후에게 황태자의 위출혈을 보고했다. 차르는 "황태자의 질병을 세상에 알리는 게 좋겠습니다"라는 신하들의 건의를 받아들였지만, 병명(혈우병)은 비밀에 붙였다. 이번에도 가식은 계속된 것이다. 러시아 전역에서 황태자의 쾌유를 기원하는 기도가 잇따랐고, 상트페테르부르크의 군중들은 카잔의 성모 대성당에 몰려들어 촛불을 밝혔다. 스팔라에서 열린 기도회는 매우 진지하고 엄숙했다. 그 근처에는 교회가 하나도 없었으므로, 풀밭 위에 텐트를 치고 알렉산드로 바실리예프 신부가 기도를 이끌었다. 그는 러시아 어린이들의 성경교사로 이름을 날리던 인물이었다. 차르는 어머니 마리아 표도로브나(알렉산드르 3세의 황후)에게 보낸 편지에서 이렇게 말했다. "하인, 카자크인, 병사를 비롯하여 모든 백성들이 합심하여 기도했습니다. 폴란드의 농부들이 몰려와 눈물을 흘리며 간구했습니다."

그 후 이틀에 걸쳐 수백만 명의 백성들이 기도했지만, 알렉세이의 병세는 악화되었다. 10월 8일, 알렉산드라가 급히 휘갈겨 쓴 쪽지를 통해 종말이 다가왔음을 알렸을 때, 니콜라이는 내빈들과 점심을 먹고 있었다. 차르는 아들의 병석으로 달려와, 탈진한 황후와 함께 속수무책으로 바라보기만 했다. 바실리예프 신부는 마지막 의식the Last Rites을 집전했고, 다음 날 아침 황태자의 사망 소식을 알릴 포고문이 이미 준비되었다. 상황은 매우 심각했지만, 알렉산드라는 실낱같은 희망을 포기하지 않았다. 왜냐하면 아직 라스푸틴이 남아 있었기 때문이다.

그동안 소원했던 라스푸틴에게 호소한다는 것은 피하고 싶었지만 어쩔 수 없었다. 라스푸틴에 대한 믿음이 시들해졌긴 해도, 상황이 상황이니만큼 그들로서는 가능한 모든 수단을 시도할 수밖에 없었다. 라스푸틴은 수천 킬로미터 떨어진 곳에 있었지만, 알렉산드라는 그가 기도해주기를 간절히 원했다. 그래서 안나 비루보바를 시켜 포크로프스코예로 전보를 치게 했다.

다음 날 아침 일찍 답장이 도착하자, 지금껏 겁에 질려 기진맥진한 모습으로 문병 온 사람들을 맞던 알렉산드라의 모습은 온데간데없이 사라졌다. 안나 비루보바의 증언에 의하면, 알렉산드라는 편안한 표정으로 만면에 웃음을 띠며 이렇게 말했다고 한다. "의사들은 아무런 차도가 없다고 하지만, 나는 조금도 걱정하지 않아요. 오늘 새벽 라스푸틴 성자에게서 전보를 받았는데, 날더러 걱정하지 말라고 했어요.

신에게 응답받은 기도

그의 답장은 짧고 분명했어요. '어린 알렉세이는 죽지 않을 거예요. 의사들에게 알렉세이를 너무 성가시게 하지 말라고 당부해주세요.'"

그런데 친위대장 스피리도비치가 쓴 책에 따르면, 라스푸틴이 보낸 전보는 사실 두 통이었다고 한다. 첫 번째 전보의 내용은 다음과 같았다. "아무런 걱정하지 마세요. 알렉세이의 질병은 의사들이 말하는 것과 달리 그다지 위험하지 않아요. 혹시 의사들이 알렉세이를 성가시게 굴지 않는지 눈여겨봐주세요." 그리고 두 번째 전보의 내용은 간단했다. "신이 알렉산드라의 기도를 듣고 응답해주셨어요." 그러나 신화를 원하는 사람들이 사건을 극적·시적으로 포장한 탓에 항간에는 전보에 "신은 당신의 눈물을 보고 당시의 기도를 들어주셨어요. 슬퍼하지 말아요. 어린 알렉세이는 죽지 않을 거예요. 의사들이 그를 괴롭히지 말도록 제지해주세요"라고 되어 있었다는 소문도 있었다. 이 구절은 구약성경 이사야서 38장 5절과 비슷한데, 여기서 히스기야 왕은 이사야에게서 다음과 같은 신의 말씀을 전해 듣는다. "나는 네 기도를 듣고 네 눈물을 보았다. 그러므로 너의 수명을 15년 늘려주겠다." 라스푸틴의 전보에 적혀 있었던 내용을 정확히 알 수는 없지만, 전보를 보내고 받은 사람은 안나 비루보바였으므로 그녀의 증언이 가장 신빙성이 높다고 판단된다.

라스푸틴의 전보가 도착한 후에 벌어진 일은 논리적으로 설명하기 어렵다. 니콜라이의 일기장을 보면, 그날 오후 두 시쯤 알렉세이는 평온을 되찾으며 잠이 들었고 체온도 떨어졌다고 한다. 그 후 24시간 동안 알렉세이의 증세가 현저하게 호전되자, 의사들은 '니콜라이가 위기를 넘겼다'는 보고서를 작성하여 백성들에게 발표했다. 그로부터 이틀 후 출혈은 멈췄고 부종도 가라앉았다. 그러자 스팔라에서 진행되던

'회복을 위한 기도회'는 '감사 기도회'로 바뀌었다. 차르는 사냥터로 갔고, 알렉산드라는 알렉세이의 회복을 축하하는 만찬을 열어 방문객들을 대접했다.

차르는 어머니에게 보낸 편지에서 이렇게 말했다. "알렉세이의 회복은 매우 더딜 것 같습니다. 왼쪽 무릎에 아직 통증이 있고, 베개에 기댄 채 침대에 앉아 있어야 합니다. 그러나 의사들은 별로 걱정하지 않습니다. 왜냐하면 가장 중요한 것은 체액의 흡수가 계속되는 것인 만큼, 당분간 거동이 불편하더라도 감수해야 하기 때문입니다. 알렉세이의 안색은 한때 밀랍 같았지만, 지금은 얼굴과 다리 등 모든 부분이 혈색을 되찾았습니다. 매우 수척했던 몸도 지금은 의사들이 권한 대로 보양식을 먹었더니 많이 좋아졌습니다." 알렉세이가 왼쪽 다리를 편 다음 거추장스러운 버팀쇠를 착용하고, 위축된 근육을 되살리기 위해 근육 찜질과 마사지를 하기까지는 몇 달이 더 걸렸지만, 생명에는 지장이 없었다.

1912년 가을 스팔라에서 일어난 사건을 정확히 설명하기는 어렵다. 세부적인 내용은 물론 심지어 날짜까지도 아직 분명하지 않다. 안나 비루보바가 라스푸틴에게 전보를 보낸 날짜는 몇 월 며칠인가? 라스푸틴의 답장이 다음 날 아침 일찍 도착했나, 아니면 오후 늦게 황태자가 회복되기 시작했을 때 도착했나? 라스푸틴이 보낸 답장은 (안나 비루보바가 증언했던 것처럼) 한 통인가, 아니면 (알렉산드르 스피리도피치가 언급했던 것처럼) 두 통인가?

가장 큰 미스터리는 알렉세이의 회복이었다. 낙상으로 인한 출혈 자체가 심각하지 않았기 때문에, 위기가 최고조에 도달한 것처럼 보이다 저절로 나왔다고 할 수도 있다. 그러나 의사들이 일시적으로 희망을 포기한 순간이 있었던 건 분명하다. 표도로프 박사의 증언에 의하면, 오로지 기적만이 알렉세이의 생명을 구할 수 있었으며, 기적이 일어날 확률은 1퍼센트 미만이었다고 한다. 그리고 그 순간 의사들은 극도의 혼란에 빠져 있었다고 한다.

혹시 의사들이 알렉세이를 살려냈던 건 아닐까? 처음에 표도로프는 내부 압력을 낮추기 위한 수술을 포기했었다. 그러나 상황이 점점 더 악화되자, 그는 황실법원장인 알렉산드르 모솔로프에게 이렇게 물었다고 한다. "극단적인 조치를 취하는 게 필요하지만 위험 부담이 있습니다. 법원장님께서는 어떻게 생각하세요? 황후에게 이 사실을 알릴까요, 아니면 알리지 않고 진행하는 게 더 현명할까요?" 모솔로프는 표도로프가 생각하고 있던 극단적인 조치가 뭐였는지를 밝히지는 않았지만, 아마도 내출혈을 중단시키기 위한 수술이었던 것으로 보인다.

나중에 알렉세이가 회복되었을 때, 모솔로프는 표도로프에게 그 조치를 취했었냐고 물어봤다고 한다. 그런데 대답이 걸작이었다. "만약 내가 그 조치를 취했더라도, 지금에 와서 그걸 인정한다면 분위기를 깨게 될 겁니다. 이 바닥 분위기가 어떻게 돌아가는지는 법원장님이 더 잘 알지 않나요?" 그의 답변은 부정이 아니었던 게 분명하다. 하지만 표도로프는 나중에 이런 식으로 말을 바꿨다. "황태자가 회복된 이유는 의학적으로 도저히 설명할 수 없습니다."

스팔라에서 일어난 사건은 커다란 이슈를 초래할 수밖에 없었으니, 그것은 "라스푸틴이 알렉세이의 혈우병을 어떻게 '처리'했을까?"라는 것이었다. 우리는 종종 라스푸틴이 알렉세이를 '치료'했다거나 '치유'했다는 글을 읽곤 한다. 그러나 분명히 말하지만, 그것은 일종의 '비유적 표현'이다. 알렉세이는 태어난 날부터 혈우병을 앓았고, 혈우병은 그가 죽는 날까지 그를 괴롭혔다. 라스푸틴의 이름이 역사에 남은 것은 '증상을 완화시키는 능력' 때문이었다. 그렇다면 그가 성공할 수 있었던 비결은 뭘까? 그가 황태자에게 약을 줬을까? 최

황후 알렉산드라와 황태자 알렉세이. 알렉산드라는 라스푸틴의 기도 덕분에 아들이 회복했다고 믿었다.

면을 걸었을까? 자기암시를 걸었을까? 아니면 우리가 알 수 없는 신통력이라도 갖고 있었던 걸까?

당시의 의학 전문가들은 혈우병 환자만 만나면 허둥지둥하기 일쑤였다. 그들은 심지어 혈우병 발작에 수반되는 증상이 뭔지도 몰랐다. 1885년에 발간된 권위 있는 문헌을 보면, "혈우병에 걸린 환자는 부상을 입든 입지 않든 현저한 출혈이 수반되는 경향이 있다"고 적혀 있다. 부상을 전혀 입지 않았는데도 혹이나 멍이 생길 수 있었고, 이는 불시에 매우 고통스러운 위기를 초래할 수 있었다. 코, 입, 목구멍에 자발적 출혈이 흔히 발생할 수 있었지만, 이를 사전에 막는 방법은 없었다. 이 모든 경우에 의사들은 속수무책이었다.

그러나 라스푸틴은 달랐다. 황실의 한 관계자는 이렇게 보고했다. "믿을 만한 사람들의 증언에 의하면, 알렉세이의 주치의들은 출혈을 멈추지 못했지만, 라스푸틴이 나타나 기도하니 출혈이 감쪽같이 멈췄

신에게 응답받은 기도

다고 한다." 알렉산드르 모슬로프는 이렇게 인정했다. "라스푸틴의 치유술이 성공적이었다는 점은 의심할 여지가 없다. 그의 비법은 영원한 미스터리다." 황실의 의사들은 라스푸틴을 경멸하면서도, 그가 황태자의 고통을 줄여주었다는 것을 마지못해 인정했다. 표도로프 박사는 이렇게 증언했다. "나는 아무리 해도 알렉세이의 출혈을 멈출 수 없었다. 그러나 라스푸틴이 불쑥 나타나자 순식간에 출혈이 멈췄다." 저명한 소아과 전문의였던 세르게이 오스트로고르스키는 라스푸틴을 극도로 혐오하면서도 이렇게 실토했다. "나는 라스푸틴이 황태자를 진정시키는 장면을 여러 번 직접 목격했다."

라스푸틴의 적들은 이런 상상을 했다. "라스푸틴은 시녀들(예컨대 안나 비루보바)의 도움을 받아 알렉세이에게 극약을 몰래 먹이다가, 황후가 나타나기 직전에 투약을 멈췄을 것이다. 그리하여 황태자의 증상이 개선된 것처럼 보이면, 알렉산드라는 그것을 라스푸틴의 치유 능력 탓으로 돌렸을 것이다." 라스푸틴의 공범으로 의심받은 또 한 명의 사람은 표트르 바드마예프였다. 바드마예프는 시베리아 동부의 부랴트족Buryat tribe 출신인데, 소위 티베트 의학Tibetan medicine을 이용하여 상류층 환자들의 병을 치료함으로써 제1차 세계대전 직전에 상트페테르부르크에서 명성을 날렸다. "그가 마법의 물약potion을 투약하다 중단하는 방식으로 차르와 황후를 현혹함으로서, 라스푸틴이 '기적을 행하는 자'임을 믿게 했다"는 소문도 돌았다.

이러한 음모론들이 활개친 이유는, 사람들이 황실의 내막을 몰라도 너무 몰랐기 때문이다. 안나 비루보바가 맨 처음 충성을 바쳤던 대상은 라스푸틴이 아니라 황후였음을 아는 사람들은 거의 없었다. 그리고 라스푸틴이 황실을 처음 드나들던 시절, 그와 바드마예프는 동지가 아니라 적이었다. 더욱 중요한 것은, '혈우병과 유사한 증상을 일으킬 수 있는 약이 뭐냐?'라는 질문에 대답할 수 있는 사람이 아무도 없었다는 것이다.

많은 이들은 라스푸틴이 알렉세이에게 최면을 걸었을 거라고 짐작했다. 예컨대 황손들의 영어교사인 찰스 시드니 깁스는 "라스푸틴이 황태자를 치료한 것처럼 보이게 한 비결은 최면술"이라고 믿었다. 역사가 게오르기 카트코프는 "최면술이 혈관운동계vaso-motor system에 영향을 미쳐, 아드레날린 유사 약물에 비견되는 혈관 수축 효과를 초래했다"고 생각했다. 그는 라스푸틴의 치유 능력을 '위기 상황에서 몸을 진정시키는 능력'이라고 설명했다.

마리아 리스푸틴은 "아버지는 최면술과 전혀 무관했다"고 주장하며, 라스푸틴의 능력을 최면술로 간주하는 사람들을 비난했다. 그러나 그녀의 생각은 틀렸으며, 이는 그녀가 자기의 아버지를 얼마나 이상화理想化했는지를 보여주는 단적인 사례다. 사실 라스푸틴은 최면술에 관심이 매우 많았다. 1913년 오흐라나(비밀경찰)는 한 유명한 최면술사가 정부情婦에게 보내는 편지 한 통을 중간에서 가로챘는데, 거기에는 "라스푸틴이 방금 전 최면술을 배우려고 내게 접근했다"라고 적혀 있었다. 그러나 최면술사가 활동을 개시하기 전에, 경찰은 그를 상트페테르부르크에서 추방해버렸다. 라스푸틴은 그 이후에도 최면술사를 계속 수소문하여, 1914년 게라심 파판다토라는 사람에게 기어이 최면술을 배웠다. 그런데 문제는, 라스푸틴이 알렉세이를 치유하기 시작한 것은 1906년이었고, 그 방법도 최면술이 아니라 기도였다는 것이다.

주목할 만한 사실은, "라스푸틴이 알렉세이에게 최면을 거는 걸 목격했다"고 주장한 사람이 아무도 없었다는 것이다. 니콜라이와 알렉산드라가 어떤 면에서 둔감했던 것은 사실이지만, 누군가가 자기 아들에게 최면술을 걸었다면 발견되고도 남았을 것이다. 라스푸틴은 가끔 알렉세이를 만나지 않고 원격으로 치료하기도 했는데, 그건 일종의 자기암시가 아니었을까? 한번은 알렉세이를 치료해달라는 요청을 받았는데, 그때 라스푸틴은 술에 취해 있었다. 그는 술에 취한 상태로 갈 수가 없었기에 황실에 전화를 걸어, "앞으로 한 시간 내에 출혈이 멈출 걸로 예상되며, 만약 출혈이 멈추지 않으면 내가 직접 달려가겠습니다"라고 답했다. 그런데 라스푸틴이 예상했던 시간에 정말로 출혈이 멈췄다.

알렉세이는 라스푸틴의 카리스마에 마음을 사로잡혔던 게 틀림없다. 차르의 여동생 올가는 이렇게 회상했다. "어느 날 저녁 알렉산드르 궁전에서 있었던 일이에요. 알렉세이는 토끼 흉내를 내며 방에서 껑충껑충 뛰어다니고 있었죠. 그런데 라스푸틴이 갑자기 알렉세이의 손을 낚아채며 그의 침실로 데리고 들어갔어요. 그러고는 마치 교회에 와 있는 것처럼 적막이 흘렀어요. 교회에서는 키 큰 어른이 고개를 숙이고 기도하는 동안, 그 옆에서 아이들이 입을 꼭 다물고 서 있는 게 보통이잖아요. 침실 내부를 들여다보지는 않았지만, 나는 라스푸틴이 기도하고 있다는 걸 알고 있었어요. 물론 키 작은 내 조카가 함께 기도하고 있다는 것도 알고 있었죠. 라스푸틴의 모습은 매우 인상적이었어요. 그의 모습을 자세히 설명할 수는 없지만, 나는 그 이후로 라스푸틴의 진실성을 알게 되었어요."

라스푸틴의 뛰어난 화술과 강렬한 신앙의 아우라는 뒤숭숭한 상황을 진정시키는 데 충분했다. 그 과정에서 알렉산드라의 태도도 중요했다. 그녀는 애초부터 '라스푸틴이 내 아들을 치유할 수 있다'고 확신했으며, 라스푸틴이 아무리 먼 곳에 있어도 그의 존재와 기도를 치유와 결부시켰다. 라스푸틴의 능력을 믿음으로써 그녀의 마음이 한결 가벼워지고, 그 기운이 이심전심으로 알렉세이에게까지 전달되었음에 틀림없다. 이는 알렉세이의 스트레스를 완화시킴으로써, 자연치유 과정을 통해 출혈을 멎게 했을 가능성을 제기한다. 그러나 이 중 어떤 것도 라스푸틴의 초기 성공을 설명할 수는 없다. 왜냐하면 라스푸틴의 초기 성공은 니콜라이와 알렉산드라가 기적을 기대할 이유가 없는 상황에서 이루어졌기 때문이다. 1906년 라스푸틴이 알렉세이의 머리맡에 처음 나타났을 때, 두 살에 불과한 알렉세이가 그의 특별한 존재를 의식했을 리 만무하지 않은가! 그런 상황에서 최면술이 유용했을 거라고 상상하기도 어렵다.

혹자들은 라스푸틴의 성공을 우연의 일치라고 주장했다. 예컨대 피에르 길리아드는 "알렉산드라는 완벽한 우연의 일치를 라스푸틴이 행한 기적으로 간주했다"고 믿었다. 황후의 시녀이자 친구 중 한 명인 조피 북스회베덴 남작 부인도 길리아드와 마찬가지로, 라스푸틴의 성공을 기가 막힌 타이밍 탓으로 돌렸다. 그녀는 이렇게 주장했다. "황실에는 라스푸틴의 정보원들이 쭉 깔려 있어, 그는 황태자가 회복되는 순간에 맞춰 나타남으로써 공을 독차지할 수 있었어요." 그녀는 내심 안나 비루보바를 라스푸틴의 공모자로 생각했던 것 같다. 황후의 또 다른 친구 릴리 덴은 "라스푸틴의 치료를 설명할 수 있는 건 오직 우연의 일치뿐"이라고 강력히 주장했다.

물론 라스푸틴의 성공 중 일부는 우연의 일치로 설명될 수 있을 것이다. 알렉세이가 막 회복되고 있을 때, 때마침 라스푸틴이 나타난 적이 몇 번 있었음에 틀림없다. 그러나 단지 우연의 일치로만 설명할

신에게 응답받은 기도

수 없는 경우도 많았다. 황실을 기웃거리던 라스푸틴의 공모자가 그에게 정보를 흘렸을 거라는 의심도 설득력이 떨어지기는 마찬가지다. 안나 비루보바가 이런 식으로 알렉산드라를 속이는 데 동의했을 리 만무하며, 만약 라스푸틴이 그런 파렴치한 제안을 했다면 안나 비루보바와의 관계가 급속도로 악화되었을 것이다. 그리고 라스푸틴이 우연의 일치에 의존하여 경력을 향상시키려 했다면, 그의 경력은 오래 지속되기 힘들었을 것이다.

북스회베덴의 이런 시절 경험을 생각해보면, 또 하나의 새로운 가능성을 생각해볼 수 있다. 그녀는 어린 시절에 자고바리바티 크로비 zagovarivat' krov'라는 능력을 갖고 있는 사람들을 봤다고 증언했는데, 이를 우리말로 해석하면 '피에 주문을 건다'는 뜻이다.◆ 그들은 동물을 치료하는 능력을 지닌 게 보통이었지만, 간혹 사람도 치료했다고 한다. 북스회베덴은 이렇게 회고했다. "우리 동네에서 말 한 마리가 구절 fetlock◆◆에 큰 상처를 입었을 때, 말 주인은 급히 붕대를 감은 후 알렉산드르라는 사람을 불렀어요. 그는 '말과 속삭이는 자'로 유명했는데, 먼저 붕대를 제거하고 아무도 알아들을 수 없는 말을 중얼거리며 상처를 마사지했어요. 그랬더니 피가 멎으면서 말이 건강을 회복하는 게 아니겠어요? 참 신기했어요." 또 한 명의 귀족에 의하면, 나무를 베다가 도끼를 놓치는 바람에 발을 다친 사람을 본 적이 있다고 한다. "그때 옆에 있던 사람이 '혈액을 잠잠하게 하는 자'를 불렀는데, 잠시 후

◆사실 이 능력은 러시아에만 국한되는 게 아니며, 영어권 사람들은 이와 비슷한 능력을 가진 사람들을 '말과 속삭이는 자horse whisperer'나 '혈액을 잠잠하게 하는 자blood-stiller'라고 부른다.
◆◆말굽 바로 윗부분의 뒤쪽 돌기. _옮긴이.

도착한 '혈액을 잠잠하게 하는 자'가 기도를 하자 나무꾼의 출혈이 바로 멈췄어요"라고 그는 말했다.

라스푸틴이 어렸을 때 '말의 마음을 읽는 능력'을 갖고 있었다는 주장을 감안할 때, 그가 (북스회베덴이 말하는) '혈액을 잠잠하게 하는 능력'을 가졌을 가능성을 배제할 수 없다. 인간의 경험 중에는 이성으로만 설명할 수 없는 측면이 있는 것도 사실이다. 러시아정교회에서는 오늘날에도 기적이 일어난다고 가르치며, '특정한 성화상이 질병을 치유할 수 있다'는 가능성을 인정하고 있다. 물론 라스푸틴의 적들은 라스푸틴이 영적 재능이나 치유 능력을 가졌을지도 모른다는 생각을 극구 부인했다.

라스푸틴은 '기적을 행한다'는 표현을 사용하지 않았다. 그는 자신이 질병을 치유한 것을 가리켜 '신이 뜻을 드러낸 것' 또는 '신이 은총을 내린 것'이라고 불렀다. 그는 종종 이렇게 말했다. "이 세상에 성자는 없다. 왜냐하면 누구나 사는 동안 죄를 짓기 마련이기 때문이다." 니콜라이와 알렉산드라가 라스푸틴을 그리스도의 현신이나 성자로 인식하지 않은 것도 같은 맥락에서 이해될 수 있다. 그들이 생각하는 라스푸틴은 한 명의 인간으로서, 자신들의 아들을 보호하는 영적 능력을 가진 인물이었다. 그들은 라스푸틴을 '황실의 가족들을 보호하는, 신의 대리인'이라고 여겼다. 라스푸틴은 신의 도구일 뿐이며, 힘의 소유권은 오직 신에게만 있다는 거였다.

알렉산드라는 동방정교 신앙 중에서 신비주의적 측면을 열렬히 받아들였다. 사람들은 그녀를 '편협하고 극단적인 마음을 지닌 열혈 신도'로 간주했다. 또한 그들은 알렉산드라의 열성적 태도가 '라스푸틴에 대한 믿음'과 관련되어 있음을 감지했다. 그와 대조적으로 니콜라이는 좀 더 이성적이고 회의적이었지만, 가정의 평화를 유지하기 위해 부인의 열정을 눈 딱 감고 받아들이는 모범 남편의 면모를 지니고 있었다. 그러나 스팔라에서 악몽을 겪은 이후에는 상황이 180도 달라졌다. 그 역시 알렉산드라와 마찬가지로 '라스푸틴은 신을 섬기는 자'라는 관념에 푹 빠져들었다.

지금까지 온갖 가설과 루머와 음모론들을 언급했지만, 어느 누구도 이의를 제기할 수 없는 사실은 딱 하나 있었다. 분명 혈우병으로 인한 내출혈로 사경을 헤매던 알렉세이는 라스푸틴의 기도 이후 깨끗이 나았다는 것이다. 니콜라이와 알렉산드라는 1912년 가을 스팔라에서 기적이 일어났다고 확신했으며, 그 일을 계기로 라스푸틴과 더욱 가까워졌다. 현실적으로 볼 때, 소중한 아들의 목숨이 걸려 있는 상황에서 그들에게는 그것 말고 다른 대안이 없었을 것이다.

11

라스푸틴의 영적 위기

1913년 2월 21일 아침, 표트르파벨 요새에서 스물한 발의 축포가 터
지며 로마노프 왕조의 러시아 지배 300주년을 기념하는 행사가 시작
되었다. 니콜라이 2세는 축사를 통해, "우리 왕조와 사랑하는 백성들
에 대한 주님의 은혜가 지금보다 더 빈약한 날은 앞으로 없으리라"고
말했는데, 이는 신의 은총을 기원한다기보다는 '최근 들어 신이 우리
를 너무 야박하게 대했다'는 뉘앙스를 풍기는 이상야릇한 표현이었다.
그러나 차르는 희망을 잃지 않고 다음과 같은 말로 축사를 마무리했
다. "전지전능한 신이여! 러시아의 영토를 강하고 아름답게 만들어주
시고, 조국의 깃발이 하늘 높이 계속 휘날릴 수 있도록 힘을 주소서."

　　그날 아침 니콜라이는 황실 가족을 이끌고 겨울궁전에서부터 카잔
의 성모 대성당까지 행진했으며, 정오에는 대성당에서 테데움^{Te Deum}*

을 노래하는 감사예배가 열릴 예정이었다. 그런데 대성당에 있던 두마의 의장 미하일 로잔코는 예배 직전에야 두마 의원들이 교회의 맨 뒤쪽 좌석을 배정받았음을 깨닫고 한바탕 소란을 피웠다. 결국 두마 의원들이 자리를 바꾸어 앞쪽에 앉았는데, 로잔코는 농사꾼 차림에 가슴십자가pectoral cross를 패용하고 그 부근에 앉아 있는 사람을 발견했다. 로잔코는 그 농부에게 퇴장을 명령했지만, 농부는 퇴장하기는커녕 피둥피둥 살찐 의장의 얼굴을 (마치 최면을 걸려는 듯) 정면으로 노려봤다. 로잔코는 자신을 향해 엄청난 힘이 밀려오는 것을 느꼈지만, 마침내 평정심을 되찾고 다시 한 번 퇴장을 명령했다. 로잔코는 나중에 "그 사람은 분명히 라스푸틴이었을 것"이라고 회고했다.

라스푸틴은 초대장을 보여주며 으르렁거리듯 외쳤다. "나는 당신보다 훨씬 더 높은 사람들의 요청을 받고 이 예배에 참석했소!" 로잔코가 위협적인 태도로 자신의 주위를 맴돌자, 라스푸틴은 무릎을 꿇으며 울부짖었다. "오 주여, 저 죄인을 용서하소서!" 로잔코가 경비원을 부르자, 라스푸틴은 상황이 여의치 않다는 것을 깨닫고 대리석 바닥에서 벌떡 일어났다. 그러고는 마지막으로 로잔코를 매섭게 노려보고는 당당하게 성당 밖으로 걸어나갔다.

차르의 거리 행진은 요란했지만, 상트페테르부르크 시민들은 그다지 열광하지 않았다. 곧 성당에 도착한 니콜라이와 알렉산드라가 긴 복도를 걸어 내려와 입구로 들어서자, 미리 대기하고 있던 귀족과 공직자들이 그들을 맞았다. 차르는 뭔가 걱정에 사로잡혀 있는 듯했고, 황후는 냉담한 표정이었으며, 그들을 맞는 사람들의 표정 역시 밝지

✛성부와 성자를 찬양하는 라틴어 찬미가. _ 옮긴이.

않았다. 1913년 봄 러시아 전역에서 거행된 로마노프 왕조 300주년 기념행사는 뭔가 불안한 출발을 암시하는 것 같았다. 화려한 행사를 바라보는 백성들 역시 충성심이나 호의보다는 그저 단순한 호기심 아니면 무관심으로 일관했다.

코코프초프 수상은 블라디미르, 수즈달, 니즈니-노브고로드에서 다소 맥빠진 행사가 열렸다는 보고를 받았다. 군중들의 열기가 부족하고 규모도 작았다는 것은, 그들이 마음에서 우러나 행사에 참여한 게 아니라 고작 호기심을 보인 것에 불과함을 의미했다. 군중들의 반응이 뜨거웠던 유일한 곳은 볼가강 유역의 코스트로마였는데, 그곳은 러시아를 지배한 최초의 로마노프였던 미하일과 관련된 유서 깊은 곳이었다. 열여섯 살의 소년 미하일은 1613년, 그가 차르로 선출되었음을 통보하러 온 젬스키 소보르(신분제 전국회의)의 대표단을 피해 코스트로마 근처의 이파티에프 수도원으로 피신했었다. 그로부터 300년 후, 군중들은 오래간만에 코스트로마를 찾아온 니콜라이와 알렉산드라를 열광적으로 환영했다. 그런데 그다음으로 라스푸틴이 나타나자 모든 것이 돌변했다.

성당에서 열린 대예배의 초청장을 가지고 있는 것으로 보아, 라스푸틴은 알렉산드라의 요청으로 코스트로마를 방문한 게 틀림없었다. 그는 대담하게도 맨 앞의 상석에 앉았는데, 복도를 사이에 두고 황실 가족의 지정석과 마주 보는 자리였다. 잠시 후 많은 사람들이 웅성거리기 시작했다. 참다못한 경찰청장 스테판 벨레츠키가 라스푸틴에게 다가와 눈에 덜 띄는 곳으로 자리를 옮겨달라고 요청했다. 라스푸틴은 약간 뒤로 자리를 옮겼지만, 사람들의 시선을 끌기는 마찬가지였다. 그는 성당을 떠나기 전 몇몇 여성들에게 추파를 던지기도 했다.

라스푸틴은 황실 가족이 5월에 모스크바를 방문했을 때도 대중의 주목을 끌었다. 차르 일행이 크렘린에서 성채citadel를 시찰할 때 사람들이 라스푸틴을 알아봤다. 니콜라이 2세의 여동생 크세니아는 "저 농부는 어딜 가든 튀는 행동을 해요"라고 불평했고, 공직자들과 성직자들이 항의했지만 달라지는 건 없었다.

라스푸틴이 대중 앞에 자주 출몰하는 건 차르 체제에 대한 민심에 마이너스 요인으로 작용했다. 사람들은 그를 볼 때마다, '저 인간이 차르의 총애를 받는다는 걸 과시하는구나'라는 생각을 떨치지 못했기 때문이다. 그러나 니콜라이와 알렉산드라는 몇 가지 긍정적 측면에만 집착함으로써, 자신들이 믿고 싶은 것의 근거로 삼으려고 했다. 황후는 한 이벤트에서 시녀에게 이렇게 말했다. "너는 장관들이 그동안 얼마나 비겁했는지 알 수 있을 거야. 그들은 협박과 혁명에 대한 암시로 나를 늘 놀라고 두려워하게 만들었지. 그러나 너도 여기서 보았다시피, 우리가 대중 앞에서 당당한 모습을 보이면 그들도 우리에게 마음을 열 거야."

상트페테르부르크로 진출한 후에도 라스푸틴은 수년간 경제적으로 넉넉하지 못했다. 거처를 수시로 옮기던 그는 1913년 초에 지인들의 도움으로 잉글리시 대로English Prospekt 3번가의 원룸에 세 들었는데, 가구라고는 간단한 침대 하나와 페인트칠 된 나무 탁자 하나가 전부였다. 라스푸틴은 후에 니콜라예프스키 대로 70번가에 있는 널찍한 아파트를 장만했는데, 마침내 셋방살이를 청산했다며 뛸 듯이 기뻐했다.

황실의 총애를 받는다고 해서 라스푸틴의 생활이 넉넉했던 건 아니었다. 일설에 의하면, 황후는 그에게 알렉산드르 궁전 성당의 성화상 앞에서 불타는 램프를 불철주야로 관리하는 일을 맡기고 월급을 줬다고 한다. 그런 직위는 본래 없었지만, 영악한 라스푸틴이 황제와 황후를 구슬려 일자리를 얻어냈던 것 같다. 그런데 황후는 돈에 관한 한 매우 인색했다. 그녀는 평소에 라스푸틴의 교통비를 지불하지 않았으며, 황후의 호출을 받고 차르스코예셀로에 온 경우에도 기차삯과 택시 요금을 지불하지 않기 일쑤였다. 오죽했으면 라스푸틴은 "황후는 엄청난 노랑이야"라고 투덜거리기도 했다. 그가 포크로프스코예에서 생활할 때, 알렉산드라는 그에게 실크셔츠를 비롯한 옷가지와 성화상, 자잘한 장식품을 풍족하게 제공한 적이 있었다. 그러나 그가 상트페테르부르크에서 어떻게 생활하는지에 대해서는 전혀 관심을 기울이지 않았다. 가물에 콩 나듯이 그것도 마지못해 금일봉을 하사하기는 했지만, 라스푸틴이 몇 푼만 더 달라고 하면 깜짝 놀라는 눈치를 보였다. 라스푸틴은 종종 알렉산드르 궁전을 드나들 여비가 부족해 친구들에게 돈을 꾸곤 했다.

그런데 참으로 이상한 점이 하나 있었다. 라스푸틴은 자기 앞가림도 제대로 하지 못하는 주제에, 어려운 지인이 도와달라고 하면 수백 루블, 심지어 수천 루블씩 도와줬던 것이다. 그의 책을 출판한 친구 알렉세이 필리포프도 그런 터무니없는 상황을 도저히 납득하지 못했다.

안나 비루보바는 라스푸틴이 도대체 어디서(또는 어떻게) 돈을 구하는지 모르겠다고 토로했다. 친구들에게 많은 도움을 받았지만, 그들의 살림도 넉넉한 편은 아니었다. 라스푸틴에게 도움을 받은 농부들은 감사의 표시로 닭, 채소, 페이스트리(밀가루 반죽 사이에 유지를 넣어 구운 빵._옮긴이)를 가져왔고, 도시 빈민들은 물고기, 과일, 빵을 가져왔다. 비교적 넉넉한 사람들은 성화상, 포도주, 캐비아를 들고 왔다. 라스푸틴의 재정을 관리한 사람은 아킬리나 랍틴스카야였다. 그녀는 라스푸틴에게 도움을 받으려는 사람들이 낸 돈을 모았는데, 처음에는 라스푸틴의 추종자였지만 곧 비서 겸 연인으로 발전했다. 라스푸틴은 그녀가 돈을 빼돌린다고 의심하여 두 번이나 내쳤지만, 이내 다시 돌아와달라고 간청했다. 랍틴스카야는 총명한 두뇌와 체계적인 사고력의 소유자였으므로, 라스푸틴의 삶이 점점 더 복잡해져감에 따라 없어서는 안 될 인물이었다.

라스푸틴의 형편은 1913년 말엽부터 눈에 띄게 호전되었다. 공직자와의 만남을 주선해달라고 부탁하는 사람들로부터 뇌물을 받기 시작한 것이다. 라스푸틴이 뇌물의 맛을 처음 알게 된 건 1910년 어느 날이었다. 한 사업가가 '캅카스에서 물대기 프로젝트를 하려고 하는데, 나랏돈을 지원받게 해달라'며 돈 봉투를 놓고 갔다. 그 후 '라스푸틴에게는 청탁할 만하다'는 소문이 파다하게 퍼지며 돈 봉투가 줄을 이었다.

곧 신문에는 '라스푸틴-타락한 성자', '라스푸틴-정력이 넘치는 브로커!'라는 기사가 실렸다. 라스푸틴은 그런 기사에 신경쓰지 않는다고 선언했지만, 곤혹스러움을 부정할 수는 없었다. 그는 "신문기자들은 늘 악의적인 기사를 쓴단 말이야"라고 투덜거리며, 자기만의 신문을 하나 창간할 생각까지도 했다. "사람들은 생명의 말씀을 원한다. 나는 가장 진실하고 진심 어린 신문을 만들고 싶다. 사람들은 돈을 내고 신문을 구입할 것이며, 신앙심이 깊은 사람들은 너도나도 도움을 자청할 것이다. 신이 원하신다면 종을 울려, 선량한 사람들과 신앙인들을 불러 모을 것이다." 그러나 러시아의 신문사들 중에 수지타산이 맞는 곳은 별로 없다는 사실을 알게 된 후부터 그의 신문 창간 계획은 흐지부지되었다.

그러는 가운데서도 그에 대한 비난은 조금도 수그러들지 않았다. 비록 실명을 거론하지는 않았지만, 「이브닝타임스」에 실린 사설에서는 "한 명의 스타레츠가 정부의 정책을 좌지우지하거나 교회의 인사에 간섭하면 안 된다"고 꼬집었다. 로잔코가 신문 한 장을 니콜라이 2세에게 보여주자, 차르는 대경실색하며 "이런 권력을 가진 사람이 도대체 누구요?"라고 물었다. 그러자 로잔코는 "러시아에 그런 스타레츠는 한 명밖에 없습니다. 폐하께서도 잘 아시지 않습니까? 그는 모든 러시아인들에게 슬픔과 절망을 안겨주는 사람입니다."

차르스코예셀로의 번거로운 검문 절차도 의혹을 부풀리는 데 한몫했다. 1913년 궁정의 경비 책임자로 임명된 블라디미르 뵈이코프는 라스푸틴의 출입 사실을 비밀에 붙이려고 노력하는 사람이 아무도 없음을 알고 깜짝 놀랐다. 니콜라이 2세의 일기장을 보면, 라스푸틴은 최소한 한 달에 한 번씩 황실을 방문한 것으로 되어 있다. 그러나 라스푸틴은 궁정을 자유롭게 방문한 게 아니라, 매번 방문할 때마다 전화를 통해 입궁 승인이 떨어질 때까지 기다려야 했다. 번잡한 승인 절차 때문에 이목을 끌고 소문이 무성해지자, 뵈이코프는 "다음부터 라스푸틴이 도착하면, 승인 절차를 생략하고 즉시 검문소를 통과시켜라"라고 지시했다.

하지만 로잔코든 누구든 라스푸틴을 언급할 때마다, 니콜라이 2세는 별로 할 말이 없었다. 알렉세이에게는 그가 절대적으로 필요하기 때문에, 스팔라 사건 이후 라스푸틴의 지위는 확고해졌다. 1913년 7월 16일 차르는 일기장에 다음과 같이 썼다. "알렉세이는 장난칠 때 팔을 너무 많이 흔들어, 오른쪽 팔꿈치에 통증을 호소하기 시작했다. 그 후

통증이 크게 악화되어 밤늦게까지 잠을 이루지 못했다. 가엾은 것!"
그다음 날 라스푸틴이 도착하여 기도하고 떠나자, 차르는 일기장에 이
렇게 적었다. "라스푸틴이 떠난 직후, 알렉세이의 팔 통증이 가라앉기
시작했다. 마음이 편안해진 알렉세이는 이내 잠들었다." 이런 상황에
서 차르가 라스푸틴에 대해 할 말이 뭐가 있었겠는가!

　　아이러니하게도, 라스푸틴에 대한 공격이 고조되던 시기에 러시
아에서는 신비주의 물결이 서서히 고개를 들고 있었다. 이전부터 싹
터오던 종교적 냉소주의는 1913년이 되자 기성 기독교에 대한 반란으
로 비화했다. 지식인들은 기성 기독교에 싫증을 느낀 나머지, 모호하
고 음란하고 극단적인 것에서 위안을 찾으려 했다. 바실리 로자노프는
전통적 도덕을 비웃으며, "섹스는 자유로 향하는 길"이라고 설교했다.
게오르기 구르지예프는 여러 나라의 거대한 종교들을 통합하여 비전
기독교esoteric Christianity 또는 제4의 길Fourth Way을 만듦으로써 주목받았
다. 동양에서 비롯된 신비주의적 가르침은 유행을 추구하는 사교계로
파고들었다. '재앙이 임박했다'는 느낌에 사로잡힌 사람들은 미친 듯
이 쾌락에 몰두했다. 바드마예프와 티베트의 신비로운 약초는 살롱가
를 주름잡았고, 귀족들은 식탁에 앉아 방문객들에게 코카인을 건네줬
다. 비전기독교는 약물 중독과 섹슈얼리티를 뒤섞었다.
　　동성애도 확산되었다. 동성애자들 중에는 교회의 지도자, 귀족,
로마노프 왕가의 사람들이 포함되어 있었다. 황제와 황후가 존중하던
블라디미르 메슈체르스키는 알렉산드르 궁전의 조용한 구석에서 젊
은 경비장교와 음란한 행동을 하다 체포되었다. 황후는 한때 메슈체르
스키를 '황제의 조력자이자 상담자'라고 부른 적이 있었다.

어떤 면에서, 라스푸틴은 당시 상트페테르부르크를 휩쓸던 새로운 분위기를 반영했다고 볼 수 있다. 때는 '스팔라의 위풍당당한 가을'이 '불만족스러운 겨울'로 전환되던 시즌이었다. 알렉세이 필리포프는 라스푸틴이 '부드러운 영적 고요함'에서 '매사(특히 삶의 의미)에 대한 고통스러운 환멸과 의심'으로 이행하는 과정을 지켜봤다. 그것은 진정한 영적 위기로서, 그가 세상을 떠나는 날까지 지속되었다. 라스푸틴의 영적 위기가 섹스와 술에서 비롯되었을 거라고 생각하는 사람들은 원인과 결과를 혼동하는 것이다. 라스푸틴의 친구들에 의하면, 그는 1912년 또는 1913년까지 술을 거의 입에 대지 않았다고 한다. 그리고 그들이 커다란 변화, 즉 영적 위기를 감지한 것은 바로 그즈음이었다. 라스푸틴은 알코올이 유행하는 상황에서 술을 마시기 시작했다. 그리고 라스푸틴의 성욕이 강해지고 노골화된 것도 1913년부터였다.

라스푸틴의 세속적 성공은 그의 영적 삶을 갉아먹었다. 그는 자신의 영적 재능이 사라져가고 있다고 느끼자 흔들리기 시작했다. 딸 마리아에게 영적인 길에 처음 들어선 초보자처럼 재출발해야겠다고 말하기도 했다. 이제 그는 알코올 없이는 세상을 마주할 수 없게 되었다. 밤에는 불면증과 악몽에 시달려야 했다. 그의 도피처는 알코올, 섹스, 집시음악의 세계뿐이었다.

라스푸틴이 갑자기 최면술을 배우려고 한 것은 단순한 우연이 아니었다. 1913년 경찰은 라스푸틴에게 비법을 전수하기로 약속한 최면술사를 상트페테르부르크에서 쫓아냈다. 그러나 그는 포기하지 않았다. 1914년 2월 1일 한 경찰관의 보고에 따르면, 라스푸틴은 게라심 파판다토(별명은 '뮤지션')라는 사람에게서 최면술을 배우고 있었다고 한다. 최면술을 배우다니, 얼마나 아이러니한가! 사람들은 종종 라스

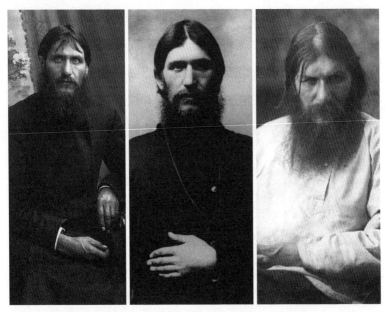

1909~1913년의 라스푸틴. 왼쪽은 라스푸틴이 마흔 살이던 1909년의 사진으로, 강렬한 눈빛이 특징적이다. 가운데는 스스로 영적인 평안을 유지하며 영적 지도자로서 존경받던 1911년의 사진이다. 오른쪽은 영적 위기를 겪으며 폭음에 찌들어 있던 1913년의 사진이다.

푸틴의 치유 능력을 최면술 탓으로 돌리곤 했었다. 그러나 라스푸틴은 자신의 치유 능력을 잃고 있다고 두려워하던 시기에 최면술에 눈을 돌렸다. 신의 힘이 실패했을 때 인간의 힘에 의존하려고 했던 것일까?

라스푸틴은 종교적 사명에 대한 믿음이나 감각을 단 한 번도 잃은 적이 없었다. 그는 그 사명을 수행하기 위해 기도하고 용서를 구했다. 그러나 1913년의 라스푸틴은 더 이상 예전의 스타레츠가 아니었다. 10년 전 상트페테르부르크에 도착했던 순례자는 주정뱅이가 되어 있었다. 과음으로 인해 손상된 자신의 삶을 만회하기라도 하려는 듯, 라스푸틴은 금주협회와 그들의 공공 활동을 지지했다. 그는 보드카를 맹렬히 비난하고, 정부를 향해 "이익을 챙기기 위해 보드카를 유통

시켜서는 안 된다"고 비판했다. 자기 자신이 알코올 없이 삶을 영위할 수 없을 때도, 사람들에게는 음주를 자제하라고 요구했다.

그는 인터뷰를 좀처럼 하지 않았지만, 1914년 5월 29일 한 신문과의 인터뷰에서 이렇게 말했다. "러시아의 고질적 병폐인 음주와 싸워야 합니다. 그것은 훌륭한 대의명분임에 분명합니다. 우리에게 필요한 것은 전반적인 복지를 위해 마음과 태도를 바꾸는 것입니다. 우리가 성공하는 방법은 그것밖에 없습니다."

라스푸틴의 삶이 (상트페테르부르크를 휩쓸고 있던) 새로운 조류와 일치했다면, 그의 생각은 발칸반도에서 고조되고 있는 전쟁 가능성에 대한 대중의 여론과 완전히 배치되었다. 19세기 내내 터키가 쇠퇴해 갈 때, 러시아와 오스트리아-헝가리는 반도를 장악하기 위해 각축전을 벌였다. 오스트리아는 그 지역에서 잇속을 챙기려 했고, 러시아는 슬라브 동포를 보호하려고 했다. 1912년 세르비아, 그리스, 불가리아가 터키를 공격하자, 상트페테르부르크의 영향력 있는 인사들은 니콜라이 2세에게 "슬라브족의 대의명분과 그들이 공유하는 정통신앙을 지키십시오"라고 요구했다. 일촉즉발의 상황은 1913년 봄에 최고조에 달했는데, 그때는 로마노프 왕조가 300년에 걸친 위대함과 영광을 축하하던 시기였다.

라스푸틴은 임박한 전쟁이 러시아에 가져다줄 게 뭔지를 정확하게 이해하고 있었다. 전쟁이 나도 귀족들은 군대를 통솔하고 지휘하여 두둑한 보수나 멋진 특권과 같은 물질적 이익을 챙길 기회가 있었다. 반면에 농민들에게 돌아올 것은 죽음이나 고통밖에 없었다. 설사 러시아가 승리하더라도, 그 이득은 환상에 불과했다. 그는 이렇게 선언

라스푸틴의 영적 위기

했다. "우리는 이미 세상에서 제일 큰 나라다. 그런 우리가 영토를 지금보다 더 획득할 필요가 있을까?" 또한 그는 독일이 러시아에 승리할 것이며, 영국과 프랑스는 독일의 승리를 막을 수 없을 거라고 생각했다. 패배는 혁명과 제정러시아의 몰락으로 이어질 게 뻔했다. 그렇게 될 경우, 라스푸틴이 생각하던 이상향의 가능성은 아득해지고, 수백만 명이 고통을 겪거나 목숨을 잃게 될 것이었다.

1913년 가을, 라스푸틴은 신문기자들에게 자신의 견해를 일부 털어놓았다. 그는 「상트페테르부르크 가제트」의 기자에게 이렇게 말했다. "우리는 불화와 적대감을 부추기지 말아야 합니다. 우리 러시아인들은 갈등을 피하고 평화를 위해 싸우는 사람들을 위해 기념비를 세워야 합니다. 전쟁을 반대하는 평화 정책은 고상하고 현명한 것으로 간주되어야 합니다." 그는 '러시아는 발칸반도의 슬라브족을 지켜야 한다'는 감성적 관념을 거부했다.

그는 「뉴타임스」와의 인터뷰에서도 똑같은 의견을 표명했다. "외국인들이 러시아인들에게 호감을 갖고 우리에게 다가온다는 것은 좋은 일입니다. 우리의 영혼은 세계 최고입니다. 최악의 러시아인일지라도 웬만한 외국인들보다 훌륭한 영혼을 갖고 있습니다. 그들은 이 사실을 알고, 영혼을 찾기 위해 우리에게 오고 있습니다. 그들은 기계를 갖고 있지만, 우리는 기계만 갖고 살 수 없음을 잘 알고 있습니다. 그들의 주위에 있는 것들은 모두 좋아 보이지만, 그들의 몸과 마음속에는 좋은 것이 전혀 없습니다. 중요한 건 바로 영혼입니다."

그는 '러시아는 그리스와 신앙을 공유하므로, 그리스를 지원해야 한다'는 주장에도 반대했다. 그는 아토스 성산에서 많은 죄악을 목격한 바 있었다. "그들은 수도자의 삶을 살지 않았는데, 그것은 동방정교의 기원을 감안할 때 약간 아이러니한 일이었습니다. 기독교인들은 전쟁에 대비하고 있고, 전쟁이 임박했다는 말을 퍼뜨리며 마음의 준비를 단단히 하고 있습니다. 전쟁은 나쁜 것임에도 기독교인들은 전쟁을 포기하지 않고 전쟁에 참여합니다. 남과 싸워서 생명과 소중한 것들을 빼앗는 것은 가치가 없습니다. 그것은 그리스도의 가르침을 파괴하는 것이며, 인간의 영혼을 애초부터 말살하는 것입니다."

라스푸틴의 견해는 여론에 밀려 뒷자리로 밀려났다. 그러나 전임 수상 비테는 라스푸틴의 용기 있는 자세에 경의를 표하며, "그는 발칸반도 전쟁이 임박한 시점에서 중요한 발언을 했다. 우리는 그의 진실한 삶을 높이 평가해야 한다"라고 말했다. 러시아정교회와 밀접한 관련이 있는 매체 「종소리」 역시 "가장 분별없는 유혈사태의 한복판에서, 우리의 진심 어린 선지자는 무엇이 러시아를 진정으로 사랑하는 것인지를 보여주었다"라며 칭찬했다.

영적 위기 속에서 평화주의자를 자처하며 근근이 버티던 라스푸틴은 안도감을 느끼면서도 걱정이 앞섰다. 이탈리아의 한 기자가 "전쟁이 임박했다고 생각하나요?"라고 묻자, 그는 이렇게 대답했다. "네, 사람들은 '전쟁이 곧 일어날 것이므로, 전쟁에 대비해야 한다'고 말합니다. 나는 신이 전쟁을 허락하지 않기를 기원합니다. 이 문제는 나를 몹시 힘들게 합니다."

12

라스푸틴의 엉덩이에 비수를 꽂은 여인

1914년 봄 니콜라이 2세가 갑자기 등을 돌리는 바람에, 라스푸틴은 시베리아로 돌아가야 했다. 그 극적인 반전의 이유는 분명치 않지만, 사건의 전개 과정을 자세히 살펴보면 몇 가지 설명이 가능해진다.

차르는 라스푸틴을 민중의 대변자로 받아들였고, 그와 대화하면 힘이 솟는 것을 느꼈다. 그는 기도의 힘을 믿었고, 현대에도 기적은 일어난다고 생각했다. 경험을 통해, 라스푸틴은 영적 재능을 갖고 있는 인물이라는 확신이 생겼다. 그러나 차르는 라스푸틴의 영향력을 견제했고, 황후가 그의 의견을 정치적 이슈에 반영하는 방식에 분개했다. 차르는 발칸반도를 둘러싼 문제에서도 단호히 전쟁에 반대하는 알렉산드라와 대립했다. 1914년 3월 14일, 라스푸틴과 황실 가족이 알렉산드르 궁전에서 만났을 때 긴장은 폭발했고, 차르는 라스푸틴에게 상트페테르부르크를 즉시 떠나라고 명령했다.

레오니드 몰차노프가 때마침 방문했을 때, 라스푸틴은 뜻밖의 상황에 당황하고 있었다. 라스푸틴은 몰차노프에게 이렇게 설명했다. "이건 최악의 사건이야. 갑자기 내 고향 포크로프스코예로 돌아가게 생겼어. 그것도 영원히 말이야." 예핌은 우연히 아들을 방문했다가, 라스푸틴이 고향으로 돌아가는 길에 튜멘까지 동행했다. 신문에서는 라스푸틴이 멋진 모피코트를 입고 비버 모자를 썼다고 보도했지만, 그가 상트페테르부르크에서 쫓겨났다는 사실은 깨닫지 못했다. 니콜라이 2세는 이 결정을 내리는 과정에서 알렉산드라와 정면으로 충돌했음이 틀림없다. 알렉산드라는 자신의 금고에서 7만 5,000루블을 꺼내 이별의 정표로 건넸는데, 그것은 농사꾼과 황실 가족의 관계를 끊는 최선의 방법이었다.

그러나 1914년 5월, 황후는 차르와 논의 끝에 라스푸틴을 상트페테르부르크로 다시 불러들이는 데 성공했다. 그녀가 니콜라이와 타협할 수 있었던 이유는 '라스푸틴을 향후 정치와 외교 분야에서 배제한다'는 원칙에 동의했기 때문이다. 그녀가 라스푸틴의 자존심에 상처를 주면서까지 그렇게 한 이유는, 알렉세이가 라스푸틴을 필요로 했기 때문인 듯 보인다. 니콜라이의 일기장을 보면, 라스푸틴은 5월 18일과 6월 17일에 황제와 황후를 방문한 것으로 되어 있다. 세 사람은 니콜라이가 라스푸틴을 낙향시킨 것이 마치 일시적인 오해 때문이었던 것처럼 태연하게 행동했다.

1914년 6월, 니콜라이와 알렉산드라는 루마니아를 순방하고 돌아오자마자 차르스코예셀로를 방문한 작센공국의 왕을 맞이했다. 6월

20일에는 영국 1함대가 상트페테르부르크에 닻을 내리고 10일간 머물렀다. 7월 말에는 그토록 기다렸던 프랑스의 레몽 푸앵카레 대통령이 러시아를 국빈 방문했다. 6월 28일에는 사라예보에서 흑수단Black Hand의 단원이 프란츠 페르디난트 대공 부부를 암살한 사건이 발생했고, 그로부터 이틀 후인 6월 30일 라스푸틴은 포크로프스코예로 여름 휴가를 떠나기에 앞서서 황제와 황후 부부를 방문했다.

라스푸틴은 시베리아로 떠나기 며칠 전, 한 기자와의 인터뷰에서 사라예보 사건에 대한 소신을 밝혔다. "이제 와서 어떤 말을 한들 무슨 소용이 있겠습니까? 페르디난트 대공 부부는 죽었습니다. 우리가 아무리 울고 소리쳐도 그들은 돌아오지 않습니다. 우리가 무슨 일을 하든 결과는 똑같을 것입니다. 그건 운명입니다."

뒤이어 그는 전쟁을 암시하는 말을 했다. 그 암살 사건이 제1차 세계대전으로 이어질 거라고 예상한 사람들은 라스푸틴을 비롯하여 극소수에 불과했다. "그러나 상트페테르부르크를 방문한 영국의 손님들(영국 1함대를 지칭함)은 이번 사건을 반길 것입니다. 그들에게는 좋은 일이 생길 테니 말입니다. 구체적으로, 러시아인과 영국인들이 우정을 맺기 시작할 것입니다. 농부 출신인 내가 보기에, 그것은 대형 호재입니다. 그것은 영국과 러시아의 동맹으로 이어질 것이며, 만약 프랑스와도 우정을 맺을 수 있다면 강력한 힘이 생길 것입니다. 그건 결코 사소한 일이 아니며 매우 좋은 일입니다."

발칸반도의 위기 속에서 늘어놓았던 러시아의 위대함에 대한 장광설 대신, 라스푸틴이 외국인들을 존중하는 뜻을 표했다는 사실은 매우 흥미롭다. 1914년 3월 포크로프스코예로 낙향했을 때, 그는 모종의 교훈을 얻었던 게 분명하다. 라스푸틴은 이번에는 차르를 당혹스럽게

라스푸틴의 엉덩이에 비수를 꽂은 여인

만들지 않았다.

그로부터 2주 동안, 오스트리아가 (흑수단을 두둔하는) 세르비아를 혼내주기 위해 움직이면서 외교적 갈등이 고조되었다. 독일이 오스트리아를 뒤에서 미는 동안, 세르비아인들은 러시아만 쳐다보며 도와주기를 바랐다. 한편 프랑스는 러시아를 후원하겠다는 뜻을 분명히 했다. 유럽에서 국지전이 일어나던 것은 과거의 일이었다. 오스트리아가 세르비아를 공격함에 따라, 유럽에서 전반적인 갈등이 촉발될 것은 불을 보듯 뻔했다.

알렉산드라는 라스푸틴에게 긴급 전문을 보냈다. "지금은 중대한 순간이에요. 그들이 전쟁을 일으키겠다고 협박하고 있어요." 전보가 포크로프스코예에 도착한 것은 7월 13일 월요일 오후 3시 직전이었다. 라스푸틴은 문간에 나와 배달부에게 팁을 준 다음 집 안으로 들어가며 전보를 읽기 시작했다. 그 순간, 그는 배달부를 불러 세워 답장할 내용을 바로 불러줬다.

라스푸틴은 나중에 이렇게 회고했다. "배달부를 보낸 후 나는 문을 박차고 거리로 나왔다. 그때 모르는 여성 한 명이 울타리 왼쪽에서 나를 향해 다가왔다. 그녀의 입과 얼굴은 베일에 싸여 있어, 나는 그녀의 눈밖에 볼 수 없었다. 그녀의 이름도 몰랐다. 나는 그녀가 거지일거라고 생각하고, 동전 몇 개를 건네주려고 호주머니에 손을 집어넣었다. 그 순간, 그녀의 손에서 시퍼런 칼날이 번득이더니, 배꼽 옆을 지나 나의 위장을 파고들었다. 나는 내 몸에서 핏줄기가 뿜어져나오는 것을 느낄 수 있었다. 깜짝 놀란 나는 몸을 돌이켜, 상처를 양손으로 감싸 쥐고 교회를 향해 달려갔다." 그 여성은 단검을 들고 라스푸틴을 추격했는데, 비명을 듣고 달려온 군중들 덕분에 또 다른 공격을 겨우 막을 수 있었다.

라스푸틴은 피를 많이 흘리며 자기의 집으로 실려간 후, 튜멘에 전보를 쳐서 블라디미로프 박사와 두 명의 조수를 긴급 호출했다. 블라디미로프는 그날 밤 승용차 운전기사를 재촉하며, 정오까지 프코로프스코예에 도착하면 보드카를 보너스로 지불하겠다고 약속했다. 그들은 우여곡절 끝에 여덟 시간 만에 도착했다. 간호사의 회고에 의하면, 라스푸틴은 환부를 수건으로 감싸고 양피코트로 뒤덮은 채 벤치 위에 누워 있었다고 한다. 상처의 깊이는 2센티미터, 너비는 1센티미터였다. 다행히 장기는 손상되지 않았지만 증세가 워낙 심각해, 의사는 가족들에게 위험할 수도 있다고 경고했다.

의료진은 라스푸틴의 집에서 서둘러 수술을 시작했다. 마리아 라스푸틴의 회고에 의하면, 의료진이 촛불을 밝히고 수술을 진행하는 가운데, 라스푸틴이 마취를 거부했다고 한다. 그는 죽지 않을 거라고 큰소리치며, 의사에게는 겁먹지 말라고 다그쳤다. 그러나 잠깐 실신했다가 의식을 되찾은 라스푸틴은 고해성사를 할 테니 사제를 불러달라고 했다.

라스푸틴은 급히 알렉산드라에게 전보를 쳤다. "어떤 실성한 여자가 나를 칼로 찔렀지만, 신의 도움으로 목숨을 건졌어요." 알렉산드라는 다음과 같은 답장을 보냈다. "우리는 너무 놀랐어요. 전심을 다해 기도하고 있어요." 7월 15일에는 다음과 같은 답장이 도착했다. "우리의 슬픔은 말로 다 표현할 수 없어요. 신의 가호가 있기를 바라요." 알렉산드라는 일류 의사를 시베리아로 급파하여 라스푸틴을 돌보게 했고, 니콜라이 2세는 내무장관에게 "지금 이 시간부터 라스푸틴의 안전

라스푸틴의 엉덩이에 비수를 꽂은 여인

을 최우선적으로 챙기시오"라고 지시했다.

라스푸틴은 또 다른 전보에서 이렇게 말했다. "그 여자가 내 위장을 정확히 찔렀지만 크게 다치지는 않았어요. 이번에 기적적으로 살아났으니 앞으로는 건강하게 잘 살 거예요. 성모 마리아의 눈물은 헛되지 않았어요. 나를 위해 훌륭한 의사를 보내주셨으니 말이에요." 7월 16일에는 거동할 수 있을 정도로 상태가 호전되었다. 그러자 라스푸틴은 프라스코바야, 마리아와 함께 라스토치카Lastochka라는 이름의 증기선을 타고 튜멘으로 가서, 주립병원에 입원하여 황실 의사의 감독 아래 치료를 받았다. 그 여행이 환자에게는 무리였는지, 라스푸틴은 튜멘에 도착할 때까지 "나는 견뎌낼 수 있다! 나는 견뎌낼 수 있다!"라고 중얼거리며 의식과 무의식을 여러 차례 넘나들었다. 라스푸틴은 튜멘에 도착한 날 밤 알렉산드라에게 전보를 보냈다. "나는 또 한 번의 수술을 받아야 해요. 그것은 큰 수술이어서, 3~4주 동안 병상에 누워 있을 거예요." 실제로 라스푸틴은 주립병원에서 46일 동안 머물렀다.

의사는 다음 날 아침 내상內傷을 치료하고 상처를 봉합하는 수술을 집도했다. 수술은 성공적으로 끝났고, 의사는 라스푸틴에게 2주 내에 퇴원할 수 있을 거라고 말했다. 한때 라스푸틴의 체온이 섭씨 39.5도까지 올라갔지만, 몇 시간 후 정상으로 돌아왔다. 황후는 전보를 통해 상황을 보고받았다. 7월 20일, 라스푸틴은 알렉산드라에게 보낸 전보에서 "봉합실을 제거했으니 곧 회복될 겁니다"라고 말했다. 그런데 7월 25일 상태가 악화되자 이렇게 실토했다. "사실, 나는 지금껏 당신을 속여왔어요. 나의 병세는 매우 심각하고, 출혈이 너무 심하며, 악취가 진동해요. 피를 많이 흘리는 바람에, 병원에 오랫동안 입원해야 할 것 같아요." 그후 그의 병세는 다시 다소 회복되었다.

그즈음 한 화가가 라스푸틴이 회복되는 모습을 스케치했다. 라스푸틴은 죽을 고비를 간신히 넘긴 죄인으로 묘사되고 있는데, 머리를 숙인 채 손으로 환부를 꽉 쥐고 있다. 손 아래쪽에는 이런 글씨가 새겨져 있다. "주여 당신은 나를 인도합니다. 내일은 어떻게 될까요? 앞으로 골고다 언덕을 얼마나 더 넘어야 하나요?" 러시아 전역에서 그를 염려하는 편지, 전보, 쪽지 들이 쇄도했다. 아킬리나 랍틴스카야는 신도들이 보내온 선물들을 한아름 안고 시베리아로 달려와 라스푸틴의 병상을 지켰다. 바르나바 주교도 한걸음에 튜멘으로 달려왔다.

물증은 전혀 없었지만, 라스푸틴은 암살을 시도했던 여인의 배후가 일리오도르일 거라고 확신했다. 그는 주변인들에게 이렇게 말했다. "일리오도르는 비정상적인 인물로서, 신과 성스러운 교회에서 분리되

1914년 여름, 튜멘의 주립병원에서 휴식을 취하고 있는 라스푸틴(스케치 작가 미상)

　　　　　　　　　　　라스푸틴의 엉덩이에 비수를 꽂은 여인

어 있다. 나는 4년 전 차리친에서 일리오도르와 함께 있었다. 나는 그와 다정하게 지내며 모든 생각들을 공유했다. 그를 물심양면으로 도왔지만, 언제부터인가 그가 앙심을 품었다. 그가 볼가강변에서 순례자들과 함부로 어울리지 못하게 하고, 「천둥과 번개」라는 제목의 논문을 쓰는 데 돈을 보태주지 않은 게 결정적인 이유였다. 5년 전 포크로프스코예의 집에서 크리스마스를 함께 보낼 때, 그는 중요한 편지 한 통을 훔쳐내 적들에게 넘겼다. 그가 저지른 나쁜 짓들을 일일이 열거하자면 끝이 없다."

라스푸틴이 입원해 있을 때, 평소에 한가하던 튜멘의 주립병원은 인산인해를 이뤘다. 한 지역신문에서는 다음과 같이 보도했다. "주립병원은 농부, 인텔리겐치아 출신의 숭배자, 기자, 사진기자 들이 뒤섞여 아수라장이 되었다. 가족과 최측근들만 환자를 면회할 수 있는데, 들리는 말에 의하면 '기자와 사진기자 들이 착탄거리cannon shot 이내로 접근하는 것을 스타레츠가 원하지 않는다'고 한다." 라스푸틴의 측근들은 호기심꾼들을 피하기 위해 밀실로 옮겨달라고 요구했지만, 그렇잖아도 악명 높은 환자 때문에 지긋지긋해하던 병원 원무과에서는 그들의 요구를 일언지하에 기절했다.

갑작스런 칼부림 사건으로 대중의 관심이 라스푸틴에게 집중되자, 신문들은 그의 배경, 가르침과 추종자들, 애정 행각, 최고위층과의 커넥션 등을 집중적으로 부각시켰다. 라스푸틴에 관한 기사가 폭증한 것은, 그가 대중의 상상력을 사로잡고 있음을 여실히 보여주는 증거였다. 하지만 라스푸틴은 분통을 터뜨렸다. 대부분의 기사들이 편견에 사로잡혀 있고 부정확하다는 점에서, 그의 입장에서는 득 될 것이 없었기 때문이다.

검열 기관이 신문기자들에게 "라스푸틴과 황실 가족의 구성원을 연결짓지 말라"고 명령했음에도 불구하고, 신문들은 앞다투어 그의 엽기적인 측면들을 보도했다. 「모스크바의 목소리」는 독자들에게 다음과 같은 고급 정보를 알렸다. "강력한 러시아제국의 모든 관계 당국은 그리고리 라스푸틴 앞에서 무릎을 꿇고 설설 긴다." 「상트페테르부르크 쿠리어」는 전문가의 분석까지 곁들여 장문의 기사를 실었다. "상트페테르부르크에 나도는 소문들에 의하면, 라스푸틴의 성생활은 비정상적이라고 한다. 우리는 이 점을 분명히 확인하기 위해 여성의학연구소의 쿨네프 교수에게 문의한 결과, 다음과 같은 답변을 들었다. '성적 불만족sexual discontent은 여성들 사이에서 흔히 나타나지만, 40세 이상의 성인 남성들 사이에서도 드물지 않게 나타납니다. 나를 비롯한 대부분의 의사들은 성적 불만족을 심리학적·신경학적 질병으로 간주합니다. 남성 환자의 경우, 성적 불만족은 극히 위험할 뿐만 아니라 치료하기도 매우 어렵습니다. 그로 인해 부부가 오랫동안 심각한 갈등을 겪는 경우도 많으며, 때로는 일시적인 격리가 필요할 수도 있습니다.'"

「스피치」의 편집자는 사설에서 다음과 같이 토로했다. "나는 러시아가 무한한 가능성을 지닌 나라라는 것을 잘 알고 있다. 우리나라에서는 어떤 사건이든 일어날 수 있으며, 우리를 놀라게 할 사건은 아무것도 없다. 그럼에도 불구하고, 나는 각계각층의 사람들이 라스푸틴에게 열광하고 있다는 사실을 도무지 이해할 수 없다. 하위직에서부터 장관에 이르기까지, 히스테리컬한 여성과 아첨하는 공무원에서부터 글을 읽을 줄 아는 대중과 지식인들에게 이르기까지, 라스푸틴은 다양한 부류에 속하는 사람들의 마음을 모두 사로잡고 있다."

러시아의 언론들은 상상력을 총동원하여, 1914년 7월 13일 오후 포크로프스코예에서 일어난 칼부림 사건을 설명했다. 한 신문은 라스푸틴이 다음과 같은 말했노라고 보도했다. "나는 자작나무 몽둥이를 움켜쥐고 이렇게 생각했다. '내가 저 여자의 머리를 후려쳐 두 동강을 내면 어떻게 될까?' 그러자 문득 미안하다는 생각이 들어, 그녀의 어깨를 살며시 내리쳤다. 그녀가 넘어지자, 사람들이 몰려와 그녀의 양팔을 붙들었다. 그들은 그녀를 갈기갈기 찢으려는 것 같았다. 나는 그녀를 구하기 위해 일어섰지만, 곧 힘이 빠져 맥없이 고꾸라졌다." 라진스키와 넬리파는 경찰 보고서를 통해 이 스토리를 액면 그대로 받아들였다. 그러나 (구소련이 붕괴하면서 개방된) 러시아의 서고에서 발견한 다른 문헌들을 검토해본 결과, 이 스토리는 신문기자들이 당시 포크로프스코예에서 떠돌던 루머들을 토대로 하여 꾸며낸 것으로 밝혀졌다.

군중들이 달려와 라스푸틴을 구한 다음, 여성 자객을 질질 끌고 경찰에 넘겼다. 그녀는 누군가에게 떠밀려 땅바닥에 넘어지는 과정에서 팔목이 부러졌지만, 다른 외상은 없었다. 경찰의 심문 결과, 그녀의 이름은 히오니야 쿠즈미나 구세바로서, (레닌과 케렌스키를 배출한) 심비르스크 주 출신의 서른두 살 미혼 여성으로 밝혀졌다. 그녀는 자매들과 함께 차리친에 살면서, 재봉사와 하녀로 일하며 생계를 겨우 유지하고 있었다. 구세바는 동방정교 신자였는데, 재산이 하나도 없고 사실상 문맹이었다. 경찰 조서에는 그녀의 특이한 인상착의가 이렇게 기록되어 있다. "코가 없고, 그 자리에는 불규칙한 구멍 두 개가 아무렇게나 뚫려 있다."

구세바의 범행은 일리오도르에 대한 충성심의 발로였다. 그녀는 단순하고 배우지 못한 미숙련 노동자로서, (차리친에서 세력이 점차 움

츠러들고 있는) 일리오도르의 추종자 집단의 일원이었다. 경찰은 구세바를 잘 대우했고, 시장의 부인은 그녀의 개인적 애로 사항을 해결해 줬다. 구세바는 일리오도르와 마찬가지로 라스푸틴을 증오하고 있으며, 하녀와 재봉사로 일해 벌어들인 6루블의 일급을 자랑스럽게 여긴다고 진술했다. 혹자는 6루블이라는 금액을 보잘것없다고 여겼겠지만, 그녀는 그 돈을 공동기금에 기꺼이 기부했는데, 그 이유는 일리오도르에게 조금이라도 보탬이 되기 위해서였다.

구세바는 '라스푸틴을 만난 적이 맹세코 단 한 번도 없으며, 순전히 독자적인 판단에 따라 범행 계획을 세웠다'고 진술했는데, 자초지종은 이러했다. 그녀는 어쩌다 한 번씩 신문을 떠듬떠듬 읽던 중, '라스푸틴은 방탕한 거짓 선지자'라고 확신하게 되었다. 1914년 5월 18일, 그녀는 구약성경 열왕기상 18장 40절을 읽고, "이건 신의 계시가 틀림없어!"라고 중얼거렸다. 엘리야가 거짓 선지자 450명의 목을 베는 게 정당화될 수 있다면, 그까짓 방탕한 거짓 선지자 한 명쯤이야 뭐 그리 대수겠는가? 구세바는 아마도 이런 생각을 떠올렸던 것 같다. "라스푸틴이 판치는 세상을 무너뜨리기 위해 누군가가 희생되어야 한다면, 전도유망하고 아름다운 여성이 아니라 바로 내가 적임자다. 비록 신분이 미천하고 못생겼지만, 라스푸틴을 제거한다면 일리오도르의 추종자 중에서 특별한 지위에 오를 수 있을 것이다."

구세바가 선택한 흉기 하나만 봐도, 그녀가 얼마나 순진했는지 알 수 있다. 그것은 뼈로 된 손잡이가 달린, 길이 40센티미터짜리 칼이었다. 그녀는 이렇게 다루기 불편한 칼을 들고, 얄타에서 상트페테르부르크를 거쳐 포크로프스코예까지 먼 길을 남의 눈을 피하며 달려온 것이다. 그녀는 포크로프스코예에 숙소를 정하고, 집주인에게 "훌륭한 스타레츠를 만나러 왔어요"라고 말했다. 나중에 알게 된 사실이지만, 구세바는 범행을 앞두고 사전 답사를 하는 과정에서 경찰들에게 여러 번 목격되었을 가능성이 높다. 왜냐하면 경찰서는 포크로프스코예 종합청사에 입주해 있었는데, 그 건물에서는 라스푸틴의 집을 한눈에 내려다볼 수 있었기 때문이다.

구세바는 일리오도르의 개입을 극구 부인했지만, 경찰은 일리오도르를 의심했다. 일리오도르는 사건이 일어나기 직전에 노르웨이로 출국했는데, 그건 우연의 일치라고 보기가 어려웠기 때문이다. 아무리 4등칸 열차를 타고 왔다고 해도, 수사관들은 구세바가 39루블이라는 큰돈을 혼자 힘으로 마련해 (러시아를 가로지르는) 장거리 여행을 했다는 말을 납득할 수 없었다(그녀는 체포 당시에도 아직 10루블을 소지하고 있었다). 그녀는 말이 많고 반항적이었으며, 구구한 변명 없이 "라스푸틴이 꼭 죽었으면 좋겠어요"라고 당당히 말했다. 그녀는 심문 과정에서 정신이상 또는 종교적 황홀경에 빠진 듯한 인상을 풍겼는데, 그럴 경우 정상이 참작되어 죄질이 가벼워지거나 형량이 줄어들 수도 있었다. 그녀도 아마 이 점을 알고 있었을 텐데, 그럼에도 불구하고 그녀는 "난 지극히 정상이에요!"라고 강력히 주장했다. 구세바가 지역 구치소로 이감되었을 때, 신문기자들은 그녀와 자유자재로 인터뷰할 수 있었다. 대부분의 기자들은 그녀를 '단순하고 못 배운 여성'으로 묘사했지만, 일부 기자들은 '그녀가 성지순례를 여러 번 다녀왔고 다양한 사람들과 알고 지낸다'는 점을 들어 '견문과 지식이 풍부한 교양녀'라고 생각했다. 그들은 구세바를 한마디로 '신앙심이 깊은 여성'으로 묘사했다.

구세바를 미화한 기자 중 한 명은 「상트페테르부르크 쿠리어」의 벤저민 데이비슨이었다. 그는 사건 직전에 포크로프스코예에 우연히 들렀는데, 그 이유가 석연치 않았다. 이를 수상하게 여긴 경찰이 "데이비슨을 러시아에서 추방해야 합니다"라는 건의서를 상부에 제출했지만, 상트페테르부르크 경찰청에서는 그 건의를 이유 없다고 기각했다. 구세바가 범행을 저지르기 전에 데이비슨이 그녀와의 인터뷰 기사를 썼다는 사실로 미뤄볼 때, 경찰 쪽에는 라스푸틴을 암살하려는 음모가 진행되고 있음을 미리 알고 있는 세력이 있었음을 짐작할 수 있다. 그들은 그 사건을 역사의 순리라고 반기며, 데이비슨을 포크로프스코예로 불러 기사를 사전에 준비하도록 도운 것 같다.

구세바에 대한 소설 수준의 기사를 쓴 사람은 데이비슨 한 명뿐만이 아니어서, 그들이 쏟아낸 부정확한 기사는 후대의 역사가들을 헷갈리게 했다. 예컨대 '라스푸틴과 구세바는 한때 연인이었으며, 그녀가 라스푸틴에게 모욕당한 후 복수를 계획했다'는 스토리는 사실이 아니다. 라스푸틴과 구세바는 사건이 일어난 날 처음 만났다. 그렇다면, "라스푸틴이 (차리친에 있는 발라셰프스카야 수녀원의 젊고 아름다운) 크세니아 수녀를 강간했다는 사실을 알고, 구세바가 머리끝까지 화를 냈다"는 기사는 어떻게 된 걸까? 그 수녀원에 크세니아라는 이름을 가진 수녀가 있었으며, 그녀가 일리오도르를 숭배한다고 고백한 것까지는 사실이다(일리오도르를 숭배하는 수녀라면, 라스푸틴을 싫어했을 거라고 말할 수 있다). 그러나 크세니아는 나중에 법정에서 "라스푸틴을 단 두 번 본 적이 있지만, 두 번 모두 먼 발치에서 어렴풋이 봤을 뿐입니다"라고 증언했다. 그러니 그녀가 (좋든 나쁘든) 라스푸틴과 관계를 맺을 기회는 전혀 없었다.

구세바의 코가 없다는 점도 신비감을 더했다. 신문기자와 역사가들은 그것을 매독 탓으로 돌리며, 그게 라스푸틴에게서 옮은 거라서 복수를 다짐했을 거라고 추측했다. 그러나 구세바는 열세 살 때 약을 잘못 먹는 바람에 코를 잃었다고 주장했다.

라스푸틴은 구세바를 일컬어 "내 엉덩이에 비수를 꽂은 계집!"이라고 불렀다. 그는 격분했지만, "일면식도 없는 사람이 나를 미워한 나머지 칼로 찔러 죽이려고 했다는 사실이 세상에 알려지면, 내게 이로울 게 전혀 없다"는 생각을 갖고 있었다. 그래서 그는 구세바가 법정으로 가는 것을 원하지 않았다. '구세바의 배후에 일리오도르가 있다'는 증거가 확보되지 않자, 법원은 '1914년 6월 29일(러시아정교력 기준)의 범죄'를 구세바의 단독 범행으로 간주하고 재판을 진행할 수도 있었다. 그러나 의사들은 "구세바에게는 귀책 사항이 없으므로, 재판은 물론 형사처분을 면제해야 한다"는 의견서를 법원에 제출했다. 이에 튜멘 지방법원 판사는 다음과 같은 판결을 내렸다. "구세바는 범행을 저지르는 순간 제정신이 아니었으며, 종교적·정치적 이념에 사로잡혀 몹시 흥분한 상태였다. 그녀는 현재까지도 그런 상태에 머물러 있으므로, 건강이 완전히 회복될 때까지 정신병원에 입원해 있어야 한다."

구세바는 결국 톰스크 주 정신병원에 수용되었다. 정신병원으로 이송되는 다른 환자들과의 접촉을 막기 위해, 구세바는 별도의 배를 타고 톰스크로 이동했다. 법원은 그녀에게 최소한 2개월 동안 정신병원을 떠나지 말라고 명령했다. 그녀는 의료시설에 수용되어 있었지만, 죄수로 간주되었기 때문에 다른 환자들과 격리되었다. 그녀는 시간을 보람되게 사용하기 위해 자선용 숄을 뜨개질할 수 있게 해달라고 요청했지만 거절당했다.

범행일로부터 8개월 후 실시된 정신과 전문의의 평가 결과, 구세바는 정신 혼미, 환각, 기타 특별한 정신이상 증상을 보이지 않는다는 판정을 받았다. 그러나 그녀는 사회성이 떨어졌다. 그녀는 사람들과 다투다 발작을 일으켰고, 걸핏하면 근거 없는 불평을 늘어놓았다. 이런 증상들은 좀 더 좋은 시설로 옮기기만 하면 사라지거나, 최소한 급성으로 나타나지는 않을 거라는 게 의사들의 소견이었다. 구세바의 자매들은 그녀를 풀어달라는 청원서를 두 번이나 제출했지만, 법원에서는 이를 거절했다. 법원의 목표는 재활이 아니라, 감금을 통한 처벌임이 분명했다. 구세바는 결국 1917년 2월, 차르 체제를 대신한 정부의 법무장관 알렉산드르 케렌스키의 석방 명령을 받고 풀려났다. 구세바는 수사관들의 간단한 질문에 짤막하게 대답한 후 역사의 뒷 페이지로 사라졌다.

라스푸틴은 1914년 9월 초 튜멘의 주립병원에서 퇴원하는 바람에, 유럽이 전쟁을 향해 치닫던 성하盛夏의 계절에 상트페테르부르크를 비우고 있었다. 그러나 그는 전보를 통해 (근심이 날로 깊어가던) 황후와 연락을 계속했다. 7월 초 튜멘에서 보낸 전보에서, 라스푸틴은 차르에게 "우리는 지금까지 전쟁을 치르지 않았으며, 전쟁을 할 필요가 없습니다. 우리 외교관들에게는 설사 좌파일지라도 평화를 유지하기 위해 노력하라고 당부해야 합니다. 그리고 최근 러시아에서 일어난 일련의 소요 사태들을 비밀에 붙여야 합니다"라고 말했다.* 7월 14일에는 알렉산드라에게 "당신과 함께 있지 못해 유감입니다. 모든 것은 지나갈 것이며, 우리는 반드시 견뎌내야 합니다. 그러나 적들에게 또다시 들고일어날 명분을 제공해서는 안 됩니다"라는 전보를 보냈다.

❖ 라스푸틴은 러시아가 독일과 전쟁하게 될 경우, 러시아에 사회적 혼란을 일으켜 큰 문제를 초래할 거라고 생각했던 것 같다.

알렉산드라는 7월 16일 급전을 띄웠다. "나쁜 소식이에요. 끔찍한 일이 벌어지기 일보 직전이에요. 우리를 위해 기도해주세요. 우리는 다른 나라와 싸울 힘이 없어요." 같은 날 라스푸틴은 차르에게 전보를 쳤다. "전쟁에 대해 너무 걱정하지 마십시오. 조만간 우리가 그들에게 한 방을 먹이겠지만, 아직은 때가 아닙니다. 그날이 오면, 우리가 받은 고통은 모두 보상받게 될 것입니다." 라스푸틴은 3일 후 알렉산드라에게 다시 전보를 보냈다. "나는 평화롭고 고요한 때가 오기를 바라며, 그렇게 되리라고 믿습니다. 그러나 그들은 커다란 악을 행하려고 음모를 꾸미고 있습니다. 나는 당신의 삶의 일부분이며, 당신의 고통을 모두 알고 있습니다. 당신과 마주볼 수 없어서 정말 견디기 힘듭니다. 당신과 가장 가까운 곳에서 당신을 돕는다면 얼마나 좋을까요!"

라스푸틴은 신문을 통해 사태의 진전을 매일매일 체크했다. 또한 전보를 통해, 평화에 대한 희망이 점점 사라져가는 것을 안타까워하던 알렉산드라를 위로했다. 전임 수상 비테는 '복잡한 정치 현안을 해결할 수 있는 사람은 오직 라스푸틴뿐'이라고 생각했다. "라스푸틴은 어느 누구보다도 러시아인들의 영혼, 정서, 역사적 열망을 잘 알고 있다. 그는 매사에 대해 독특한 통찰력을 갖고 있지만, 불행하게도 현재 이곳에 없다"고 그는 안타까워했다.

신문에서는 국민 총동원령이 임박했음을 암시하는 가운데 매일 전보를 보내도 위기가 해소되는 기미가 보이지 않자, 라스푸틴은 차르에게 최후 통첩을 보냈다. 그는 안나 비루보바를 통해 메시지를 전달했는데, 현재 원문은 사라지고 그녀의 증언 녹취록만 전해져 내려온다. "폐하, 전쟁을 하면 안 됩니다. 전쟁은 러시아와 당신의 종말을 뜻하며, 최후의 한 사람까지 앗아갈 것이기 때문입니다." 그러나 알렉산드르 케렌스키가 제공한 내용은 좀 다르다. "전쟁을 선포하지 말고, 호전적인 니콜라예비치 장군을 해임하세요. 만약 전쟁을 선포한다면, 당신과 황태자에게 나쁜 일이 생길 겁니다." 그런데 비루보바의 비망록에 따르면, 차르는 라스푸틴의 유례없는 내정간섭에 격분하며 이렇게 호통쳤다고 한다. "나랏일이 외부 세력의 영향력에 좌우되는 것은 있을 수 없는 일이다. 라스푸틴을 반역죄로 재판에 회부하겠다."

라스푸틴의 전보는 또 다른 문제를 야기했다. 경찰이 라스푸틴의 전보를 중간에서 가로채, 두마의 핵심 멤버들에게 누설했기 때문이다. 그럼으로써 라스푸틴의 인격과 평화주의적 견해에 대한 불신은 날이 갈수록 누적되었다. 라스푸틴은 나중에 한 친구에게 "적들이 전보를 핑계로 나를 재판에 넘기려고 했어"라고 말했다. 이에 대해 차르는 라스푸틴을 두둔하거나, 최소한 '라스푸틴의 비판자들은 번짓수가 틀렸다'는 점을 명확히 했다. 황후도 이렇게 맞장구를 치며 라스푸틴의 적들을 꾸짖었다. "전보의 내용은 로마노프 왕가의 일이며, 당신들은 제삼자일 뿐이다."

니콜라이 2세는 1914년 7월 한 달 동안 결정을 내리지 못하고 망설였다. 그는 네 가지 상충되는 힘 사이에서 갈피를 잡지 못했는데, 첫째는 자신의 본능, 둘째는 알렉산드라의 간청, 셋째는 라스푸틴의 평화론, 넷째는 관료와 장군들의 병력 동원 및 전쟁 준비론이었다. 알렉산드라는 차르가 결국 병력 동원령을 내렸음을 알고 기겁하며 안나 비루보바에게 말했다. "전쟁이라니! 나는 전쟁에 대해 아무것도 모르는데… 이제 모든 게 끝장이야."

8월 1일, 독일은 러시아에 선전포고를 했다. 니콜라이 2세가 다음 날 선언문으로 맞대응하자, 엄청난 군중들이 겨울궁전 앞으로 몰려들었다. 차르는 오후 3시가 막 지나 발코니에 모습을 드러냈고, 뒤이어 황후가 따라 나왔다. 군중들 사이에서 뜨거운 열기가 감돌더니, 잠시 후 우렁찬 함성 소리가 지축을 흔들었다. 백성들은 일제히 무릎을 꿇었고, 앞줄에 앉은 사람들은 뒷사람들에게 황제가 말할 수 있도록 입을 다물어달라고 했다. 그러나 흥분의 열기를 가라앉힐 수는 없었다. 잠시 후 군중들은 러시아 국가를 부르기 시작했다. "신이여 차르를 구하소서."

마침내 니콜라이 2세와 백성들이 하나가 되면서 감동적인 장면이 연출되었다. 그것은 그들의 미래를 직접적으로 규정하는 순간이었다. 만약 러시아가 승리한다면 차르가 재임하던 기간 중의 어두운 순간들✤이 용서받을 수 있었다. 그러나 만약 러시아가 패배한다면? 패배의 어두운 그림자는 (마치 흥겨운 잔칫날을 망치는 끔찍한 유령처럼) 백성들의 주변을 맴돌았다. 그러나 위대한 차르가 발코니에 서서 광장에 모인 백성들을 굽어보며 애국심의 분출을 향유하는 순간, 그런 가능성을 생각하는 백성들은 거의 없었다. 향후 몇 달 동안, 그 황홀한 순간이 라스푸틴의 치세Reign of Rasputin로 바뀔 거라고 생각한 사람은 아무도 없었다. 심지어 라스푸틴 자신조차도….

✤ 호딘카의 비극Khodynka Tragedy, 러일전쟁, 피의 일요일, 수많은 민중봉기 진압 등을 말한다.

13

모스크바에 매설된 지뢰

1914년 8월 1일, 전쟁의 열기가 러시아를 한바탕 휩쓸고 지나갔다. 니콜라이 2세는 국수주의적 분위기에 맞춰, 수도의 이름을 상트페테르부르크에서 슬라브적 색체가 짙은 페트로그라드로 바꿨다. 박수갈채, 애국가, 흔드는 손수건에 휘말려 행진한 수천 명의 병사들이 자신도 모르는 사이에 망각의 길로 접어들었다. 러시아는 차량을 몰고 500킬로미터를 달려 순식간에 동프로이센으로 진격했다. 그러나 월등한 장비와 일사불란한 지휘 체계를 갖춘 독일은 전열을 가다듬어 반격을 개시했다. 러시아 1군은 8월에 탄넨부르크에서 전멸했고, 2군도 9월 중순 동프로이센에서 패퇴했다. 개전 30일 만에 3만 명 이상의 러시아 병사들이 목숨을 잃었고, 자그마치 22만 5,000명의 병사들이 포로로 잡혔다. 곧이어 군수품과 무기마저 부족해지자, 속전속결을 기대했던 초기의 낙관주의는 자취를 감췄다. 병사들은 굶어 죽고, 포탄과 총알은 배급제로 전환되었다. 물리적 충돌은 고통을 낳을 뿐이라던 라스푸틴의 말이 옳았다.

라스푸틴은 완전히 딴사람이 되어 페트로그라드로 돌아왔다. 그는 구세바의 공격을 받은 후 소신 없고 허약한 만성통증 환자가 되었으며, 어떤 때는 그냥 서 있기조차 힘들어 했다. "그리고리는 일부러 헐거운 옷을 입고 꼽추처럼 등을 구부리고 다녔는데, 그 이유는 아직 붕대를 감고 있어서 옷을 제대로 입을 수 없었기 때문이다. 그는 매우 우울해 보였나"라고 한 친구는 회고했다.

니콜라이 2세는 라스푸틴이 전쟁을 반대한 데 분개했고, 라스푸틴은 그 때문에 자신의 입지가 약화될까 우려했다. 라스푸틴이 페트로그라드에 돌아온 지 며칠 후인 1914년 9월, 안나 비루보바는 자신의 집에서 라스푸틴과 차르의 재회를 주선했다. 안나는 후에 이렇게 회고했다. "나는 두 사람의 대화를 하나도 빠짐없이 들었어요. 실의에 빠져 비관적이던 니콜라이는 라스푸틴을 '어려울 때 필요한 친구'로 여기고 조언을 구했어요. 차르는 군사적 열세를 인정하며 폭풍을 동반하는 악천후와 수송 문제를 걱정했고, 오랫동안 평화주의자였던 라스푸틴은 입장을 바꿔 러시아의 완승을 염원했어요. 그러면서 '오랫동안 역경을 견뎌낸 나라일수록 승리할 가능성이 높습니다'라고 말했어요."

라스푸틴의 입장이 난처했던 것은, 그가 한때 평화주의자였기 때문만이 아니었다. 안나 비루보바는 황실의 대화 창구였으므로, 그는 늘 그녀를 통해 약속을 정하고, 자신의 의견을 표명하고, 메시지를 전달하며, 잠재적인 위험을 경고해왔다. 그러나 그즈음 알렉산드라와 안나의 관계가 상당히 냉각되어 있었다. 황후는 안나와 차르가 어울리는 것을 못마땅하게 여기고 있었는데, 그 자초지종은 다음과 같다. 알렉산드라가 종종 우울해할 때, 안나는 황후를 대신하여 차르와 함께 테니스나 산책을 즐기곤 했다. 알렉산드라는 남편을 믿었지만, 언제부턴가 안나를 의심하기 시작했다. 그리하여 두 여자 사이에 긴장감이 형성되기에 이르렀다. 안나는 황후를 가리켜 "병색이 완연하고 기분이 다운되고 병적인 망상에 사로잡혀 있다"고 한 데 반해, 황후는 안나를 가리켜 "상스럽고 불친절하며 차르에게 집적댄다"고 했다.

한 여자가 죽을 고비를 넘기고서야 두 여자의 관계가 회복되었다. 1915년 1월 15일, 안나 비루보바는 기차를 타고 여행하던 도중 기차가 부서지는 바람에, 다리, 척추, 어깨, 머리가 심하게 손상되었다. 차르와 황후가 병원으로 달려가보니, 안나는 의식을 잃고 사경을 헤매고 있었다. 라스푸틴도 쏜살같이 병원으로 달려갔는데, 그가 병실에 들어서는 순간 안나는 정신을 차리며 이렇게 신음했다. "그리고리 성자님, 나를 위해 기도해주세요!" 라스푸틴은 그녀의 이름을 크게 부르며 손을 잡았다. 한참 동안 열심히 기도하고 의자 위에 털썩 주저앉으며, 라스푸틴은 이렇게 말했다. "쯧쯧, 목숨은 건지겠지만 영원히 불구가 되겠군!" 라스푸틴의 예언은 정확했다. 안나는 다행히 목숨을 건졌지만, 그날 이후로 지팡이가 있어야만 걸을 수 있게 되었다. 안나는 라스푸틴이 영험靈驗하다고 믿었지만 어찌된 일인지 그녀의 회고록에서는 그 점을 특별히 강조하지 않았는데, 그 이유는 독자들에게 '남을 잘 믿는 사람'이라는 인상을 주지 않기 위해서였던 것 같다.

어쨌든 그 사건을 계기로 하여 황후와 안나의 관계는 회복되었고, 안나의 집은 다시 라스푸틴과 알렉산드라가 (니콜라이가 없을 때도) 마음 놓고 만날 수 있는 장소가 되었다. 알렉산드라의 일기장에는 그

223

때의 상황이 이렇게 묘사되어 있다. "오늘 오후에는 안나의 집에서 내 친구를 만난다. 그도 나를 만나고 싶어 한다." "어제는 안나의 집에 오래 머물지 못했지만 매우 즐거웠다. 그는 내게 많은 질문을 했다." "다섯 시에 안나의 집에서 친구를 만났다. 우리는 함께 이야기하고 기도도 했다. 신이여 우리를 도우소서."

제1차 세계대전이 일어나기 전, 라스푸틴은 마지막 아파트로 이사했다. 페트로그라드에서 10년 동안 살면서 일곱 번이나 주소지를 옮겼지만, 그는 1914년 5월 고로호바야 거리 64번지에 있는 (장차 유명하게 될) 아파트에 세 들었다. 그곳은 유행의 첨단을 걷기는커녕 하층민들이 우글거리는 곳이어서, 라스푸틴으로 하여금 자신의 출신 성분인 시베리아 농사꾼을 떠올리게 했다. 그래도 기차역에서 몇 분밖에 안 걸릴 정도로 가깝다는 장점도 있었다.

아파트 건물에는 독특한 내닫이창oriel window*이 설치되어 있고, 넓은 아치형 입구를 통해 안뜰에 들어갈 수 있으며, 계단을 통해 5층까지 올라갈 수 있었다. 라스푸틴은 3층의 한복판에 있는 20호실을 임차했는데, 이중문을 통해 들어가면 응접실이 있고, 복도를 따라 다섯 개의 방들이 배치되어 있었다. 페트로그라드에만 있는 최고급 기숙학교 스테블린-카멘스키 김나지움에 다니던 라스푸틴의 딸들은, 휴일에 외박을 나올 때마다 오른쪽 침실 하나를 같이 썼다. 라스푸틴의 딸들이 김나지움에 다닌 것은 일종의 타협책이었는데, 들리는 소문에 의하면 "황후가 마리아와 바르바라를 (귀족층 딸들만 다니는) 스몰니 인스티투트Smolnyi Institute에 입학시키려고 했는데, 교장이 그녀들의 입학을 거

---

* 벽면의 일부가 외부로 돌출한 창. _ 옮긴이.

절했다"고 한다.

식당으로 사용하는 방에는 거대한 참나무 가구가 놓여 있었다. 복도 끝부분에 자리 잡은 작은 부엌에는 다양한 물건들이 들어 있는 상자들이 가득했고, 부엌을 통과하면 뒷계단이 나왔다. 복도 반대편에는 세 개의 방이 있었다. 라스푸틴의 서재에는 커다란 책상이 있고, 책상 위에는 종이들이 어지럽게 흩어져 있었다. 책상 뒤에는 가죽으로 만든 안락의자가 놓여 있고, 옆으로는 여성용 소파가 배치되어 있었다. 커다란 접대실에는 많은 사람들이 들어갈 수 있었는데, 식당과 마찬가지로 커다란 참나무 가구가 놓여 있었다. 접대실의 벽은 석판화로 장식되었으며, 보조 테이블에는 사모바르*와 전화 한 대가 놓여 있었다(그리고리의 전화번호는 646-46이었다). 라스푸틴의 침실은 복도 끝에 자리 잡고 있었는데, 방 한복판에 놓인 좁은 침대는 (안나 비루보바가 선사한) 붉은여우 가죽으로 덮여 있고, 벽은 성화聖畫, 니콜라이와 알렉산드라의 사진으로 장식되어 있었다. 아킬리나 랍틴스카야가 숙식하며 그의 비서로 일했고, 포크로프스코예에서 상경한 카탸 페체르킨이 요리와 청소를 담당했다.

1914년 구세바의 암살 미수 사건이 발생한 후, 니콜라이 2세는 라스푸틴의 경호를 강화했다. 스물네 명의 수사관들이 그를 밤낮으로 경호했는데, 그중에서 한 명은 거리와 현관과 계단을 늘 감시했다. 라스푸틴은 경호를 감사하게 여겼지만, 경호를 사칭한 스파이 행위는 절대 사절이었다. 그는 미행에 늘 신경이 쓰여 종종 뒷계단을 이용했고, 어떤 때는 미행자를 따돌리기 위해 근처의 건물에 몸을 숨겼다. 그러

---

*러시아에서 찻물을 끓일 때 쓰는 큰 주전자. _옮긴이.

나 자칫 잘못하면 암살의 위험에 노출될 수 있어 비밀경찰 요원인 테레호프와 스비스투노프의 밀착 경호를 받았는데, 라스푸틴을 에워싼 수사관들이 아무리 많아도 두 사람만큼 든든한 경호원은 없었다.

경찰은 라스푸틴의 아파트에 드나드는 사람들의 이름과 인적사항을 한 명도 빠짐없이 모두 기록했다. 매일 해뜨기 전에 100여 명의 사람들이 라스푸틴의 도움을 받기 위해 몰려들었는데, 그들의 행렬은 종종 계단을 따라 내려와 아파트 건물의 현관과 보도까지 점령했다. 라스푸틴은 종종 시내에서 밤샘을 하고 귀가하다가 엄청난 인파와 마주치면, "내 도움을 받으러 오신 분들이로군요. 여러분들을 모두 도와주겠소"라고 호언장담하곤 했다. 한 친구는 그 장면을 새로 개봉된 영화에 비유하며, "매일 새로운 장면이 추가된다"고 감탄했다. 그러나 한 영국인은 군중들을 아첨꾼으로 폄하하며, "라스푸틴과 약속을 잡으려고 안달이 났다"고 비난했다. 라스푸틴을 찾아온 사람들 중 상당수는 (소송을 해결해달라는) 농민으로, (남편이나 아들이 전쟁터에 끌려가는 것을 어떻게든 막아보려는) 아낙네들과 뒤섞여 야단법석을 떨었다. 그중에는 승진이나 배치 전환을 원하는 군인들도 있었고, 학자금을 지원해달라는 학생들도 있었다. 라스푸틴은 젊고 아름다운 여성과 유대인들에게 특히 친절했는데, 그들은 대부분 불법체류 상태여서 페트로그라드에서 쫓겨날 위기에 처한 사람들이었다. 혹자들은 라스푸틴이 간혹 민원인들에게서 뇌물이나 뒷돈을 챙겼을 거라고 생각할 것이다. 그러나 그렇다고 해서 라스푸틴이 떼돈을 번 건 아니었다. 한 외국인은 돈 많은 여성들이 라스푸틴의 손에 돈다발을 쥐어주는 걸 보고 놀랐지만, 라스푸틴이 받은 돈의 액수를 확인하지도 않는 걸 보고 또 한 번 놀랐다고 한다. "라스푸틴은 가난한 민원인을 보는 즉시, 방금 다른 부자에게서 받은 돈다발을 건네주었다"라고 그는 말했다.

군중 속에는 전쟁 초기에 남편과 아들을 모두 잃은 여성도 한 명 포함되어 있었다. 그녀는 시어머니와 시누이들을 부양할 연금을 신청하려고 상경했다 거절당하자, 마지막 수단으로 라스푸틴을 찾아온 것이었다. 라스푸틴은 그녀를 향해 이렇게 말했다. "그 멍청한 관리들이 하는 짓이라고는 그저 글씨를 휘갈겨 쓰는 것밖에 없소. 그들은 자기 일 하느라 바빠, 가난한 사람들의 사정을 들으려고 하지 않는 것이오." 라스푸틴은 민원인들 중에서 옷을 잘 차려입은 신사들을 몇 명 불러내 이렇게 호통쳤다. "가진 돈 다 내놓으시오. 저 여인에게 그 돈을 나눠줘도, 당신은 사는 데 아무런 지장이 없을 게요." 부자들에게서 거둬들인 돈을 불쌍한 미망인에게 건네주며, 라스푸틴은 이렇게 말했다. "여인이여, 이 돈을 받으시오. 이 돈을 갖고 당신의 길을 가되, 절대로 분실하거나 도난당하지 마시오." 미망인이 집으로 돌아가는 길에 돈을 세어보니 자그마치 2만 3,000루블! 주교의 연봉보다 많은 금액이었다.

라스푸틴은 민원인들에게 종종 쪽지를 한 장씩 써줬는데, 그게 유명세를 타면서 금전적 가치를 갖게 되었다. 전형적인 쪽지는 맨 꼭대기에 작은 십자가가 하나 그려져 있고, 그 밑에 다음과 같은 글귀가 적혀 있었다. "친구여, 간곡히 부탁하오. 나를 위해 이 민원인을 도와주시오. 그리고리!" 라스푸틴은 처음에는 쪽지를 친필로 갈겨썼지만, 나중에는 미리 타이핑을 해놨다가 즉석에서 서명을 하여 나눠줬다. 모스크바의 서고에서 발견된 쪽지 하나를 보면, 재무부의 한 관리에게 마르가리타 레슈치라는 여성을 도와주라는 메시지가 적혀 있다. 용지는 문방구에서 판매하는 값싼 편지지이고, 겉봉에는 P. M. 비토르프라는 관리의 이름이 적혀 있다. 두 번째 쪽지는 한 주교에게 보내는 것으로, "안누슈카가 도착합니다"라고만 적혀 있다. 세 번째 쪽지는 유에투 장군에게 보내는 것으로, "장군님, 번거롭게 해드려 죄송하지만 이 여인의 남편을 위해 직위를 마련해주세요"라고 쓰여 있다. 세 번째 쪽지를 보면 라스푸틴이 특정한 단어의 철자를 제멋대로 썼음을 알 수 있다. 예컨대, 신(러시아어로는 보그bog)은 보흐bokh, 장군(러시아어로는 게네랄general)은 에니랄eniral, 혁명가(러시아어로는 레볼류치오네르 revolyutsioner)는 류초네르lyutsoner라고 썼다.

라스푸틴이 발행한 쪽지의 유용성은 다양했다. 외무장관 세르게이 사조노프는 "라스푸틴의 쪽지를 받는 순간 쓰레기통으로 던졌다"라고 주장했다. 그러나 일부 수취인들은 라스푸틴의 영향력을 두려워하여 쪽지에 적힌 요구 사항을 들어줬다. 항간에 떠돌던 소문에 의하면, "한 여인이 장관을 만나지 못하다가 라스푸틴의 서명이 적힌 '귀중한 정사각형 쪽지'를 제시하고서야 소기의 목적을 달성했다"라고 한다. 라스푸틴은 종종 돈이 궁한 사람을 유대인 백만장자 친구들에게 보내기도 했다. 하인리히 슐로스베르크는 "나는 라스푸틴이 보낸 사람들 때문에 많은 대가를 치러야 했다"라고 불만을 토로했다. 왜냐하면 라스푸틴을 찾아온 민원인들은 돈이 절실히 필요한 사람들이었기 때문이다.

라스푸틴은 "내 도움이 필요한 사람들은 나를 찾아와 직접 말해야 한다"는 원칙을 고수했다. 예카테리노다르에 사는 쿠즈마 슈티초프는 여러 번 편지를 썼음에도 불구하고 번번이 무시당하자, 화가 머리 끝까지 치밀어 라스푸틴에게 다음과 같은 편지를 보냈다. "우리는 그동안 편지를 여러 통 썼어요. 때로는 스탬프를 찍은 캔디도 동봉했고요. 그런데 단 한 번도 답장을 받지 못했다는 건 뭘 의미하죠? 수사는 그동안 계속 진행되었고, 우리는 곧 재판을 받게 될 거예요. 우리는 절망에 빠져 있어요. 당신을 믿고 간절히 부탁드려요. 우리를 법원과 감옥에서 구해주세요. 우리는 당신이 무엇이든 할 수 있다는 걸 잘 알아요. 당신의 권력과 영향력은 막강하잖아요." 편지의 겉봉에는 "페트로그라드, 그리고리 라스푸틴 성자님께"라고만 씌어 있었는데, 정확한 주소가 없어도 우체부가 알아서 라스푸틴의 집으로 배달해줬다. 그러나 편지를 받은 라스푸틴은 이번에도 묵묵부답이었다.

라스푸틴은 종종 민원인들에게 "내 쪽지가 당신을 무안하게 만들 수도 있어요"라고 경고했다. 그는 언젠가 한 오페라 지망생을 공무원에게 보내며, "이 여성은 실력이 출중하니, 오페라 단원으로 선발하시오"라는 메모를 써줬다. 그러나 그 공무원은 메모지를 힐끗 보더니, "그건 내 소관사항이 아니에요"라고 딱 잡아뗌으로써 그녀를 무안하게 했다.

라스푸틴은 개인적으로 잘 아는 공무원들을 통해 민원을 해결하는 경우도 있었지만, 그의 영향력의 궁극적 원천은 차르스코예셀로에 있는 알렉산드르 궁전이었다. 1915년 1월 26일, 알렉산드라가 차르에게 보낸 편지에는 이렇게 씌어 있었다. "우리의 친구가 해결해달라고 가져온 민원이 산더미처럼 쌓여 있어요." 그녀가 차르에게 보내는 편지의 주제는 늘 민원청탁이었다. 1915년 8월 30일에 보낸 편지의 내용은 이러했다. "우리의 친구에게서 받은 민원서류들을 동봉합니다. 청원서마다 일일이 가부를 표시해주세요. 모두 가ㅋ라고 표시되리라 믿어요." 1916년 1월 6일에 보낸 편지에는 이렇게 썼다. "우리의 친구가 민원서류 한 장을 보냈어요. 이번에는 병역에 관한 것인데, 아무런 부연 설명도 달려있지 않아요." 라스푸틴은 차르와 만났을 때 100

장의 민원서류를 한꺼번에 전달한 적도 있었다. 그러나 차르는 라스푸틴이 해결사 행세를 한다는 말을 듣고, 종종 그의 민원청탁을 거절하기도 했다. 라스푸틴은 그럴 때는 한발 물러서며, 의협심이 강해서 그러는 것일 뿐 영향력을 과시하려는 건 아니라고 볼멘소리를 했다.

라스푸틴은 부를 축적하는 게 주목적은 아니었지만, 재정 상태를 향상시키는 데 늘 신경을 썼다. 제1차 세계대전 직전에는 영국의 무기상을 밀어주는 방안을 고려했다. 그는 또한 유성영화를 상영하겠다는 선전에 솔깃하여 상트페테르부르크의 영화 업자에게 자금을 투자할까 생각도 해봤다. 알렉산드라는 제1차 세계대전을 앞두고 라스푸틴에게 더욱 관대해졌는데, 그것은 어떤 면에서 라스푸틴이 1914년 7만 5,000루블의 전별금을 받은 것과 관련이 있어 보였다. 황후는 이제 자신의 비자금으로 라스푸틴의 활동비를 지불했는데, 그중에는 연봉 1만 루블과 월급 1,000루블, 그리고 아파트 월세가 포함되어 있었다. 그러나 라스푸틴의 주 수입원은 뇌물이었다.

모스크바의 서고에서 발견된 문서에는 라스푸틴과 여러 사업가들과의 뒷거래 내역이 담겨 있다. N. A. 고든이라는 외국인 사업가는 라스푸틴에게 자문료 명목으로 1만 5,000루블을 지불했다. 한 러시아 여성 상인은 러시아 병사들에게 속옷을 공급하는 200만 루블짜리 계약을 따냈는데, 라스푸틴이 그 거래에서 얼마의 커미션을 챙겼는지는 알 수 없지만, 1916년 바드마예프 박사가 그 거래를 성사시키기 위해 라스푸틴에게 5만 루블을 지불했다. 라스푸틴은 한 유언장의 공증을 신속히 처리해주는 대가로 2만 루블을 받았고, 한 위조범의 석방을 도와주는 대가로 250루블을 받았다. 그리고 한 병사를 전방에서 빼내주는 대가로 2,000루블을 받았고, 투옥된 한 정치범의 자유를 보장하는 대가로 5,000루블을 받았다. 병역기피로 체포된 침례교도 300명을 석방하는 대가로 1인당 1,000루블씩 받기로 했지만, 실제로는 총 5,000루블을 받았다.

이러한 거래들을 성사시키려면 사업 관리자가 필요했을 텐데, 처음에는 부패한 장학사 출신의 이반 도브로볼스키가 라스푸틴의 자금을 관리하다 나중에 아론 시마노비치로 교체되었다. 그러나 '그리고리의 비서 역할을 했다'는 시마노비치의 주장은 과장된 면이 없지 않다. 왜냐하면 라스푸틴의 굵직굵직한 재정 문제를 실제로 관리했던 인물은 아킬리나 랍틴스카야였기 때문이다.

라스푸틴의 친구들 중 부유한 사람들은 상당수가 유대인이었다. 시마노비치의 주장에 의하면 자신이 라스푸틴을 매수하여 유대인의 권리를 옹호하게 했다고 하지만, 이는 과장된 것 같다. 그보다는 '자신의 이익에 도움이 된다고 판단되는 경우, 라스푸틴이 유대인에 대한 편견을 초월하여 행동했다'고 말하는 편이 더 정확할 것이다. 라스푸틴의 유대인 친구 중에서 가장 가까운 사람은 드미트리 루빈슈테인('미챠')이었는데, 그는 미천한 신분 출신의 작달막하고 명랑한 인물로서 부유한 은행가였다. 라스푸틴은 미챠를 알렉산드라에게 소개했고 그녀는 곧 니콜라이에게 "한 억만장자를 국정자문위원으로 임명하면, 그가 비행기 연구에 50만 루블을 기부할 거예요"라고 말했다. 제정러시아에서 국정자문위원이 된다는 것은 유대인으로서 더할 나위 없는 영광이었다. 그런데 떠도는 소문에 의하면, "제1차 세계대전 중에, 황후가 루빈슈테인을 이용하여 독일의 친척들에게 돈을 송금했다"고 한다. 미챠가 독일의 스파이로 간주되어 1916년 여름 불법 자금거래 혐의로 체포되었을 때, 라스푸틴은 그가 무죄로 풀려나도록 힘써줬다.

루빈슈테인이 석방되었을 때, 라스푸틴의 아파트는 (루빈슈테인이 보낸) 500루블 상당의 꽃으로 뒤덮였다.

1915년 3월, 라스푸틴은 알렉산드라를 기쁘게 해줄 요량으로 모스크바를 여행하며 대대적으로 광고를 했다. 황후는 황후대로 라스푸틴의 성자 이미지를 백성들에게 각인시키고 싶어 했다. 그녀는 라스푸틴으로 하여금 크렘린 등의 명소에서 기도를 하게 할 생각이었다. 그러나 야르라는 유명한 집시 레스토랑에서 일어난 사건 때문에 여행의 영적 의미가 퇴색되었다. 그 사건은 라스푸틴의 전설에서 한 부분을 차지하는, 극적이고 터무니없는 에피소드였다. 최근 일부 역사가들이 '그 스토리는 완전히 날조되었다'고 주장한 점을 감안할 때, 그 내막을 자세히 살펴볼 필요가 있다.

1915년 3월 26일 밤, 라스푸틴은 모스크바에 있는 유명한 집시 레스토랑 야르를 방문했다. 그는 이미 취한 상태였는데, 2층의 밀실에서 폭식을 하며 폭음과 노래와 댄스를 곁들여 광란의 파티를 열었다. 라스푸틴은 여성 집시 가수들에게 외설적인 내용이 담긴 메모지를 건네고, 수차례에 걸쳐 여자들을 강제로 안으려 했다. 그녀들이 화를 내며 뿌리치자, 라스푸틴은 술기운이 발동하여 고래고래 소리를 질렀다. 공식적인 보고서에 의하면, "라스푸틴은 성적 사이코패스sexual psychopath 상태가 되어 자신의 성적 테크닉을 자랑하고, 알렉산드라와의 부적절한 관계를 암시하는 발언을 했다"고 한다. 라스푸틴은 "이 벨트 좀 봐. 이건 황후의 작품인데, 나는 그 여자를 마음대로 부릴 수 있어"라고 소리쳤다. 그는 만취하여 몸을 가누지 못하는 상태에서 황후를 '오래된 여자 친구'로 지칭했다.

야르에서 식사하던 사람들은 라스푸틴의 파티에서 일어난 소동에 점차 관심을 보이기 시작했다. 누군가가 "저 멍청이가 그 악명 높은 라스푸틴 맞아?"라고 말하자, 라스푸틴은 갑자기 바지를 내려 구경꾼들을 혼비백산하게 만들었다. R. H. 브루스 로커트라는 영국인의 증언에 의하면, "그날 밤 우연히 야르에 들렀다가, 한 남성이 욕설을 퍼부으며 유리잔을 깨뜨리고 문을 사정없이 두드리자, 여성들이 날카로운 비명을 마구 지르는 장면을 목격했다"고 한다. 웨이터들이 이리저리 뛰어다니는 가운데, 모스크바 경찰서의 세메노프 서장이 현장에 도착했다. 세메노프는 라스푸틴을 진정시키려고 노력했지만 여의치 않았다. 몇 시간을 멈칫거리던 그는 새벽 두 시쯤 결국 라스푸틴을 체포하여 연행했다. 경찰의 보고서에 의하면, 라스푸틴은 경찰에 연행되며 "가만두지 않겠다"라며 으르렁거렸다고 한다.

라스푸틴은 최고위층의 지시에 의해 석방되어 다음 날 아침 페트로그라드로 돌아갔는데, 모스크바 정거장에는 그를 배웅하기 위해 수많은 여성들이 몰려들었다. 그 이후에 일어난 일은 분명하지 않지만, 모스크바 경찰을 진두지휘하는 아드리아노프 장군이 내무차관 겸 경찰총장인 준코프스키에게 수사 기록을 넘겼을 게 뻔하다. 준코프스키는 수사기록을 두 달 동안 캐비닛에 넣어뒀다가, 6월 1일 (모스크바를 시찰하고 돌아와, 최근 세계 각지에서 일어나고 있는 반反게르만 폭동을 브리핑한 후) 수사 기록을 꺼내 차르에게 보고했을 것이다. 그는 "라스푸틴의 사생활에 간섭할 생각은 전혀 없습니다만, 그의 돌출 행동이 로마노프 왕조를 위협하고 있습니다"라고 말하며, '야르 사건'이라는 제목이 붙은 보고서를 차르에게 내밀었다. 차르는 그 보고서를 받아 책상서랍 속에 넣고는, 준코프스키에게 비밀을 유지해달라고 신신당부했다.

라스푸틴은 6월 9일 궁정으로 불려갔는데, 그가 나중에 스테판 벨레츠키에게 털어놓은 바에 따르면, 차르가 격노하며 사실을 해명하라고 요구했다고 한다. 라스푸틴은 익숙한 변명을 늘어놓았는데, 그 내용인즉 "나는 와인과 유혹에 희생된 죄인입니다"라는 거였다. 그러나 성기를 노출하거나 황후의 명예를 훼손한 적은 없다고 극구 부인했다. 한편 (라스푸틴의 협력자로서, 나중에 내무차관으로 승진하는) 바실리예프에게는 "야르에서 못된 짓을 했소"라고 실토했지만 자세한 내용은 언급하지 않았다.

수정주의 사학자들은 "라스푸틴은 그날 밤 야르에 있지도 않았다"라고 주장해왔는데, 그들의 주장을 요약하면 다음과 같다. "준코프스키는 라스푸틴을 음해하기 위해 그의 터무니없는 행동을 조작하고 거짓 보고서를 작성했다. 그리고 벨레츠키나 바실리예프와 같은 사람들은 성자이자 스타레츠인 라스푸틴을 몰락시키자고 모의한 후, '라스푸틴이 그날 밤 못된 짓을 했다고 실토했다'고 위증을 했다."

수정주의 사학자들의 주장은 계속 이어진다. "오흐라나가 작성한 '그리고리 사찰 보고서'를 보면 1915년 3월 27일 부분이 공란으로 되어 있는데, 이것은 라스푸딘이 3월 26일 저녁 야르에 가지 않았음을 의미한다. 준코프스키가 차르에게 제출한 '야르 사건'이라는 보고서의 날짜는 6월 5일로 되어 있는데, 이는 야르 사건이 서투르게 조작되었음을 시사한다. 이 보고서는 준코프스키가 모스크바에 다녀온 후인 5월 31일, 또는 그가 차르에게 반게르만 폭동을 브리핑한 직후인 6월 1일, 그의 지시를 받은 부하들이 서둘러 작성한 것으로 보인다."

야르 사건에 대한 전통적인 설명에 의하면, 아니샤 레셰트니코바라는 일흔여섯 살짜리 과부(라스푸틴이 모스크바를 여행할 때 회계를 담당했음), 젊은 여성 한 명, 신문기자 한 명이 라스푸틴과 동행했다고 한다. 그러나 수정주의 사학자들은 "그런 인원 구성은 하루 저녁을 마음껏 즐기려는 남자에게 어울리지 않는다"고 반론을 제기한다. 또한 수정주의 사학자들에 따르면, 라스푸틴은 구세바에게 기습을 당한 이후 신문기자들과 잘 어울리지 않고 레스토랑에도 가지 않았다고 한다. 하지만 그건 수정주의자들이 잘못 알고 있는 사실이었다. 라스푸틴은 그즈음 기자 몇 명과 친하게 지냈는데, 그중에는 알렉세이 필리포프가 포함되어 있었다. 설상가상으로 경찰의 사찰 보고서를 읽어보면, 라스푸틴은 제1차 세계대전 기간 동안 페트로그라드에서 호텔, 레스토랑, 나이트클럽을 끊임없이 드나들었다고 씌어 있다. 프랑스의 팔레올로그 대사가 아드리아노프 장군의 친척에게 들은 바에 의하면, 레셰트니코바가 라스푸틴에게 돈을 탕진하고 있다고 경고하며, "계산서를 잘 챙기고 레스토랑 출입을 삼가세요"라고 다그쳤다고 한다.

그러나 수정주의자들은 좀처럼 물러나지 않았다. 그들은 "제러드 셸리라는 영국의 목격자가 '그날 저녁 야르를 방문했는데, 레스토랑에 있는 사람들이 사건을 전혀 모르고 있었다'고 증언했다"고 강조했다. 게다가 한 웨이터가 셸리에게 "야르 사건은 전부 예룬다yerunda(허튼 소리)"라고 귀띔했다고 한다. 하지만 "셸리는 자칭 라스푸틴 숭배자라고 떠벌리고 다녔는데, 그가 라스푸틴을 제대로 알기나 하면서 그런 소리를 했는지 모르겠다"는 반론도 만만치 않다. 셸리는 라스푸틴을 가리켜, "키가 크고 덩치도 크며, 유대인을 미워하고 뇌물을 전혀 받지 않는 사람"이라고 했다. 셸리는 "그리고리에게 직접 가르침을 받았는데, 말이나 태도가 평상시와는 전혀 딴판이었다"라고도 했다. 셸리는 황후가 러시아의 법도에 따라 페트로그라드에 사는 라스푸틴의 집에 자주 들른다고 생각하고 있었던 것 같다. 그는 "알렉산드라가 딸 타티야나와 함께 라스푸틴의 아파트에 들러, 미리 와 있던 나와 환담을 나눴다"고 말했는데, 그건 제정러시아의 법도를 감안할 때 말도 안 되는 이야기다. 이상과 같은 사실들로 미뤄볼 때, 제러드 셸리는 (적어도 라스푸틴과 야르 사건에 관한 한) 믿을 만한 사람이 못 되는 것 같다.

그러나 애매모호한 증거가 하나 있다. 차르는 야르 사건을 조사하기 위해, 황실요트 스탄다르트Standart의 선장 니콜라이 사블린을 모스크바로 파견했다. 사블린은 모스크바에서 접촉한 정보원에게서 라스푸틴이 야르를 방문한 증거를 전혀 확보하지 못했다. 그리고 아드리아노프 장군도 그에게 "그리고리는 야르에 간 사실이 없소"라고 확언했다. 그러나 어찌된 일인지, 사블린은 레스토랑을 직접 방문하지도, 종업원에게 직접 물어보지도 않았다. 역사적 인물들의 사생활에 관한 소문을 종종 옮기는 팔레올로그에 의하면, 사블린은 라스푸틴의 행실이 나쁘다고 확신하고 있었던 사람이라고 한다. 사블린은 모스크바에서 공식 보고서를 작성했음에 틀림없다. 그러나 그의 공식 보고서는 오리무중이어서, 그가 모스크바에서 어떤 결론을 내렸는지는 알 수 없다.

몇 가지 의문은 남아 있지만, 제반 증거들은 "라스푸틴이 야르에서 어처구니없는 행동을 저질렀다"는 전통적 견해를 지지한다. 그러므로 야르 사건은 라스푸틴에게 손상을 입히고 준코프스키를 몰락으로 이끌었을 게 분명하다. 준코프스키는 경찰청장으로서 라스푸틴을 탄핵하고 싶어 했으므로, 보고서를 황실 가족들에게 보여줬다*. 황후는 이에 격분하여, 니콜라이에게 보낸 편지에서 '불구대천의 원수 준코프

---

* 황실 가족 중에는 차르의 육촌 니콜라샤와 사촌 드미트리 파블로비치가 포함되어 있다.

스키'와 '불쾌하고 추잡한 보고서'를 싸잡아 비판했다. 그녀는 차르에게 이렇게 다그쳤다. "더러운 스토리로 눈과 귀를 더럽힐 만큼 더럽혔으니, 이제 준코프스키를 엄벌하세요. 그는 차르의 친구를 지키는 충실한 백성으로 행동하지 않고, 반역자로 행동했어요."

니콜라이 2세는 1915년 8월 19일 준코프스키를 파면하고, 스테판 벨레츠키를 내무차관으로 임명했다. 러시아인들은 격분했다. 그도 그럴 것이, 라스푸틴의 적이 벌을 받고, 그의 동맹자 중 한 명이 높은 자리에 앉았으니 말이다. 니콜라이는 아직도 자신이 전제군주라는 환상에 빠져 있었으므로, '준코프스키를 파면한 이유를 설명하는 건 황제의 체면을 깎아내리는 것'이라고 여겼다. 사실, 준코프스키가 파면된 건 '라스푸틴을 반대했기 때문'이 아니라, '황실과 밀접하게 관련된 사람의 비밀을 누설했기 때문'이었다. 그러나 니콜라이 2세의 최측근을 제외하면 진실을 아는 사람은 단 한 명도 없었다. 1915년 9월 26일, 니콜라이가 (라스푸틴의 또 다른 친구) 알렉세이 흐보스토프를 내무장관으로 임명하자 러시아인들은 더욱 분개했다. 바야흐로 라스푸틴의 전성시대가 시작된 것이다.

14

병권을 얻고 나라를 잃은 차르

니콜라이 2세는 러시아의 모든 인적·물적 자원을 투입하며 전쟁을 이끌었다. 공장들은 풀가동되는 가운데 기차는 병사들을 전선으로 실어 나르고, 장군들은 전략을 놓고 격론을 벌였다. 차르는 자신의 육촌으로 키가 2미터 4센티미터나 되고 매우 존경받는 지휘관이던 니콜라이 니콜라예비치('니콜라샤') 대공을 총사령관으로 임명했다. 전쟁을 승리로 이끌기를 염원한 나머지, 니콜라샤가 라스푸틴에게 적개심을 품고 있다는 점을 간과한 결정이었다.

니콜라이 2세는 '차르가 있어야 할 곳은 군대'라는 믿음을 갖고 있었다. 일본이 러시아를 공격한 1904년, 그는 병사들을 직접 지휘하지 못한 것을 늘 유감으로 여겼었다. 1914년에도 신하들은 야전을 직접 지휘하겠다는 차르를 간신히 설득했다. 차르는 마지못해 동의는 했지만, 스타프카Stavka(야전사령부)를 종종 방문했다. 1914년 9월 19일, 차르는 가족들과 작별 인사를 하고 처음으로 바라노비치(독일, 오스트리아와의 전선 사이에 있는 철도역)에 있는 스타프카로 떠났다.

알렉산드라는 니콜라이에게 이런 편지를 썼다. "당신이 마침내 스타프카로 떠나게 되어 기뻐요. 요즘 당신이 얼마나 고통스러웠는지 잘 알아요. 밤잠을 이루지 못하고 뒤척거리는 것만 봐도 능히 짐작할 수 있었어요." 비록 선봉에 설 수는 없을지라도, 니콜라이가 병력을 점검하고 야전병원을 드나들며 다친 병사들을 위로할 수 있을 거라고 그녀는 생각했다. 니콜라이는 실제로 그렇게 행동함으로써, 장교들에게 인기를 끌고 깊은 인상을 남겼다. 최후의 차르는 본래 키가 작았지만 제왕의 풍모가 있어서, 많은 사람들은 그를 실제보다 더 크게 보는 경향이 있었다. 그는 매우 근엄한 태도로 야전병원을 누비고 다니며, 마주치는 환자들에게 눈맞춤을 통해 신비로운 느낌을 선사했다. 니콜라이는 모든 장소와 지위에 있는 병사들의 눈에서 충성과 헌신의 마음을 읽을 수 있었다. 계속 그랬던 건 아니지만, 최소한 처음에는 그랬다.

알렉산드라는 전쟁 기간 동안 전성기를 구가했다. 평상시에는 늘 차르를 보필해야 했지만, 이제는 (자신이 중요하다고 느끼는) 실무에 종사할 수 있었다. 황후는 후방에 병원을 짓고 붉은군대 위문열차를 만들었다. 그녀는 올가와 타티야나, 안나 비루보바를 차르스코예셀로에 지은 병원에 보내, 매주 몇 시간씩 간호사 훈련을 받게 했다. 알렉산드라는 의료진의 일을 거들며, 아프고 의기소침한 병사들을 틈틈이 위로했다. 라스푸틴은 이러한 노력들을 '신을 기쁘게 하고, 백성들에게 애국심을 고취하는 일'이라며 격려했다. 그러나 일각에서는 노력의 방향이 틀렸다고 비판하며, 황후는 애국 행사에 참가하거나 전시 구호

wartime charity를 강화하는 데만 전념해야 한다고 주장했다. 환자의 요강을 비우거나 의료진의 일을 거드는 것은 누구나 할 수 있는 일인데, 알렉산드라는 자신의 본분을 망각하고 그런 허드렛일에 정력을 낭비한다는 거였다.

차르가 스타프카로 떠난 후, 니콜라이와 알렉산드라는 엄청난 분량의 메모지에 많은 생각, 느낌, 걱정, 충고를 적어 교환했는데, 사람들은 그것을 니키-수니 통신Nicky-Sunny Correspondence이라고 부른다. 뿐만 아니라, 그들은 전시에 1,600여 통의 편지와 전보를 주고받은 것으로 유명하다. 편지는 주먹구구식 영어, 전보는 러시아어로 씌었는데, 그 내용을 분석하면 그들의 복잡한 결혼생활, 서로에게 느꼈던 깊은 열정, 황실 가족, 러시아에 대한 독특한 통찰력을 발견할 수 있다. 그리고 알렉산드라와 라스푸틴이 국정에 점점 더 손을 뻗쳐가는 과정을 확인할 수도 있다.

1915년 러시아가 연거푸 패전하자 여기저기서 별별 패인이 제기되었다. 희생양을 찾던 사람들은 '많은 장교들과 고위관리들이 독일식 이름을 갖고 있다'거나, '식당과 공공장소에 스파이들이 숨어 있다'고 상상했는데, 이런 피해망상증 환자들의 의혹 제기로 인해 세르게이 먀소예도프 대령이 선의의 희생자가 되었다. 먀소예도프는 전쟁장관 수호믈리노프와 가까운 인텔리 장교였는데, 수호믈리노프의 부인과 연인 관계이며, 세 사람(먀소예도프와 수호믈리노프 부부) 모두 라스푸틴과 한통속이라는 소문이 돌았다. 먀소예도프의 재판·판결·교수형은 하루 만에 일사천리로 진행되었는데, 처형이 발표된 1915년 3월 20일은 부활절 바로 전날이었다.

세간의 의혹은 라스푸틴에게 집중되었다. 왜냐하면 그는 독일인

병권을 얻고 나라를 잃은 차르

들의 힘을 높이 평가하며, 위기가 닥칠 때마다 차르에게 후퇴를 요구했기 때문이다. 수백만 명의 러시아인들은 라스푸틴이 독일의 승리를 위해 노력하고 있다고 확신했다. 그들은 라스푸틴의 이름이 카이제르의 병적兵籍에 올라있으며, 적들과 단독강화separate peace를 맺음으로써 연합국Allied Powers을 배신하고 러시아의 재산을 적들에게 넘겨줄 게 뻔하다고 생각했다. 라스푸틴의 판단은 종종 결함이 있었지만, 그가 절체절명의 위기에 직면한 조국을 저버린 적은 결코 없었다. 비록 (독일인들을 위해 기름 부음 받은 자the Lord's anointed for the Germans로 일컬어지는) 빌헬름 2세가 권좌에 머물러 있어야 한다고 생각하기는 했지만, 라스푸틴은 러시아가 승리하여 콘스탄티노플을 점령해야 한다고 주장했다.

그러나 신중하지 못한 라스푸틴은 독일의 첩자임이 분명해 보이는 사람들과 친분을 맺고 있었다. 경찰은 그의 아파트에 자주 드나드는 친구 몇 명에게서 이상한 낌새를 눈치챘는데, 그중에서 가장 의심이 가는 사람은 핀란드 상원의원의 아들 아르투르 귀울링이었다.* 귀울링은 1916년 7월 라스푸틴과 만나 그의 아파트를 자주 드나들었는데, 경찰이 파악한 바에 따르면 라스푸틴이 차르스코예셀로를 방문하기 직전 또는 직후에 아파트에 나타나는 경우가 많았다. 따라서 경찰은 그가 라스푸틴과 안나 비루보바를 황후와의 연락책으로 이용한 거라고 생각했다. 한편 러시아의 첩보원들은 귀울링이 독일의 스파이라고 믿었다. 왜냐하면 그는 돈을 물쓰듯 썼고, 그의 개인 비서의 부인이 오스트리아인이었기 때문이다. 귀울링은 라스푸틴에게 "러시아의 선

---

* 대부분의 핀란드인들은 러시아에서 독립하기를 바랐는데, 그러기 위해서는 독일이 승리해야 했다.

박을 스웨덴 회사에 많이 팔아주면 100만 루블을 지불하겠다"고 제안
했는데, 그 스웨덴 회사는 독일의 앞잡이가 분명해 보였다.

두 번째로 의심이 가는 사람은 칼 페렌 박사였다. 그는 미국 여권
을 소지하고 다니며, 스파이 행위를 위장하기 위해 최면술사나 마술사
행세를 했다. 페렌은 라스푸틴과 친구가 된 후 그를 이용하여 몇몇 장
관들을 만나려고 했는데, 그 사실이 밝혀지자 경찰은 바짝 긴장했다.
1916년 6월 러시아 정부가 페렌을 추방했을 때, 라스푸틴은 그를 변호
하려 끼어들었지만 소용이 없었다. 페렌은 스웨덴과 노르웨이로 사무
실을 이전했는데, 이내 위조된 서류를 들고 페트로그라드로 돌아와 라
스푸틴을 만나며 독일 업자들을 위해 정보를 계속 수집했다.

라스푸틴이 귀울링이나 페렌 등의 독일 요원들에게 정보를 넘겼
다는 증거는 없다. 그러나 때로 심증은 물증보다 더 중요한 법이다. 많
은 사람들은 라스푸틴을 반역자라고 생각하며, 황후까지도 의심했다.
알렉산드라는 독일의 헤센 출신이니, 독일에 대한 애정이 남아 있는
게 당연했다. 그러다보니 황후가 알렉산드르 궁전에 몰래 숨겨둔 전보
기를 이용해 베를린과 연락을 취한다는 소문이 끊이지 않고 돌았다.
당시 알렉산드라가 동맹국Central Powers을 위해 일하지 않는다고 장담
할 수 있는 사람은 아무도 없었다.

황실의 다른 구성원들도 의심을 피할 수 없었으며, 심지어 차르
까지도 의심을 받는 일이 있었다. 1915년 5월 모스크바에서는 군중 시
위가 일어났다. 성난 군중들은 알렉산드라의 언니 엘리자베트를 체포
하라고 요구했는데, 독일의 스파이인 그녀가 오라버니인 헤센의 대공
을 자신의 수녀원에 숨겨줬다는 이유에서였다. 어떤 플래카드에는 황
후마저 수녀원에 보내라고 적혀 있었고, 다른 플래카드에는 니콜라샤

를 황제로 추대해야 한다는 주장도 있었다.

이러한 반감은 한 번의 시위로 끝나지 않았으며, 차르스코예셀로에서 발각되지 않고 은밀히 퍼져나갔다. 알렉산드라는 니콜라샤를 증오했는데, 그 이유는 그가 라스푸틴의 적일 뿐만 아니라, 총사령관이라는 지위를 이용하여 차르를 깎아내림으로써 반사이익을 누린다고 믿었기 때문이다. 니콜라이 2세는 그런 의심을 사실무근이라 여기고 니콜라샤를 신임했고, 그들의 관계는 매우 돈독했다. 그러나 니콜라샤는 몇 가지 약점을 드러냈다. 그는 사람을 다루는 기술이 부족했고, 민정당국civilian authorities을 약화시켰으며, 권력 구조 전반에 혼란을 야기했다. 물론 그의 가장 큰 약점은 전쟁에서 연전연패하고 있다는 사실이었다.

1915년 초, 러시아는 오스트리아에게서 갈리치아를 탈환하는 데 성공했다. 그러나 동맹국은 1915년 5월 공세를 시작하여 10만 명의 러시아 병사들을 죽이고 75만 명을 포로로 잡았다. 러시아는 갈리치아에서 발트해 연안과 바르샤바까지 영토를 상실하였고, 러시아군이 퇴각하면서 상황은 더욱 악화되었다. 전쟁이 시작되고 처음 1년 동안 150만 명의 러시아 병사들이 죽었고, 매주 수천 명씩 죽음의 행렬에 동참했다.

차르는 니콜라샤를 해임하고 군대를 직접 지휘할 궁리를 하고 있었다. 그는 그래야만 군정당국과 민정당국을 통합함으로써, 연합국들에게 '러시아는 승리하는 날까지 전쟁을 계속한다'는 신호를 보낼 수 있을 거라고 생각했다. 비록 상징적이긴 하지만, 군 수뇌부를 개편하면 병사들의 사기도 진작시킬 수도 있을 것 같았다. 차르는 참모총장 겸 야전사령관으로 미하일 알렉세예프 장군을 점찍어놓고 있었다.

그러나 차르의 구상에는 문제가 있었다. 러시아의 패배는 당분간 계속될 게 뻔한데, 그런 상황에서 지휘권을 쥘 경우 패전의 멍에를 뒤집어쓰게 될 것이기 때문이다. 또한 차르가 스타프카에 있는 동안 누군가가 나랏일을 돌봐야 하는데, 그는 황후에게 그 일을 맡아달라고 부탁할 계획이었다. 그런데 '중요한 국무는 차르가 계속 처리한다'는 원칙에도 불구하고, 장관들은 모든 일을 알렉산드라에게 보고하고 그녀의 지시를 받을 가능성이 높았다. 차르는 자신의 구상이 거의 모든 사람들을 공포에 몰아넣은 이유를 이해하지 못했다. 황후는 차르의 열망과 허영심에 불을 지르며 '구상을 원안대로 밀어붙이라'고 독촉했는데, 이는 차르의 명을 재촉하는 꼴이었다.

알렉산드라가 니콜라샤를 용서할 수 없었던 이유는 단 하나, 그가 라스푸틴을 미워하기 때문이었다. 그녀는 차르를 이렇게 세뇌시켰다. "니콜라샤는 우리 친구의 적이므로, 우리를 불행하게 만들 거예요. 그가 수행하는 작전은 신의 축복을 받지 못할 것이고, 그가 제안하는 전략은 적군을 물리치는 데 아무런 보탬이 되지 않을 거예요. 라스푸틴은 니콜라예비치 대공을 총사령관으로 임명하는 것을 반대했었어요. 라스푸틴은 아무런 잘못도 하지 않았는데, 니콜라샤는 그의 말을 듣지 않고 늘 험담만 하고 있어요. 만약 우리가 라스푸틴을 보호하지 않는다면, 신이 우리의 약점과 죄악을 용서하지 않을 거예요."

라스푸틴은 차르의 감정에 부채질을 함으로써, 러시아 역사에서 중추적인 역할을 하는 인물로 떠오를 기세였다. 알렉산드라가 급히 페트로그라드로 돌아오라는 전보를 쳤을 때, 그는 시베리아에 있었다. 알렉산드라는 차르의 허파에 바람을 넣는 데 라스푸틴의 도움이 필요했으며, 차르의 구상은 알렉산드라와 라스푸틴이 바라던 최상의 시나리오였다. 라스푸틴은 1915년 7월 31일 페트로그라드에 도착하는 즉시 알렉산드르 궁전으로 향했다. 그리고 나흘 후에는 니콜라이가 있는 곳으로 달려가, "폐하의 직관과 황후의 조언을 따르십시오"라고 말했다. 차르가 결심을 굳히자, 라스푸틴은 8월 5일 기차를 타고 시베리아로 향했다. 그는 (신하들의 말에 이끌려) 차르의 마음이 바뀔까 걱정되어 그 후 아흐레 동안 일곱 통의 전보를 쳤는데, 그 내용은 다음과 같았다. "바위처럼 단단한 마음을 가져야 합니다. 만에 하나 주저하신다면 백성과 병사들이 모두 죽을 것입니다." "신이 은혜를 베풀어, 부정한 자들을 모두 물리칠 것입니다." "승리는 결단력과 영적 강인함과 신앙에서 옵니다." "폐하가 군 통수권을 장악하는 순간, 모든 전선에서 승리를 알리는 종이 울릴 것입니다."

니콜라이 2세는 군 통수권을 장악하기로 결정함으로써, '역사는 어려운 순간에 지도자를 절실히 필요로 한다'는 사실을 얼마나 몰랐는지를 스스로 증명했다. 그 결정적 시점에서 니콜라샤를 파면하는 것은 논리적으로 타당했고, 니콜라샤 대신 알렉세예프 장군을 기용한 것도 탁월한 선택이었다. 그러나 러시아를 다스리는 일은 어느 누구에게도 위임할 수 없는, 차르의 고유 임무였다. 그는 권력의 핵심부에서 장관들을 감독하고, 참신하고 전도양양하지만 능력이 검증되지 않은 인재들을 발굴하여 육성해야 했다. 몇 가지 단점이 있기는 하지만, 니콜라이는 차르임이 분명했다. 알렉산드라는 니콜라이보다 자질이 훨씬 더 부족했으며, 남편을 대신하여 차르의 역할을 수행할 그릇이 아니었다.

1915년 8월 4일, 차르는 전쟁장관 알렉세이 폴리바노프에게 자신의 결정을 통보했다. 그런데 그가 모르는 사실이 하나 있었다. 장관들이 진작부터 비밀리에 모여, 러시아제국의 당면한 위기를 논의해왔다는 것이었다. 그러던 차에 폴리바노프가 충격적인 뉴스를 전하자, 장관들은 대혼란에 빠졌다. 심지어 차르의 오랜 심복으로서 수상까지 역임했던 고레미킨조차도 '차르가 애초에 단추를 잘못 끼웠다'는 의견에 동의했다. 장관들은 직관적으로 차르의 결정이 라스푸틴에게 힘을 실어줄 거라고 판단하고, "8월 20일 황제에게 단체로 몰려가, 이번 결정을 재고해달라고 요청하자"고 만장일치로 결의했다. 러시아의 장관들이 만장일치로 결의한 것은 역사상 유례가 없는 사건이었다.

장관들의 예기치 않은 반발에 직면하자, 차르는 안색이 창백해지며 부들부들 떨더니 마음을 굳게 먹으려는 듯 조그만 성상聖像을 움켜쥐었다. 잠시 후 그는 이렇게 선언했다. "경들의 뜻은 잘 알겠지만, 나는 내 결정을 고수하겠다." 장관들은 실망했지만, 뜻을 굽히지 않고 전략을 수정하기로 했다. 8월 22일, 그들은 13명 중 10명이 서명 또는 구두로 승인한 서한을 차르에게 보냄으로써, 차르의 결정에 반대한다는 의견을 다시 표명했다. 나아가 "만약 차르가 우리의 건의를 다시 거부한다면, 우리는 장관직에서 물러나겠습니다"라고 배수진을 쳤다. 요컨대, 신하가 신하로 대우받는 것을 거부한 것으로, 이 역시 역사상 유례가 없는 사건이었다. 차르는 이것을 '결정의 현명함'에 대한 이의 제기가 아니라, '황제의 권위'에 대한 도전으로 간주했다. 그는 고레미킨을 불러, "장관들에게 가서 내 불쾌감을 전하고, 그들의 사임을 허용하지 않겠다고 통보하라"고 불호령을 내렸다.

니콜라이는 스타프카에 도착하는 즉시 니콜라샤를 파면하고 캅카스 총독으로 임명하여, 터키 전선에 있는 러시아군을 지휘하게 했다. 라스푸틴은 알렉산드라에게 보낸 전보에서, "해가 떠오르며 반석은 빛나는데, 캅카스에는 햇빛이 거의 비치지 않네요"라고 니콜라샤를 조롱했다. 알렉산드라는 니콜라이에게 보낸 전보에서, "우리의 친구가 밤낮으로 당신을 위해 기도하고 있으니, 신이 그의 기도를 들어줄 거예요. 그의 말에 의하면, 당신의 재임 기간 중 러시아에 드디어 서광이 비치기 시작했대요. 나는 그의 말을 절대적으로 믿어요"라고 안심시켰다.

사령관이 바뀌었지만 병사들의 사기는 별로 진작되지 않았고, 전세도 전혀 역전될 기미를 보이지 않았다. 한 관측통은 "그 결정을 반길 사람은 라스푸틴 캠프에 있는 사람들뿐일 것"이라고 지적했다. 차르는 알렉세예프를 비롯한 장군들의 건의에 전적으로 의존했으며, 그나마 그가 전쟁에 몰두한 시간은 (오전 11시부터 정오까지) 겨우 한 시간뿐이었다. 그의 주요 업적을 들라면, 국가권력의 핵심에서 벗어난 것을 들 수 있었다. "러시아의 미래가 암담하며, 동맹국들이 차르의 비호감적인 어깨를 강타하여 패전의 멍에를 지울 것"이라는 비평가들의 예측은 정확했다.

군 통수권을 손에 쥔 지 한 달 후, 니콜라이는 자신의 아들을 스타프카에 합류시키기로 결정했다. 이 결정은 호의적인 여론을 형성하는 데 있어서는 매우 성공적이었지만, 알렉세이의 건강을 감안할 때 위험 부담이 컸다. 내출혈의 재발은 불가피했으므로, 알렉산드라는 아들을 스타프카로 보낼 것인지를 놓고 고심했었다. 그녀는 니콜라이의 결정에 동의하기는 했지만, 편지를 잔뜩 보내 아들의 건강을 잘 챙겨줘야 한다고 (가급적 부드러운 어조로) 신신당부했다. 아니나 다를까, 황태자가 전선에 투입된 지 두 달 만에 내출혈이 도지는 바람에, 라스푸틴을 황태자의 병상 곁으로 불러야 했다. 알렉산드라는 "우리의 친구가 지금껏 쭉 돌봐줬으니, 이번에도 병세가 신속히 호전될 거예요"라고 니콜라이를 다독였다.

이제 겨우 열두 살이던 알렉세이는 이등병 제복을 입고 몹시 흥분했다. 그동안 의사와 여성들의 과보호 속에서 생활했던 그에게, 남성미가 물씬 풍기는 모길료프는 그야말로 별천지였다.✦ 니콜라이는 아들과 함께 있게 된 것을 기뻐했지만, 그가 단지 감정에 치우쳐 그런 결정을 내린 건 아니었다. 그는 어리고 매력적인 어린이의 선전가치propaganda value를 높이 평가하고 있었다. 그리고 황태자에게 야전사령부를 구경시킴으로써 미래의 책임을 깨닫게 하고, (어디까지나 희망 사항이기는 하지만) 황제에 대한 충성심도 고취할 수 있을 거라 생각했다. 그가 사열대나 야전병원에 나타났을 때, 병사들은 자신들이 무엇을 위해 싸우고 있는지를 떠올리게 되었다. 한편 황태자는 병사들이 겪는 고통을 확인하고 가슴이 뭉클했으며, 그들이 추구하는 대의명분에 깊은 감동을 받았다.

혈우병의 위험이 상존하는 가운데서도 알렉세이는 처음 10주 동안 스타프카에서 즐거운 시간을 보냈다. 그러나 1915년 12월 어느 날 독감이 찾아오면서 비극이 시작되었다. 재채기와 기침이 나며 코피가 심해져, 의사들이 손을 쓸 수 없는 지경에 이르렀던 것이다. 하루가 지나자, 표도로프 박사는 황태자를 차르스코예셀로로 보내 좀 더 나은 치료를 받게 하기로 결정했다. 기차 여행은 악몽이었다. 코를 가득 메운 약솜과 붕대를 교체하기 위해 기차가 여러 번 멈춰야 했기 때문이다. 안나 비루보바의 비망록에는, 니콜라이 부자가 알렉산드르 궁전에 도착하는 즉시 라스푸틴을 불렀다고 씌어 있다. 라스푸틴은 황태자의 병상 곁에서 성호를 그으며 이렇게 속삭였을 것이다. "겁내지 마세요.

✦러시아는 바라노비치를 포기한 후, 모길료프에 스타프카를 새로 설치했다.

병권을 얻고 나라를 잃은 차르

아무런 일도 일어나지 않을 거예요." 비루보바에 의하면, 다음 날 건강이 회복되어 니콜라이 부자는 스타프카로 다시 돌아갔으며, 그 과정에서 의사들은 진찰할 엄두조차 내지 못했다고 한다.

비루보바의 말은 일견 그럴 듯해 보이지만, 진실을 말한 것 같지는 않다. 차르의 일기장과 (목격자인) 피에르 길리아드의 증언에 따르면, 차르스코예셀로의 의사들이 황태자의 코에 카테터를 삽입한 것으로 되어 있기 때문이다. 니콜라이의 일기장을 보면, "의사의 치료를 받은 후, 코피가 멎어 붕대를 감을 필요가 없어졌고, 체온이 정상으로 돌아오며 정신이 맑아졌다"고 씌어 있다. 라스푸틴이 궁전에 도착한 것은 그다음 날인 12월 6일이었고, 차르는 6일 후 혼자 스타프카로 돌아갔다.

이 사건은 안나 비루보바가 진실한 사람인지에 대한 근본적 의문을 제기한다. 그녀는 라스푸틴의 헌신적인 추종자로서, 특정 사건을 자신의 신념에 맞도록 해석할 권리를 갖고 있다. 그러나 그렇다고 해서 사건 자체를 거짓으로 진술할 권리는 없는데, 우리는 그녀의 비망록에서 종종 그런 사례를 발견한다. 이것은 주목할 만한 사례다. 그녀는 팩트를 정직하게 기록하고 회상했을까? 아니면 독자들로 하여금 라스푸틴에 대한 믿음을 공유하게 하려고 스토리를 조작한 것일까?

만약 안나 비루보바의 진실성이 의심된다면, 알렉산드라도 일종의 공모자일 가능성이 높다. 황후는 '의사들이 아들의 코에 카테터를 삽입했다는 사실'과, '라스푸틴이 도착하기 전에 코피가 멎었다'는 사실을 알았음에 틀림없다. 그러나 길리아드의 증언에 따르면, 황후는 '라스푸틴의 개입 덕분에 아들의 병이 치료되었다'고 믿고 있었다고 한다. 그렇다면 알렉산드라는 진실을 무시하고, 자신이 믿고 싶은대로 생각했으며, 의사들이 치료하는 것을 뻔히 보고도 그들의 공을 인정하지 않았다는 이야기가 된다. 다시 말해서, 황후는 누가 봐도 기적이 아닌 사건들을 두 눈으로 똑똑히 보고서도, 자기 자신과 타인들에게 '기적이 일어났다'고 강변한 것이다.

'라스푸틴은 신의 사자使者'라는 알렉산드라의 믿음은 국방 이슈 military affairs로까지 확대되었다. 차르는 국방 이슈를 극도로 신중하게 다루었다. 그는 황후와 이런 문제를 좀처럼 상의하지 않았고, 그녀와 신하들의 의견이 일치할 경우에만 그녀의 의견을 인정했다. 그의 가장 큰 우려는 '황후가 다른 사람들과 군사 정보를 공유할지도 모른다'는 것이었는데, 그는 라스푸틴과 안나 비루보바를 그 대상자로 지목하고 있었음에 틀림없다. 니콜라이는 1915년 8월 31일 알렉산드라에게 보낸 편지에서 군사 전략을 언급하며 이렇게 경고했다. "사랑하는 알렉산드라, 이 이야기는 당신에게만 해주는 거요. 다른 사람에게 우리가 주고받은 이야기를 절대로 발설하지 마시오."

차르는 라스푸틴에게 군사 정보가 새나가는 것을 꺼렸던 게 분명하다. 그러나 놀랍게도 알렉산드라는 니콜라이의 기대를 저버렸다. 왜냐하면 그들의 친구 라스푸틴은 루마니아 작전의 전략을 알고 싶어 안달이 났기 때문이다. 라스푸틴은 루마니아와 그리스를 위해 기도하고 성호를 그었으며, 러시아군의 공격 루트에 관심이 많았다. 라스푸틴은 꿈을 중요시해서, 꿈에서 본 전쟁 이야기를 종종 알렉산드라에게 했다. "후방이 차단되는 것을 피하려면, 많은 병사가 필요해요. 그리고 야간에 리가Riga로 진군해야 해요. 그러지 않으면 독일군이 겨울내내 그 지역을 장악할 것이므로, 시민들은 독 안의 쥐가 될 거예요. 그렇게 되면 조금만 움직여도 많은 피를 흘리고 끔찍한 고통을 겪어야 해요. 그러나 우리에게도 작전이 있는데, 그건 바로 거짓 공격으로 그들을 후퇴시키는 거예요. 이 작전은 성공 가능성이 높으며, 반드시 성공시켜야 해요. 그래서 나는 꿈에서 깨어나는 즉시 당신에게 편지를 쓰는 거예요."

라스푸틴의 전쟁 이야기는 아마추어 수준이어서, 심각하게 받아들일 필요가 없었다. 그는 고통을 받는 시민들을 불쌍히 여겨, 도시로 식량을 운반해서 시민들에게 나눠주는 문제에 집착했다. 시민들은 빵과 식료품을 사려고 죽 늘어서 있다가, 몇 시간 후에 '오늘 배급은 끝났어요'라는 말을 듣고 발길을 돌리기 십상이었다. 그는 수차례 알렉산드라에게 이렇게 말했다. "러시아에는 식량이 남아돌아 썩어갈 지경이에요. 식량을 실은 기차가 도착하면 병사들에게 우선적으로 식량을 공급하는데, 그러면 시민들이 위험해요. 차르에게 말해서, 병사들에게는 일주일에 3일만 식량을 공급하고, 나머지 3일은 도시의 중심지에 밀가루, 빵, 설탕을 공급하도록 해주세요. 상점들이 미리 물건을 확보해서 값을 매기게 되면 식량 수급이 개선될 거예요. 또한 상점은 점원들을 많이 고용해서, 고객들이 원하는 물건을 신속하게 판매할 수도 있을 거예요."

라스푸틴의 아이디어는 알렉산드라를 통해 다소 어설프게 전달되었지만, 차르가 전문가들에게 귀담아들으라고 지시할 필요가 있었다. 라스푸틴의 건의를 무시한 결과, 커다란 식량 위기가 찾아왔기 때문이다. (취약한 상태에서 혹사당하던) 러시아의 철도 수송 서비스가 악화 일로를 걸으면서, 1915년 가을 러시아에 나타난 식량 위기가 악화된 것이다. 그건 나중에 니콜라이 2세가 권좌에서 쫓겨나는 이유가 되기도 했다. 1917년 3월 페트로그라드에서 대중 폭동이 일어난 것은 식품과 연료가 부족하기 때문이었다. 그와 대조적으로, 러시아의 농민들은 등 따습고 배부르게 생활하고 있었다.

또한 라스푸틴은 "도시에 식량을 공급하는 일을 농무장관이 아니라 (경찰을 직접 장악하고 있는) 내무차관에게 맡겨야 한다"고 주장했다. 1916년 가을 농무장관과 내무차관이 이 제안을 거절하자, 라스푸틴의 말에 넘어간 알렉산드라는 차르를 설득하여 그 일을 두마에 넘기게 했다. 만약 두마가 행동을 거절한다면, 차르는 두마를 정회하고 포고령을 내림으로써 개혁안을 실행할 수 있었다. 라스푸틴은 머뭇거리는 장관들에게 분통을 터뜨리며, "겁을 내는 장관은 장관감이 아니다"라고 선언했다.

알렉산드라와 라스푸틴은 1916년 5월에 시작되어 4개월 동안 지속된 브루실로프 공세Brusilov Offensive에 격분했다. 차르는 알렉산드라에게 이런 편지를 보냈다. "다른 사람에게는 절대로 비밀인데, 오스트리아군을 박살내서 합스부르크 왕조를 전쟁에서 쫓아낼 계획이오." 브루실로프 공세는 러시아의 대대적 공격으로서, 역사상 가장 피비린내 나는 전쟁 중 하나였다. 황후는 공세가 시작될 때까지 차르와의 약속을 지켰지만, 오늘날 모든 사람들은 '그 당시 거대한 움직임이 진행되고 있었으며, 전쟁이 전환점에 이르러 있었다'는 점을 잘 알고 있다.

알렉산드라는 라스푸틴의 건의를 차르에게 중계했는데, 라스푸틴의 생각은 '손실이 너무 클 것 같으니, 계획을 막무가내로 진행하지 않는 게 좋겠다'는 것이었다. 그는 이렇게 말했다. "카르파티아 산맥을 넘어 진격하지 않는 게 좋겠어요. 우린 또다시 막대한 손실을 보게 될 거예요." 그러나 러시아군은 빠르게 진격하여 오스트리아군을 궤멸시키고, 그들을 완전히 혼란 상태에 빠뜨렸다. 전쟁장관인 폴리바노프는

병권을 얻고 나라를 잃은 차르

전쟁의 흐름을 바꾸고 병력 수급을 개선하는 데 성공했으므로, 전쟁의 관점에서 본다면 그야말로 만사형통인 셈이었다. 오스트리아군의 사상자는 76만 명이었는데, 그중 포로는 38만 명이었다. 그러나 러시아의 사상자도 140만 명이었다. 병원에서 대량 살상의 결과를 목격하고 충격을 받은 알렉산드라는 (라스푸틴과 함께) 몇 주 동안 줄기차게 공격 중단을 요구했다. 차르는 장군들과 의논한 끝에 공격을 중단하기로 합의하고, 그 소식을 알렉산드라에게 알렸다. 그러나 황후는 이번에는 남편과의 약속을 지키지 않았다. 비밀을 지켜달라는 차르의 부탁을 무시하고, 라스푸틴에게 "러시아의 살육 행위는 곧 중단될 거예요"라고 말한 것이다. 그러고는 니콜라이에게 "그는 내 말을 듣지 않으려 했지만, 당신의 결정을 축복해달라고 부탁하려면 자세한 내용을 말할 수밖에 없었어요"라고 궁색한 변명을 했다.

브루실로프 공세는 실로 대단했지만, 그게 과연 러시아의 승리였다고 할 수 있을까? 그 싸움으로 인해, 독일은 서부전선의 병력을 차출하여 오스트리아군을 강화할 수밖에 없었다. 또한 그 싸움으로 인해 베르됭에서 교착 상태에 빠진 프랑스군을 살릴 수도 있었다. 그러나 러시아군, 특히 장교들도 대량 살상의 희생사였다. 설상가상으로, 러시아군이 적진 깊숙이 침투해 있는 상황에서 갑작스럽고 섣부른 공격 중단 명령이 떨어짐으로써, 병사들의 사기가 떨어질 수밖에 없었다. 라스푸틴과 황후의 의도는 좋았고, 그들의 판단이 옳았을 수도 있다. 물론 그들의 의견이 장군들의 합의에 영향을 미친 것도 아니고, 차르조차도 그 자리에서는 방관자에 불과했다. 그러나 브루실로프 공세의 중단은 '라스푸틴과 황후가 러시아의 전쟁 노력을 약화시키고 황제의 위신을 손상시켰다'는 관념을 강화했다.

러시아인들은 라스푸틴이 브루실로프 공세를 중단하는 데 기여했다고 믿었는데, 그건 오해였다. 나아가 그들은 스토리의 다음 장, 즉 제정러시아의 붕괴를 라스푸틴 탓으로 돌리게 되는데, 그건 안타깝게도 오해가 아니었다.

15

제1차 트로이카

라스푸틴이 당초 생각했던 대로, 제1차 세계대전은 하나부터 열까지 모두 비극이었다. 니콜라이 2세는 점점 더 자신의 권위에 집착하는 모습을 보였는데, 그것은 "비판 세력들이 '니콜라이 정권의 전쟁 수행 능력 부족'을 근거로 두마의 권력을 강화할지도 모른다"는 두려움이 있었기 때문이었다. 차르는 심지어 (산업, 노동조합, 농장을 효과적으로 이용하여 전쟁을 승리로 이끌고 있는) 다른 나라의 자치 정부들까지도 의심했다. 니콜라이와 알렉산드라는 개혁가들을 적으로 간주하고, 그들의 인본주의 정신까지도 정치적으로 해석했다.

　　1915년 봄이 되자, 반대 세력은 "두마가 내각을 지명하고, 내각으로 하여금 두마에게 책임을 지게 해야 한다"라고 주장했다. 그렇게 되면 '대중에게 신뢰받는 정부'가 탄생할 수 있었다. 그러나 차르는 두마

257   제1차 트로이카

를 러시아의 정서와 전혀 맞지 않는 '이질적인 기관'으로 간주했고, 알렉산드라는 차르의 그런 견해를 부추겼다. "우리는 흔들리지 말아야 해요. 나라의 주인은 당신이므로, 누구에게도 고개를 숙여서는 안돼요. 더욱 확고한 결단력과 신념을 바탕으로, 당신이 나라의 주인임을 만민에게 보여줘야 해요." 그녀는 감정을 섞지 않고 진지한 어조로 누차 말했다. "니콜라이, 당신이 황제라는 것을 늘 기억해요. 전제군주로서, 마음을 독하게 먹어야 해요."

그녀는 "러시아인들의 교육 수준이 너무 낮다"고 불평하며, '의회 없는 정치'를 정당화했다. 그녀는 니콜라이와 함께 민중(농부와 노동자)은 군주에게 충성한다고 확신하며, '러시아는 기름 부음을 받은 군주를 보유하고 있어서 천만다행'이라고 생각했다. 두마의 의원들을 바라보는 그녀의 심정은 이러했다. "그들은 걸핏하면 나랏일에 끼어들어 알지도 못하는 일들을 건드리려고 한다. 입헌군주제는 러시아에 어울리지 않는다. 그런 환상은 러시아를 파멸시킬 뿐이다."

니콜라이가 스타프카로 옮기며 나랏일을 맡긴 사람의 수준이 이 정도였다니! 장관들 중에는 그 역할을 수행할 만한 사람이 얼마든지 있었을 텐데, 차르는 왜 하필 알렉산드라를 선택했을까? 그건 알렉산드라가 그 역할을 갈망했기 때문이었다. 그녀는 차르에게 보낸 편지에서 이렇게 말했다. "나의 소중한 사람 니콜라이! 내가 당신을 도와줄게요. 날 과소평가하면 안 돼요. 늙고 어리석은 마누라 같지만, 알고 보면 쓸모가 많다구요." 어떤 면에서 알렉산드라는 준비된 군주라고 할 수도 있었다. 그녀는 니콜라이보다 강인한 성격과 정의로운 사명감으로 무장하고, 전쟁기간 내내 수도 없이 탄원을 하는가 하면 "내 충고를 꼭 들어야 해요"라며 남편을 달달 볶기도 했다. 그녀의 오빠

에르니는 언젠가 이런 말을 한 적이 있다. "차르는 알렉산드라를 다룰 줄 모르는 착한 남자다. 그녀는 강한 남자를 원한다. 자신에게 굴레를 씌우고 지배할 줄 아는…"

알렉산드라는 라스푸틴을 입이 마르도록 칭찬하며, 니콜라이에게 그의 말을 새겨들으라고 늘 다그쳤다. 그녀는 나지막이 속삭였다. "우리의 친구를 믿고, 그의 말에 귀를 기울여요. 그는 당신의 관심사를 잘 알고 있으며, 그의 마음속에는 러시아가 들어 있어요. 신은 우리에게 아무런 대가 없이 그를 보내줬어요. 우리는 그의 말에 주의를 기울이기만 하면 돼요. 그에게 모든 걸 맡기고, 그의 인도를 받아요." 때로는 충고를 덧붙이기도 했다. "그의 충고가 내 귓전을 맴돌고 있어요. 그의 예지력은 놀라워요. 그의 말을 따르지 않으면, 황실과 러시아가 위험에 빠질 거예요." 니콜라이의 귀에 솔깃한 말도 했다. "그의 말을 잘 들으면, 알렉세이에게 러시아를 완전히 물려줄 수 있을 거예요. 그리고 알렉세이도 그 아들에게 러시아를 물려줄 수 있을 거예요. 당신의 아버지가 당신에게 그랬던 것처럼 말이에요."

라스푸틴의 전기 작가들은 '라스푸틴이 알렉산드라를 조종했다'고 말한다. 그러나 말을 뒤집어, 알렉산드라가 라스푸틴을 이용하여 자신의 이상을 실현했다고 볼 수도 있다. 황후와 농부 간의 공생관계가 그것을 가능케 했다. 왜냐하면 둘은 일방적인 관계가 아니라 쌍방적인 관계에 있었기 때문이다. 라스푸틴은 알렉산드라의 의견에 거의 반박하지 않았으며, 자신의 주장만 내세우지도 않았다. 일단 황후가 말하도록 내버려둔 다음, 그녀의 말에 (그녀가 좋아하는) 종교적인 색체를 가미하여 그녀의 신념을 강화했다. 그러면 알렉산드라는 차르에게 다가가, "우리의 친구가 그러는데요…"라는 화법을 이용하여 자신의 주장에 설득력을 더했다. "'신을 섬기는 자'가 황제를 돕는다면, 그 나라는 망하지 않아요. 우리는 그의 놀라운 두뇌를 찬양하며, 그의 입에서 나오는 말을 이해할 준비가 되어 있어야 해요."

차르는 알렉산드라의 편지를 읽다가, 라스푸틴에 대한 이야기가 나오면 대충 건너뛰었을 것이다. 그도 그럴 것이 그는 온갖 정책과 구상을 보고하는 숱한 사람들을 상대하는 과정에서, '한 귀로 듣고 한 귀로 흘리기'의 달인이 되었기 때문이다. 그는 상대방이 시답지 않은 소리를 할 때 '점잖은 침묵'으로 거절하는 방법을 터득하고 있었다. 그러나 아무리 그렇다고 해도, 알렉산드라가 스타프카로 보내는 편지에 동봉한 물건만큼은 거절할 도리가 없었다. 예컨대 그녀는 포도주가 담긴 바이알(주사용 유리 용기)을 보냈는데, 그 포도주는 라스푸틴이 영명축일*을 기념하기 위해 사용한 것이었다. 니콜라이는 마데이라Madeira를 별로 좋아하지 않았지만, 알렉산드라의 주장에 의하면 그가 포도주를 잔에 부어 라스푸틴의 건강을 기원하며 마셨다고 한다. 한번은 (기름이 번드르한 라스푸틴의 머리칼이 치렁치렁 감겨 있는) 빗을 보냈는데, 알렉산드라의 말이 걸작이었다. "어려운 회의나 의사 결정을 하기 전에 이 빗을 사용하세요. 큰 도움이 될 거예요." 알렉산드라는 (물고기를 움켜쥐고 있는 새가 새겨진) 지팡이를 하나 보내며, "이건 라스푸틴이 축복의 표시로 보내는 거예요. 가끔 이걸 사용하면 좋을 거예요"라고 말하기도 했다.

차르에게 필요했던 건 이런 선물보다는 실질적인 도움이었다. 물론 자업자득이었지만, 그가 직면한 문제들은 그를 당혹스럽게 만들었

＊기독교도가 자기 세례명과 같은 성인의 이름이 붙은 축일을 축하하는 날. _ 옮긴이.

다. 문제는 늘 갑자기 닥치는 법이어서 어떻게 대처해야 할지 몰랐고, 실제로 아무런 조치도 취하지 않는 경우가 다반사였다. 그러자 비판자들은 '정부의 마비상태'라고 비난하며 맹공을 퍼부었다. 예컨대 핵심 장관들의 교체가 매우 빈번했는데, 그러다보니 인적 자원의 풀이 점점 더 줄어들어 큰일이었다.

장관 교체는 예상을 깨고 너무 일찍 시작되어, 처음에는 미처 놀랄 겨를도 없었다. 1914년 1월, 니콜라이는 코코프초프 수상을 충성파 원로 이반 고레미킨으로 교체했는데, 그 정확한 의도를 도무지 알 수가 없었다. 1915년 여름의 개각은 실제로 고무적이었다. 차르는 대중의 인기를 얻기 위해, 인기 없고 흐리멍덩한 장관들을 네 명이나 쫓아냈다. 먼저, 갈팡질팡하는 전쟁장관 수호믈리노프를 재능 있는 야전지휘관 알렉세이 폴리바노프로 교체했다. 그리고 내무차관 마클라코프를 니콜라이 셰르바토프 공으로 교체하는 한편, 알렉산드르 호보스토프를 법무장관으로 임명했다. 마지막으로, 알렉산드르 사마린을 러시아정교회 최고회의 수장으로 임명했다. 새로운 장관들은 유능한 인물들이어서 대중의 신망을 얻었다. 그런데 가장 흥미로운 사실은, 니콜라이가 알렉산드라의 반응에 의연하게 대처했다는 것이다. 그는 알렉산드라와 라스푸틴이 개각에 분노할 것을 잘 알면서도, 자신이 능력과 용기를 갖춘 제왕임을 증명했다.

그러나 니콜라이는 뒷심이 부족했다. 1915년 가을, 내무부에서 대대적인 인사이동이 일어나며 상황이 악화되었다. 그것은 '시베리아의 신비주의자 겸 치유자'의 덕을 본 사람들을 요직에 기용한, 실로 엄청난 사건이었다. 그 인사이동은 물론 라스푸틴의 영향력 때문이었지만, 막후에서 실력을 발휘한 인물은 놀랍게도 (그리고 터무니없게도) 제정 러시아의 황혼기에 먹이를 찾아 헤매던 하이에나들 중 한 명인 미하일 안드로니코프였다.

미하일 안드로니코프('미샤')는 1875년, 재정 형편이 어려운 귀족 가문의 아들로 태어났다. 미샤는 어린 시절부터 부와 권력에 대해 터무니없는 환상을 품고 있었다. 그는 러시아정교회 최고회의에서 말단 공무원으로 시작하며 월급도 못 받았지만, 그 자리에는 중요한 이권이 하나 걸려 있었다. 그것은 '유니폼을 입고 각종 행사에 참가할 수 있는 권리'였다. 덕분에 상트페테르부르크를 전전하던 젊은 안드로니코프는 뇌물, 기금 갈취, 기밀 누설에 천부적인 능력이 있음을 입증했다.

안드로니코프는 상트페테르부르크의 자전거 배달꾼들과 사귀며, 돈과 음식과 포도주와 섹스를 이용하여 그들을 자신의 아파트로 유인했다. 그들에게 마사지를 제공하고 한숨 자게 한 후, 그들의 배달 가방을 샅샅이 뒤졌다. 그러고는 공식 문서를 주고받는 공무원들을 연결하여 항간에 나도는 소문과 비밀을 캐냈다. 마지막으로 승진 소문이 도는 공무원을 방문하여, "내가 당신의 승진을 결정하는 사람이오"라고 위협했다. 겁먹은 공무원을 자신의 엘리트 서클에 가입시키고, 그 대가를 요구하는 것은 식은 죽 먹기였다. 그리하여 안드로니코프는 러시아 공직 사회에서 영향력 있는 인물로 떠올랐다.

안드로니코프는 자신의 거처를 출입 금지 구역이라고 경고했지만, 장교와 간부 후보생들은 폰탄카 운하Fontanka Canal에 있는 안드로니코프의 으리으리한 아파트를 용케도 찾아왔다. 안드로니코프는 게이 파티를 열고 손님들 사이를 자유롭게 옮겨다니다, 그날 밤 자기와 침대를 함께 쓸 사람을 골랐다. 그는 거리에서 만난 소년들과 사랑을 나누고, 세상에서 가장 멋진 욕조를 제공했다. 한 하인은 이렇게 증언했다. "내가 시중을 들던 2년 동안, 미샤는 1,000명이 넘는 젊은 남자들과 사랑을 나눴어요."

안드로니코프가 라스푸틴을 만난 것은 1914년이었다. 미샤는 내무장관과 내무차관 자리를 자신의 협력자들로 채운다는 계획을 실행하기 위해 라스푸틴이 필요했다. 내무차관은 경찰총장을 겸임하므로, 내무장관에 못지않은 알토란 보직이었다. 뇌물 수수와 알선수재를 일삼던 안드로니코프의 관심사는 자금 추적을 회피하는 것이었는데, 그러려면 내무부를 장악해야 했다. 미샤가 생각한 내무장관감은 알렉세이 흐보스토프였는데, 1911년에 유력한 후보로 거론되다 낙마한 적이 있었다. 흐보스토프는 그때 앙심을 품고 라스푸틴을 공격했었지만, 이제는 라스푸틴을 칭송하며 "이번에 내무장관이 되면, 당신의 이익을 대변하겠습니다"라고 약속까지 한 상태였다.

안드로니코프가 염두에 둔 내무차관 후보자는 부지런한 경찰관 스테판 벨레츠키로, 1913년 블라디미르 준코프스키가 나타날 때까지 내무차관 자리를 차지하고 있었다. 라스푸틴은 본래 벨레츠키를 싫어했었다. 왜냐하면 그의 임무 중 하나가 찌라시 정보지를 만들어 차르에게 제출하는 것이었는데, 찌라시의 단골 메뉴가 라스푸틴의 뒷이야기였기 때문이다. 안드로니코프는 현직 내무차관 준코프스키를 가리켜 '시끄러운 강적'이라고 하며, 라스푸틴에게 도움을 요청했다. 라스푸틴은 벨레츠키가 경찰을 이끌던 시절에는 안전했지만, 준코포스키가 이끌던 시절에는 구세바에게 칼침을 맞은 적이 있었다. 벨레츠키는 라스푸틴에게 "당신의 친구가 되어, 미래의 암살에서 보호해주겠습니다"라고 약속했다. 라스푸틴은 미샤의 제안에 관심을 보이면서도 뚜렷한 언질을 주지 않았다. 혹시 그의 제안에 동의하기 전에 무슨 다짐을 받고 싶어 했던 게 아닐까?

만약 그게 사실이라면, 그가 뭘 원했는지는 '야르 사건'*을 살펴보면 쉽게 짐작할 수 있다. 라스푸틴은 1897년 회개하기 전까지 걸핏하면 범법 행위를 저질렀음에도 불구하고 경찰에게 그다지 시달리지 않았다. 그러나 야르 사건이 일어난 날 밤, 그는 만취한 상태에서 경찰에 체포되어 구치소에 수감되었다가, 최고위층에 있는 친구들 덕분에 간신히 풀려났다. 라스푸틴은 자신의 적 준코프스키가 경찰을 지휘하고 있다는 게 얼마나 불편한지를 비로소 깨달았다. 그래서 안드로니코프가 내무부를 장악하겠다는 계획을 밝혔을 때, 라스푸틴은 '때마침 잘됐다'며 쾌재를 불렀을 것이다. 그것은 말 세 마리가 끄는 트로이카나 마찬가지였는데, 감독은 미샤, 주연은 알렉세이 흐보스토프, 조연은 벨레츠키였다. 그러나 트로이카가 완성되려면 라스푸틴이 필요했다. 최종 임명권자인 차르를 움직일 수 있는 사람은 라스푸틴밖에 없었기 때문이다. 안드로니코프는 "이번 일이 성사되면 당신의 발언권이 강화될 뿐만 아니라, 많은 이권도 챙길 수 있을 겁니다"라는 감언이설로 라스푸틴을 설득했다.

1915년 8월, 라스푸틴은 마침내 안드로니코프의 계획을 받아들였다. 그때 라스푸틴은 시베리아에 머무르고 있었지만, 안드로니코프의 계획을 실현하는 데는 아무런 문제가 없었다. 라스푸틴은 자세한 행동 지침을 일러줬고, 안드로니코프는 그대로 따라 했다.

먼저, 안드로니코프는 라스푸틴이 시킨 대로 안나 비루보바를 찾아갔다. 그녀는 1915년 1월 치명적 사고를 통해 황후와의 관계를 회복

* '야르 사건'에 대해서는 13장을 보라. _ 옮긴이.

한 후, 차르와 황후의 신임이 두터워지자 희희낙락하며 기고만장해 있었다. 그녀는 자신의 의견을 황제·황후 부부와 결부지으며, 종종 "우리는 동의하지 않는다"라든지 "우리는 허락하지 않을 것이다"라는 표현을 쓰기 시작했다. 여기서 '우리'란 '황제 + 황후 + 비루보바'를 뜻하는 말로, 비루보바가 러시아 황실의 3인자임을 시사한다. 안나는 장관들과 고위공직자들을 자신의 집으로 초청하여 만찬을 베풀었다. 이런 낌새를 눈치챈 황후는 몹시 언짢아하며, 니콜라이에게 이렇게 불평했다. "안나가 갑자기 정치적 역할을 하려고 해요. 우리의 친구는 그녀가 황실만을 위해서 일하기를 바라고 있어요. 그러나 그녀는 자만심에 가득 찬 나머지, 우쭐하며 경거망동하고 있어요."

안드로니코프는 능수능란한 화술로 비루보바를 설득하여 자기편으로 끌어들였다. "현재 내무장관을 맡고 있는 셰르바토프는 라스푸틴의 적으로, 끔찍한 사람입니다. 그를 대체할 적임자는 알렉세이 흐보스토프뿐입니다." 안드로니코프에게 흐보스토프를 소개받은 후, 비루보바는 그의 주장에 완전히 동의했다.

물론 비루보바는 이 모든 정보들을 알렉산드라와 공유했는데, 그 타이밍이 너무 절묘했다. 알렉산드라는 1915년 8월 27일 니콜라이에게 보낸 편지에서, "셰르바토프는 내무장관 직을 더 이상 수행할 수 없어요. 빨리 다른 사람으로 바꾸는 게 좋겠어요"라고 말해놓은 상태였기 때문이다. 다음 날 니콜라이에게 보낸 편지에서, 알렉산드라는 이렇게 말했다. "안나가 때마침 안드로니코프라는 사람을 통해 흐보스토프를 만나봤는데, 꽤 괜찮은 사람이라는 인상을 받았대요. 그는 당신에게 매우 헌신적일 뿐만 아니라, 우리의 친구를 존중하며 매우 높이 평가했다는군요." 안나는 흐보스토프에 대한 칭찬을 잔뜩 늘어놓은 후, 흐보스토프와 알렉산드라의 상견례를 주선했다. 만남이 끝난 후 알렉산드라가 니콜라이에게 보낸 인물평은 이렇했다. "흐보스토프는 당신이 자리를 비운 동안 난국을 타개하고 시국을 수습할 적임자인 것 같아요. 그는 최선을 다해 자신의 정국 구상을 내게 설명했어요. 그리고 라스푸틴도 (전보를 통해) 긍정적인 반응을 보였어요."

라스푸틴이 긍정적인 반응을 보였다는 점은 매우 의미심장하다. 흐보스토프가 니즈니-노브고로드의 주지사로 있던 1911년, 차르는 라스푸틴을 그에게 보내며, "직접 면담해보고 내무장관감으로 적당한지 판단해주시오"라고 부탁한 적이 있었다. 그때 라스푸틴은 '내무장관으로서의 자질이 부족하다'는 결론을 내렸고, 흐보스토프는 승진 심사에서 탈락했다. 사실 라스푸틴의 의견은 결과에 영향을 미치지 못했지만, 흐보스토프는 그 일로 인해 한 가지 교훈을 얻었다.

흐보스토프는 이번만큼은 라스푸틴에게 잘 보이려고 무진 애를 썼다. 알렉산드라의 표현에 따르면, "그는 마음의 문을 활짝 열고 그리고리 성자를 영접했다"고 한다. 황후는 흐보스토프와 이야기를 나눈 후 깊은 인상을 받아, 강력한 추천서를 니콜라이에게 하루에 두 통씩이나 보냈다. "모든 남자들은 겁이 많아 계집애처럼 행동하는 것 같아요. 그러나 흐보스토프는 용감한 사람이에요. 그는 최선을 다해 우리를 보호할 것이며, 우리의 친구에 대한 공격을 막아주는 방패가 될 거예요." 1915년 9월 26일, 흐보스토프는 적절한 절차에 따라 니콜라이를 알현한 후, 불과 몇 시간 만에 내무장관으로 전격 임명되었다. 라스푸틴은 그다음 날인 9월 27일 페트로그라드에 도착했다.

"라스푸틴은 많이 달라져 있었다." 한 소식통이 회상했다. "라스푸틴이 이취임식장에 들어올 때, 나는 너무 놀라 숨이 턱 막혔다. 하객들에게 나지막이 목례를 하며 악수를 나누는 태도는 마치 제왕을 방불케 했다. 그는 완전히 다른 사람이 되어 있었다." 라스푸틴은 한 친구에게 이렇게 말했다. "나는 방금 전 후보자 여럿을 탈락시키고, 알렉세이 흐보스토프를 내무장관 자리에 앉혔다네. 그는 훌륭한 인재인 동시에, 나의 가까운 동지이기도 하지. 얼마나 즐거운지 몰라."

포크로프스코예에서 돌아온 다음 날인 1915년 9월 28일, 라스푸틴은 트로이카와의 저녁 식사 자리에 초대되었다. 그로부터 2년 후, 벨레츠키는 라스푸틴의 모습을 이렇게 회고했다. "라스푸틴은 자신만만하고 확신에 가득 차 있었다. 그는 자리에 앉자마자 헛기침을 하면서, '내게 신고식도 하지 않고, 공식 업무를 시작하다니!'라고 하며 언짢은 표정을 지었다. 그는 안드로니코프에게 이 사실을 강조하며, 예의에 어긋난 일임을 따끔히 지적했다." 안드로니코프는 라스푸틴의 노고에 감사의 뜻을 표하며, "우리를 올바른 길로 이끌어주시고, 잘못이 있으면 언제든지 채찍질을 해주십시오"라며 자세를 한껏 낮췄다. 흐보스토프는 "이 시간 이후부터, 당신이 요구하는 것을 신속하고 정확하게 처리한 후 보고드리겠습니다"라며 맞장구를 쳤다. 그러고는 생선수프를 권하며, 자신의 손에 키스를 해달라고 손을 내밀었다. 식사를 마친 후, 안드로니코프는 라스푸틴을 서재로 안내하여 1,500루블을 건네며, "앞으로도 계속 선처해주시면, 매월 똑같은 금액을 드리겠습니다"라고 소곤거렸다. 사실 하루에 1만 5,000루블 이상의 돈을 주고받는 라스푸틴에게, 매월 1,500루블쯤은 아무것도 아니었다. 그러나 그는 일부러 흡족한 척했다. 잠시 후 안드로니코프가 자리를 뜨자, 이번에는 흐보스토프와 벨레츠키가 다가와 양옆으로 찰싹 달라붙었다. 그러고는 앞으로도 계속 잘 봐달라는 뜻으로 각각 3,000루블씩을 건넸고,

라스푸틴은 돈 봉투를 아무렇게나 접어 호주머니에 쑤셔넣었다.

호보스토프가 내무장관에 임명되었다는 소식이 전해지자 백성들은 분노했다. 라스푸틴이 영향력을 행사한 게 뻔하기 때문이었다. 그러나 니콜라이는 (그 이후에도 쭉 그랬지만) 여론에 무관심했고, 호보스토프는 황실의 비위를 맞추는 데만 골몰했다. 그는 니콜라이와 알렉산드라가 듣고 싶어 하는 것만 보고했고, 그들이 언짢아하는 것은 축소하거나 아예 무시했다. 그러자 몇 주도 채 안 지나 니콜라이는 젊은 내무장관에게 성 안나훈장Order of Saint Anna First Class을 수여했고, 겹경사를 맞은 호보스토프는 스톨리핀처럼 수상과 내무장관 겸직을 꿈꾸기 시작했다.

1915년 10월이 되자, 이반 고레미킨이 수상의 직위를 오래 수행하지 못할 것 같은 분위기가 감돌았다. 장관들은 그를 싫어했고, 그는 알렉산드라에게 굽실거리며 그녀의 의견을 황제의 명령으로 취급함으로써 상황을 더욱 악화시켰다. 게다가 (지난번 회기에 고레미킨에게 야유를 퍼부었던) 두마가 다시 소집되는 11월 1일을 앞두고, 고레미킨은 부담을 느낀 나머지 차르를 설득하여 두마의 소집을 연기시켰다. 그러나 한 사람의 이기심 때문에 의회 소집이 연기된다는 것은 언어도단이었다. 그러자 이를 기회라고 판단한 호보스토프는 라스푸틴을 찾아가, 전쟁 중인 러시아의 정치 상황을 늘어놓으며 "니콜라이를 설득하여 두마가 계획대로 소집되도록 해주십시오"라고 요청했다. 호보스토프의 전략은 적중했다. 강의를 들은 라스푸틴은 곧 알렉산드라에게 "차르는 두마와 협력해야 하며, 두마를 가능한 한 빨리 소집하는 것이 최선입니다"라고 강조했고, 황후는 라스푸틴의 말을 순순히 받아들였다(최소한 표면적으로는 그렇게 보였다). 그리하여 11월 15일, 그녀는 차르에게 이런 편지를 썼다. "우리의 친구는 두마의 존재를 꺼리지만, 아무리 그렇더라도 '두마를 불필요하게 공격해서는 안 된다'고 생각하고 있어요." 어제까지 전제정치autocracy를 옹호하던 그녀가 입헌군주제 constitutional monarchy라는 새로운 견해를 포용하다니, 그것은 놀라운 변화였다.

그렇다면 고레미킨을 어떻게 처리한다? 알렉산드라는 라스푸틴의 충고를 차르에게 그대로 전했다. "그 케케묵은 귀족을 만나, 이렇게 말하는 게 좋겠어요. '아무리 두마가 당신에게 야유를 퍼붓는다고 해도 언짢다는 이유 하나만으로 그들을 외면할 수는 없소'라고 말이에요." 그런데 사실, 차르는 고레미킨을 (알렉세이 호보스토프의 삼촌인) 알렉산드르 호보스토프로 교체하려고 생각하고 있었다. 이 사실을 뒤늦게 안 라스푸틴은 부랴부랴 알렉산드라에게 전보를 쳐서, "내가 알렉산드르 호보스토프를 먼저 만나볼게요"라고 했다.✤ 그 후 니콜라이와 알렉산드라 사이에서 오고간 편지를 읽어보면, 라스푸틴이 고레미킨의 뒤를 이을 적임자를 물색하고 있었던 게 분명함을 알 수 있다. 러시아 역사의 중요한 전환점에서, 라스푸틴은 엄청난 권력을 휘두르고 있었던 것이다.

알렉산드르 호보스토프를 면담한 라스푸틴은, 그의 인물됨을 황후에게 이렇게 말했다. "정직하지만 고집이 세고, 고레미킨에 비해 감정이 메마르고 냉정합니다." 알렉산드라를 통해 인물평을 전해들은 차르는 수상 교체를 보류하기로 결정했다. 그리하여 고레미킨은 수상 자리를 지켰고, 두마는 1916년 2월까지 소집되지 않았다. 그러나 고레미

✤ 알렉산드르 호보스토프는 자신이 하마평에 오르내리고 있다는 사실을 모르고 있었다.

킨의 후임자는 여전히 필요했으므로 인선 작업은 계속되었다. 알렉산드라와 라스푸틴은 마침내 적임자를 찾아냈는데, 그는 나이든 퇴역 정치인인 데다 평판이 나빠 대중의 기억에서 거의 사라진 인물, 보리스 스튀르머였었다.

보리스 스튀르머는 1848년, 오스트리아와 러시아에 양다리를 걸친 제법 이름난 귀족 집안의 아들로 태어났다. 스튀르머는 지방의 관료로 성장하여 1895년 주지사 자리에 올랐다. 그는 (알렉산드르 2세가 지역 수준의 문제를 해결하기 위해 만든) 젬스트보zemstvo라는 지방의회와 사이좋게 지냈는데, 니콜라이는 이 점을 중시했다. 그가 그 경력을 활용하여 차르와 두마와의 관계를 개선할 수 있을 거라고 생각했기 때문이다. 그러나 스튀르머의 능력은 제한적이었다. 윗사람에게는 비굴하고 아랫사람에게는 과시하는 경향이 있어서, 평판이 별로 좋지 않았다. 1901년 차르는 절망에 빠져, "다른 주지사들이 상트페테르부르크에서 많은 걸 배웠으면 좋겠다"라고 한탄한 적이 있었다. 지방자치단체의 장이었던 스튀르머는 차르에게 인정을 받아 국가평의회State Council 의장으로 발탁되었지만, 1911년 러시아정교회 최고회의 고위감독관으로 승진하는 데 실패했고, 그로부터 2년 후 모스크바 시장으로 승진하는 데도 실패했다. 그리하여 1914년 당시 그의 경력은 사실상 끝난 상태였다.

1915년 후반 제정러시아는 풍랑을 맞아 좌초하기 일보 직전이었다. 유능한 인재들이 손쓸 생각을 하지 않아 자질 있는 인력이 부족하다보니, 스튀르머와 같은 골동품들도 '이만하면 내가 복귀해도 되겠다'라는 희망을 품게 되었다. 그는 라스푸틴의 절친한 친구이자 상트페테르부르크의 수석주교인 피티림에게 접근하여, 라스푸틴의 지지를 얻으려고 호시탐탐 기회를 엿봤다. 그러나 그는 능력이 출중하지 않아, 피터림에게 큰 인상을 주지 못했다. 스튀르머는 궁여지책으로 라스푸틴과 직거래를 트기로 했는데, 결국 그 전략이 주효했다.

1916년 1월 4일, 알렉산드라는 '그리고리의 추천'이라는 힘을 빌려 니콜라이에게 중요한 편지 한 통을 보냈다. 그녀는 이 편지에서, 스튀르머를 "에너지가 넘치는 새 각료들과 호흡을 잘 맞출 수 있는 적임자"라고 추천했다. 니콜라이는 스튀르머에게 호의적이었지만, 주변의 평판이 썩 좋지 않아 머뭇거리는 눈치였다. 1월 7일, 알렉산드라는 "그리고리의 추천은 곧 보증수표"라고 강조하며, 현 상황에서는 스튀르머가 안성맞춤이라고 주장했다. "그는 충성심이 매우 강하며, 각료들에 대한 장악력도 뛰어나요. 지금 바로 결정하세요"라고 그녀는 종용했다.

결국 알렉산드라가 이겼다. 1916년 1월 20일, 니콜라이 2세는 스튀르머를 수상으로 임명했다. 사람들은 깜짝 놀랐다. 고레미킨의 퇴임은 널리 예견되던 일이었지만, 후임자가 스튀르머처럼 무능한 퇴역 관료일거라고 예상한 사람은 아무도 없었기 때문이다. 스튀르머와 함께 일해본 사람들은 하나같이 그를 '회의 때마다 졸지만, 위치 선정이 탁월하여 들키지 않는 사람'으로 기억하고 있었다. 한 프랑스 지식인은 스튀르머를 '삼류 지식인'으로 혹평했다. "스튀르머는 천박한 영혼의 소유자로, 성격이 저질이고 정직성이 의심되며, 권력 구조의 상층부에 있지만 국정에 대한 아이디어가 전혀 없는 인물"이라는 게 중론이었다. 그러나 라스푸틴은 모든 비판을 무시하며 이렇게 말했다. "스튀르머가 늙은 건 사실이다. 그러나 그건 중요하지 않다. 중요한 건 업무 수행 능력이다."

스튀르머는 라스푸틴의 힘을 실감했다. 수상으로 취임한 지 24시간도 채 안 되어, 그에게 불려가 취임 인사를 해야 했으니 말이다. 스튀르머는 라스푸틴을 보고 반색하며, "저를 천거해주셔서 감사합니다"라고 말했다. 그러나 그로부터 열흘 동안 스튀르머가 자기를 무시하며 고자세로 일관하는 것을 보고, 라스푸틴은 심사가 뒤틀렸다. 그래서 궁전에서 신임 수상과 마주쳤을 때 크게 꾸짖으며 경고했다. "당신은 꼭두각시 줄에 매달려 있어야 하오. 만일 그 줄에서 벗어난다면 목이 부러질 걸 각오하시오. 내가 한마디만 하면, 사람들이 달려와 퇴물 정치인을 대궐 밖으로 쫓아낼 것이오."

한편 라스푸틴은 차르에게 두마를 다시 소집하고 개회식에 참석함으로써 좋은 관계를 유지해야 한다고 재촉했다. 그러나 다른 사람들도 차르에게 이와 비슷한 충고를 많이 했으므로, 차르가 두마와의 관계를 개선한 건 순전히 라스푸틴 때문이라고 단정해서는 안 된다.

두마는 1916년 2월 9일 소집되었다. 니콜라이 2세는 개회식이 진행되는 내내 창백하고 긴장된 얼굴로 서서, 침착성을 유지하기 위해 주먹을 쥐었다 폈다 하며 옷깃을 잡아당겼다. 그가 "백성들의 대표자들이여, 황제와 함께 나아갑시다!"라고 구호를 외치는 순간 환호성이 울려퍼졌다.* 차르가 의사당을 떠날 때, 두마의 의장 미하일 로잔코는 대중의 신뢰를 받는 내각Ministry of Public Confidence을 설치해달라고 요구했다. '대중의 신뢰를 받는 내각'이란 '차르는 물론 두마에게도 보고하는 내각'을 의미했는데, 니콜라이는 그 요구를 간단히 무시했다.

그러던 중 탐욕과 야망이 제1차 트로이카를 서서히 위협해오고

---

* 이 구호는 새로운 시도였다. 니콜라이는 '백성을 대표한다'는 두마의 주장을 그동안 거절해왔다.

있었다. 안드로니코프가 내무부를 이용하여 부를 축적함으로써 3자 동맹 관계를 위험에 빠뜨리는 모습을 보고, 흐보스토프와 벨레츠키는 분개했다. 벨레츠키는 라스푸틴을 찾아가, "안드로니코프가 검은돈을 챙기고 있는데, 그 돈은 본래 당신에게 흘러가던 것이었습니다"라고 일러바쳤다. 벨레츠키의 폭로는 노골적인 언쟁과 불화로 이어졌다. 흐보스토프와 벨레츠키는 안나 비루보바에게 달려가, 그녀와 안드로니코프의 관계를 갈라놓았다. 안드로니코프는 이에 대한 보복으로, 유명한 사진 한 장을 황태후(알렉산더 3세의 미망인이자 니콜라이 2세의 어머니)에게 우송했다. 그 사진은 1914년에 촬영된 것으로, 라스푸틴이 안나 비루보바를 포함한 자신의 숭배자들에게 둘러싸여 있는 장면을 담고 있었다. 이 사진이 마리아 표도로브나의 생각을 바꾼 건 아니었지만(그녀는 이미 안나를 싫어하고 있었다), 안드로니코프와 라스푸틴의 흔들리는 우정을 무너뜨리기에는 충분했다.

사실 3자 동맹이 깨진 건, 흐보스토프가 "라스푸틴이 내 승진길을 가로막고 있구나"라고 깨달았을 때부터였다고 봐야 한다. 또한 경찰은 "라스푸틴이 '배불뚝이는 참 뻔뻔해!'라며 내무장관을 조롱했다"는 정보를 흐보스토프에게 제공했는데, 여기서 배불뚝이는 물론 뚱뚱한 흐보스토프를 지칭하는 말이고, '뻔뻔하다'는 것은 흐보스토프가 자리를 넘보는 것을 비꼬는 말이었다. 흐보스토프 자신은 "황실에 헌신하기 위해 라스푸틴과 갈라섰다"라고 항변하며, 어느 날 밤 경찰에게서 보고받았다는 사건을 공개했다. "경찰의 보고에 따르면, 라스푸틴이 한 파티에서 술에 만취해 객기를 부렸는데, 그 내용인즉 황후와 황녀들이 자신의 성 파트너라는 거였다. 사람들이 자신의 말을 믿지 않자 라스푸틴은 전화를 걸었고, 잠시 후 올가라는 여자가 나타났다. 올가의 용모는 사람들의 시선을 끌었다. 알고보니 그녀는 황녀가 아니라 창녀였는데, 고급 모피코트를 입고 있어서 시골뜨기들에게 황족이라는 인상을 주기에 충분했다. 나는 그 사건을 보고받은 후, '러시아를 살리기 위해서는 라스푸틴을 추방해야 한다'고 확신하게 되었다."

경찰서로 연행된 라스푸틴에게, 흐보스토프는 러시아 북부에 있는 커다란 수도원으로 오랫동안 순례 여행을 다녀오는 게 어떠냐고 제의했다. 그렇게 되면 페트로그라드를 벗어나 유혹을 떨쳐버리는 한편, 종교적 신뢰성을 강화할 수도 있을 테니 말이다. 벨레츠키는 라스푸틴에게 8,000루블의 여행비를 지급하고, 그를 수행하는 (평판이 안 좋은) 수도자 두 명에게도 별도의 여행비를 지급하기로 했다. 흐보스토프는 (라스푸틴에게 적대적인) 토볼스크 총독 스탄케비치를 해임해달라는 라스푸틴의 요구를 수용했다. 라스푸틴은 흐보스토프와 벨레츠키의 권유를 받아들이기로 하고 송별 만찬회에 참석하여, 1911년 예루살렘에 다녀온 순례 여행을 언급하여 좌중을 감동시키기까지 했다. 늦은 밤까지 이어진 송별회 자리에서는 융숭한 대접과 함께, 전별금과 고가의 포도주 마데이라가 추가로 전달되었다.

모든 일은 이렇게 마무리되는 듯싶었다. 그러나 그다음 날 아침, 라스푸틴은 입을 싹 씻고 벨레츠키에게 거만하게 소리쳤다. "난 마음이 바뀌었소. 페트로그라드를 떠나지 않겠소."

라스푸틴에게 뒤통수를 맞은 흐보스토프는 직접적인 조치를 취하기로 마음먹었다. 1916년 1월, 그는 미하일 코미사로프 대령에게 20만 루블을 주고 라스푸틴을 암살하라고 시켰다. 코미사로프는 오흐라나 소속의 장교로, 라스푸틴의 경호와 감시를 담당하고 있었다. 부담을 느낀 코미사로프는 경찰총장 스테판 벨레츠키를 찾아가 자문을 구했다. 벨레츠키는 코미사로프에게 이렇게 말했다. "당신은 덫에 걸렸소. 당신이 그 지시를 거부할 경우, 내무장관은 2안을 제시함으로써 당신을 희생양으로 만들 거요. 차라리 '혼자서는 너무 부담스러우니, 내무장관과 경찰총장도 모의에 가담해주세요'라고 부탁하고 반응을 살피시오." 코미사로프가 호보스토프에게 부탁을 한 후, 벨레츠키와 코미사로프는 호보스토프의 반응을 살피며 시간을 벌었다. 며칠 후 호보스토프가 두 사람을 부르자, 두 사람은 호보스토프의 주도 아래 암살 계획을 공모하는 시늉을 했다. 호보스토프는 이렇게 제의했다. "라스푸틴을 목졸라 죽인 다음 꽁꽁 얼어붙은 강둑에 파묻읍시다. 나중에 봄이 되면, 강둑에서 떨어져 나온 얼음 조각이 라스푸틴을 먼 바다로 실어나를 거요." 그러나 코미사로프는 독극물이 더 좋은 방법이라고 생각하고, 적당한 독극물을 찾아내어 라스푸틴의 고양이에게 테스트를 해봤다. 그러자 고양이가 독살당한 것을 발견하고 격분한 라스푸틴은 안드로니코프에게 죄를 뒤집어씌워 오지 마을로 추방해버렸다.[*]

호보스토프는 그제서야 벨레츠키와 코미사로프가 라스푸틴을 죽일 의향이 없었음을 깨닫고, 일리오도르의 의사를 타진하기 위해 차리친으로 밀사를 보냈다. 그러나 그가 보낸 밀사가 벨레츠키에게 체포되면서 '내무장관이 라스푸틴을 암살하려고 음모를 꾸미고 있다'는 소문이 무성해졌다. 호보스토프가 벨레츠키에게 노골적으로 유감을 표명하자, 어안이 벙벙해진 기자들이 인터뷰를 하기 위해 두 사람에게 접근했다. 호보스토프는 안나 비루보바에게 달려가 자신의 결백을 주장

---

[*] 안드로니코프는 평생 동안 벌을 여러 번 받아봤지만, 무고하게 벌을 받은 것은 이번이 처음이었다.

하며, "만약 라스푸틴을 죽이려고 음모를 꾸미는 사람이 있다면, 그건 내가 아니라 벨레츠키일 겁니다"라고 주장했다. 안나는 라스푸틴과 흐보스토프를 위해 만찬 자리를 마련했고, 흐보스토프는 그 자리에서 라스푸틴에게 절을 하며 손에 입을 맞췄다. 그러나 라스푸틴은 그 정도로 넘어갈 바보가 아니었다.

3월 3일에 열린 각료회의가 정중하고 화기애애하게 진행되자, 흐보스토프는 "휴, 위기를 넘겼구나!"라며 안도의 한숨을 내쉬었다. 그러나 웬걸, 차르는 몇 시간 후 "배불뚝이를 내무장관에서 해임한다"는 칙서를 내렸다. 벨레츠키는 모의를 주도하지 않았지만, 경찰총장에서 해임되어 연봉 1만 8,000루블짜리 상원의원으로 임명되었다.

니콜라이 2세는 신하들에게 "흐보스토프를 내무장관으로 임명하지 마십시오"라는 경고를 여러 번 들었지만, '나는 천부적인 판단 능력을 갖고 있으므로, 신하들의 반대를 무시해도 된다'고 상상하며 그들의 건의를 거절했었다. 그 결과는 명백했다. 악당으로 소문난 흐보스토프에게 중요한 자리를 맡겼더니, 결국 악당처럼 행동하지 않았던가! 후속 행동으로 미뤄볼 때, 니콜라이는 학습능력(경험을 통해 교훈을 얻는 능력)이 없었던 게 분명하다. 안나 비루보바가 후보사들을 면섭하고 라스푸틴이 그들을 평가했음에도 불구하고, 차르는 균형감을 잃은 황후에게 휘둘려 꼭두각시 노릇을 반복했던 것이다.

수정주의 역사학자들은 니콜라이 2세에게 경도되어, "차르는 주변인들의 음모에 희생된 인물"이라고 묘사한다. 그러나 흐보스토프가 실각한 과정을 살펴보면, 니콜라이의 능력이 부족했음을 알 수 있다. 그는 1915년 가을 이후 건전한 평가를 내리거나 자신의 뜻을 관철하지 못했으며, 자신의 실수를 인정하지도 않았다. 그와 대조적으로, 알렉산드라는 자신의 실수를 인정했다. 1916년 3월 2일, 그녀는 니콜라이에게 이런 편지를 썼다. "나와 그리고리가 흐보스토프를 당신에게 추천한 것은 비극이었어요. 그 인사는 러시아에 평지풍파를 일으켰어요. 당신은 신하들의 반대에 부딪혔고, 나는 협잡꾼들에게 속았어요." 그러나 그녀는 자신을 책망하지 않았다. "그 사건을 달리 설명할 길이 없어요. 흐보스토프가 악마와 결탁했던 게 분명해요."

흐보스토프 스캔들은 이미 전쟁에 고통받고 라스푸틴의 국정 농단에 치를 떨던 러시아 국민들에게 치명타를 날렸다. 황권의 위신은 땅바닥에 떨어지고, 황제에 대한 신뢰는 침식되기 시작하고 있었다. 몇 번의 위기에도 불구하고 니콜라이를 지지하던 사람들은 이제 그의 능력을 의심하고 있었다. 벨레츠키가 말했던 것처럼, 차르의 백성들은 정부가 마피아처럼 행동하는 것을 보고 경악했다. 그러나 향후 열 달 동안 러시아인들이 목격할 스캔들에 비하면, 흐보스토프 스캔들은 아무것도 아니었다.

16

비열한 사냥개에게 굴복한 러시아정교회

전쟁이 모든 사건들의 원인으로 작용하던 1915년 여름, 라스푸틴의 권력은 주춤했다. 독일군이 바르샤바를 함락시킨 1915년 8월 5일 기준으로 러시아군의 절반이 떼죽음을 당했다. 차르의 병사들 중 140만 명이 죽거나 부상당했으며, 약 100만 명이 포로가 되었다. 러시아군의 지휘관 중 한 명인 안톤 데니킨 장군은 당시의 상황을 이렇게 회고했다. "우리가 갈리시아(폴란드 남부)에서 퇴각한 것은 러시아군의 최대 비극 중 하나였다. 독일군의 중화기가 우리의 참호들과 그 속에 버티고 있던 병사들을 모두 날려버리는데도, 화력이 부족한 러시아군은 거의 반격할 수가 없었다. 우리 연대는 거의 궤멸당한 상태에서도 한 줄씩 차례대로 백병전을 감행했다. 핏물이 홍수처럼 흘렀고, 무덤 수가 매일 늘어나면서 우리의 전력은 점점 더 약화되었다."

대중의 신뢰를 회복할 만한 소재가 별로 없었지만, 니콜라이 2세는 그런 가운데서도 정부를 대대적으로 개혁했다. 15장에서도 살펴본 바와 같이, 그는 1915년 여름 인기 없고 흐리멍덩한 장관 네 명을 (대중의 신망을 받는) 유능한 인재로 교체했다. 라스푸틴에게 맞설 생각은 추호도 없었지만, 차르가 새로 임명한 전쟁장관, 법무장관, 내무장관은 선임자들보다 라스푸틴에게 덜 우호적인 인물들이었다. 라스푸틴에게 가장 직접적인 영향을 미친 인물은 러시아정교회 최고회의 고위감독관으로 임명된 알렉산드르 사마린이었다.

알렉산드르 사마린은 뼈대 있는 가문 출신으로, 아버지 드미트리는 유명한 친슬라브파 철학자로서 알렉산드르 2세와 함께 1861년에 농노제를 폐지했다. 알렉산드르 사마린은 매우 보수적이었지만, 훌륭한 인품 때문에 그와 의견을 달리하는 사람들조차도 그를 우러러봤다. 영국의 관측통 R. H. 브루스 로커드는 그를 가리켜, '자신의 계층을 가장 잘 대변하는 인물 중 한 명'이라고 했다. 차르는 1911년에도 그에게 러시아정교회를 맡기려고 했었지만, 사마린이 '라스푸틴을 교회 일에서 일절 배제해달라'고 강력히 요구하자 결국 블라디미르 사블레르를 고위감독관으로 임명했었다.

차르는 1915년 6월 15일 알렉산드라에게 보낸 편지에서 이렇게 말했다. "당신이 이번 개각을 언짢아할 거라고 생각하오. 그러나 이런 개각은 꼭 필요하오. 지명도가 높고 모든 백성들이 전폭적으로 지지하는 인물을 선택해야 하오." 아니나 다를까, 황후는 이에 분노하여 격앙된 답장을 여러 통 보냈다. "나는 이번 개각 소식을 들은 후 가슴이 벌렁거려 마음을 진정할 수가 없어요. 라스푸틴도 크게 실망했어요. 라스푸틴의 적은 곧 우리의 적이에요. 그들은 사마린을 이용하여 황권을 약화시킬 거예요."

사마린이 러시아정교회를 이끌게 되면서, 라스푸틴이 러시아정교회에 미치는 영향력에 대한 비판의 목소리가 높아졌다. 내무장관에 새로 임명된 니콜라이 셰르바토프도 라스푸틴의 적으로서, 라스푸틴이 언론에 물린 재갈을 제거할 만한 힘을 갖고 있었다. 셰르바토프가 1915년 6월 그 일을 해내자, 라스푸틴은 갑자기 핫토픽으로 떠올랐다. 신문들은 라스푸틴의 비천한 신분, 절도, 술주정, 방탕한 생활, 음모, 상류층·고관·사제들과의 스캔들에 관한 기사를 쏟아냈다. 1년 전 구세바의 암살 미수 사건을 보도했던 의문의 저널리스트 벤저민 데이비슨도 라스푸틴과 고관·귀족들과의 관계를 풍자하며 그의 가식과 매너리즘을 조롱했다. 한 신문에서는 라스푸틴의 고향 포크로프스코예까지 들먹이며 그를 공격했다. "포크로프스코예 주민들은 시베리아의 쓰레기로, 가난과 도덕적 해이가 만연하는 가운데 무슨 짓이든 저지를 수 있는 사람들이다. 특히 라스푸틴 가문의 분위기는 최악이며, 도둑과 주정뱅이들이 우글거린다."

「뉴타임스」에는 이런 사설이 실렸다. "학교들과 신학교들은 모두 혼돈에 빠져 있다. 사제들은 교구를 포기했고, 성직자들은 권위가 없어 존경받지 못한다. 백성들의 신앙심이 약화되어, 교회에 대한 무관심이 팽배해 있다." 논설위원은 이 모든 것을 라스푸틴 탓으로 돌리며 다음과 같이 말했다. "라스푸틴은 비열한 사냥개다. 그가 러시아를 그렇게 오랫동안 우롱할 수 있었던 이유는 뭘까? 그 이유는 교회, 러시아정교회, 귀족, 장관, 상원, 국가평의회와 두마의 의원들이 비열한 사냥개 앞에 넙죽 엎드렸기 때문이다. 과거에는 라스푸틴의 스캔들이 당연시되었지만, 이제 우리는 그의 만행을 종식시켜야 한다."

비열한 사냥개에게 굴복한 러시아정교회

성직자들은 사마린에게 제출한 보고서에서, 라스푸틴이 젊은 시절 말 도둑이었으며 이단자로 활동했다고 주장했다. 또한 그들은 라스푸틴과 한통속인 바르나바 주교를 '균형 감각을 잃은 광신도'로 몰아세우며, 그의 무한한 자기애와 야망을 트집 잡았다.* 사블레르가 고위감독관으로 있던 1914년, 바르나바는 (18세기 시베리아의 수석 대주교인) 요한 막시모비치의 시성canonization**을 처음으로 제안했는데, 이로 인해 시베리아인들의 신앙심이 깊어지고 재정 수입도 증가할 것으로 예상되었다. 왜냐하면 요한이 성인으로 선포될 경우, 그가 묻혀 있는 토볼스크 성당으로 순례자들과 돈이 몰려들 게 뻔했기 때문이다.

그러나 성 요한을 성인으로 선포한다는 것은 교회의 규칙에 위배되는 정략적 발상이었다. 러시아정교회 최고회의가 요구한 성인의 자격 조건은 두 가지였다. 첫 번째 조건은 '시신이 부패하지 않고 보존되어야 한다'는 것이고, 두 번째 조건은 '유해와 관련된 기적이 일어나야 한다'는 것이었다. 바르나바는 러시아정교회 최고회의에 출석하여 다음과 같이 말함으로써, 첫 번째 자격 조건을 교활하게 충족시켰다. "성 요한의 몸은 보존되지 않았지만, 신의 은총 덕분에 모든 골격이 잘 보존되었습니다." 그러나 요한 막시노비치의 유해와 관련된 기적이 전혀 없다보니, 두 번째 자격 조건에 대해서는 언급할 게 전혀 없었다. 그러자 (라스푸틴은 물론이고) 니콜라이와 알렉산드라가 요한의 시성식에 관심이 많다는 사실을 의식한 사블레르는 타협책을 제시했는데, 그것은 제1차 세계대전이 끝날 때까지 기적에 관한 판단을 유보한다는 것이었다.

---

* 예컨대, 바르나바는 일련의 설교를 통해 "제1차 세계대전은 낙태 때문에 일어났으며, 낙태를 러시아에 퍼뜨린 주범은 독일인들이다"라고 주장한 전력이 있었다.
** 성인으로 선포함. _ 옮긴이.

바르나바는 최고회의의 결정에 불만을 품고 라스푸틴을 찾아가 강력히 요청했다. "차르에게 부탁하여, 황제의 직권으로 시성식을 허락하게 해주세요. 토볼스크 주민들은 차르를 사랑하며, 새로운 성인을 간절히 원합니다. 요한의 무덤에서 최고회의가 원하는 기적이 일어나는 것은 시간문제일 뿐입니다." 라스푸틴을 통해 이 말을 전해들은 황후는 바르나바의 요청에 동감을 표시하며 이렇게 화답했다. "평민 출신이어서 그런지, 바르나바 주교는 백성들의 마음을 잘 이해하는군요." 1915년 8월 29일, 알렉산드라는 니콜라이에게 이렇게 말했다. "사마린에게 즉시 명령을 내려, 바르나바로 하여금 요한 막시모비치를 찬미할 수 있게 해주세요. 사마린은 바르나바를 제거하려고 하고 있는데, 그 이유가 뭔지 아세요? 우리가 바르나바를 좋아하고 바르나바가 라스푸틴과 친하기 때문이에요."

그러나 알렉산드라는 걱정할 필요가 전혀 없었다. 차르는 이미 명령을 내린 데다, 명령의 강도가 알렉산드라의 부탁보다 훨씬 강했기 때문이다. 알렉산드라는 "교회 지도자들에게 시성식을 승인하라고 압력을 넣어주세요"라고 했지만, 니콜라이는 아예 교회의 규칙을 어기기로 작심한 것이다.

차르는 1915년 8월 27일자로 바르나바에게 전보를 보내 "영화glorification가 아닌 찬미laudation를 승인한다"고 선언했고, 바르나바는 차르의 명령을 즉시 이행했다.* 전보가 도착한 날 밤, 성당에서 울리는 종소리가 신자들을 시복식장으로 불러 모았는데, 그것은 제정러시아

＊'영화'란 완전한 성인을 선언하는 시성식을 의미하며, '찬미'란 '영화'의 전 단계로서 로마 가톨릭에서 말하는 시복beatification을 의미했다.

비열한 사냥개에게 굴복한 러시아정교회

에서 마지막으로 열린 대규모 교회 행사였다. 회중들은 시복식을 시성식으로 착각하고 큰 감동을 받았지만, 바르나바는 회중들의 착각을 바로잡지 않고 그대로 내버려뒀다. 시복식이든 시성식이든 성 요한을 성인으로 받들기만 하면 그만이었기 때문이다. 그러나 그것은 러시아정교회의 규칙을 무시한 편법이었다.

화가 머리끝까지 난 사마린은 바르나바를 페트로그라드로 소환했다. 그는 바르나바의 명령 불복종 행위를 빌미 삼아, '라스푸틴을 교회에서 몰아내자'는 캠페인을 시작할 계획이었다. 바르나바는 적들이 심문하는 동안 잠자코 서 있다가, 그들이 다리를 꼬고 히죽히죽 웃으며 야유를 보내자 근엄한 자세로 사마린에게 이렇게 경고했다. "지배계층을 심판하는 것은 당신의 소관 사항이 아니오." 그런 다음, 바르나바는 비장의 카드를 썼는데, 그것은 라스푸틴을 경유하여 알렉산드라로 하여금 니콜라이에게 '운명의 전보'를 보내게 하는 것이었다. "최고회의가 당신의 전보를 보더니 비웃으며 묵살하고, 바르나바가 시복식을 진행하지 못하도록 금지했어요. 사마린을 빨리 해임해주세요. 그러지 않으면 그와 최고회의가 바르나바를 또다시 페트로그라드로 소환하여 윽박지르며 심문할 거예요. 불쌍한 바르나바!" 라스푸틴도 거들었다. "신이 폐하의 행동을 축복할 겁니다. 폐하의 말은 모든 이에게 평화와 친절을 베풉니다. 폐하의 손은 천둥 번개를 일으켜 모든 것을 정복할 겁니다."

성 요한의 찬미를 무효화한 최고회의는 여세를 몰아 바르나바를 쫓아내는 작업에 착수했다. 그러나 이 전투의 승자는 최고회의를 이끄는 사마린이 아니라 토볼스크의 주교 바르나바였다. 결정적인 순간에 니콜라이가 고위감독관에게 등을 돌렸는데, 그 이유는 '사마린이

인기가 높고 널리 칭송받는다'는 사실이 니콜라이의 질투심을 자극했기 때문이었다. 게다가 젊고 혈기 왕성한 사마린은 무모한 행동을 했다. 동료들을 대신해서 "차르가 니콜라샤를 총사령관에서 물러나게 하고 스타프카에 상주하기로 한 것은 잘못입니다"라는 내용의 상소문을 쓴 것이다. 그 결과는 불을 보듯 뻔했다. 라스푸틴은 몇 주 전부터 "사마린은 더 이상 버티지 못할 것"이라고 장담했는데, 그의 예언이 적중했다. 니콜라이는 두 달밖에 안 된 사마린을 쫓아내기로 결정했다.

1915년 9월 15일, 사마린은 다른 장관들과 함께 스타프카에서 열린 각료회의에 참석했다. 사마린이 바르나바 사건에 대해 보고할 때, 니콜라이는 담담한 표정으로 듣기만 했다. 나중에 단둘이 이야기할 때, 니콜라이는 사마린에게 황실과 전황戰況에 대한 의견을 물었다. 그러고는 대답을 듣지도 않고 자리를 뜨더니, 잠시 후 고레미킨을 시켜 사마린에게 해임을 통보했다. 사마린은 그 자리에서 곧바로 해임되어 스타프카에서 축출되었다.

모든 이들은 사마린이 자리에서 쫓겨난 게 알렉산드라와 라스푸틴의 압력 때문임을 알고 있었다. 사마린을 지지하는 모스크바 시민들은 놀라 흥분을 감추지 못했다. 일부 관측통들은 그들이 차르에 대항하여 조직적인 움직임을 보이는 것을 처음으로 탐지했다.❖ 사마린이 제거되자 보수적 여론이 가열되며 황실에 대한 비난이 들끓었다. 여기서 황실이란 알렉산드라, 안나 비루보바, 라스푸틴을 뭉뚱그려 일컫는 말이었지만, 니콜라이 2세에 대한 태도도 싸늘해져 갔다. 사람들은

❖ 이때부터 러시아인들 사이에서는 우익 쿠데타에 대한 관심이 높아졌지만, 물론 구체화되지는 않았다.

비열한 사냥개에게 굴복한 러시아정교회

"니콜라이 2세가 실수를 연발할 뿐만 아니라 미숙하기 짝이 없으며, 이러한 상황은 쉽게 변하지 않을 것"이라고 여기게 되었다. 그해 10월 알렉산드르 스피리도비치는 상황이 심상치 않은 것을 보고 충격을 받아 다음과 같이 썼다. "모든 사람들이 정부를 반대하며, 모든 사건들이 정부에 불리하게 돌아가고 있다. 모스크바 사람들은 알렉산드라 표도로브나, 안나 비루보바, 라스푸틴을 정말로 싫어하는 것 같다."

사마린이 고위감독관에서 해임된 후 라스푸틴은 촉각을 곤두세웠다. 만약 새로운 강경파가 임명된다면, 교회 내에서 자신에 대한 반대 운동이 수그러들지 않을 것이기 때문이었다. 라스푸틴은 자신의 지지 세력을 보호해야만 했다. 최고회의 재무책임자 니콜라이 솔로비예프와 서기장 표트르 무르드롤류보프는 공공연히 라스푸틴을 지지했고, 또 다른 협력자인 바실리 스크보르초프는 보수주의 저널리스트로서 라스푸틴이 교회에서 영향력을 행사하는 것을 두둔했다. 바르나바의 누이 나탈리야 프릴레자예바는 최고회의 실무자와 결혼하여, 최고회의의 업무를 염탐하는 한편 중요한 서류를 빼돌려 라스푸틴에게 전달했다.

내무장관 알렉세이 흐보스토프는 알렉산드르 볼진을 사마린의 후임으로 천거했다. 볼진은 지방의 관료로서, 특별한 종교적 경험이 없고 교회 지도자들과의 친분도 별로 없는 인물이었다. 그는 라스푸틴을 숭배하고 교회음악을 사랑했지만, 흐보스토프와 먼 친척뻘이었으므로 크게 보면 배불뚝이(흐보스토프의 별명)의 추종 세력으로 분류될 수 있었다. 알렉산드라는 볼진을 면접한 후, "인상이 매우 좋았어요. 흑심을 품지 않고, 교회의 요구 사항을 잘 파악하고 있는 인물이었어요"라고 평가했다. 게다가 볼진은 아첨의 가치를 잘 아는 인물이어서, 면접이 끝날 즈음 황후에게 자기를 축복해달라고 요청했다. 아첨에 약한 알렉산드라는 차르를 움직여, 1915년 9월 26일 볼진을 러시아정교회 최고회의 고위감독관으로 임명했다.

러시아인들은 토볼스크에서 일어났던 소동을 무시했지만, 니콜라이는 1915년 라스푸틴의 측근을 페트로그라드의 수석 대주교로 임명함으로써 페트로그라드 시민들을 분개하게 만들었다. 문제의 인물은 피티림으로, 구체제에서 가장 유명하고 논란 많은 인사 중 한 명이었다. 그의 본명은 파벨 오크노프인데, 1883년 수도원에 들어가 피티림이라는 이름을 얻었다. 피티림은 1891년 상트페테르부르크 신학교의 총장으로 발탁되어 두각을 나타냈다. 1894년에는 노브고로드 주교, 1896년에는 툴라 주교, 1904년에는 쿠르스크 주교를 거쳐, 1909년에는 총주교로 승진했다. 그가 수도원에서 맹세했던 청빈, 순종, 순결을 무시했음에도 불구하고 승승장구한 것은 이변이었다. 동성애자였던 그는 툴라의 주교관에 남자 친구를 공공연히 입주시켰고, 둘이서 뻔뻔하게 교회의 재산을 털어먹었다. 1911년에는 한 성인의 찬미가를 더럽혔다는 이유로 먼 교구로 쫓겨났는데, 그는 덕분에 사람들의 기억에서 잊히기를 바랐다.

그러나 웬걸, 그로부터 몇 달 후 러시아정교회 최고회의의 관계자는 피티림을 "교회사에서 가장 수치스러운 인물"로 일컬었다. 그런 피티림을 위기에서 구해낸 은인은 라스푸틴이었다. 라스푸틴은 황후에게 "피티림에게 선처를 베풀어주세요"라고 간청했는데, 그 동기는 분명하지 않았다. 마리아 라스푸틴의 주장에 의하면, 그녀의 아버지는 젊은 시절 동성애에 거부감을 보였지만, 시간이 지나고 경험이 쌓여감에 따라 동성애자들에게 점점 더 관용을 베풀게 되었다. 그는 이교도들을 항상 편애했고, 무슬림들을 강력하게 변호했으며, 심지어 터키

정부를 옹호하기까지 했다. 라스푸틴은 유대인들에게 투덜대면서도 유대인 친구들을 많이 사귀었는데, 그중에는 특히 사업가나 창녀들이 많았다. 라스푸틴은 코너에 몰려 발버둥치는 사람들을 간혹 동정하곤 했는데, 그가 황실에서 피티림 구명 운동을 한 것도 이런 측면에서 이해할 수 있다. 라스푸틴은 황제를 통해 최고회의에 압력을 넣어, 피티림을 사마라의 대주교로 임명했다. 1913년 라스푸틴의 영명축일에 피티림이 라스푸틴에게 축하 전보를 발송하는 것을 보고, 토볼스크의 우체국장은 두 사람이 특수 관계에 있음을 짐작했다. 그 후 피티림이 라스푸틴의 측근이라는 소문이 파다하게 퍼졌다.

1914년 그루지아의 총주교가 죽자, 차르는 러시아정교회 최고회의 고위감독관을 만나 후임자를 논의했다. 차르가 피티림을 선호하는 눈치를 보이자, 깜짝 놀란 고위감독관은 황급히 '좀 더 적절한 후보자 명단'을 들이댔다. 니콜라이는 명단을 한 번 쓱 훑어보더니, 맨 위에 '피티림'이라고 적었다. 니콜라이와 알렉산드라가 피티림을 단 한 번도 만나본 적이 없지만, 피티림이 그루지아의 총주교로 임명된 것은 순전히 라스푸틴 덕분이었다. 그루지아 총주교는 러시아정교회 서열 4위에 해당하는 막강한 자리였다. 알렉산드라는 피티림을 '총명하고 마음이 넓은 사람'이라고 추켜세웠다. 나중에 피티림을 만나본 니콜라이는 깊은 인상을 받아, 알렉산드라에게 "피티림을 장차 페트로그라드의 수석 대주교로 임명하고 싶소"라고 말했다. 페트로그라드의 수석 대주교는 그 당시 러시아정교회의 주교들이 최고의 영예로 여기는 자리였다.

1915년 11월 키예프의 수석 대주교가 죽었을 때, 피티림의 시대는 전성기에 이르렀다. 알렉산드라가 니콜라이에게, "페트로그라드의 수석 대주교이자 라스푸틴의 적인 블라디미르를 키예프 수석 대주교로 강등시킵시다"라고 제안했다. 그리하여 피티림이 페트로그라드로 진출할 기회가 열렸다. 키예프 수석 대주교는 러시아정교회 서열 3위였는데, 러시아정교회에서 수석 대주교가 강등된 것은 전례가 없는 일이었다. 그러나 교회를 자신과 라스푸틴의 입맛대로 주물러 혼란에 빠뜨려본 경험이 있는 니콜라이 2세로서는 거리낄 게 없었다.

당시 러시아정교회 최고회의 고위감독관은 알렉산드르 볼진이었다. 그는 피티림의 불미스러운 행동이 적힌 보고서를 제출하며 강력히 항의했지만, 차르는 그의 의견을 간단히 묵살했다. 교회의 법과 전통에 따르면, 수석 대주교를 임명하려면 열세 명으로 구성된 최고회의 관리위원회의 승인을 받아야 했다. 관리위원회가 승인을 거부하자, 니콜라이는 이에 아랑곳하지 않고 "피티림을 페트로그라드의 수석 대주교로 임명한다"고 발표해버렸다. 페트로그라드 수석 대주교의 집무실이 있는 알렉산드로 네프스키 수도원의 성직자들은 경악했다. 피티림의 측근을 제외하면, 그가 러시아정교회 최고의 자리에 오른 것을 축하하는 사람은 아무도 없었다. 장관들은 피티림이 성 이삭 성당에서 공식적으로 집전한 예배를 보이콧했다. 피티림이 두마를 정중히 방문했을 때 미하일 로잔코 의장은 그를 노골적으로 적대시했으며, 두 사람이 나눈 짧은 대화에는 긴장감이 넘쳤다.

로잔코는 마침내 이렇게 호통쳤다. "라스푸틴과 그 일당은 축출되어야 합니다. 그리고 '라스푸틴이 임명한 사람'이라는 블랙리스트에 올라 있는 당신도 교회에서 추방되어야 합니다." 피티림은 하얗게 질린 얼굴로, "차르에게 라스푸틴 이야기를 해본 적은 있나요?"라고 물었다. "해보다 마다요, 수도 없이 했죠. 피티림 추기경, 당신도 다 알면서 시치미를 떼는 군요!"라고 로잔코는 응답했다.

비열한 사냥개에게 굴복한 러시아정교회

피티림은 그루지아에서 페트로그라드로 부임하면서 핸섬하고 젊은 사제 안토니 구리스키를 대동했는데, 그는 매력적인 동성애자였다. 라스푸틴은 알렉산드라에게 "구리스키를 페트로그라드의 대리주교로 승진시켜주세요"라고 말했다. 구리스키를 만나본 알렉산드라는 부드러운 그루지아식 억양에 반해 이렇게 말했다. "당신은 우리의 친구 라스푸틴을 우리보다 더 오랫동안 알고 있었군요. 몇 년 전 카잔 신학교의 총장을 역임하기도 했고요." 피티림을 수행한 사제 중에는 멜기세덱이라는 젊은 동성애자도 있었다. 알렉산드라는 "우리의 친구가 그러는데, 당신은 장래에 멋진 수석 대주교가 될 거래요"라고 칭찬을 늘어놓으며, 그를 크론스타트의 주교로 임명했다.

　　피티림은 알렉산드르 네프스키 수도원의 원장을 새로 임명했는데, 그의 이름은 필라레트였다. 다혈질인 필라레트는 초신자初信者들과 싸우고 그들의 재산을 훔친 혐의로 사제 자리에서 쫓겨난 경력이 있었다. 또한 수도원에 물건을 납품하는 업자들에게 리베이트를 요구했는데, 감사관들에 의하면, 필라레트는 수도원장으로 부임한 후 1916년 한 해에만 무려 10만 루블을 빼돌렸다고 한다. 피티림의 성적 파트너는 이반 오시펜코라는 젊은 평신도였는데, 두 사람은 집시 코러스와 댄스를 가미한 야외 파티를 수시로 열어, 고풍스럽고 우아한 수도원의 품위를 실추시켰다. 만취한 손님들이 정원과 땅바닥을 헤맬 때 알코올이 시냇물처럼 흘렀으며, 라스푸틴은 파티의 단골손님으로 초대되곤 했다.

　　라스푸틴과의 친분으로 덕을 본 동성애 성직자 중에 이시도르라는 사람이 있었다. 그는 1902년에 주교가 되었지만, 문란한 성생활로 잦은 물의를 일으켰다. 그는 네 번 자리를 옮긴 끝에, 1911년 '비정상적인 행위를 했다'는 이유로 성직을 박탈당했다. 이시도르는 초신자들을 자주 유혹했고, 그중 일부는 그와 오랫동안 연인 관계를 유지하기도 했다. 1913년 처음 만났을 때부터 이시도르를 눈여겨보던 라스푸틴은 1916년에 그를 주교로 복귀시켜주었고, 이시도르는 연인과 재결합하여 이전처럼 공공연히 동성애를 즐겼다. 황후 알렉산드라도 동성애 성직자들과 어울리는 것을 즐겼으며, 1916년 10월에는 니콜라이에게 이렇게 말했다. "나는 라스푸틴, 이시도르, 멜기세덱과 조용하고 평화로운 저녁 시간을 보냈어요. 우리는 평화롭고 조화로운 분위기 속에서 차분하고 유익한 대화를 많이 나눴어요."

팔라디도 라스푸틴 덕분에 주교가 된 사람이었다. 그는 신학교의 장학관으로서 학생들의 생활을 감독했는데, 그중에는 열두 살짜리 어린 학생들도 있었다. "팔라디가 비정상적 성범죄를 저질렀다"는 증언은 팔라디의 침대 시트를 세탁하던 수녀들로부터 나왔다. 그는 열네 살짜리 소년을 유혹했다고 하는데, 러시아에서는 예나 지금이나 열네 살을 성관계 승낙연령age of consent*으로 간주한다. 팔라디는 다른 수도자들이나 평신도들도 승진이나 특혜를 미끼로 유혹한 혐의로 고발되었지만, 피해자로 지목된 사람들이 그에게 불리한 증언을 하지 않는 바람에 미제 사건으로 남았다. 한 젊은 남성은 "팔라디 주교에게서 받은 편지를 즉시 찢어버렸다"고 주장했지만 물증이 없었다.

1916년 2월에는 "라스푸틴이 러시아정교회 최고회의에 잔존하는 반대 세력을 몰아내려고 음모를 꾸미고 있다"는 소문이 퍼졌다. 아마도 라스푸틴 일파가 자신에게 반대하는 고위성직자, 수도원장, 사목장

---

* 합법적으로 성관계를 승낙할 수 있는 연령.

들을 해임하여 먼 수도원으로 보내려고 했던 것 같다. 하리코프의 안토니 대주교는 사적인 편지에서 라스푸틴을 비판한 사실이 탄로남으로써 최고회의 관리위원회에서 해임되고 시베리아의 수도원으로 발령났다. 이르쿠츠크의 인노센트 대주교는 라스푸틴의 영향력을 공개적으로 개탄하다가 즉시 해임되었다. 라스푸틴은 인노센트 대주교의 후임자를 고르는 과정에서 한 명의 후보자에게 거부권을 행사했는데, 그 이유는 그가 사제가 되기 전에 자신을 맹비난한 것으로 밝혀졌기 때문이었다.

라스푸틴은 새로운 고위감독관이 자신의 계획에 협조함으로써, 러시아정교회 최고회의에서 자신의 권력을 강화시켜 주기를 기대했다. 라스푸틴이 알렉산드르 볼진을 고위감독관으로 뽑은 이유는 바로 그 때문이었다. 볼진은 자신이 후임자로 거론될 때 황후에게 아첨하고 라스푸틴을 칭찬함으로써 후한 점수를 받았다. 그는 1916년 여름 요한 막시모비치의 시성식을 밀어붙였으며, 그해 10월 바르나바를 토볼스크의 대주교로 승진시켰다. 그러나 명색이 고위감독관인 볼진은 거수기 역할을 하는 게 못마땅했고, 라스푸틴에게 반감을 품기 시작했다. 그러던 중 볼진은 '부감독관이 라스푸틴 패거리와 일전을 불사할 각오가 되어 있다'는 사실을 알고 쾌재를 불렀다. 사실 라스푸틴 패거리와의 싸움은 '러시아정교회 최고회의의 2인자인 부감독관 자리를 누가 차지할 것인가?'라는 핫이슈를 둘러싸고 전개되었다.

라스푸틴은 니콜라이 제바코프 공을 부감독관으로 밀고 있었다. 라스푸틴과 친해진 제바코프는 알렉산드라와 만나 "러시아군이 유명한 성화상을 전선에 배치하여 큰 승리를 거두는 환상을 봤습니다"라고 말했다. 볼진이 제바코프의 승진을 반대하자, 알렉산드라는 니콜라이에게 "라스푸틴이 그러는데요, 당신이 볼진을 불러 '나는 제바코프가 라스푸틴의 측근이라 마음에 든다'고 귀띔해줘야 한대요"라고 말했다. 그런데 그 계획이 두마에서 물의를 일으키게 되자, 니콜라이 2세는 당초의 계획을 번복했다.

아이러니하게도, 피티림은 황후에게 달려가 "볼진은 평판이 안 좋은 인물이므로, 고위감독관에서 해임해야 합니다"라고 불평했다. 볼진은 취임 후 6주 만에 알렉산드라의 눈 밖에 났다. 알렉산드라는 볼진을 "겁 많고 대중의 여론을 무서워하는 인물", "너무 젠체하므로 최고회의를 이끌기에 부적합한 인물"이라고 단정했다. 그러나 사마린의 추종자들이 사마린의 해임에 아직도 분개하고 있음을 감안하여, 니콜라이와 알렉산드라는 볼진을 당분간 유임시키기로 결정했다.

1916년 8월 1일, 오랜 싸움으로 기진맥진해진 볼진은 거의 1년 만에 알렉산드라에게 사직서를 제출했다. 황후는 반색하며 그의 후임자를 물색하는 작업에 착수했고, 신하들은 알렉산드라에게 적당한 후보자 명단을 내놓았다. 그러나 라스푸틴과 피티림은 독자적으로 후보자 명단을 들이밀었는데, 후보자들의 면면을 살펴보면 하나같이 그만그만한 능력에 의지가 박약하여 후견인의 도움이 필요한 사람들이었다. 라스푸틴과 피티림이 니콜라이 라예프를 후임자로 선정하는 데는 오랜 시간이 필요하지 않았다.

라예프는 그의 아버지가 상트페테르부르크의 수석 대주교를 역임했을 정도로 교회 고위층 집안 출신이었다. 그러나 젊은 라예프는 교육부에서 일하며 공직 경험을 쌓고 있었다. 라예프는 피티림을 통해 라스푸틴을 만났는데, 피티림은 라예프의 아버지에게 고마움을 간직하고 있었다. 왜냐하면 그가 상트페테르부르크 신학교의 총장이 될

비열한 사냥개에게 굴복한 러시아정교회

때, 상트페테르부르크의 수석 대주교가 힘을 써줬기 때문이다. 1916년
에는 새로운 인재들이 차르의 내각에 들어가기를 꺼렸는데, 그 이유는
제정러시아가 곧 붕괴될 것 같아 향후 무슨 일이 일어날지 관망하고
있었기 때문이다. 라예프가 별 볼 일 없는 후보들 중에서 1등으로 선
발된 것만 봐도, 상황이 얼마나 심각한지 능히 짐작할 수 있었다. 니콜
라이에게 '라예프는 청운의 뜻을 품은 후보자'라는 인상을 주기 위해,
알렉산드라가 언급한 소재들을 보면 가관이었다. "당신도 그를 알 거
예요. 라예프는 여학교들을 담당하고 있는데, 1905년 모든 학교와 대
학교들을 평가할 때, 그가 담당하는 여학교의 학생들이 우수한 성적을
거뒀어요. 그는 교회 일에도 정통한 인물로, 러시아정교회에 대해 모
든 것을 알고 있어요." 라예프가 최근에 수행했던 프로젝트는 페트로
그라드에서 큰 이권이 걸린 도박장을 운영한 것이었다.

알렉산드라는 1916년 6월 27일 라예프를 만나, '탁월한 인재로서,
교회 일을 훤히 꿰고 있는 인물'이라는 결론을 내렸다. 라스푸틴은 볼
진이 사임하여 자리가 공석일 때 라예프를 만나 한 시간 동안 이야기
를 나눴는데, 그것은 라예프의 당락을 사실상 좌우하는 면접 시험이
었다. 라예프는 라스푸틴에게 "내가 고위감독관으로 임명되면, 당신이
바라는 일이 모두 이루어질 겁니다"라고 아첨했다. 라스푸틴이 황후에
게 "라예프는 신이 보내준 사람이 분명합니다"라고 말하자, 니콜라이
는 적절한 절차를 거쳐 1916년 8월 30일 라예프를 러시아정교회 최고
회의 고위감독관으로 임명했다. 뒤이어 9월 15일에는 제바코프 공을
부감독관으로 임명했다.

러시아정교회 최고회의의 고위감독관과 부감독관 자리를 라스푸
틴의 측근들이 차지하는 것을 보고, 많은 러시아인들은 분노했다. 두

마의 한 의원은 "러시아정교회가 위험하다. 형제들이여, 러시아정교회를 사수하라!"고 외쳤다. 라스푸틴이 장악한 최고회의와 신도들이 분열되는 것은 불을 보듯 뻔했다. 1916년 12월 2일 「뉴타임스」는 "러시아정교회의 지도층은 오염됐다. 이제 러시아정교회를 지킬 사람은 평신도들밖에 없다"고 개탄했다. 좌파 선동가들도 들고일어나 라스푸틴을 반대함으로써 사제들과 신학생들을 당혹시켰다. 하지만 황후가 라스푸틴의 적들을 처벌하는 반면 라스푸틴의 협력자들을 승진시키는 것을 보고, 많은 사람들은 억장이 무너졌다. 1916년 가을, 최고회의는 완전히 분열되어 더 이상 기능을 수행하지 못했다. 한 러시아인은 그때의 상황을 "러시아정교회 최고회의 사무실에서 연탄가스 냄새가 새나왔다"고 회고했다.

교회의 향기를 압도한 것은 연탄가스 냄새가 아니라 썩어가는 교회가 풍기는 악취였다. 라스푸틴의 힘이 막강했던 것은 니콜라이와 알렉산드라의 비호를 받기 때문이었다. 그들은 무자격자와 무능한 자들을 높은 자리로 승진시켰다. 차르는 두 번에 걸쳐 최고회의에 굴욕감을 주고 약화시켰는데, 첫 번째는 요한 막시모비치를 성인으로 선포한 것이고, 두 번째는 바르나바를 승진시킨 것이었다. 모든 러시아 기관들 중에서 가장 핵심적이고 충성심이 강한 교회를 황제가 앞장서서 약화시킨 것은 범죄였다. 군주제는 질서와 존경심에 의존하는데, 러시아에서는 1916년 내내 질서와 존경심이 빠르게 붕괴되었다. 백성들은 수개월에 걸쳐 니콜라이의 악취미를 지켜봐왔다. 그는 대중의 여론을 알면서도 일부러 반대 방향으로 나가는, 못된 습관을 갖고 있었다. 니콜라이는 그게 부정적 결과를 초래할 거라고 미처 생각하지 못한 것 같다. 그러나 그는 곧 자신의 판단이 틀렸음을 깨닫게 된다.

비열한 사냥개에게 굴복한 러시아정교회

17

장관들의 널뛰기

러시아는 격앙된 분위기에서 1916년을 맞이했다. 전쟁에서는 참혹한 손실을 입었고, 백성들은 식량과 연료 부족에 시달렸으며, 정국은 불안정했으며, 교회는 완전한 혼란 상태였다. 흐보스토프를 둘러싼 스캔들은 차르가 황후와 라스푸틴의 충고를 맹목적으로 따르는 게 얼마나 위험한지를 잘 보여준 사례였다. 그러나 변한 건 아무것도 없었다. 라스푸틴의 전횡은 계속되었을 뿐만 아니라, 시간이 갈수록 더욱 위세를 떨쳤다.

라스푸틴은 흐보스토프의 후임자를 물색하는 게 당연히 자기 일이라고 생각하고, 더욱 적극적으로 정치에 개입했다. 그는 이렇게 생각했다. "법무장관인 세글로비토프가 수상 자리를 넘보고 있지만, 그는 사기꾼이라 안 되겠어. 저녁을 먹자며 접근하는 걸 보니 크리자노프스키도 생각이 있는 것 같은데, 그는 협잡꾼이야. 심지어 벨레츠키도 수상 자리를 노리는데, 내가 지금까지 암살당하지 않은 걸 보면 그는 내 편인 게 분명해." 라스푸틴은 보리스 튀르머에게 수상과 내무장관을 겸직시키는 걸로 낙착을 보았다. 차르도 라스푸틴의 의견에 동의하고, 그대로 실행했다.

이로써 정국은 '장관들이 널뛰기하는' 매우 불안정한 시기로 접어들었다. 내각을 구성하는 각료들이 수시로 들락날락하고 뚜렷한 이유 없이 자리를 맞바꾸다보니 국정이 어수선해졌다. 라스푸틴의 측근들조차 이러한 상황에 몹시 혼란스러워 했다. 역사가 마이클 플로린스키는 이를 일컬어, "놀랍고 과도하고 한심한, 문명화된 국가에서 유례를 찾아볼 수 없는 현상"이라고 일갈했다.

러시아인들은 1915년 9월부터 1917년 3월까지 18개월 동안 네 명의 수상, 다섯 명의 내무장관, 네 명의 농무장관을 경험했다. 그리고 다른 여섯 개 부처에서도 각각 세 명의 장관을 배출했다. 농무장관 나우모프는 1916년 7월 라스푸틴의 오랜 국정 농단에 울분을 터뜨리며 사임했고, 외무장관 사조노프는 같은 달에 목이 달아났다. 사조노프는 차르에게 "폴란드 백성들의 충성심을 어여삐 여겨, 전쟁이 끝난 후 자치권을 부여해주십시오"라고 촉구하다, 알렉산드라의 분노를 샀다. 사조노프는 라스푸틴의 측근들에게 높은 평가를 받았지만, 알렉산드라는 끝끝내 해임을 고집했다. 니콜라이는 외무부를 스튀르머에게 넘기고, 내무부를 법무장관인 알렉산드르 흐보스토프에게 넘겼다.✤ 알렉산

✤ 알렉산드르 흐보스토프는 1916년 3월 라스푸틴의 암살을 꾀했던 알렉세이 흐보스토프의 삼촌으로, 정직한 관료였다.

드르 흐보스토프는 법무부를 (머리는 희지만 경험이 풍부한) 알렉산드르 마카로프에게 양보했다. '장관들의 널뛰기'는 그 이후로도 계속되었다.

사조노프를 비롯한 몇몇 장관들은 별 볼 일 없는 사람들이어서, 장관을 하든 말든 별로 문제될 게 없었다. 하지만 전쟁장관인 알렉세이 폴리바노프는 참으로 아까운 인물이었다. 그는 능력과 열정을 겸비한 장군으로서, 힌덴부르크에게 "1915년에 러시아군을 살린 사람"이라는 소리를 들었다. 그러나 폴리바노프는 니콜라이 2세가 병권을 쥐고 있는 것을 반대했으며, 라스푸틴과 철천지원수였다. 황후는 1916년 3월 그를 쫓아내고 그저 그런 사람을 후임으로 임명했다.

알렉산드르 흐보스토프는 내무장관 자리를 겨우 두 달 동안 지켰다. 그도 그럴 것이, 그는 라스푸틴을 반대했으므로 쫓겨나는 것은 시간문제였다. 알렉산드르 흐보스토프가 물러나자 제정러시아는 들썩였다. 왜냐하면 그를 대신하여 내무장관이 된 알렉산드르 프로토포포프는 심각한 결함이 있는 인물이었기 때문이다.

프로토포포프는 1866년 생으로, (구세바와 레닌의 고향인) 심비르스크의 명문가에서 태어났다. 그는 여러 언어를 유창하게 구사했을 뿐만 아니라 프랑스의 작곡가 마스네에게 피아노까지 배우는 등 다재다능했다. 근위대장으로 일하던 그는 가업인 면화공장과 농장을 운영하기 위해 사직했다. 1905년 지역의 반란을 진압하는 데 가담한 후에는 은행장과 섬유생산자협회장을 지냈다. 프로토포포프는 진보적 보수주의자로서, 10월당의 주요 인물이었다. 그는 제3차 두마의 의원으로 당선되었고, 제4차 두마에서는 부의장으로 선출되었다. 그는 자신의 계층에서 유행하는 반유대주의를 배격하고, 유대인들과 사귀며 그들의 법적 권리 향상을 도모했다.

세련된 매너와 빼어난 용모 때문에, 프로토포포프는 재능 있고 매력 있고 자신감 넘치는 정치가인 것처럼 보였다. 1916년 여름, 그는 두마의 대표들과 함께 연합국들을 방문하여, "러시아는 완전한 승리를 거둘 때까지 끝까지 싸우겠습니다"라고 다짐했다. 프로토포포프는 가는 곳마다 호의적인 인상을 줬지만, 그 이면에는 웬지 어둠이 깃들어 있었다. 그를 숭배하는 자들조차도 그의 특이함을 인정했는데, 그는 책상 위에 놓인 우상과 대화를 나누다, 이를 보고 어리둥절해하는 사람들에게 (이상할 게 전혀 없다는 듯한) 미소로 응수했다. 그는 사실 (장군 출신과는 전혀 어울리지 않는) 매독 환자였다. 프로토포포프는 말을 더듬고, 얼굴을 씰룩이고, 식은땀을 흘리고, 때로는 (사병들조차 얼굴을 붉힐 정도로) 쌍욕을 퍼부었다. 그는 미쳐가고 있었으며, 악명 높은 의사 바드마예프가 건네준 각성제 때문에 약물중독자가 되었다. 신경쇠약 때문에 전쟁 기간 동안 6개월씩이나 바드마예프의 병원을 드나들었다.

　　바드마예프 박사는 1913년 라스푸틴에게 프로토포포프를 처음으로 소개했다. 프로토포포프가 통원 치료를 받는 동안, '농부 출신의 스타레츠'와 '명문 귀족 출신의 징치가'의 우정은 깊어졌다. 1916년이 되자 바드마예프는 (1915년 안드로니코프가 그랬던 것처럼) 과감한 음모를 꾸미기 시작했다. 그는 거액의 검은돈을 주무르고 있었기 때문에, 그것을 보호하기 위해 내무장관과 손잡고 싶어 했다. 그의 계획은 프로토포포프를 내무장관으로 내세우고, 자신의 동업자인 파벨 쿠를로프를 내무차관 겸 경찰총장 자리에 앉히는 것이었다. 라스푸틴은 바드마예프의 계획에 전적으로 동의했다. 왜냐하면 그 역시 "이렇게 어려운 시기에 러시아를 살릴 인물은 프로토포포프밖에 없다"고 진심으로 믿였기 때문이다.

이제 라스푸틴이 할 일은, 니콜라이 2세를 조종하여 프로토포포프를 내무장관으로 임명하게 하는 것이었다. 늘 그랬던 것처럼, 그는 먼저 황후와 접촉했다. 알렉산드라는 프로토포포프를 만나본 적이 한 번도 없었지만, 라스푸틴이 운을 떼우자마자 번드르르한 추천서를 써서 니콜라이에게 보내기 시작했다. "프로토포포프는 4년 전부터 라스푸틴을 좋아하기 시작했어요. 나는 그를 잘 모르지만, 라스푸틴의 지혜와 조언을 믿어요." 그 후 4일 동안 세 통의 편지를 더 받고, 니콜라이는 프로토포포프를 내무장관으로 내정했다.

니콜라이는 알렉산드라의 말을 액면 그대로 받아들이지 않았다. 프로토포포프가 심비르스크 출신의 귀족으로서 훌륭한 사람이라는 건 인정했지만, 내무장관보다는 통상산업부장관에 더 적합하다고 생각하여 이렇게 말했다. "훌륭한 기업가를 내무장관으로 추천하다니 뜻밖이오. 좀 더 신중히 생각해봐야겠소." 니콜라이의 말은 계속되었다. "라스푸틴은 가끔 엉뚱한 구석이 있소. 그래서 중요한 관료를 뽑을 때는 특히 조심해야 하오. 요즘 장관을 자주 교체하다보니 너무 힘이 드는구려. 새로운 인물이 들어오면 정책도 바뀌게 되니 부작용도 만만치 않은 것 같소."

그러나 알렉산드라는 뜻을 굽히지 않았다. "프로토포포프를 내무장관으로 뽑아줘요. 그는 두마의 부의장이기도 하니, 두마에 영향력이 있고 그들의 입도 막을 수 있을 거예요." 그런데 알렉산드라가 두마를 언급한 건 신의 한 수였다. 프로토포포프를 내무장관으로 임명하여 황실과 입법기관을 화해시킨다는 아이디어는 매우 논리적이었기 때문이다. 이 편지를 읽은 차르는 알렉산드라의 거듭된 요구를 받아들이기

장관들의 널뛰기

로 했다. 니콜라이가 답으로 보낸 전보는 간단했다. "당신의 뜻대로 하겠소."

그러나 우여곡절 끝에 임명된 프로토포포프는 이내 드라마의 주연배우(내무장관)로 부적합한 인물임이 판명되었다. 니콜라이의 말대로 그는 통상산업부에 더 적합한 인물이었는데, 라스푸틴도 이 점을 잘 알고 있었음에 틀림없다. 그러나 통상산업부장관은 이미 프세볼로드 샤하프스코이로 정해놨기 때문에, 그 자리에 딴 사람을 앉힐 이유가 없었다. 라스푸틴은 1913년 발칸반도의 위기 때까지만 해도 개인의 이해관계보다 원칙을 더 중시했었지만, 이제 그에게서 그런 정치력을 기대하기는 어려웠다. 알렉산드라는 과거 어느 때보다도 귀가 여리고 잘 속아 넘어갔기 때문에, 숱한 실수를 저지르는 가운데 아무것도 배우지 못했다. 니콜라이는 프로토포포프를 요직에 기용한 게 패착이었음을 곧 깨달았지만, 전쟁의 스트레스에 지속적으로 억눌리다보니 알렉산드라의 성화에 저항하기가 점점 더 어려워지고 있었다. 약간의 명분을 얻은 것을 제외하면, 차르는 프로토포포프에게 내무장관 배역을 맡김으로써 아무런 실리도 챙기지 못했다.

알렉산드라는 차르에게 "신이 이번 개각을 축복할 기예요. 우리 친구는 당신의 현명한 선택을 입에 침이 마르도록 칭찬하고 있어요"라며 그의 기용에 반색했다. 그러나 프로토포포프는 내무장관에 취임한 후 차르의 입장을 두마에 전달할 뿐, 두마의 의견을 차르에 전달하는 역할을 하지는 못했다. 과거의 동료들이 자기를 무시하며 상대해주지 않자, 프로토포포프는 독백을 하거나 흐느끼거나 자문자답하며 소일했다. 언론들은 그에게 사임을 요구했고, 두마의 의원들은 그가 들어올 때마다 방을 비웠다. 설상가상으로, 겨울이 가까워지며 페트로그라드의 식량 및 연료 사정이 악화되었다. 늘 신경쇠약 일보직전 상태이던 프로토포포프는 정기적으로 바드마예프의 병원으로 달려가, 각성제를 처방받아 가까스로 안정을 유지했다.

프로토포포프가 내무장관으로 임명된 후 또 한 가지 문제가 발생했으니, 스튀르머의 인기가 점점 더 떨어지고 있었다는 것이다. 두마의 진보 블록Progressive Bloc은 스튀르머의 정책에 완전한 소외감을 느꼈다. 그들은 스튀르머의 독일식 이름에 거부감을 느낀 데다, '스튀르머가 독일과 단독 강화를 맺는 방안을 은밀히 검토하고 있다'고 의심하고 있었다. 니콜라이 2세는 이 점을 우려하여, 황후에게 "고레미킨이 수상으로 있었던 작년보다 상황이 훨씬 더 악화되고 있소"라고 경고했다. 1916년 11월 9일, 차르는 보리스 스튀르머를 해임했다.

스튀르머의 후임자는 알렉산드르 트레포프라는 강성 인물로, (알렉산드라가 좋아할 만한) 보수적 견해를 갖고 있었다. 그러나 트레포프는 라스푸틴의 적이었다. 1915년 니콜라이가 그를 체신부장관으로 임명했을 때, 알렉산드라는 니콜라이에게 "그는 라스푸틴에게 매우 적대적이에요. 우리의 친구는 이번 인사 때문에 매우 슬퍼하고 있어요. 그리고 당신이 자기에게 미리 조언을 구하지 않은 것을 섭섭히 여기고 있어요"라고 말했다. 그러나 차르는 알렉산드라의 투정에 동요하지 않고, 알렉산드라(또는 라스푸틴)의 조언과 반대로 행동했다. 트레포프는 1916년 11월 10일에 수상이 되었는데, 니콜라이의 강력한 엄호에도 불구하고 혼란의 소용돌이에서 헤어나지 못하고 침몰했다.

스튀르머가 두마에서 조롱을 당했다면, 트레포프는 한술 더 떠미움을 받았다. 수상의 자격으로 두마에 처음 출석했을 때, 트레포프는 우렁찬 휘파람, 야유, 욕설이 지속되는 바람에 연설을 할 수가 없었

장관들의 널뛰기

다. 그는 "수상과 각료들은 대중의 신뢰를 받을 수 있도록 소신 있게 행동하시오"라는 의원들의 요구에 "알겠습니다"라고 대답함으로써 각료들을 경악시켰다. 그는 "러시아가 너무나 오랫동안 암흑의 세력에게 휘둘려왔습니다"라고 인정했는데, 여기서 '어둠의 세력'이란 황후와 라스푸틴을 의미하는 말이었다. 그가 차르에게 맨 처음으로 꺼낸 말은 "프로토포포프를 해임해주십시오"라는 것이었고, 차르는 이에 동의했다. 니콜라이는 알렉산드라가 분노할까봐 이렇게 편지를 썼다. "프로토포포프는 훌륭하고 정직한 사람이지만, 이 생각 저 생각을 왔다 갔다 하며 자신의 의견을 고수하지 못한다오. 나는 처음부터 그런 사실을 알고 있었소." 그는 계속 말을 이어갔다. "안타깝게도, 그는 특정한 질병 때문에 제정신이 아니며, 이렇게 중요한 시기에 그런 사람에게 내무부를 맡기는 건 위험한 짓이오." 그는 알렉산드라가 어떻게 나올지 뻔히 예상하며, 이런 말로 편지를 마무리했다. "제발 우리의 친구를 개입시키지 마시오. 나라를 책임지는 사람은 나이므로, 내가 알아서 상황에 맞게 판단할 것이오."

알렉산드라는 만사를 제쳐놓고 스타프카로 찾아왔다. 황후가 워낙 생떼를 쓰는 바람에, 두 사람의 대화에서 팽팽한 긴장감이 감돌았다. 한참 동안 실랑이를 벌이다 '이래선 안 되겠다' 싶었는지, 니콜라이가 갑자기 알렉산드라를 다독이기 시작했다. "요즘 우리는 매우 어려운 시간을 보냈소. 내가 그동안 단행한 개각을 지켜보며, 충실하고 끈질기게 조언해줘서 고맙소. 내가 인내심이 부족해서 짜증을 부리거나 화를 냈다면 용서하시오. 때로는 성질을 참을 줄도 알아야 하는데…" 놀랍게도, 사정을 하는 사람은 알렉산드라가 아니라 차르였다. 역사가 로버트 K. 마시는 이 순간에 대해 이렇게 논평했다. "니콜라이와 알렉산드라가 수도 없이 편지를 주고받았지만, 둘이 만나 심각하게 다툰 건 그것이 처음이자 마지막이었다."

니콜라이가 알렉산드라에게 화를 냈던 이유는, 알렉산드라가 자신의 간청을 무시하고 라스푸틴에게 "황제가 프로토포포프를 해임하기로 결정했어요"라고 나발을 불었기 때문이었다. 이 말을 들은 라스푸틴은 차르에게 네 통의 전보를 연거푸 보내, 프로토포포프 해임이 초래할 수 있는 심각한 결과를 경고했다. 한 전보에는 무려 238 글자가 적혀 있었는데, 라스푸틴이 그렇게 긴 편지를 쓴 것은 그것이 처음이었다. 그 편지의 내용은 이러했다. "프로토포포프는 진실한 사람이므로 희생양이 되어서는 안 됩니다. 그는 제 일에 간섭하지 않겠다고 약속했으므로, 폐하가 그를 해임하시면 저는 순망치한의 꼴이 되고 맙니다. 이성적으로 판단해주시기를 간절히 호소합니다."

황후는 스타프카를 방문한 후 차르에게 매일 편지를 썼는데, 편지마다 자신이 최고로 확신하는 내용이 담겨 있었다. "프로토포포프는 우리의 진정한 친구이지만, 트레포프는 어리석은 충고로 당신을 놀라게 해요. 당신은 라스푸틴의 말을 듣고, 그의 기도와 도움을 굳게 믿어야 해요. 당신이 지금 그 자리에 있는 건, 우리의 친구 라스푸틴의 힘 때문이에요."

니콜라이는 알렉산드라에게 백기를 들고, 프로토포포프의 유임을 허용했다. 차르가 자기와의 약속을 어기자, 트레포프는 크게 화를 내며 사직서를 제출했다. 그러나 니콜라이는 사직서를 반려하며, "당신은 내가 임명한 동료들과 일할 의무가 있소. 내가 선택한 각료들이 최선의 조합이니 그리 아시오"라고 되레 호통을 쳤다. 트레포프는 절망했다. 트레포프의 처남인 알렉산드르 모솔로프(황실법원장)는 라스

장관들의 널뛰기

푸틴과 잘 아는 사이였으므로, 트레포프는 모솔로프를 시켜 라스푸틴에게 거래를 제안했다. 그 내용인즉, "만약 당신이 정치적 음모를 포기한다면, 페트로그라드에 호화 주택을 사주고, 20만 루블을 얹어주며, 영원한 보디가드를 붙여주겠다"는 것이었다. 모솔로프가 예상한대로 라스푸틴은 격노하며 제안을 거절했다. 니콜라이 2세도 화가 난 건 마찬가지였다. 그는 트레포프가 두마를 요리해주기를 바랐는데, 그러기는커녕 '대중의 신뢰를 받는 내각을 만들어달라'는 두마의 요구를 들어주겠다고 약속해버렸으니 말이다.

그로부터 47일 후, 트레포프는 수상에서 해임되었다. 그리고 이때를 기점으로 하여 상황이 신속하게 전개되기 시작했다. 1917년 2월 23일에는 페트로그라드에서 시위가 벌어져 황제체제가 흔들리기 시작했고, 그로부터 9일 후에는 니콜라이가 권좌에서 물러났다.

18

제정러시아의 황혼녘에 드리워진 그늘

1916년 말, 라스푸틴의 권력은 정점에 달했다. 구도자들과 민원인들은 라스푸틴의 아파트 주변 보도를 가득 메운 채, '성자 그리고리'와 함께 어울리고 싶어 아우성을 쳤다. 사람들은 라스푸틴의 손에 입을 맞추고, 그에게 선물 공세를 퍼붓고, 그의 발 앞에 엎드리며 그를 현대의 성자라고 불렀다. 그의 측근과 친구들은 러시아정교회와 정부의 요직을 거의 독차지했다. 니콜라이와 알렉산드라는 중요한 의사결정 과정에서 그의 충고를 들었다.

동시에 라스푸틴은 제정러시아에서 가장 매도되고 경멸받던 남자였다. 그에 대한 소문이 사실인지 꾸며낸 이야기인지는 중요하지 않았다. 그 당시 상황에서는 지각知覺된 것이 곧 사실로 받아들여졌다.

라스푸틴은 한때 포도주를 적당히 마셨지만, 1914년쯤에는 거의 알코올 중독자 수준이 되었다. 특히 자신의 기도가 응답받지 않는 것 같을 때면 알코올에 의존했다. 1897년 베르호투르예에서 동방정교에 귀의했다면, 1914년 페트로그라드에서는 방향을 바꿔 술에 귀의했다. 그는 딸 마리아에게 고백하기를, 신과의 연결성이 점점 더 사라져가는 걸 느낀다고 했다. 그러나 딸 마리아가 음주에 대해 이야기하려 하자, 방어적 자세로 돌아서며 이렇게 물었다. "술을 마시면 안 되는 이유가 뭔데? 나도 다른 사람들과 똑같은 인간인데 말이야."

라스푸틴의 나날은 서글픈 일상sad routine의 반복이었다. 그는 늦게 일어났는데, 그가 밤을 지낸 방식을 감안하면 별로 놀라울 것도 없었다. 아침 식사를 한 후 안나 비루보바에게 전화를 걸어, 차르스코예 셀로의 최근 정황을 챙겼다. 그를 찾는 사람들은 동트기 전부터 모여들기 시작했지만, 라스푸틴이 그들에게 할애하는 시간은 점점 더 줄어들었다. 그는 방문자들이 아파트 구석구석을 누비도록 내버려두고, 오전 11시부터 오후 1시까지 사무실에 앉아 정신을 바짝 차리고 용무를 봤다. 점심을 먹은 후에는 낮잠을 자거나, 에고로프스키 목욕탕에 가서 저녁이 오기 전까지 긴장을 풀며 재충전을 했다.

라스푸틴의 밤의 사생활은 자기 나이의 절반쯤 되는 젊은이의 스태미나를 필요로 했다. 그는 페트로그라드에서 가장 호화스러운 레스토랑과 호텔에서 친구들을 만나고 파티에 참석했다. 그는 (모이카 운하 Moika Canal에 있는) 도논 레스토랑, 아스토리아 호텔, 러시아 호텔, 유로파 호텔의 단골손님이었지만, 그가 가장 즐긴 것은 집시 클럽의 분위기였다. 그는 마살스키가 운영하는 집시코러스Gypsy Chorus와 빌라로데Villa Rode에서 먹고 마시고 노래하고 춤을 추며 날밤을 새곤 했다.

아스토리아 호텔에 있는 고급 프랑스 레스토랑의 매니저였던 요세프 베키는, 어느 날 밤 라스푸틴이 벌인 '광란의 파티'의 한 장면을 이렇게 묘사했다. "공녀princess 한 명과 멋지게 차려입은 여성 열두 명이 (그중 일부는 딸들을 데리고) 레스토랑으로 들어와 밀실로 사라졌다. 마지막으로 들어온 라스푸틴의 모습은 가관이었다. 흐트러진 턱수염은 더러웠고, 그 위에는 독수리의 부리를 연상시키는 코가 솟아 있었다. 느슨한 머리칼이 이마 위를 뒤덮었고, 지저분한 손끝에 자리 잡은 시커먼 손톱에는 물어뜯은 흔적이 완연했다. 그 농사꾼은 사악하고 추악한 아우라를 뿜어냈다. 음주가무가 진행되는 동안, 한 집시밴드가 흥을 돋우었다." 베키의 그로테스크한 묘사의 밑바탕에는 부정적 선입견이 깔려 있지만, 그도 라스푸틴이 (설사 어떤 사람들에게는 외계인처럼 보일지언정) 부정할 수 없는 힘을 가졌음을 인정했다. 베키는 라스푸틴의 구역질 나는 행동에 경악했는데, 그는 나이프와 포크를 제쳐놓고 (맹금류의 발톱처럼 구부러진) 기다란 손가락을 사용하여 야수처럼 먹었다고 한다. "라스푸틴은 접시 위에 놓인 음식을 아무렇게나 덥석 움켜잡고, 입속으로 우악스럽게 처넣었다. 그는 식사를 하면서 줄곧 술을 퍼마셨지만, 취한 기색은 전혀 보이지 않았다. 그리고 호스테스와 여성들의 면전에서 통속적인 언어를 구사했다." 새벽 세 시가 되자, 라스푸틴은 레스토랑을 슬그머니 빠져나가 기다리고 있던 마차에 몸을 실었으며, 동행한 여성들은 라스푸틴과 불필요하게 엮이는 것을 피하기 위해 반대 방향으로 사라졌다고 한다.

알코올은 라스푸틴의 밤을 밝혀주는 연료였다. 경찰은 그의 만취 상태를 매우 빈번히 보고했다. "1915년 11월 14일: 그는 만취 상태에서 여성 한 명을 데리고 귀가했다. 두 사람은 즉시 집을 나섰다가 새벽 두 시에 코가 비뚤어지도록 취해 다시 돌아왔다. 11월 25일: 라스푸틴은 새벽 다섯 시에 귀가했다." 12월 3일, 라스푸틴은 바르바로바라는 여배우와 함께 밤을 지내고, 다음 날 아침 술에 완전히 쩔은 채로 귀가했다. 12월 7일, 그는 도논 레스토랑에서 저녁을 먹고, 러시아호텔에서 두 명의 여성들을 만난 후, 바르바로바와 밤을 지냈다. 그로부터 이틀 후, 라스푸틴은 새벽 두 시에 두 명의 여성들과 만나 빌라로데로 갔다. 그러나 빌라로데는 문을 닫았고, 라스푸틴이 아무리 문을 두드리고 초인종을 눌러도 열어주지 않았다. 그래서 세 사람은 마살스키가 운영하는 집시코러스로 가서 다음 날 아침 10시까지 놀았다. 마지막으로, 세 술꾼들은 한 친구의 아파트로 장소를 옮겨 하루 종일 놀았다. 라스푸틴의 경호와 감시를 맡은 요원들은 라스푸틴의 상태를 분류하는 용어를 개발했다. 그들의 보고서를 보면, "약간 마셨음", "마셨음", "약간 취했음", "취했음", "매우 취했음", "완전히 취했음", "만취했음", 그리고 마지막으로 "필름이 끊어졌음"이라는 용어가 자주 등장한다.

그리고리 라스푸틴의 전형적인 생활은 다음과 같았다. 1915년 5월 14일, 라스푸틴은 한 명의 여성 손님에게 위협적으로 다가가 말을 걸다가 두 명의 사내에게 쫓겨 아파트에서 달아났다. 6월 2일, 라스푸틴은 집으로 돌아와, 집에 상주하는 세 명의 여성들에게 술김에 수작을 걸었다. 그는 수위의 부인에게 키스를 하려다, 하녀인 두냐에게 끌려나갔다. 어느 날 아침에는 여성 방문객 두 명이 라스푸틴의 아파트에서 뛰어나와, 형사들에게 이렇게 말했다. "라스푸틴은 '치졸한 농사꾼'이에요. 글쎄 며칠 전에는 빌라로데에서 셔츠만 입고 뛰어다니는 걸 봤다니까요." 1916년 1월 14일 아침, 그는 아파트 입구에서 커다란 유리창을 깼다. 그로부터 4일 후에는 아침 7시에 만취 상태에서 고성방가를 하며 귀가했고, 아침 내내 집 안에서 고함을 지르고 발을 굴렀다.

라스푸틴은 취한 모습을 황후에게는 단 한 번도 보이지 않았다. 그러나 간혹 숙취로 인해 비틀거리는 상태에서 뜻하지 않게 호출을 받는 경우가 있었다. 한번은 황후가 전화를 하여 차르스코예셀로로 급히 달려오라고 했다. 라스푸틴은 출발하려고 노력했지만, 발이 후들거려 아파트 주변을 도저히 벗어날 수가 없었다. 여러 친구들에게 도움을 청했더니, 하나같이 "그 상태에서 황후를 만나면 모든 게 끝장"이라고 경고했다. 그들은 "한숨 잔 후에 기차를 타라"고 설득한 후, 고개를 절레절레 흔들며 "우리의 스타레츠는 요즘 쾌락에 너무 빠졌어"라고 수군거렸다. 또 한 번은 만취한 상태에서 기차를 타고, 기어코 차르스코예셀로 역까지 간 적이 있었다. 기차에서 내린 라스푸틴이 플랫폼에서 비틀거리는 순간, 오흐라나의 코미사로프 대령이 달려와 그를 부축한 덕분에 끔찍한 추락 사고를 간신히 모면한 적도 있었다. 라스푸틴은 알렉산드라의 이름을 들이대며 거드름을 피워, 자세한 내용을 모르는 오흐라나의 장교를 놀라게 했다. 잠시 후 코미사로프는 앞으로 황실 가족의 이름을 함부로 들먹이면 가만두지 않겠다고 으름장을 놓고 라스푸틴을 보내줬다.

섹스는 알코올과 더불어 라스푸틴의 삶에서 고정불변의 상수常數였다. 전쟁기간 동안 '포크로프스코예의 난봉꾼' 기질이 되살아난 라스푸틴은 도움을 청하러 온 여성들에게 종종 섹스를 요구했다. 라스푸틴이 키스하려고 접근하자, 어떤 여성들은 기겁하며 달아나곤 했다. 라스푸틴의 하녀가 따라가며, "성자님이 외로워서 그랬으니, 안심하고 돌아와요"라고 외쳤을 때, 한 여성은 현관문을 박차고 나가 아파트 계단을 반쯤 내려간 상태였다. 한 병사의 아내가 "부상을 당해 병원에 입원한 남편이 전쟁터로 다시 돌아가지 않게 해주세요"라고 간청했을

제정러시아의 황혼녘에 드리워진 그늘

때, 라스푸틴은 그녀의 옷을 벗기고 가슴을 주무르며 "내게 키스하면 부탁을 들어주겠소"라고 말했다. 그녀가 자신의 요구에 굴복하자, 라스푸틴은 태도가 돌변하여 "내일 한 번 더 오시오"라고 말했다.

라스푸틴은 같은 아파트에 살던 열여덟 살짜리 재봉사 카탸에게 집착했다. 라스푸틴이 술에 취해 그녀의 방문을 두드리고는 50달러를 내밀며 그녀를 만날 때마다, 경찰은 그의 일거수일투족을 기록했다. 그는 여배우 바르바로바와도 오랫동안 사귄 게 분명하다. 왜냐하면 앞에서 언급한 것처럼 그녀는 종종 라스푸틴의 아파트에 찾아와 밤을 함께 지냈으며, 그도 그녀의 아파트에 종종 찾아갔기 때문이다. 여성들은 밤낮을 가리지 않고 아무 때나 라스푸틴의 아파트에 드나들었다. 그중에는 트레구보바라는 창녀도 있었는데, 라스푸틴은 그녀와 정기적으로 만나는 편이었다. 여성들과의 만남이 늘 해피엔딩으로 끝나는 건 아니었다. 한번은 라스푸틴이 창녀 한 명을 하루 종일 방 안에 가둬놓는 사건이 발생했는데, 한 하인이 개입하여 방문을 열어주는 바람에 사건이 가까스로 일단락되었다.

페트로그라드를 헤매든 시베리아로 돌아가든, 라스푸틴의 뒤에는 언제나 수사관들이 있었다. 언센가 포크로프스코예로 가는 증기선에서, 라스푸틴은 선실에 틀어박혀 인사불성이 되도록 술을 퍼마셨다. 그러고는 뒤뚱거리며 갑판으로 나와, 병사 몇 명에게 25루블을 주며 노래를 부르게 했다. 라스푸틴은 그들과 어울려, 마치 합창단을 지휘하듯 손을 휘저었다. 그러다가 취기가 오르자 승객을 위협하거나, 선원을 붙들고 자기 돈을 훔쳐갔다고 누명을 씌우다가 결국에는 갑판에 나동그라졌다. 배가 항구에 도착했을 때, 두 명의 요원들이 인사불성 상태의 그를 질질 끌고 우마차에 태워 그의 집으로 싣고 갔다. 다음 날 아침 경찰관이 찾아와 전날 일어났던 일을 소상히 말해주자, 라스푸틴은 정색하며 "맹세코 보드카 세 병을 마셨을 뿐"이라고 너스레를 떨었다.

라스푸틴은 포크로프스코예에서 주목의 대상이었다. 교회의 사제와 부제deacon들이 라스푸틴에게 절을 하며 그의 손에 키스하는 것을 보고, 그를 미행하던 수사관들은 깜짝 놀랐다. 라스푸틴은 찾아온 친구들을 극진히 대접하고, 값비싼 축음기를 틀어놓고 그들과 함께 음주가무를 마음껏 즐겼다. 라스푸틴은 술에 취해 마을 곳곳을 비틀거리고 돌아다니며, 음흉한 눈빛으로 여성 추종자들을 은근슬쩍 더듬었다. 경찰의 보고서에 의하면, 라스푸틴은 거의 매일 한 수도자의 집을 찾아가, 그의 부인에게 흑심을 품고 집적거렸다고 한다. 라스푸틴의 초기 추종자 중에서 가장 충성심이 강했던 두냐 페체르킨마저도 종종 싫어하는 기색을 보이면, 라스푸틴은 한동안 그녀를 무시하곤 했다. 그의 아내 프라스코바야는 전혀 내색하지 않고, 남편의 행동을 늘 묵묵히 받아들일 뿐이었다.

늙은 아버지가 가끔 심통을 부리는 것을 제외하면, 라스푸틴 가족의 생활은 행복해 보였다. 부자간의 관계는 과거 어느 때보다 좋아보였지만, 라스푸틴의 집에서 끔찍한 싸움이 벌어지면서 경찰은 그들의 속마음을 엿볼 수 있게 되었다. 둘 다 만취한 상태에서, 예핌은 심한 말로 그리고리에게 저주를 퍼부었다. 화가 난 그리고리는 의자에서 벌떡 일어나, 아버지를 밖으로 끌고나가 땅바닥에 패대기치고는 때리기 시작했다. "아비를 때리지 마라, 이 호래자식아!"라고 예핌은 울부짖었다. 그때 경찰관이 나타나, 실랑이 끝에 두 사람을 떼어놓았다. 그리고리가 아버지의 얼굴에 강편치를 날린 탓에, 예핌의 한쪽 눈은 통

제정러시아의 황혼녘에 드리워진 그늘

통 부운 채 감겨 있었다. 예핌은 아들을 가리켜, "나잇값을 하지 못하는 바보 멍청이로, 두냐의 가슴과 엉덩이를 만지는 데 몰두한다"고 말했다. 예핌의 말이 끝나기도 전에 부자간에 다시 주먹질과 발길질이 오갔는데, 이번에는 그리고리가 예핌의 발길질에 채여 엉덩이에 부상을 입었다.

1916년 예핌이 죽었을 때, 그리고리는 성당에서 열린 장례식에 참석했다. 주변 사람들에게는 "아버지 장례식 때문에 포크로프스코예에 간다"고 담담하게 말했지만, 그의 속마음은 싱숭생숭했던 걸로 보아 부자간의 애증 관계가 얼마나 팽팽하고 복잡했었는지 짐작할 수 있다. 그 당시 벨레츠키는 라스푸틴의 동향을 주시하고 있었다. 왜냐하면 가까운 사람이 죽을 경우, 마음속 생각이나 미묘한 변화가 드러나는 게 상례였기 때문이다. 그러나 설사 아버지의 죽음을 진심으로 애도했더라도, 그는 자신의 속마음을 숨겼던 게 분명하다. 왜냐하면 아버지의 장례식이 끝난 지 며칠도 채 안 지나, 평상시로 돌아가 술을 마시고 흥청거리며 여성들에게 집적거렸기 때문이다.

그러던 라스푸틴도 1915년 가을 외동아들 드미트리가 전쟁에 징발되었을 때는 크게 걱정했다. 릴리 덴에 의하면, 드미트리는 두 명의 누이들과 달리 천생 농부였다고 한다. 라스푸틴은 아들을 굳이 성당에 보내려 하지 않았고, 포크로프스코예에 있는 시골 학교에서 기초적인 교육만 받게 했다. 프라스코바야는 남편에게서 아들이 징집되었다는 말을 듣고 공황 상태에 빠져, "아들을 두 번 다시 볼 수 없을 것 같아요"라며 걱정했다.

알렉산드라는 니콜라이에게 이런 편지를 썼다. "우리의 친구가 아들을 전쟁터로 보낸 후 절망에 빠졌어요. 외동아들을 보내고 나니 걱정이 태산 같아, 아무 일도 손에 잡히지 않나봐요." 차르는 드미트리의 병역을 면제해줄 수 있었고, 그건 라스푸틴의 바람이기도 했다. 라진스키도 지적한 바 있듯이, 라스푸틴은 "불쌍하고 나약한 아들놈이 전장에서 살아남지 못할 것"이라고 생각했기 때문이다. 그러나 니콜라이 2세는 황실 가족의 병역을 면제하지 않았으며, 그중 일부는 전투에 직접 참여하기도 했다. 그런 마당에 라스푸틴의 아들이 예외가 될 수는 없었다. 라스푸틴이 아들을 후방으로 빼달라고 부탁했을 때도, 알렉산드라는 불가능하다고 대답했다.

니콜라이와 알렉산드라는 그런 상황에서 초지일관 냉정을 유지했고, 심지어 심드렁한 것 같았다. 그러나 그들은 무감각한 인간은 아니었다. 황후는 드미트리가 새가슴이어서 전쟁을 치를 수 없다는 점을 잘 알고 있었다. 기초 훈련을 마쳤을 때, 황후는 드미트리를 자신이 운영하는 병원열차에 의무병으로 넣어줬다. 그리하여 드미트리는 아버지보다 차르스코예셀로에 더 오랫동안 머무르게 되었다. 만나는 사람은 달랐겠지만 말이다.

드미트리는 '나라의 부름에 순종한다'는 소명의식을 갖고 있었을까? 영국의 한 관측통은 러시아의 역사에 있어서 그 순간을 이렇게 서술했다. "꾀병을 호소한 남성의 숫자는 엄청났다. 전방에서 빠지기 위해서라면, 그들은 어떤 이유라도 댈 수 있었다. 러시아군은 연전연패하고 있었기 때문에, 싸울 가치가 있다고 생각하는 사람은 아무도 없었다."

라스푸틴이 드미트리의 앞날 때문에 고뇌하고 있을 때, 황후는 이런 편지를 보냈다. "나도 구름이 가득 끼었을 때는 슬퍼했었어요. 그러나 이제는 구름 사이로 햇살이 새어나오고 있어요. 많은 나무들은 노랑, 빨강, 갈색 옷으로 갈아입었어요. 다만 슬픈 건, 여름이 지나가면 춥고 긴 겨울이 찾아온다는 거예요."

알코올과 방탕한 생활이 시간과 에너지를 상당 부분 갉아먹었지만, 라스푸틴 자신은 여전히 영적 삶을 추구하고 있다고 생각했다. 그리하여 1916년 8월, 라스푸틴은 마지막이 된 순례 여행을 떠났다. 그는 러시아제국의 어느 곳으로든 화려한 여행을 떠날 수 있었지만, 자신의 고향 다음으로 애착을 느끼는 베르호투르예를 목적지로 선택했다. 라스푸틴은 1897년 그곳에서 영적 대화를 경험했고, 읽기와 쓰기를 배웠으며, 수도원의 영적 지도자 마카리와 몇 시간 동안 대화를 나누며 삶의 목표를 설정했었다. 후에 라스푸틴은 감사의 뜻을 표하기 위해 러시아-비잔틴 양식의 교회를 새로 짓도록 도와줬고, 시베리아의 상인들에게서 돈을 거둬 탑을 장식해줬다.

그때 타마라 시슈키나라는 이름의 열 살짜리 소녀도 우연히 베르호투르예를 향해 가고 있었다. 붐비는 열차에 라스푸틴이 타고 있음을 안 승객들이 열광했던 장면을 그녀는 생생히 기억했다. 라스푸틴이 타인의 시선을 피해 혼자 몰래 열차에서 내리는 동안, 다른 승객들은 잠시 대기해야 했다. 라스푸틴은 황실 가족에 준하는 방문객이었으므로, 성 니콜라이 수도원의 현관에 깔린 차르 전용 레드카펫을 밟을 수 있었다. 마지막 차르의 마지막 총신에게 그보다 더 어울리는 것은 없었다. 다른 순례자들은 성 니콜라이 수도원의 게스트하우스로 갔다.

교회의 내부는 휘황찬란했다. 촛불과 샹들리에가 뿜어내는 불빛이 은빛 성화상과 (성 시므온의 유물이 보관된) 금빛 석관에 부딪쳐 사방팔방으로 퍼져나갔다. 라스푸틴이 신자들의 한복판에 자리 잡은 상석의 양탄자 위에 서 있는 동안, 사제들과 부제들은 최고급 제의를 걸치고 부동자세로 서 있었다. 라스푸틴은 연노란색 루바슈카rubashka*에 기다란 술tassel이 달린 띠를 두르고, 헐렁한 벨벳 바지와 옻칠한 부츠를 신었으며, 머리는 올백으로 곧게 빗어 넘겼다. 라스푸틴은 이마에서 가슴으로 넓게 십자가를 그으며 열렬하게 기도했다. 시슈키나는 라스푸틴의 얼굴을 "평화롭고 친절하면서도 결연한 표정이었다"라고 회고했다. 사제들은 십자가를 재단에서 내려 밀집한 회중의 한 가운데에 놓고, 모든 신자들이 가까이 다가갈 수 있도록 허용했다. 라스푸틴이 맨 먼저 십자가에 키스를 하고, 뒤이어 수행원들이 연달아 키스를 했다. "잠시 후 신자들이 십자가와 라스푸틴을 향해 우르르 몰려들더니, 라스푸틴을 가까이서 쳐다보며 그의 몸을 어루만졌다. 나는 스타레츠의 오른손 아래 엎드렸고, 그는 내 머리 위에 십자가를 그어줬다"라고 시슈키나는 술회했다.

시슈키나는 베르호르투예에서 보낸 3일을 잊을 수 없었다. 수도원에서 치러진 엄숙한 예배와, 바닥에 엎드려 라스푸틴에게 경의를 표하던 신자들의 소리가 그녀의 마음을 뜨겁게 달궜다. 다른 방문객들은 흥분하여 가만히 있지 못하다가, 라스푸틴 일행이 철수하고 나서야 삼삼오오 모여 악명 높은 그리고리 라스푸틴과의 만남을 회상하며 웅성거렸다.

그러나 라스푸틴에 대해 시슈키나처럼 호의적인 태도를 보인 러시아인들은 많지 않았다. 1916년 후반, 페트로그라드와 그 밖의 도시

✤러시아 남성들이 착용하는 블라우스풍의 상의. _옮긴이.

에서는 '황후와 수도자의 음란한 관계'를 다룬 팸플릿이 (물론 불법으로) 떠돌아다니기 시작했다. 라스푸틴과 알렉산드라 모녀가 야한 포즈를 취하고 있는, 역겨운 장면들을 거짓으로 묘사한 영화도 속속 등장했다. 관계 당국에서는 그런 거짓 영화와 사진들을 압수하여 폐기함과 동시에, 차르가 등장하는 뉴스 영화를 자제할 수밖에 없었다. 왜냐하면 영화관객들이 그런 뉴스를 볼 때마다, "차르 폐하는 병사들과 함께 있는데, 황후 폐하는 라스푸틴과 함께 있다!"고 소리 높여 외쳤기 때문이다. 제펠린이 그려 배포한 만화에는 줄리우스 시저와 니콜라이 2세가 등장했는데, 이 만화에서 시저는 러시아군을 향해 대포를 겨냥하고 있는 데 반해, 니콜라이 2세는 라스푸틴과 비슷하게 생긴 발사체를 이용하여 반격할 준비를 하고 있었다. 이 만화를 보고 어안이 벙벙해진 러시아 병사들은 장교들에게 그 캐리커처의 의미를 묻다가, 급기야 이런 질문을 하기에 이르렀다. "우리가 과연 희생할 가치가 있는 겁니까?" 1916년 11월에는 이런 분위기가 여러 도시에 만연하여, 많은 레스토랑들이 "라스푸틴에 대한 잡담 금지!"라고 적힌 간판을 내걸었다.

　라스푸틴에 대한 대중의 분노는 1916년 가을 최고조에 달했다. 프랑스식 고급 레스토랑의 매니저 요셉 베키는 자신의 회고록에서 라스푸틴을 (동물의 시체를 파먹는) 콘도르에 비교하며, "그의 날개가 러시아 전체에 그림자를 드리웠다"라고 말했다. 사람들은 라스푸틴을 '러시아의 실질적 지배자'로 여겼고, 그를 향해 제기된 '반역자'라는 비난은 고스란히 황후에게도 해당되었다. 자유주의 정치가 파벨 밀류코프는 듀마에서 행한 연설에서, '러시아를 위협하는 어둠의 세력'을 강력히 비난했다.* 밀류코프는 정부와 군의 부패 및 무능을 조목조목 열거하며, 핵심적인 부분이 나올 때마다 수사법을 동원하여 "이게 바보짓입니까, 아니면 반역입니까?"
라고 물었다. 구르코는 당시의 .상
황을 이렇게 묘사했다. "황실을 둘
러싼 괴담은 혁명보다 훨씬 더 강
력하다. '라스푸틴의 영향력이 군
주제의 원칙을 약화시킨다'는 소문
의 효과가 모든 혁명과 폭동을 합
친 것보다 더 강력했다."

　수그러들줄 모르는 비판의 목
소리는 라스푸틴을 괴롭혔다. 그는
친한 경호원에게 이렇게 토로했다.
"빌어먹을 신문기사들이 나를 집중

라스푸틴이 차르와 황후를 꼭두각시처럼 조종하는
것으로 풍자한 카툰

적으로 공격하고 있어. 짜증이 나 죽을 지경이야." 그는 황후에게도 불
만을 토로했다. "사탄이 신문을 통해 공포감을 확산시키고 있어요. 그
래 봤자 좋을 게 하나도 없는데 말이에요." 라스푸틴의 편을 든 저널
리스트는 알렉세이 필리포프 한 명밖에 없었다. 그는 여섯 개의 팸플
릿을 통해 친구를 옹호했지만, 대중의 여론을 형성하기에는 턱없이 부
족했다. 「시베리아 트레이드 가제트」에서는 라스푸틴이 어린 시절 말
을 훔쳤다는 소문을 보도함으로써 라스푸틴의 신경을 건드렸다. 라스
푸틴은 편집자에게 전화를 걸어, "내가 언제 어디서 누구의 말을 훔쳤
는지 밝히시오. 3일의 여유를 주겠소. 당신은 정보력이 뛰어난 사람이
니, 그 안에 증거를 댈 수 있을 거요. 만약 증거를 대지 못한다면 가만

✛이 연설은 역사상 가장 강력하고 영향력 있는 연설 중 하나로 알려져 있다.

　　　　　　　　제정러시아의 황혼녘에 드리워진 그늘

두지 않을 테니 단단히 각오하시오." 편집자는 라스푸틴의 요구사항을 신문에 그대로 실으며, "참고로, 그는 학교 문턱에도 가보지 못한 농사꾼 출신입니다"라는 논평을 덧붙여 라스푸틴을 조롱했다. 물론 라스푸틴을 자극한 신문기사는 철회되지 않았다.

라스푸틴은 지속적인 위험에 빠졌음을 직감했는데, 거기에는 그럴 만한 이유가 있었다. 크림반도의 총독 이반 둠바제는 라스푸틴을 흑해에 빠뜨리거나 절벽에서 떨어뜨리자고 제안한 적이 있었다. 그다음에는 흐보스토프의 엉성한 음모와 구세바의 암살 기도가 있었고, 전쟁기간 내내 노골적인 공격이 잇따랐다. 어느 날 밤 라스푸틴이 빌라 로데에서 황후의 이름을 함부로 들먹이자, 격분한 장교가 달려와 다짜고짜 강펀치를 날린 적이 있었다. 또 언젠가는 그와 비슷한 경거망동을 하는 바람에 세 명의 장교들에게 습격을 받아 병원에 입원한 적도 있었다. 어느 날 저녁 파티를 즐기는 도중에 총소리를 듣고 줄행랑을 친 적이 있는가 하면, 파티에 참석한 사람들 중에 암살범들이 섞여 있음을 알고 안색이 창백해지며 간이 콩알만해진 적도 있었다. 캄캄한 밤 네프스키 대로에서 삼두마차가 라스푸틴을 치고 달아난 적도 있었고, 그가 탄 썰매를 승용차가 들이받는 바람에 타박상을 입은 적도 있었다. 어느 날 오후 자동차를 타고 귀가하는 도중에 나뭇단이 도로를 덮쳤는데, 경찰이 범인을 체포하고 보니 (일리오도르가 한때 근거지로 삼았던) 차리친 출신의 농부였다.

방금 언급한 사건들 중에는 헛소문에 불과한 것도 포함되어 있지만, 공통적인 의미가 있었다. 그것은 '라스푸틴을 경멸하는 러시아인들이 도처에 깔려 있다'는 것이었다. 의심과 공포에 휩싸인 라스푸틴은 황후에게 이렇게 호소했다. "그들은 나를 죽이려고 하는 게 분명해요. 그들은 내 주변 사람들까지도 모두 죽일 것이며, 차르와 황후도 예외가 될 수 없어요. 경호원을 요소요소에 추가로 배치해주세요."

라스푸틴은 협박 편지도 많이 받았는데, 그중에는 익명의 편지도 있었고 어벤저Avenger와 같이 섬뜩한 서명이 적힌 것도 있었다. 한 익명의 단체가 선택된 자들Chosen Ones이라는 이름으로 보낸 장문의 편지에는 다음과 같이 씌어 있었다. "우리의 조국 러시아가 위험에 처해 있다. 불명예스러운 강화조약을 맺을 거라는 이야기도 들린다. 당신이 스타프카와 암호편지를 수시로 주고받는다는 것은, 당신의 영향력이 그만큼 막강하다는 것을 의미한다. 그러므로 우리는 당신에게 다음과 같이 요구한다. 백성들의 뜻을 중히 여기는 각료들을 임명하고, 두마를 다시 소집하라. 그리하여 러시아를 파멸의 구렁텅이에서 구원하라. 당신이 우리의 요구를 받아들이지 않는다면, 우리는 당신을 죽일 것이다. 우리는 털끝만한 자비도 베풀지 않을 것이다. 구세바의 손과 달리, 우리의 손은 오그라들지 않을 것이다. 죽음의 그늘은 이미 드리워져 있다. 당신이 어딜 가든 죽음이 뒤따를 것이다."

라스푸틴은 1916년 초 수사관들에게 보낸 편지에서, "모든 주변인들이 나를 암살하려고 노리고 있다"고 말했다. 그는 피곤함과 우울함에 찌들어, 까마득한 심연 속으로 점점 더 깊숙이 가라앉고 있었다. 라스푸틴을 먼발치에서 사랑하고 숭배했던, 우아한 여류작가 테피는 그의 몰락을 이렇게 해석했다. "그동안 손에 쥐고 있던 능력과 권력을 잘 다스리지 못하게 되자, 그는 슬럼프에 빠져 설 땅을 잃고 방황하게 되었다." 한 추종자는 기氣를 들먹이며, 그가 살았던 고로호바야 거리 64번지 일대의 긴장감이 너무 강했던 게 문제라고 했다. "그곳에는 상점이 여럿 들어서고 있었다. 거리에서는 전화벨이 끝없이 울렸고, 모든 연령대의 여성들이 마스카라를 바른 흰 얼굴로 들락날락했고, 사탕과 꽃들이 온갖 박스와 함께 진열되어 있었다. 지치고 피곤한 얼굴로 이것저것을 들여다보는 라스푸틴은 '녹초가 된 늑대'처럼 보였다. 나는 이 같은 일상생활이 그의 삶을 정신없이 바쁘고 휘청거리게 만들었다고 생각한다. 모든 것이 즉흥적이고 불안정했다. 마치 어두컴컴하고 주거 환경이 열악한 건물 속에서 음습한 바람이 불어나오는 것처럼 말이다." 라스푸틴은 점점 더 운명론에 빠져들며, 종말이 곧 다가올 것 같다는 생각을 하게 되었다.

페트로그라드 거리에 눈이 내려, 피로와 환멸에 찌든 것 같던 도시가 하얀 담요 속에 파묻혔다. 1916년 12월 2일, 차르·황후 부부가 라스푸틴을 호출했다. 라스푸틴은 하루 종일 술을 한 모금도 마시지 않고 목욕탕과 교회에 들른 후, 다음 날 아침 일찍 차르스코예셀로행 기차에 올랐다. 차르스코예셀로 기차역에 내리니, 대기하고 있던 승용차가 눈길을 달려 안나의 담황색 자택으로 안내했다. 차르와 황후는 이미 도착하여 여느 때처럼 차분히 차를 마시고 있었다. 화기애애한 대화를 마치고 떠나려는 순간, 라스푸틴은 왠지 긴장감이 엄습하는 것을 느꼈다. 니콜라이가 아무 생각 없이 축복을 하자, 라스푸틴은 조용히 대답했다. "참 이상하네요. 이번에는 제가 폐하를 축복하지 않고, 폐하가 저를 축복하시는군요."

그로부터 두 주도 채 지나지 않아 라스푸틴은 불귀의 객이 되었다.

19

암살 공모

　라스푸틴의 암살을 주도한 펠릭스 유수포프 공은 사람을 죽일 만한 위인이 아니었다. 전해지는 말에 의하면, 그는 세계 최고 갑부의 유일한 상속자였다고 한다. 계집애처럼 얼굴이 하얗고 힘이 없는 호사가였던 그는, 여성의 옷을 즐겨 입는 등의 기행을 일삼았고 스캔들에도 자주 휘말렸다. 그런 그를 냉철하고 계산적인 암살자의 모습과 연결 짓기는 매우 어려웠다. 그가 라스푸틴을 죽인 이유는 미스터리이며, 그가 암살 과정에서 실제로 수행한 역할도 의문에 싸여 있다. 그는 범행 직후 자랑스럽고 도전적인 태도로 러시아를 구원하고 싶었노라고 주장했다. 1916년 12월에 대형 사건을 터뜨린 후, 그는 자신을 신비화하거나 비방하는 분위기 모두를 즐겼다.

　유수포프는 1887년 상트페테르부르크의 모이카 운하에 있는 대저택에서 태어났는데, 아이러니하게도 그 저택은 그로부터 약 40년 후 라스푸틴이 황천길로 떠난 곳이었다. 보통 황실 가족의 거주지만을 궁전이라고 칭하지만, 그 저택은 외형상 궁전이라고 부르기에 손색이 없었다. 무도회장, 살롱, 미술관, 극장 등의 부대시설을 갖춘 크고 세련된 저택으로, 예카테리나 대제가 유수포프 가문에게 하사한 선물이었다. 유수포프 가문은 타타르족 출신으로, 무슬림 조상이 정치적 이유 때문에 동방정교로 개종한 후 줄곧 러시아 황실과 가깝게 지냈다. 유수포프 가문은 그들의 광대한 주택과 부동산을 모두 방문해본 사람을 손꼽을 정도로 엄청난 부를 축적했다.

펠릭스 유수포프는 부모의 다양한 (그러나 상반된) 영향력 속에서 유년시절을 보냈다. 어머니 지나이다는 아름답고 예술적이고 사교적인 귀부인이었다. 그녀는 첫째 아들 니콜라이보다 둘째 아들 펠릭스를 더 사랑했으며, 마치 예쁜 부활절 달걀을 약한 불로 조심스레 삶듯 펠릭스를 애지중지했다. 반면에, 아버지 펠릭스 수마로코프-엘스톤 백작은 거칠고 무덤덤했다. 지나이다와 처음 만났을 때, 그는 무일푼의 친위대 장교였다. 상류층에서는 고결한 지나이다가 비천한 신분의 남자와 만난다는 사실을 알고 끔찍 놀랐지만, 지나이다는 결혼을 강행했다. 심지어 알렉산드르 3세는 지나이다의 남편에게 유수포프 수마로코프-엘스톤이라는 이름을 쓰도록 승낙함으로써 유수포프 가문의 대代가 끊어지지 않도록 배려했다.

어린 펠릭스는 조작과 회피라는 두 가지 방법을 통해 부모의 상반된 영향력과 타협하는 방법을 터득했다. 그는 어머니의 욕구불만을 잘 알고 있었다. 지나이다는 딸을 끔찍이 원했으므로, 펠릭스가 다섯 살이 될 때까지 드레스를 입히고 파마를 해줬다. 그러던 중 그녀는 문득 아들이 연약하고 여성적이며 여러모로 이상하다고 생각하게 되었다. 펠릭스는 버릇이 없고 이기적이어서, 자신의 버릇을 고치려는 사람에게 화를 내고 심지어 가정교사에게 테러를 하기도 했다. 지나이다는 펠릭스의 요구를 거절하는 경우가 거의 없었다. 펠릭스는 눈에 띄는 미소년으로 성장하여, 열두 살 때는 어머니의 가운을 입기 시작했다. 형 니콜라이는 펠릭스를 데리고 멋진 레스토랑과 카페를 누볐는데, 펠릭스는 그곳에서 '매력적인 젊은 남성이 다른 남성들의 관심을 끄는 방법'을 배웠다. 아버지는 아들의 기행과 일탈을 몹시 싫어했지만 펠릭스는 멈추지 않았다. 상트페테르부르크 상류층 자제들 중 상당수가 그랬듯이, 그는 곧 신비주의에 빠져 아편과 그 밖의 금지된 쾌락들을 기웃거리게 되었다.

펠릭스는 음모를 즐겨, 자신도 모르는 사이에 형의 죽음에 핵심적인 역할을 했다. 그는 형을 꼬드겨 유부녀들과 관계를 맺게 하고, 루머를 퍼뜨리고, 비밀스러운 만남을 주선했는데, 그러던 와중에 한 유부남이 격분하여 아내의 정부이던 니콜라이에게 결투를 신청하여 살해하는 일이 벌어졌다. 죄책감에 시달리던 펠릭스는 엘리자베트 표도로브나 대공비('엘라')를 찾아갔다. 그녀는 황후의 동정심 많은 언니로서 남편이 죽은 후 중요한 수녀단체를 이끌고 있었는데, 펠릭스에게 "당신은 비난받을 일이 없으며, 동성애 때문에 고통받을 필요도 없다"고 말해줬다. 펠릭스는 과거를 잊고 1909년 옥스퍼드 대학교에 등록했지만, 틈만 나면 파티를 전전하며 방탕한 생활을 즐겼다.

펠릭스는 1913년 러시아로 돌아와, 차르의 조카딸 이리나(차르의 여동생 크세니아와 그녀의 남편 알렉산드르 미하일로비치의 딸)를 졸졸 따라다녔다. 펠릭스의 이색적인 과거에도 불구하고, 두 사람은 1914년 2

월 아니치코프 궁전(이리나의 외할머니인 마리아 표도로브나 황태후의 거처)에서 결혼식을 올렸다. 그 결혼식은 당시 러시아 사회의 세기의 이벤트였다. 왜냐하면 러시아를 지배하는 황실과 러시아 최고의 갑부집안이 결합했기 때문이다. 금박을 입힌 마차를 타고 도착한 신부는 마리 앙투아네트의 레이스 베일을 쓰고 있었고, 알렉산드라는 신랑 신부에게 커다란 다이아몬드를 선물했다. 들리는 소문에 의하면, 펠릭스는 황족의 명성에 관심이 있고, 신부 집안에서는 유수포프 집안의 돈을 탐낸다고 했다. 어찌됐든 결혼생활은 순탄하지 않았다. 1915년 이리나라는 이름의 딸이 태어났지만, 펠릭스는 젊고 아름다운 남성의 꽁무니를 쫓아다니는 일을 멈추지 않았다.

유수포프와 라스푸틴은 1909년에 처음으로 만났다. 라스푸틴은 젊고 핸섬한 귀족 청년이 마음에 들어 말렌카야malenkaya라는 애칭을

펠릭스 유수포프와 그의 부인 이리나. 유수포프는 세계에서 가장 많은 재산을 상속할 사람으로 알려져 있었고, 이리나는 니콜라이 2세의 여동생인 크세니아와 차르의 당숙인 알렉산드르 미하일로비치 대공의 딸이다.

붙여줬는데, 그 뜻은 '꼬맹이'였다. 그러나 유수포프는 라스푸틴이 마음에 들지 않았다. 사실 유수포프는 라스푸틴에게 본능적인 혐오감을 갖고 있었지만, 1913년 지나이다가 '라스푸틴이 펠릭스에게 못된 짓을 한다'고 황실에 고자질할 때까지는 별로 내색하지 않았다. 지나이다는 황후에게 자신의 의견을 밝혔을 뿐인데, 그게 치명적인 빌미가 되어 망신을 당하고 궁전에서 쫓겨났다. 설상가상으로 1915년 유수포프의 아버지는 모스크바 총독에서 해임되었는데, 그 이유는 그 해 5월에 벌어진 반反게르만 폭동을 진압하는 데 실패했기 때문이었다. 유수포프는 부모의 한계와 실수를 인정하지 않고, 필시 라스푸틴이 중간에서 농간을 부린 게 분명하다고 확신했다. 급기야 젊은 유수포프는 '라스푸틴이 심약한 차르와 심리 상태가 불안한 황후를 이용하여 러시아를 파괴하려고 한다'고 믿게 되었다. 이러한 감정은 점차 증오감으로 발전하여, '러시아를 위협하는 사람을 처단하는 게 나의 사명'이라는 확신이 생겼다.

"라스푸틴은 독일의 스파이이거나, 최소한 독일과의 강화를 추진하는 세력과 내통하고 있는 게 틀림없다. 러시아의 중요한 군사작전은 모두 알렉산드라와 라스푸틴의 사전 협의에 따라 수행된다." 유수포프의 생각은 꼬리에 꼬리를 물고 이어졌다. "라스푸틴은 러시아의 모든 정책을 좌지우지한다. 그는 모든 장관들의 임명과 해임을 배후에서 통제하며, 측근들을 시켜 동방정교회를 와해시키고 있다. 니콜라이 2세는 라스푸틴의 행동을 중단시킬 능력도 의향도 없으므로, 누군가 다른 사람이 총대를 메고 러시아를 구원해야 한다. 그리고 그 사람은 바로 나다."

이것은 유수포프가 역사를 향해 제시한 이상적 모티브였으며, 많은 이들이 그의 대의명분에 수긍하며 그를 단독범으로 여겨왔다. 그들은 얼마간의 증거를 제시하며, "유수포프는 관심의 한복판에서 영예로운 업적을 꿈꾸던 사람이었다"라고 주장했다. 그들의 주장에는 일리가 있다. 라스푸틴을 암살한다는 것은 러시아를 가장 악랄하고 악명 높은 적에게서 구원하는 것이므로, 유수포프는 러시아 백성들이 자기를 영웅의 전당에 고이 모실 거라고 생각했을 수 있다.

그러나 유수포프의 성격을 감안할 때, 냉정하고 계산적인 암살자의 이미지와는 상당한 괴리가 있어 보인다. 이로 인해 "누군가 배후에서 암살 계획을 세운 다음 지령을 내렸고, 유수포프는 단지 꼭두각시에 불과했다"는 주장이 꾸준히 제기되었다. 알렉산드르 보하노프는 유명한 변호사이자 두마의 의원이었던 바실리 마클라코프를 유력한 용의자로 제시했다. 그러나 마클라코프가 자문 이상의 역할을 수행했다는 증거는 어디에도 없다. 최근에는 영국이 라스푸틴 암살에 개입했다는 정치 음모설이 제기되었다. "영국의 비밀요원들이 러시아 황실에 대한 라스푸틴의 부당한 영향력을 제거하기 위해 암살을 계획하고 실행했다"는 것이다. 22장에서 언급하겠지만, 유수포프는 영국의 공작원과 자신의 계획을 의논한 적이 있기는 하다. 그러나 라스푸틴의 죽음이 스파이 행위에서 비롯되었다는 증거는 없다.

한편 차르의 당숙 니콜라이 미하일로비치가 라스푸틴의 암살을 부추겼다는 설도 있다. 그는 유명한 역사가로서 니콜라이 2세의 무능함을 누차 비난해왔으며 알렉산드라를 혐오했다. 그러니 황후가 라스푸틴의 죽음을 니콜라이 미하일로비치 탓으로 돌린 것은 당연해 보인다. 이 설을 꾸준히 주장해온 인물들은 세 명의 저명한 역사가들(알렉산드르 코츄빈스키, 올랜도 파이지즈, 마르가리타 넬리파)인데, 그들은 '니콜라이 미하일로비치가 음모자들과 빈번히 접촉해왔으며, 음모자들이 그를 매우 존경했다'는 점을 증거로 제시했다. 니콜라이 미하일로비치는 유수포프의 행동을 부추겼음에 분명하며, 어쩌면 모종의 방법을 알려줬을 수도 있다. 그러나 미하일로비치의 전기를 저술한 제이미 콕필드에 의하면, 그가 암살을 계획하거나 지휘했을 가능성은 전혀 없다고 한다. 그런데 콕필드의 설명이 걸작이다. 미하일로비치는 늘 주목받고 싶어 하는 사람으로서 말 많고 참견하기를 좋아했으므로, 만약 그가 라스푸틴의 암살범을 배후에서 조종했다면 실상을 발설하지 않고서는 못 배겼을 거라는 것이다. 그가 사건 당일 자신의 일기장에 상세히 기록한 사건의 내용이 오류 투성이라는 것만 봐도 콕필드의 주장에는 상당한 설득력이 있다. 심지어 정황상으로도 미하일로비치가 암살을 계획하거나 지휘했을 가능성은 전혀 없어 보인다. 따라서 미하일로비치는 사건이 일어나기 전까지 아는 게 전혀 없었을 것이다. 결론적으로 말해서, 그가 암살의 주범으로 지목되었던 이유는 사건의 배경에서 맴돌며 끊임없이 뭔가를 연상시키는 행동을 했기 때문이었을 뿐, 그 이상도 이하도 아니었다.

'유수포프가 단독으로 음모를 꾸미고 실행했을 리 없다'는 근거를 다각적으로 제시하며, 공모자가 꼭 필요했을 거라고 주장하는 사람들도 많다. 유수포프의 방법이 어설펐다는 것은, 그가 아마추어였다는 가설을 뒷받침한다. 유수포프의 방식에는 독특하고 순진한 측면이 있었다. 그는 몰래 음모를 꾸미는 것을 즐겼으며 미스터리한 비밀에서 스릴을 느꼈던 게 분명하다. 그는 고마워하는 국민들이 자신을 러시아의 구세주로 선포하는 순간을 상상하며 즐거워했으며, 설사 이기적인 국민들일지라도 이상주의에 이끌릴 거라고 굳게 믿고 있었다. 유수포

암살 공모

프의 성격에서 살인을 연상하기는 어렵지만, 애국심이라는 동기가 그를 자극했을 가능성을 무시할 수 없다.

유수포프가 음모를 꾸미는 과정에서 제일 먼저 찾아간 사람은, 두마의 의장으로서 오랫동안 라스푸틴 반대 세력을 이끌어온 미하일 로잔코였다. 그러나 유수포프가 '나와 행동을 함께합시다'라고 제안하자, 로잔코는 갑자기 꼬리를 내리며 "나는 누구를 죽이기에는 너무 늙었네. 암살 대상이 아무리 공적 제1호Public Enemy Number One라고 해도 어쩔 수 없어"라고 변명했다. 유수포프는 그런 로잔코를 허풍쟁이라고 부르며 실소를 금치 못했다. 유수포프는 다음으로, 두마의 의원이자 자유주의 정당인 카데트당의 지도자 바실리 마클라코프를 찾아갔다. '자유주의자들은 모두 혁명가들이다'라고 믿었던 순진한 유수포프는 마클라코프가 라스푸틴 암살 계획을 듣고서 당연히 기뻐할 거라고 예상했다. 그러나 웬걸, 마클라코프는 화들짝 놀라며 화를 냈다. "자네는 내가 암살을 위해 의원 생활을 하고 있다고 생각하나?" 그러고 나서, 그는 이런 설명을 덧붙였다. "라스푸틴은 차르 체제의 신뢰성을 파괴하고 있다네. 차르 체제가 무너지고 나면, 그 폐허를 딛고 내가 그토록 원하는 민주정부가 들어설 수 있을 걸세. 라스푸틴은 혁명을 사실상 지원하고 있으니, 그를 죽이는 건 무의미하다고 생각하네. 만약 자네가 라스푸틴을 죽인다면, 황후는 그를 대신할 인물을 재빨리 찾아낼 걸세."

유수포프는 마클라코프에게 이렇게 반박했다. "당신의 생각은 틀렸습니다. '알렉산드라가 라스푸틴을 대신할 인물을 찾을 수 있다'고 생각하는 것은, 초자연적 힘의 가치를 인정하지 않기 때문입니다. 그러나 나는 비술occult에 익숙하기 때문에 진실을 알고 있습니다. 라스푸틴은 신통력을 가진 인물인데, 그런 인물은 100년에 한 명 태어납니다. 만약 라스푸틴이 오늘 죽는다면, 황후는 2주 안에 빈민굴로 들어갈 것입니다. 그녀의 영적 평형은 오직 라스푸틴에 의존하고 있으므로, 그가 암살되는 즉시 그녀는 결딴이 날 겁니다. 그러면 황제는 라스푸틴과 황후의 영향력에서 벗어날 것이므로, 결국 모든 게 바뀌게 될 겁니다. 그는 훌륭한 입헌군주가 될 겁니다."

마클라코프는 암살에 가담하지는 않으면서도 유수포프와 도주 경로나 증거 인멸 등에 대해 많은 이야기를 나누었다. 마클라코프는 자동차 사고를 가장한 암살 방법을 제안했는데, 유수포프는 너무 복잡하다며 고개를 가로저었다. 유수포프가 무기에 대해 질문하자, 마클라코프는 고무가 덮인 덤벨을 건네줬다. 유수포프는 덤벨을 덥석 받았지만, 그걸로 라스푸틴을 때려죽인다고 생각하니 소름이 오싹 끼쳤다. 유수포프는 마클라코프가 청산가리 결정結晶도 줬다고 진술했는데, 마클라코프는 이를 극구 부인했다.

로잔코와 마클라코프에게 연거푸 거절당한 후, 유수포프는 자신을 정서적으로 뒷받침해줄 사람이 필요했다. 그는 드미트리 파블로비치 대공이었다. 드미트리는 니콜라이 2세의 사촌(삼촌인 파벨의 아들)이었다. 그의 어머니가 세상을 떠난 후, 아버지 파벨은 귀천상혼morganatic marriage◆ 때문에 추방되었다. 그래서 드미트리는 삼촌 세르게이 알렉산드로비치 대공과 그의 아내 엘리자베트(알렉산드라의 언니)와 함께 살았다. 그 후 세르게이가 암살되자 드미트리는 차르 부부와 많은 시간을 함께 보냈고, 그러다보니 그들은 드미트리를 양자처럼 여겼

◆ 왕족 계급과 신분이 낮은 계급 간의 결혼. _ 옮긴이.

다. 심지어 "니콜라이는 드미트리를 장녀 올가와 결혼시키고, 만약 알렉세이가 죽는다면 황위계승법을 개정하여 제위를 드미트리에게 넘겨줄지도 모른다"는 소문이 돌 정도였다. 그런 드미트리가 라스푸틴 암살에 동의한다는 것은 기절초풍할 일이었다. 그러나 드미트리는 알렉산드라와 라스푸틴이 러시아를 파괴하고 있다고 확신하고 있었다.

유수포프와 드미트리 간의 관계는 끊임없이 구설에 올랐다. 유수포프는 드미트리를 숭배했고, 사람들은 이 둘이 연인 관계가 아닌지 의심했다. 황후는 드미트리와 유수포프의 관계에 노심초사하며, "두 사람이 난봉꾼 패거리와 어울리는 꼴을 차마 볼 수 없다"고 속앓이를 했다. 드미트리가 동성애자였다는 증거는 없지만, 그가 유수포프를 친구로서 사랑했던 것은 분명하다. 유수포프와 드미트리의 친분을 감안하면, 드미트리를 암살 모의에 끌어들이는 것은 자연스러운 발상이었다. 또한 이 발상에서는 영리한 계략도 엿볼 수 있다. 드미트리는 대공이므로 기소가 면제되며, 그를 체포하거나 어떤 식으로든 처벌할 수 있는 사람은 차르밖에 없었기 때문이다. 후에 드미트리는 유수포프에게 쓴 편지에서, "1916년 12월의 드라마에 내가 출연하지 않았다면, 자네는 정치범으로 교수형을 당해 이미 이 세상에 없을 거야"라고 말했다.

드미트리는 라스푸틴 암살이 '진정한 군주제 지지자가 군주제를 지키기 위해 결행한 일'임을 믿어 의심치 않았다. 그들이 11월에 포섭한 또 한 명의 인물은 블라디미르 푸리슈케비치였는데, 그 역시 진정한 군주제 지지자였다. 1870년 베사라비아에서 태어난 푸리슈케비치는 '의회는 러시아에 어울리지 않는다'고 믿고, 두마를 와해시킬 목적으로 두마 의원에 입후보하여 당선되었다. 라스푸틴을 경멸한 푸리슈케비치는 1916년 11월 19일 행한 연설에서, "모든 악은 어둠의 세력에서 나오며, 그들의 우두머리는 그리슈카 라스푸틴입니다"라고 열변을 토했다. 그의 연설은 계속 이어졌다. "차르의 장관들은 한 줌의 '잠자는 숲속의 미녀들'로 무능하고 부패했습니다. 러시아를 구조하려면 잠자는 미녀들을 깨워 행동을 취하게 해야 합니다. 일말의 의무감을 가진 장관들이라면, 차르의 발밑에 엎드려 '작금의 끔찍한 현실에 눈을 똑바로 뜨십시오'라고 호소해야 합니다."

연설이 끝나자 우레와 같은 함성이 쏟아져나왔다. 그날 유수포프는 방청석에 앉아 푸리슈케비치가 라스푸틴을 고발하는 것을 들었다. 한 목격자에 의하면, 그는 마치 주체할 수 없는 감정에 휘말린 듯 안색이 하얘지며 온몸을 부들부들 떨었다고 한다. 유수포프는 다음 날 푸리슈케비치를 찾아가, 연설은 멋졌지만 세상을 바꾸지는 못할 거라고 말하며 라스푸틴 암살에 가담할 것을 제안했다. 푸리슈케비치는 자기도 그런 생각을 해본 적이 있다고 말하며 모의에 가담하기로 합의했다.

다음 날 저녁 푸리슈케비치가 모이카 궁전으로 유수포프를 찾아갔을 때, 유수포프는 그에게 드미트리와 제4의 공모자를 소개했다. 네 번째 공모자는 스물아홉 살의 세르게이 수호틴으로, 엘리트들로 구성된 근위기병연대의 중위였다. 수호틴은 차르스코예셀로의 병원에서 요양할 때 유수포프를 처음 만난 것 같다. 늘 그렇듯, 사람들은 수호틴이 유수포프의 동성애 파트너 중 한 명이었을 거라고 추측해왔다. 동성애에 대한 증거는 없지만, 수호틴이 라스푸틴 암살 공모에 부분적으로 가담한 것은 사실이다. 그는 라스푸틴과 안나 비루보바가 게르만 혈통이라고 믿고, 라스푸틴을 제거해야만 러시아를 멸망에서 구원할 수 있다고 생각했다. 수호틴에게 주어진 임무는 라스푸틴의 시신을 운

암살 공모

반하는 것이었는데, 이는 귀족 계급인 그로서는 체면이 상하는 일이었다. 푸리슈케비치는 다섯 번째 공모자를 포섭했는데, 그는 스타니슬라브 라조베르트 박사였다. 라조베르트는 프랑스에서 교육받은 폴란드 내과의사로, 제2차 세계대전이 발발한 다음 날 러시아군에 입대했다. 라조베르트는 전선에 배치되어 푸리슈케비치의 의료 조직과 그 활동을 지휘했다. 그는 세 번 부상을 입었으며, 그의 장식품 중에는 잉글랜드 국기가 포함되어 있었다.

라스푸틴을 암살하려면 그를 아파트에서 유인하여, 보안요원들을 멀찌감치 따돌려야 했다. 공모자들이 선택한 최선의 장소는 모이카 궁전이었다. 그곳은 은밀하고, 상황을 통제할 수 있으며, 라스푸틴의 탈출을 막을 수 있다는 장점이 있었다. 그러기 위해서는 유수포프가 라스푸틴과 다시 친해지는 게 전제 조건인데, 유수포프는 그게 썩 내키지 않았다. 그러나 달리 해결책이 없던 유수포프는 1916년 11월 20일 서로 아는 친구의 아파트에서 라스푸틴을 만나기로 했다.

유수포프는 몇 년의 세월이 라스푸틴의 심신을 망가뜨렸음을 알고 깜짝 놀랐다. 그의 얼굴은 퉁퉁 부어 있었고, 군살이 붙은 몸은 축 늘어져 있었다. 그는 더 이상 평범한 농부의 코트를 입지 않고, 옅은 청색 실크 블라우스와 가랑이가 넓은 벨벳바지를 걸쳤다. 유수포프는 라스푸틴에게 이렇게 둘러댔다. "제가 요즘 건강이 안 좋아 당신의 뛰어난 치유 기술이 필요해요. 용하다는 의사들을 죄다 불러봤지만 아무런 소용이 없었어요."

"내가 고쳐주지." 라스푸틴이 응답했다. "의사? 걔네들이 뭘 알아? 그들이 하는 거라고는 진찰을 하는 둥 마는 둥하고 약을 주는 것밖에 없지. 그러니 병이 더 악화될 수밖에. 그들보다 내가 아는 게 더 많아,

펠릭스!" 유수포프는 이 기회를 놓치지 않고 라스푸틴을 자기 집으로 초청했다. "언제 한 번 제 집을 왕림하셔서 저를 치료해주세요." 혹자들은 유수포프가 동성애자임을 고백하고, 그것을 핑계로 라스푸틴을 자신의 저택으로 유인했을 거라고 추측해왔다.

유수포프는 라스푸틴과의 두 번째 만남을 다음과 같이 묘사했다. "스타레츠는 나를 침대에 눕게 한 다음, 내 눈을 응시하며 가슴, 목, 머리를 때리기 시작했다. 그러다가 갑자기 무릎을 꿇고 앉아, 손을 내 눈썹 위에 얹고 기도하기 시작했다. 그가 머리를 너무 낮게 숙이는 바람에, 나는 그의 얼굴을 바라볼 수가 없었다. 그는 얼마 동안 그 자세로 앉아 있다가, 갑자기 벌떡 일어나더니 손을 내 몸 위로 휘저으며 최면을 걸기 시작했다. 그는 최면술 비슷한 기술에 능통한 것 같았다. 엄청난 최면력이 나를 완전히 압도하며, 온몸 구석구석에 뜨거운 기운을 불어넣었다. 나는 감각을 잃었고, 내 몸은 마비된 것 같았다. 말을 하려고 했지만 혀가 말을 듣지 않았고, 마치 강력한 수면제를 복용한 것처럼 잠이 쏟아졌다. 라스푸틴의 눈은 인광燐光처럼 푸르스름하게 빛났다." 유수포프는 최면술에서 깨어나려고 발버둥을 쳤지만, 라스푸틴은 그가 통제력을 상실했음을 알고 유쾌하게 웃으며 이렇게 말했다. "치료는 이제 끝났어. 하지만 이번 한 번만으로 완치되는 건 아니야."

라스푸틴과 유수포프는 페트로그라드의 레스토랑과 나이트클럽을 함께 쏘다니기 시작했다. 세상 사람들은 두 사람의 관계에 대해 이러쿵저러쿵 말이 많았지만, (나중에 마리아 라스푸틴이 시사했던 것과는 달리) 유수포프가 라스푸틴에게 성적 호감을 느꼈다고 생각할 이유는 없다. 유수포프의 결심이 약간씩 희미해지던 가운데, 12월 첫째 주에 일어난 사건이 그로 하여금 실행을 결심하게 했다. 12월 3일 차르스코

암살 공모

예셀로에서 알렉산드라와 대판 싸우고 난 후, 엘리자베트는 지나이다에게 달려와 눈물을 흘리며 하소연했다. "내가 라스푸틴을 멀리하라고 했더니, 알렉산드라는 나를 똥 묻은 개 쫓듯 쫓아냈어요. 알렉산드라는 라스푸틴에게 완전히 빠졌어요." 지나이다도 지난번에 황후를 찾아가 라스푸틴을 함부로 언급했다가, "두 번 다시 나를 찾아오지 말아요"라는 소리를 듣고 궁전에서 쫓겨난 적이 있었다.

유수포프의 어머니 지나이다와 엘리자베트 대공비는 그의 삶에 가장 큰 영향을 미친 인물들이었으며, 라스푸틴 문제 때문에 황후와 충돌했다는 공통점을 갖고 있었다. 단, 차이점이 있다면, 엘리자베트는 크게 실망하여 손을 놓고 있었던 데 반해, 지나이다는 (나중에 증언한 바에 따르면) 분노와 증오를 견디지 못해 어쩔 줄 몰라 했다. 두 사람은 이미 유수포프의 계획을 알고 거사를 격려했었으며, 지나이다는 아들에게 쓴 편지에서 "평화로운 방법은 아무것도 바꾸지 못한단다"라고 말했었다. 그러던 차에 12월 3일 어머니와 대공비에게 '라스푸틴 때문에 굴욕을 당했다'는 말을 듣자, 그동안 주저하던 유수포프는 마침내 결심을 굳혔다.

그의 계획은 이러했다. 첫째, 라스푸틴을 모이카 궁전으로 초청한다. 둘째, 은밀한 방에서 그를 독살한다. 셋째, 공모자들이 나타나 시체를 자루에 담아 네바강으로 끌고 간다. 넷째, 자루가 강한 물결에 휩쓸려 핀란드만까지 떠내려간다. 운이 좋으면 그 과정에서 라스푸틴의 시체가 사라지고, 시체가 없으면 아무도 벌을 받지 않는다.

거사 날짜는 드미트리의 스케줄에 맞추어 결정했다. 황족인 드미트리는 공식 스케줄이 많았는데, 스케줄을 취소할 경우 나중에 공범으로 의심받을 가능성이 많았기 때문이다. 공모자들은 드미트리의 스케줄에 맞춰 12월 16일(금요일)을 거사일로 잡았다. 날짜가 확정되자, 공모자들은 마지막 준비에 박차를 가했다.

12월 16일이 다가옴에 따라 유수포프는 일말의 도덕적 불안감을 느꼈다. 손님을 집으로 유인하여 살해한다는 게 영 찜찜했던 것이다. 그건 귀족사회의 룰에 어긋나는 행위였다. 유수포프는 이러한 딜레마를 해결하기 위해, 카잔의 성모 대성당에 가서 몇 시간 동안 기도했다. 그리하여 마침내 종교적 희열 상태에 이르렀다. '나의 행동으로 러시아가 구원을 받을 것'이라는 확신 덕분에 사회적 규범은 잠시 잊을 수 있었다. 차르와 자신의 가족도 덤으로 구원받을 수 있다고 생각하니 마음이 한결 가벼워졌다.

20
모이카 궁전의 살인 사건

페트로그라드에는 밤새 눈이 내리더니, 12월 16일(금요일) 아침이 되자 하늘이 맑아지며 핑크빛 구름이 드문드문 나타났다. 날씨는 제법 쌀쌀해서, 황후의 거처에 걸려 있는 온도계는 영하 20도를 가리키고 있었다. 밤새 과음을 한 라스푸틴은 침대에서 간신히 빠져나와, 교회와 목욕탕을 거쳐 자신의 아파트로 돌아왔다. 몇 통의 민원 전화가 걸려왔는데, 그중에는 생명을 위협하는 익명의 전화도 한 통 있어 간담을 서늘하게 했다. 라스푸틴은 점심에 와인을 너무 많이 마셔, 토볼스크에서 걸려온 다정한 (그리고 중요한) 전화를 받을 수가 없었다. 그는 하루 종일 비몽사몽을 헤맸는데, 그의 비서 시마노비치에 의하면 오후 내내 마데이라를 열 병 이상 비웠다고 한다.

공모자들은 입을 꼭 다물고 있었지만, 페트로그라드에는 한동안

'누군가 라스푸틴을 곧 죽이려고 한다더라'는 소문이 파다하게 퍼져 있었다. 푸리슈케비치는 영국비밀정보국 페트로그라드 분실의 새뮤얼 호어 실장에게 라스푸틴이 곧 암살될 거라고 말해줬는데, 호어는 당시의 상황을 이렇게 회고했다. "푸리슈케비치의 말투가 차분해서, 나는 그의 말을 대수롭지 않게 생각했다. 그도 그럴 것이, 그 당시에는 모든 사람들이 러시아의 붕괴가 임박했다고 수군거렸기 때문이다." 아론 시마노비치는 "왠지 불길한 예감이 들어, 늦은 저녁 프로토포프가 찾아올 때까지 라스푸틴 옆에 붙어 있었다"고 주장했다. 내무장관 프로토포프가 라스푸틴을 찾은 이유는 최근의 소문을 전해주기 위해서였다. 그는 염려는 했지만 바짝 긴장한 상태는 아니었다. 라스푸틴은 언젠가 추종자들에게 "죽는 날을 예언한다는 것은 대단한 능력이에요"라고 말한 적이 있는데, 죽음에 대한 그의 견해는 이러했다. "죽음은 현실이며, 우리는 죽음을 아무런 염려 없이 받아들여야 한다. 왜냐하면 모든 것은 신의 손아귀 안에 있으며, 모든 사건들은 신의 계획에 따라 진행되기 때문이다." 라스푸틴도 인간인지라 자신의 안전을 걱정하기는 했지만, 항상 담담한 모습을 보이려고 노력했다.

안나 비루보바는 그날 저녁 여덟 시에 도착했다. 라스푸틴은 그녀에게 "펠릭스의 아름다운 부인 이리나에게 초청을 받아, 이따 자정에 모이카 궁전에 갈 예정이오"라고 말했다. 너무 늦은 약속 시간이 좀 이상했지만, 그는 "펠릭스가 부모들 몰래 만나기를 원하기에 그 시간으로 정했소"라고 설명했다. 몇 시간 후 안나가 그 사실을 황후에게 말하자, 알렉산드라는 고개를 갸우뚱하며 이렇게 말했다. "뭔가 착오가 있는 게 분명해. 이리나는 지금 크림반도에 있고, 유수포프 일가의 어른들 중에서 페트로그라드에 있는 사람은 한 명도 없단 말이야." 그

러나 두 사람은 '이상한 약속'을 별로 대수롭지 않게 생각하고 기억에
서 지워버렸다.

유수포프는 12월 16일 하루 종일 암살 계획을 점검했다. 그는 서
재를 나와 나무계단을 따라 지하로 내려갔다. 유수포프는 계단 밑에
있는 (아치형 천장으로 덮인) 창고를 범행 장소로 골랐는데, 그 이유는
벽이 두꺼워 소리가 밖으로 새나가지 않기 때문이었다. 유수포프는 창
고에 둥근 테이블과 의자를 배치하여 만찬실로 꾸몄다. 벽 쪽에는 정
교한 문양이 새겨진 흑단 캐비닛을 놓고, 그 위에는 화려한 수정 십자
가상을 세워놓았다. 두껍고 하얀 곰 가죽으로 만든 양탄자가 석조바닥
을 뒤덮었고, 벽난로에서는 장작이 딱딱 소리를 내며 타고 있었다. 천
장에 매달린 무어식 램프Moorish lamp가 반짝거리며 방 전체를 다채로
운 빛깔로 물들였다. 한마디로 말해서, 그 조용한 방은 신비로운 기운
을 풍겼으며 왠지 세상에서 격리된 듯한 느낌이 들었다. 그 속에서 무
슨 일을 벌이든 세상 사람들에게 전혀 탄로나지 않을 것 같았다.

그날 밤 다른 공모자들이 모두 도착하자, 유수포프는 그들을 데
리고 지하실로 내려가 준비를 시작했다. 와인을 잔에 따르고 냅킨을
접어 테이블 위에 얌전히 놓았다. 그는 (마클라코프에게서 받았다는) 청
산가리 박스를 라조베르트 박사에게 건넸고, 라조베르트 박사는 장갑
낀 손으로 청산가리 결정을 분쇄하여 고운 분말로 만들었다. 그는 청
산가리 분말을 여섯 개의 작은 크림 케이크에 뿌리고, 라스푸틴이 사
용할 와인 잔에는 여섯 명의 남자를 죽일 수 있을 만큼의 청산가리를
첨가했다. 공모자들은 모든 준비를 끝내고 유수포프의 서재에 다시 모
여 거사 계획을 최종 점검했다.

경찰에서 파견된 경호원들은 자정에 라스푸틴의 아파트에서 철

수하기로 되어 있었다. (라스푸틴은 자정부터 오전 8시까지 경호원들을 받지 않았다.) 두 딸 마리아와 바르바라가 밤 열한 시에 귀가했을 때, 라스푸틴은 외출복을 멋지게 차려 입은 상태였다. 연한 청색 실크셔츠에 수레국화cornflower를 꽂고, 짙은 청색 벨벳바지와 가죽부츠를 착용하고 있었다. 목에는 십자가가 달린 무거운 금 목걸이를 걸고, 손목에는 (로마노프 왕조의 쌍두독수리와 니콜라이 2세의 모노그램이 새겨진) 금 팔찌와 백금 팔찌를 찼다. 그는 딸들에게 "나는 자정에 유수포프의 궁전에서 열리는 파티에 초대되었는데, 시간이 아직 이르니 침실에서 쉬고 있을게"라고 말했다. 딸들은 아버지의 오버슈즈*를 숨겼는데, 그 이유는 아버지가 암살될 거라는 소문을 듣고 한밤중에 외출하는 것을 막기 위해서였다.

자정 직후 누가 뒷문의 벨을 누르기에 나가보니, 유수포프였다. 라스푸틴을 모셔 가려고 밖에서 기다리다, 자정이 넘도록 나오지 않자 아무래도 이상해서 벨을 누른 거였다. 라스푸틴이 싸구려 비누냄새를 강하게 풍기자, 유수포프는 문득 '저 사람이 전에는 저렇게 깨끗하고 단정한 적이 없었는데'라는 생각이 들었다. 라스푸틴은 "딸아이들이 내 외출을 막으려고 오버슈즈를 감추는 바람에, 그걸 찾느라 시간이 좀 걸렸어"라고 변명했다. 허둥거리던 그는 (그 유명한) 모피코트 자락을 밟고 미끄러졌다 일어나, 유수포프를 따라 뒷문 계단을 통해 뜰로 내려갔다. 그곳에는 리무진 한 대가 대기하고 있었다.

그날 밤에 일어난 사건을 둘러싸고 끝없는 추측이 난무해왔다. 유수포프는 두 건의 상세한 진술서를 남겼는데, 그 내용은 푸리슈케비

* 방한·방수·방진 등의 목적으로 구두 위에 덧신는 신발. _ 옮긴이.

치가 기록한 스토리와 상당 부분 일치한다. 그리고 경찰에 보관된 또 다른 진술서와 증언 녹취록도 있다. 1923년에는 라조베르트 박사가 작성한 듯한 설명서 하나가 발견되었는데, 그것은 완전한 픽션이었다. 다른 공모자들은 모두 침묵으로 일관했으므로, 역사가들은 유수포프 와 푸리슈케비치의 진술에 전적으로 의존하며 그것을 '일반적으로 인 정된 버전'이라고 부르고 있다. 그러나 분명히 말하지만, 그것은 어디 까지나 두 사람의 진술에 불과하다.

유수포프가 라스푸틴을 지하로 안내할 때, 서재의 축음기에서는 양키두들이 흘러나오고 있었다. 라스푸틴이 음악에 대해 묻자, 유수포 프는 "아내가 위층에서 친구들을 대접하고 있는데, 친구들이 가면 우 리와 합류할 거예요"라고 말했다. 만찬실에 들어서자, 라스푸틴은 코 트를 벗으며 주변을 휘 둘러봤다. 그는 멋진 문양이 새겨진 흑단 캐비 닛에 감탄하며, "자리에 앉기 전에 동심으로 돌아가, 멋진 캐비닛의 서 랍을 열고 닫으며 즐거움을 만끽하고 싶군"이라고 말했다. 유수포프가 건네주는 '독 묻은 케이크'를 처음에는 너무 달다며 한사코 사양하다, 결국에는 몇 조각을 받아 게걸스럽게 먹어치웠다. 유수포프는 그 모습 을 지켜보며, 라스푸틴이 몇 초 내에 고꾸라질 거라고 예상했다. 그러 나 어찌된 일인지 라스푸틴은 끄떡도 하지 않았고, 심지어 독이 든 와 인까지 몇 잔 들이키며 아무렇지도 않게 수다를 떨었다. 그는 가끔씩 목구멍에 손을 갖다댔는데, 아마도 삼키는 데 곤란을 느끼는 것 같았 다. 그리고 목소리도 잠기며 거칠어지는 것 같았다. 그러나 그 두 가지 외에는 뚜렷한 증상이 나타나지 않자, 유수포프는 겁이 덜컥 났다. 그 렇게 한 시간이 지났을 때, 라스푸틴은 구석에 놓여 있는 기타를 발견 하고 유수포프에게 "경쾌한 곡을 연주해봐. 난 그대의 노래도 좋아하

모이카 궁전의 살인 사건

니까"라고 말했다.

불안에 떨던 유수포프는 라스푸틴의 요청대로 연거푸 여러 곡을 불렀다. 라스푸틴은 가끔 고개를 떨구며 눈을 감았지만, '이제 독이 퍼졌나보다'라고 생각할라치면 어김없이 눈을 뜨고 또 다른 곡을 요구했다. 라스푸틴이 죽을 기미를 보이지 않자, 유수포프는 아내가 위층에서 뭘 하는지 확인해봐야겠다며 노래를 중단했다.

그동안 다른 공모자들은 '죽음의 만찬실' 바로 위에 있는 서재에서 조바심을 내며 기다리고 있었다. 그들은 라스푸틴이 살아 있을 뿐만 아니라 멀쩡하다는 말을 듣고 소스라치게 놀랐다. 드미트리는 라스푸틴을 집에 데려다주고 다음 기회를 노리자고 했지만, 푸리슈케비치는 그 생각에 반대했다. 만에 하나 라스푸틴이 집에서 의문사 할 경우 경찰이 부검을 통해 독극물을 검출할 것이고, 최종적으로 모이카 궁전에 방문했던 사실까지 알게 될 게 뻔했기 때문이다. 그러나 청산가리가 듣지 않는다면, 공모자들은 다른 방법으로 라스푸틴을 살해해야 했다. 공모자들은 만찬실에 단체로 들어가 대화를 나누다 적당한 기회를 봐서 그를 목졸라 죽일까 생각해봤지만, 유수포프는 "모르는 사람 여럿을 보는 순간, 라스푸틴이 수상한 낌새를 채고 잽싸게 도망칠지 몰라요"라며 반대했다. 그래서 유수포프는 드미트리에게서 작은 브라우닝 리볼버 한 자루를 받아 지하로 다시 내려갔다. 독살에 실패하는 바람에 '꼴도 보기 싫은 인간' 앞에서 두 시간 동안 재롱을 떨다 히스테리에 빠진 상태에서, 좀 더 직접적인 암살 방법을 사용하기로 한 것이었다. 그것은 매우 대담한 계획이었다.

라스푸틴은 여전히 의자에 앉아 있었는데, 호흡이 부자연스러워 보였다. 그는 머리가 무겁고 위장이 화끈거린다고 호소하며, 와인 한 잔을 더 달라고 요구했다. 와인 한 잔을 건네자, 라스푸틴은 금세 활기를 되찾아 집시 레스토랑으로 가자고 졸랐다. 유수포프가 너무 늦었다며 거절하자, 라스푸틴은 벌떡 일어나 수정 십자가상이 놓여 있는 캐비닛 쪽으로 걸어갔다. 그가 서랍을 열며 좋아하는 순간, 드디어 절호의 기회가 찾아왔다.

"그리고리 예피모비치!" 유수포프가 말했다. "그 십자가상을 똑바로 바라보며 마지막 기도를 하는 게 좋을 거요." 예상치 못한 행동에 놀란 라스푸틴은 눈을 휘둥그레 뜨고 돌아서며 유수포프를 응시했다. 유수포프는 라스푸틴의 왼쪽으로 재빨리 다가가, 허리춤에서 리볼버를 꺼내들었다. 그리고 잠시 머뭇거린 후, 그의 가슴에 한 발을 발사했다. 라스푸틴은 거친 괴성을 토해내며, 마치 망가진 인형처럼 양탄자 위로 쓰러졌다.

총성을 들은 공모자들이 거의 구르듯 계단을 뛰어내려왔다. 라스푸틴은 바닥에 벌렁 누워 눈을 감고 얼굴을 씰룩였다. 주먹을 꽉 쥐고, 경련으로 온몸을 부들부들 떨었다. 잠시 후 움직임이 멈췄을 때, 라스푸틴의 청색 실크셔츠는 완전히 피로 물들어 있었다. 양탄자가 피로 얼룩지는 것을 막기 위해, 드미트리와 푸리슈케비치는 시신을 차가운 돌바닥 위로 끌고 갔다. 그러고는 불을 끄고 문을 닫고, 유수포프의 서재로 이동했다.

사전 각본에 따르면, 다음 과제는 라조베르트가 라스푸틴의 아파트로 승용차를 몰고 가는 것이었다. 수호틴의 역할은 라스푸틴의 코트와 모자를 착용하여 멋모르는 구경꾼들에게 라스푸틴처럼 보이도록 하는 것이었고, 드미트리의 역할은 유수포프인 체하는 것이었다. 계획대로만 된다면, 사람들은 라스푸틴이 다음 날 밤에 귀가했다고 생각할 것이다. 수호틴은 승용차에서 내려 아파트로 들어가는 시늉을 하다가, 낮은 포복 자세로 기어나와 차에 다시 올라타야 했다. 그런 다음 공모자들은 승용차를 타고 바르샤바 역까지 가서, 푸리슈케비치가 개인적으로 보유한 객차 안에서 라스푸틴의 코트와 모자를 소각하기로 되어 있었다. 마지막 과제는 모이카 궁전으로 돌아와, 라스푸틴의 시신을 수습하고 처리하는 것이었다. 그러나 푸리슈케비치는 "우리들이 가진 화력으로는 라스푸틴의 유품, 특히 오버슈즈를 완전히 소각할 수 없어요"라고 반론을 제기했다. 그래서 공모자들은 모든 계획을 중단하고 (라스푸틴의 유품이 있는) 모이카 궁전에 집결했다.

이제 모이카 궁전은 무덤처럼 조용했다. 푸리슈케비치는 잠자코 앉아서 담배를 피웠지만, 유수포프는 동요하기 시작했다. 라스푸틴은 본래 있던 자리에 그대로 누워 있었는데, 유수포프는 그간의 분노가 폭발하여 시신의 어깨를 움켜쥐고 냅다 흔들었다. 그러다가 라스푸틴의 얼굴을 뚫어져라 응시하는데, 까무러칠 만한 일이 벌어졌다. 라스푸틴이 양 눈을 하나씩 뜨면서, 뱀 같은 눈초리로 자신을 노려보는 것이 아닌가! 그의 눈빛은 사탄의 증오심으로 불타고 있었다. 라스푸틴은 벌떡 일어나 분노로 으르렁거리며, 입에 거품을 물고 허공을 할퀴며 유수포프를 향해 달려들었다. 라스푸틴이 유수포프의 어깨를 붙들고 그의 옷에서 장식을 떼어낼 때, 라스푸틴의 입에서는 피가 뚝뚝 떨어졌다. 라스푸틴은 낮은 후두음*으로 유수포프의 이름을 계속 중얼거렸다.

공포에 질린 유수포프의 비명 소리가 모이카 궁전에 울려 퍼졌

---

* 목의 뒷부분에서 나오는 듯한 음성. _ 옮긴이.

다. 유수포프는 거실에 있던 푸리슈케비치에게 알리기 위해, 목이 터져라 고함을 치며 계단을 뛰어올라갔다. 그의 외침을 듣는 순간, 푸리슈케비치는 반사적으로 자신의 피스톨(소바주)을 쥐고 지하로 뛰어내려갔다. 그때 문이 열리는 소리가 들렸다. 라스푸틴이 어느 틈에 1층으로 걸어올라와, 뜰로 나가는 문을 열었던 것이다. 라스푸틴은 눈 덮인 뜰의 가장자리에서 비틀거리며, 철문을 향해 힘겹게 발자국을 옮기고 있었다. 철문을 열면 운하 쪽으로 탈출할 수 있었다.

"펠릭스! 펠릭스!" 라스푸틴은 계속 소리쳤다. "황후에게 모든 것을 고해바칠 테다!" 푸리슈케비치는 라스푸틴의 앞길을 가로막으며 권총 두 발을 발사했다. 첫 번째 발사한 총알이 허리를 관통하면서, 라스푸틴은 철문 옆의 눈더미 속에 처박혔다. 그러나 치명상은 아니었다. 두 번째 총알은 라스푸틴의 이마 한복판을 관통했다.

푸리슈케비치가 라스푸틴의 사망을 확인하기 위해 관자놀이를 힘껏 걷어차자, 이번에는 꼼짝도 하지 않았다. 유수포프는 어디론가 사라졌지만, 푸리슈케비치는 울타리를 따라 대자로 뻗은 시체를 그대로 내버려둘 수 없었다. 그랬다가는 주변을 지나가는 사람에게 발견될 수 있었기 때문이다. 푸리슈케비치의 증언에 따르면, 때마침 두 명의 병사가 현장에 나타나 대체 무슨 일이냐고 물었다고 한다. 입이 가볍기로 소문난 푸리슈케비치는 그 순간 "내가 그리슈카 라스푸틴을 처단했소. 그는 러시아와 차르의 적이오!"라고 말해버렸다. 그러자 한 병사는 두마의 의원인 푸리슈케비치의 손에 키스를 하며 감사의 뜻을 표했고, 다른 한 병사는 "신에게 영광을! 내가 오래 전에 했어야 하는 일인데!"라고 소리쳤다. 그러나 그들이 함부로 발설하면 문제였기에, 푸리슈케비치는 두 사람에게 "황후가 이 일을 알면, 우리는 살아남지

모이카 궁전의 살인 사건

못할 거요"라고 경고했다. 병사들은 푸리슈케비치의 말대로 하겠다고 맹세하며, 시체를 궁전 안으로 끌고가 (지하로 이어지는) 층계참에 내팽개치는 데 협조했다.

궁전 건너편의 운하에 있는 파출소에서 근무하던 경찰관 두 명도 총소리를 들었다. 플로르 예피모프라는 경찰관은 상부에 유선으로 보고한 후, 상황 파악을 위해 유수포프의 집 쪽으로 걸어왔다. 그는 도중에 스테판 블라슈크라는 경찰관을 만났는데, 그 역시 총소리를 듣고 달려오던 중이라고 했다. 예피모프는 파출소로 돌아갔고, 블라슈크는 궁전 쪽으로 계속 달려갔다. "얼어붙은 물 위로 승용차가 미끄러지면서 난 소리였겠지"라고 생각하고 넘어가려던 참에, 블라슈크는 유수포프와 집사가 궁전의 뜰에서 어슬렁거리는 장면을 목격했다. 유수포프는 "손님 중 한 명이 술주정을 하기에, 정신 좀 차리라고 공중에 대고 권총을 발사했어요"라고 말하고는 집 안으로 얼른 들어갔다.

푸리슈케비치는 욕실에서 유수포프를 발견했다. 그는 창백한 얼굴로 벌벌 떨며 욕조 안에 연신 침을 뱉고 있었다. 푸리슈케비치는 그를 서재로 데려가며, "모든 일은 다 끝났으니 걱정 마시오"라고 안심시켰다. 유수포프가 여전히 혼란스러워 하자, 푸리슈케비치는 "펠릭스! 펠릭스!"라고 계속 불렀다. 그때 블라슈크가 몇 가지 더 물어볼 게 있다고 불쑥 나타났다. 그를 서재로 안내한 후, 푸리슈케비치가 블라슈크에게 "당신은 충성스러운 러시아 백성이며, 정통신앙을 가진 기독교인입니까?"라고 물었다. 유수포프는 옆에서 놀란 토끼눈을 하고 조용히 서 있었다. 블라슈크가 "둘 다입니다"라고 대답하자, 푸리슈케비치는 "라스푸틴이 살해되었습니다"라고 털어놓았다. 블라슈크는 비밀을 지키겠노라고 약속했지만, 만약 법정에서 선서를 할 경우에는 거짓말을 할 수 없는 사람이었다. 블라슈크는 파출소에 돌아가자마자 태도를 바꾸어, 본부에 전화를 걸어 아는 사항을 하나도 빠짐없이 보고했다.

어느 것 하나 계획대로 진행된 것이 없는 마당에, 입이 가벼운 푸리슈케비치 덕분에 경찰이 사건의 비밀을 알게 되었다. 라스푸틴의 시체는 아직도 층계참 위에 놓여 있어서, 유수포프는 뜰로 나가거나 지하로 내려갈 때마다 시체를 보고 히스테리 발작을 일으켰다. 그래서 (마클라코프에게서 받았다는) 고무로 코팅된 1킬로그램짜리 덤벨로 시체의 머리를 여러 차례 가격했다. 나중에 유수포프는 당시의 상황을 이렇게 회고했다. "나는 뭔가에 홀린 듯이 아무 데나 마구 때렸어요. 신과 인간이 정해놓은 법과 규칙을 깡그리 무시했죠." 푸리슈케비치의 목격담은 이러했다. "펠릭스는 야생마 같았어요. 그의 분노는 완전히 비정상적이었죠. 너무 끔찍했어요." 푸리슈케비치가 유수포프를 간신히 떼어내 침실로 데려가자, 그는 금세 실신했다.

공모자들은 라스푸틴의 시신을 모피코트 속에 집어넣으려 낑낑대다가, 결국 포기하고 다리를 옷으로 감쌌다. 그리고 몸통을 검푸른 커튼으로 뚤뚤 만 다음 로프로 묶어, 뜰에서 기다리고 있던 승용차에 실었다. 푸리슈케비치, 드미트리, 라조베르트, 수호틴은 병사 한 명을 대동하고 페트로그라드를 가로질러, 미끄럽고 울퉁불퉁한 길을 달려 오스트로바 지역에 도착했다. 오스트로바는 습지가 많은 군도群島로, 네바강이 핀란드만으로 흘러들어가는 곳인데, 12월에는 꽁꽁 얼어붙어 있었다. 공모자들의 최종 목적지는 페트로프스키 대교였는데, 그 다리는 리틀 네바강을 건너 크레스토프스키 섬으로 들어가는 경로였다.

드미트리는 망을 보고, 다른 공모자들은 라스푸틴의 시체를 처리했다(운좋게도, 다리를 지키는 보초병은 잠이 들어 있었다). 공모자들은 시체를 난간 위에 올려놓은 다음, 미리 봐뒀던 얼음 구멍을 겨냥하여 힘껏 던졌다. 잠시 후 첨벙 소리가 희미하게 들린 것으로 보아, 소기의 목적을 달성한 것 같았다. 그러나 푸리슈케비치는 "무거운 물건이나 체인을 이용하여 시체를 강 바닥에 가라앉혔더라면 더 좋았을 텐데"라며 곧 후회했다. 게다가 라스푸틴의 오버슈즈 하나가 다리 위에 남아 있었다. 그들은 오버슈즈 한 짝을 난간 너머로 집어던졌지만, 하필이면 얼음 틈새로 떨어진 것을 미처 발견하지 못했다. 더욱이 나머지 한 짝은 승용차 바닥에 깔려 있었는데, 일시적으로 잊고 있었다. 시체가 강물에 실려 핀란드만까지 떠내려갈 거라고 확신한 공모자들은, 임무를 완수했다고 생각하며 승용차에 올라 모이카 궁전으로 되돌아왔다. 유수포프는 간밤에 겪었던 일로 신경쇠약과 탈진에다 히스테리 증상까지 겹쳐 침실로 직행했다. 다른 공모자들은 급히 작별 인사를 나누고 각자 헤어졌다. 때는 다음 날 아침 여섯 시였다.

푸리슈케비치는 일기장에 이렇게 적었다. "우리가 돌아오는 것을 본 사람은 아무도 없었다. 우리 모두는 죽은 듯 잠들었다."

21
이상한 장례식

라스푸틴은 종종 외박을 했지만, 다음 날 아침까지도 유수포프의 궁전에서 돌아오지 않자 하녀 카탸는 이상하게 여겼다. 딸들도 걱정하며 안나 비루보바에게 전화를 걸었지만, 속 시원한 대답을 듣지 못했다. 무냐 골로비나에게 물었더니, "라스푸틴이 어디에 있을지 짐작이 가며, 곧 귀가할 게 틀림없어요"라고 말했다. 그러나 라스푸틴은 몇 시간이 지나도록 아무런 기별이 없었다. 하룻밤 사이에 페트로그라드에서 감쪽같이 사라진 것이다.

경찰은 라스푸틴의 행방불명을 모이카 궁전과 금세 연관지었다. 경찰은 수소문 끝에 처가집에 머물고 있는 유수포프를 찾아내 몇 가지 질문을 던졌다. "어젯밤 라스푸틴과 같이 있지 않았나요?" 그는 아무 일도 없었던 것처럼 시치미를 떼며 이렇게 말했다. "어젯밤 라스푸틴에게서 집시 레스토랑에 함께 가자는 전화를 받았지만, 마침 손님들이 있어서 거절했어요. 손님들 중에는 귀족 부인 몇 분이 있었지만, 그분들의 남편 이름은 밝힐 수 없어요." 총소리와 핏자국에 대해서는 이렇게 설명했다. "드미트리 파블로비치가 술에 취해, 하인이 기르던 개에게 총을 쐈지 뭐예요. 그래서 간밤에 뜰에서 총소리가 났고, 오늘 아침 뜰에 나가보니 바닥에 핏자국이 있더군요." 마지막으로, 푸리슈케비치가 블라슈크라는 경찰관에게 라스푸틴을 죽였다고 자백한 건에 대해서는 이렇게 해명했다. "푸리슈케비치가 술에 취해 횡설수설한 거예요. 그리고 암살과 관련된 소문에 현혹되지 마세요. 라스푸틴에게 해를 끼친 범인들이 우리에게 죄를 뒤집어씌우려고 헛소문을 퍼뜨리고 있는 게 분명해요."

　몇 시간 후 경찰관들이 유수포프의 집에 들이닥쳤을 때, 유수포프는 눈 덮인 뜰에 죽어 있는 개 한 마리를 보여줬다(유수포프는 미리 하인을 시켜 개 한 마리를 쏴 죽이게 했다). 그러나 황후의 명령을 받고 온 경찰관들은 그리 호락호락하지 않았다. 그들이 집을 수색하며 하인에게 꼬치꼬치 캐묻자, 유수포프는 이렇게 따졌다. "내 아내는 황제의 조카딸이에요. 그러므로 경찰에게 우리 집을 수색하라고 명령을 내릴 수 있는 분은 차르 한 분뿐이라고요." 경찰들은 아무 소리도 못하고 떠났지만, 유수포프는 그들이 자기 말을 믿지 않는다는 것을 잘 알고 있었다. 그즈음 공황 상태에 빠져 있던 드미트리는 황후에게 전화를 걸어 면담을 신청했다. 그러나 전화를 받은 안나 비루보바가 황후를 대신하여 면담을 거절했다. 그러자 이번에는 유수포프가 황후에게 직접 전화를 걸어, 진상을 밝힐 테니 독대를 허락해달라고 했다. 황후는 이번에도 면담을 거절하며, "할 말이 있으면 서면으로 제출하세요"

라고 매몰차게 말했다.

모든 사람들은 유수포프가 라스푸틴의 행방불명에 깊숙이 관여했을 거라고 생각했다. 니콜라이 미하일로비치 대공은 그날 아침 일찍 두 통의 전화를 통해 사건을 제보받았지만, 내용이 다소 불명확했다. 유수포프가 처갓집(동생 알렉산드르 미하일로비치의 집)에 머물고 있다는 것을 안 니콜라이 미하일로비치는 갑자기 동생 집으로 찾아가 유수포프에게 질문을 퍼붓기 시작했다. 유수포프는 결백을 주장했지만, 니콜라이 미하일로비치는 "나는 사건의 내용을 자세히 안다. 심지어 파티 장소에 있던 여성들의 이름도 다 안다"고 공감을 치며 정보를 캐내려고 노력했다. 유수포프는 마지못해 적당히 둘러댔고, 니콜라이 미하일로비치는 그의 진술 내용을 곧이곧대로 믿고 그날 밤 자신의 일기장에 기록했다.[*]

그즈음 푸리슈케비치는 (자신이 운영하는 유명한) 병원열차를 타고 페트로그라드를 떠난 상태였고, 유수포프는 부인과 가족을 만나기 위해 크림반도로 갈 계획이었다. 그러나 12월 18일 열차에 승차하려던 그는 알렉산드라가 보낸 경찰에게 체포되어 모이카 궁전으로 압송되었다. 알렉산드라는 경찰을 시켜 유수포프를 불법으로 가택 연금시켰다.

알렉산드라는 답답해 미칠 지경이었다. 그녀는 모이카 궁전 뜰의 선홍색 눈이 라스푸틴의 행방불명과 관련되어 있다는 것을 직감하고, 스타프카에 있는 차르에게 고뇌에 찬 전보와 편지를 연거푸 보냈다. 그 소식을 무덤덤하게 받아들이던 니콜라이 2세는 얼마 후 차르스코

---

[*] 그러나 12월 16일 밤 파티 장소에는 여성이 한 명도 없었음을 감안할 때, 니콜라이 미하일로비치 대공은 사건에 대해 아는 게 거의 없었으며, 유수포프의 답변 역시 엉터리였던 게 분명하다.

이상한 장례식

예셀로로 돌아왔다. 라스푸틴이 갑자기 행방불명된 상황에서, 차르의 기분은 알렉산드라와는 극명하게 대조되었다. 한 소식통에 의하면 차르가 안도하는 듯한 인상을 받았다고 하며, 다른 소식통에 의하면 차르의 얼굴에는 평온하고 심지어 행복한 기운이 감돌았다고 한다. 그러나 니콜라이는 알렉산드라를 안심시키기 위해, 마음에도 없이 공포에 질리고 고뇌에 찬 듯한 표정을 지었다.

페트로그라드의 시민들은 '라스푸틴이 유수포프와 드미트리에게 암살당했다'는 소문을 듣고 기뻐 어쩔 줄 몰라 했다. 사람들은 일제히 국가를 부르고, 모르는 사람들끼리 거리에서 서로 얼싸안고, 가게에서는 암살 장면을 묘사한 그림을 판매했다. 라스푸틴의 이름을 인쇄하는 것이 금지되었으므로, 신문들은 라스푸틴을 '고로호바야 거리에 사는 사람'이라고 지칭했다. 그러나 「증권거래뉴스」는 12월 17일 오후에 "그리고리 라스푸틴, 페트로그라드에서 사망"이라는 제목의 기사를 냄으로써 언론 검열에 과감하게 도전했다. 기사의 내용은 짤막했지만, 편집진은 12포인트짜리 활자로 크게 뽑았다. "오늘 아침 여섯 시, 그리고리 라스푸틴은 페트로그라드의 중심부에 있는 귀족의 대저택에서 열린 파티에 참석한 후 급사했다."

시신이 아직 발견되지 않은 상태에서, 12월 17일 아침 페트로프스키 대교를 건너던 두 명의 노동자들이 철로 주변과 다리 난간에서 암적색 얼룩을 발견했다. 경찰이 출동하여 수사를 벌인 결과, 오후 두 시쯤 교각 지지물에 남성의 오버슈즈와 짙은 갈색 트레골니크Tregolnik 구두가 처박혀 있는 것을 발견했다.* 라스푸틴의 딸들은 대성통곡하

---

* 신발이 교각 지지물에서 발견된 이유는 라스푸틴 암살 사건에서 밝혀지지 않은 수수께끼 중 하나다.

며 오버슈즈와 구두가 아버지의 것임을 확인했다. 경찰은 다음 날 잠
수부를 동원하여 수색에 착수했지만, 날씨가 너무 추운 탓에 산소 공
급 펌프가 얼어붙어 수색을 중단했다. 12월 19일(월요일)에 대규모 수
색이 이루어졌는데, 다리에서 크레스토프스키 섬 쪽으로 230미터쯤
떨어진 곳의 얼음에서 이상한 물체가 발견되었다. 자세히 살펴보니 얼
음 속에 파묻혀 있는 모피코트 소매였다. 경찰은 도끼와 곡괭이를 이
용하여 얼음을 파헤쳐 시신을 찾아낸 후, 갈고리를 이용하여 시신을
꺼내는 데 성공했다.

경찰은 일단 널빤지 위에 시신을 올려놓고 사진을 촬영했다. 라
스푸틴의 팔은 약간 들려 있고 무릎은 구부러져 있어서, 페트로프라는
장의사가 공급한 관의 높이가 맞지 않았다. 경찰은 궁리 끝에 커다란
나무 상자를 구해 시신을 가까스로 집어넣었다. 월요일 저녁 여섯 시,
라스푸틴의 시신은 적십자 트럭에 실려 페트로그라드 중심부에서 8킬
로미터 떨어진 체스멘스키 자선병원으로 운반되었다. 라스푸틴은 종
전에 차르스코예셀로로 가는 길에 휙 지나치곤 했던 이 병원에서 이

꽁꽁 얼은 채로 건져진 라스푸틴의 사체. 얼음에서 꺼낸 그의 사체는 로프로 묶인 채 팔은 위로 올려져 있는 상태
였고, 손가락 모양을 보면 그가 죽음의 순간 성호를 그었음을 알 수 있다. 부검의는 세 번째 총알이 관통하면서 즉
사한 것으로 결론내렸다.

이상한 장례식

제 부검을 기다리며 해동되고 있었다.

라스푸틴의 시신이 발견되자 러시아인들은 크게 기뻐했다. 조시마 수도원의 수도자들은 환호성을 질렀고, 키예프의 군중들은 라스푸틴 일당의 잔당들이 언제 소탕될 것인지 궁금해했다. 얄타의 주민들은 "라스푸틴이 죽었으니, 알렉산드라, 안나 비루보바, 프로토포포프 등의 악당들도 죽었으면 좋겠다"라고 말했다. 이르쿠츠크의 신문에는 한 컷짜리 만화가 실렸는데, 눈 덮인 강 한복판에 구멍이 하나 그려져 있고 "안녕, 친구여!"라는 문구가 적혀 있었다. 새뮤얼 호어는 영국 정부에 이렇게 보고했다. "모든 계층은 라스푸틴의 죽음이 러시아군의 승리보다 더 위대하다고 여기며 자축하고 있습니다."

그러나 육군병원에서 자원봉사를 하던 한 상류층 여성은, 환자들이 자기와 기쁨을 함께하지 않는 것을 보고 충격을 받았다. 그녀가 환자들에게 라스푸틴 암살 사건의 의미를 설명하려 하자, 한 병사는 대뜸 이렇게 대꾸했다. "농부 한 명이 차르에게 영향력을 행사하자, 화가 난 귀족들이 그를 죽여버렸다. 이거 아니에요?" 볼가강 유역의 코스트로마에서 온 한 귀족에 의하면, 그가 사는 지역에서는 라스푸틴을 순교자로 여기고 있다고 했다. 한 농부는 이렇게 말했다. "라스푸틴은 차르에게 백성들의 목소리에 귀를 기울이라고 말했어요. 그리고 그는 황실에 대항하여 백성들의 권익을 옹호했어요. 암살범들이 라스푸틴을 죽인 건 바로 그 때문이에요."

관리들은 부검이 곧 임박했다는 사실을 비밀에 붙였지만, 군중들은 그 소문을 어떻게 들었는지 어둠과 추위를 무릅쓰고 체스멘스키 병원으로 몰려와 창문을 들여다봤다. 부검을 담당한 사람은 페트로그라드의 수석 부검의 드미트리 코소로토프였다. 코소로토프의 공식 보고서는 러시아혁명 후 아쉽게도 사라졌지만, 검시 과정에서 촬영한 수많은 흑백사진들은 지금까지 남아 있다. 코소로토프의 부검 결과는 1917년 3월 13일 「루스카야 볼랴Russkaya Volya(러시아인의 의지)」에 실린 인터뷰 기사에 가장 잘 설명되어 있다. 그때는 차르 체제가 붕괴된 후여서 러시아인들이 자신의 의사를 자유롭게 표현할 수 있었으며, 인터뷰를 담당한 기자는 I. 코빌-보빌이었다. 1993년 블라디미르 자로프 교수는 동료들과 함께 코소로토프의 인터뷰 기사와 남아 있는 사진을 근거로 하여 부검 결과를 재평가했는데, "사진의 기술적 결함 때문에 대부분의 손상에 대한 정보를 정확히 수집할 수 없었다"고 토로했다.

라스푸틴에 관한 문헌에 실린 부검 내용은 코소로토프의 1917년 인터뷰 기사에 바탕을 두었는데, 인터뷰 내용 자체는 괜찮지만 상상과 허구를 가미한 게 문제다. 부검 내용을 엉망으로 만든 주범은 『부검』(1998)이라는 최악의 책을 펴낸 앨런 롤리어였다. 역사가들은 롤리어의 책을 나름대로 각색하여 저마다 자기만의 버전을 만들어냄으로써, 코소로토프의 부검 결과에 대해 엄청난 갈등과 혼란을 초래했다. 마르가리타 넬리파는 『그리고리 라스푸틴의 암살, 러시아제국을 무너뜨린 음모』(2010)라는 책에서 코소로토프의 인터뷰 원문을 번역하여 소개함으로써 진실을 밝히는 데 크게 기여했다.

코소로토프는 본래 1916년 12월 21일 아침에 부검을 수행할 예정이었지만, 한 식당에 갇혀 있다가 12월 20일 밤 열한 시에 반강제로 부검을 시작할 수밖에 없었다. 주변에서 지켜보던 관리들은 그것도 모자라 가능한 한 빨리 부검을 완료하라고 재촉했다. 부검이 실시된 병원의 여건은 매우 열악했다. 전기는 끊겼고, 경찰관 한 명이 들고 있는 두 개의 오일램프와 하나의 랜턴에 의지하여 그 정교하고 민감한 작업을 수행해야 했다. 이처럼 괴기스러운 상황은 몇 시간 동안 지속되었다.

"나는 본의 아니게 어렵고 불쾌한 부검을 수행한 경험이 여러 번 있습니다. 나는 감각이 예민해서, 잘 보이지 않는 것도 웬만큼 처리할 수 있습니다. 그러나 그날 밤 수행했던 부검은 정말로 최악이었습니다." 코소로토프는 인터뷰 기사에서 이렇게 말했다. "게다가 시신의 몰골은 흉측했어요. 염소 같은 얼굴 표정과 움푹 패인 두개골은 노련한 저로서도 도저히 감당하기 힘들었습니다."

코소로토프의 인터뷰 기사 내용을 정리하면 다음과 같다. 라스푸틴의 키는 175센티미터였다. 사망 당시 그의 나이는 마흔일곱 살이었는데, 양호한 건강 상태를 감안할 때 암살당하지 않았다면 여든 살까지는 거뜬히 살 수 있었을 것으로 보였다. 알코올 냄새가 진동하는 것으로 보아, 라스푸틴은 사망 당시에 만취 상태였을 것으로 추정되었다. 머리칼, 턱수염, 콧수염은 헝클어졌고, 옷은 피로 얼룩져 있었다. 오른쪽 두개골은 함몰되었는데, 코소로토프는 다리 위에서 낙하할 때 교각 지지물에 머리를 부딪힌 게 원인일 거라고 추정했다. 오른쪽 눈은 검게 변했고, 오른쪽 귀는 찢어져 대롱대롱 매달려 있었다. 오른쪽 상체에는 크고 깊은 상처가 있었는데, 아마도 칼 등의 절단 기구가 통과한 흔적인 것 같았다. 안면을 가격당한 흔적도 있었고, 코뼈는 으스러져 있었다. 코소로토프는 많은 손상들이 사후에 생겨난 거라고 추정했다. 즉, 상당수의 손상들은 유수포프가 고무 코팅된 덤벨로 가격함으로써 생겼을 것이고, 다른 손상들은 시신이 다리의 아랫부분에 부딪치거나 강물에 휩쓸려 이리 뒹굴고 저리 뒹구는 가운데 생겼을 것이다. 그리고 오른쪽 상체와 오른쪽 귀의 상처는 시신을 발굴할 때 도끼,

곡괭이, 갈고리에 맞아 생겼을 것이다.

라스푸틴의 뇌는 보통 크기였고 알코올 냄새를 풍겼다. 위장에서는 끈끈한 액체가 검출되었는데, 여기서도 알코올 냄새가 났다. 그러나 코소로토프는 중요한 단서를 하나 놓쳤는데, 그것은 독극물을 섭취한 흔적을 탐지하지 못한 것이다.

총상은 세 군데서 발견되었다. 그러나 코소로토프는 총의 구경과 종류, 그리고 총탄 세 발이 발사된 순서를 밝혀내지 못했다. 총탄 하나는 라스푸틴의 오른쪽 가슴을 뚫고 들어와, 위장과 간을 통과하여 몸 밖으로 빠져나간 것으로 추정되었다. 또 하나의 총탄은 오른쪽 허리를 뚫고 들어와 오른쪽 신장을 관통했다. 라스푸틴은 총탄이 발사되기 직전에 서 있었지만 두 발의 총상으로 기력을 급속히 잃었으며, 각각의 총탄을 맞은 후 20분 내에 치명상을 입은 것으로 판단되었다. 세 번째 총탄은 이마의 한복판에 맞았는데, 관통상을 입은 지점에서 화약 찌꺼기가 발견된 것으로 보아, 넘어진 상태에서 20센티미터 미만의 전방에서 발사된 총탄을 맞은 것으로 추정되었다. 이 총탄은 뇌를 관통함으로써 라스푸틴을 즉사시킨 원인이 되었다.

페트로그라드의 검사장檢事長도 세 번의 총상을 보고했지만, 총의 종류와 구경을 확인할 수는 없었다고 말했다. 부검을 참관했던 수사관들은 '사용된 총을 확인할 수 없다'는 점에 동의했다. 자로프 박사는 코소로토프와 검찰의 보고를 지지하며, 자신도 무기의 구경이나 종류를 확인할 수 없었다고 인정했다.

지금까지 언급한 내용은 코소로토프의 인터뷰 기사를 기반으로 한 것으로서 '팩트 버전'에 가깝지만, 롤리어의 소설을 기반으로 한 '픽션 버전'은 코소로토프가 보고한 부상을 과장하거나 (있지도 않은)

다른 부상을 추가했다. 예컨대 라스푸틴의 오른쪽 눈은 종종 '안구에서 튀어나와 뺨에 매달려 있었다'고 주장되지만, 검시 과정에서 촬영된 사진만 봐도 거짓임을 단박에 알 수 있다. 이와 마찬가지로, '라스푸틴의 성기가 파손되어 있었다'는 주장도 거짓이다. 어떤 그럴싸한 문헌에서는 "코소로토프가 범행에 사용된 총 세 자루의 구경을 알아냈다"라고 단언하거나 주장하지만, 코소로토프는 그런 사실을 인정한 적이 없다.

코소로토프는 부검을 마친 후 (라스푸틴의 열렬한 추종자인) 아킬리나 랍틴스카야에게 시신을 넘겼고, 랍틴스카야는 시신을 깨끗이 닦은 다음 매장을 위해 하얀 린넨 수의를 입혔다. 그녀는 그 과정에서 십자가와 팔찌를 수거하여 황후에게 보냈다. 시신은 (뚜껑에 동방정교회 십자가가 새겨진) 무거운 아연관亞鉛棺 속에 안치되어, 다음 날 아침 매장을 위해 차르스코예셀로로 운반되었다.

라스푸틴의 시신은 포크로프스코예로 돌려보내야 했지만, 관리들은 시체가 도중에 도난되거나 훼손될까봐 두려워했다. 프로토포포프는 '라스푸틴의 관이 시베리아로 돌아간다'는 헛소문을 퍼뜨렸는데, 그 속셈은 도굴꾼들을 헷갈리게 함과 동시에, 러시아 백성들에게 '라스푸틴은 황실과 거리가 멀다'는 생각을 심어주는 것이었다. 안나 비루보바는 차르스코예셀로의 공원에 (사로프의 성 세라핌St. Seraphim of Sarov에게 봉헌하는) 작은 교회를 짓고 있었는데, 알렉산드라는 라스푸틴을 안장하기 위해 그 교회에 기초공사를 해놓은 상태였다. (포크로프스코예에서 기차를 차고 페트로그라드로 달려온) 프라스코바야와 (이미 페트로그라드에 있던) 두 딸은 남편과 아버지의 장례식에 대해 아무런 발언권도 행사하지 못했다.

사실 황후는 라스푸틴의 두 딸 마리아와 바르바라를 장례식에 참석하지 못하게 했다. 마리아는 오랜 세월이 흐른 뒤에도 그때의 슬픔과 고뇌를 잊지 못했는데, 황후가 그런 몰인정한 행동을 한 이유는 밝혀지지 않았다. 아마도 자신의 슬픔이 너무 컸던 탓에 라스푸틴 가족의 감정을 미처 헤아리지 못했던 것 같다. 그러나 안나 비루보바, 릴리 덴, 아킬리나 랍틴스카야, 심지어 안나 비루보바의 하녀까지도 장례식에 참석하도록 허용한 것을 감안하면, 황후가 라스푸틴의 딸들을 배제한 것은 너무 심한 처사였던 게 분명하다.

라스푸틴의 인생에서 장례식만큼 이상한 사건은 없었다. 12월 21일 아침에는 날씨가 몹시 춥고 땅이 꽁꽁 얼어붙어, 인부들은 교회 바닥에 얕은 무덤밖에 팔 수 없었다. 여덟 시가 조금 지나, 경찰의 유개차有蓋車가 관을 싣고 왔다. 알렉산드라의 친구 릴리 덴은 그때를 이렇게 회고했다. "참으로 영화로운 아침이었다. 하늘은 매우 파랗고 태양은 밝게 빛나다가, 함박눈이 내리며 다이아몬드처럼 반짝였다." 시끄러운 종소리를 울리는 썰매를 타고 안나 비루보바가 나타났고, 마지막으로 황실 가족을 태운 승용차가 도착했다. 알렉세이는 건강이 좋지 않아 참석하지 못했지만, 니콜라이가 먼저 승용차에서 내린 후, 상복을 차려입은 알렉산드라와 네 명의 황녀들이 줄지어 차에서 내렸다. 긴장과 초조에 휩싸인 황후는 흰 꽃으로 만든 조그만 꽃다발을 들고 서 있었다. 창백한 얼굴이지만 애써 침착함을 유지하고 있다가, 관을 보자 참았던 눈물을 흘리기 시작했다. 동방정교회의 장례의식을 변형하여 통상적인 파니히다panikhida* 대신 리티야litiya**를 하는 바람에, 기

*죽은 사람을 위한 예배. _ 옮긴이.
**죽은 사람의 넋을 기도하는 짧은 기도. _ 옮긴이.

도하는 동안에 무릎을 꿇을 시간 여유가 없었다. 흔히 낭독하던 시편을 생략하고, 찬송가는 중간에 건너뛰거나 누락시켰다. 알렉산드라 모녀와 안나 비루보바는 장례식이 시작되기 전에 성모 마리아의 성상聖像 뒤에 서명한 다음, 작은 꽃다발과 함께 라스푸틴의 관 위에 올려놓았다. 장례식이 끝날 무렵, 알렉산드라는 조문객들에게 꽃을 나눠줬고 조문객들은 그 꽃을 관 위에 올려놓았다. 장례식은 15분 만에 모두 끝났다. 평소에 감정을 잘 드러내지 않던 니콜라이 2세는 이날만큼은 이례적으로 일기장에 복받치는 감정을 적어놓았다. "나와 우리 가족은 슬픈 장면을 목격했다. 잊을 수 없는 그리고리의 장례식! 그는 유수포프의 집에서 악마들에게 암살당했다."

장례식이 끝난 후, 니콜라이 2세는 라스푸틴을 죽인 '괴물들'에게 관심을 집중했다. 알렉세이는 아버지에게 물었다. "그들을 왜 처벌하지 않는 거예요? 스톨리핀을 암살한 자들은 교수형에 처했었잖아요." 니콜라이 2세는 공모자들을 용서할 생각은 없었지만, 대중의 기분을 고려하여 신중히 행동하고 있었다. 차르는 푸리슈케비치를 함부로 처벌할 수 없었는데, 그 이유는 라스푸틴이 죽은 뒤 그의 인기가 하늘을 찌르고 있었기 때문이다. 유수포프와 드미트리는 만만한 상대였지만, 그들을 어떻게 요리하는 게 가장 현명한지는 알 수 없었다. 동정심을 품은 재판관이 그들에게 무죄를 선고하는 것을 막아야 하므로, 그들을 무턱대고 재판에 회부할 수도 없는 노릇이었다. 설사 재판에서 유죄가 선고되더라도 형량이 가볍다면 제위帝位를 우롱하는 꼴이 될 게 뻔했다. 니콜라이는 유수포프를 (사유지가 있는) 러시아 한복판으로 유배보내고, 드미트리는 페르시아에 주둔하고 있는 러시아군으로 보내기로 결정했다. 그리고 라조베르트와 수호틴은 아무런 처벌도 받지 않았다.

드미트리는 솜방망이 처벌을 받았지만, 그가 로마노프가의 후손이라는 점을 감안할 때 여전히 가혹한 처벌을 받았다고 볼 수 있었다. 그래서 황실 가문은 이것을 니콜라이와 그의 리더십에 대한 의견을 개진할 기회로 간주했다. 열여섯 명의 후손들은 "드미트리는 신병이 있고, 깊은 충격과 우울증에 시달리고 있습니다"라는 내용의 청원서에 서명하여 제출했다. 탄원서의 내용은 다음과 같이 계속되었다. "드미트리는 우리의 피붙이로서, 차르와 러시아에 대한 따뜻한 사랑이 늘 충만한 사람입니다. 그의 청춘과 나약한 건강을 감안하여, 그의 죄를 너그러이 용서해주시옵소서. 게다가 페르시아에 주둔하고 있는 병사들 사이에서는 전염병이 돌고 있을 뿐만 아니라 많은 재앙이 일어나고 있는 것으로 알고 있습니다. 이런 상황에서 그를 페르시아로 보낸다는 것은 즉시 사형을 집행하는 것이나 마찬가지입니다." 청원자들은 (유수포프와 마찬가지로) 지방에 있는 사유지를 하나 골라 드미트리를 유배 보내는 게 어떻겠냐고 건의했다.

니콜라이는 진노했다. 그는 "아무리 황실의 후손이라고 해도, 드미트리를 옹호하는 것은 '차르의 지배를 규탄하는 자'들을 편드는 것이나 마찬가지다"라고 믿었는데, 그건 일면 타당한 생각이었다. 니콜라이는 "내 친족의 손이 일개 농사꾼의 피로 얼룩지다니 수치스럽다"라고 선언하며 자신의 결정을 밀어붙였다. 살아서 니콜라이와 황실의 관계를 더럽혔던 라스푸틴이, 죽어서는 그 관계를 완전히 파괴하고 있었다.

많은 사람들은 알렉산드라가 상실감 때문에 히스테리에 빠질 거라고 기대했지만, 그런 일은 일어나지 않았다. 황실의 요트를 몰던 니콜라이 사블린 선장에 의하면, 니콜라이와 알렉산드라 부부는 라스푸틴의 죽음을 '슬픈 현실'로 받아들였다고 한다. 황후는 라스푸틴의 죽음을 슬퍼하며, 그의 무덤을 종종 몰래 찾아가 기도하곤 했다. 그녀는 끝끝내 라스푸틴을 '신을 섬기는 자', '민중의 목소리를 대변하는 자'로 여겼으며, 신이 러시아와 알렉세이를 구원하기 위해 그를 보내줬다고 철석같이 믿었다.

라스푸틴은 생전에 알렉산드라에게 보낸 편지에서 이렇게 예언했다. "만일 내가 죽거나 당신이 나를 버린다면, 당신은 6개월 내에 아들과 제위帝位를 잃게 될 거예요." 그런데 일각에서는 라스푸틴의 예언이 그것 하나만이 아니라고 생각하고 있다. 시마노비치의 주장에 의하면, 라스푸틴이 손에 쥐고 있었던 (알렉산드라 앞으로 보내는) 한 통의 편지에는 좀 더 충격적인 예언이 담겨 있었다고 한다. 그가 제시한 증거는 위조된 게 분명하지만, 그의 생각이 일부 담겨 있고 라스푸틴의 전설을 이해하는 데 도움이 되므로 한번 읽어볼 만하다.

"나는 상트페테르부르크에서 이 편지를 써서 상트페테르부르크에 남겨놓고자 합니다. 나는 1917년 1월 이전에 생을 마감할 것 같은 예감이 듭니다. 나는 러시아의 백성들, 차르, 황후, 그리고 리시아의 아이들에게, 그들이 꼭 알아둬야 할 사실을 알려주고 싶습니다. 만약 내가 평범한 자객들, 특히 러시아의 농민이나 당신이나 차르에게 살해당한다면 전혀 겁날 게 없습니다. 그럴 경우 차르는 권좌에 그대로 앉아 앞으로 수백 년 동안 러시아를 지배할 것이므로, 후손들의 미래를 전혀 걱정할 필요가 없습니다. 그러나 내가 귀족이나 특권층에게 살해당해 피를 흘린다면, 그들의 손은 앞으로 25년 동안 내 피로 얼룩져 깨끗이 씻기지 않을 것입니다. 그들은 러시아를 떠날 것입니다. 그리고 러시아에서는 동포들이 폭동을 일으켜, 서로 미워하며 서로 죽일 것입니다. 그리고 향후 25년 동안 러시아에서는 귀족이 사라질 것입니다."

"러시아의 차르여! 그리고리가 죽었다는 소식을 알리는 종소리가 들린다면, 이 사실을 명심하십시오. 만약 당신의 친척들이 나를 암살한다면, 황실 가문에서 2년 이상 목숨을 부지하는 사람은 단 한 명도 없을 것이며, 어린 황손들도 예외가 될 수 없습니다. 러시아 백성들이 그들을 죽일 것입니다. 나는 이 세상에서 더 이상 살 수 없습니다. 늘 기도하고, 강건하며, 축복받은 황실을 생각하십시오. 그리고리."

22

라스푸틴에게 치명상을 입힌
사람은 누구일까?

라스푸틴의 놀라웠던 삶은 그의 죽음을 둘러싼 신화에 비교하면 아무
것도 아니다. 전설에 따르면, 강력한 헐크를 방불케 하는 농부는 독극
물, 총탄, 둔기에 끄떡도 하지 않았으며, 공범들이 강물에 던지고 나서
야 결국 익사했다고 한다. 그러나 진실을 알고나면, 라스푸틴이 사망
한 과정은 별로 신비롭지 않다.

　　혹자들에 의하면, '청산가리가 섞인 케이크와 와인'에 관한 스토
리는 라스푸틴을 '잘 죽지 않는 지독한 악인'으로 묘사하기 위해 유수
포프와 푸리슈케비치가 꾸며낸 거라고 한다. 그러나 유수포프의 입장
에서 볼 때, 독극물은 '손을 더럽히지 않고 라스푸틴을 제거하는 방법'
이라는 이점이 있었다. 공모자들은 라스푸틴과 가급적 대치하지 않으

면서도 가장 신속하게 죽이고 싶었으며, 권총은 독극물이 실패할 경우에만 사용할 수 있는 옵션이었다. 코소로토프가 독극물을 탐지하는 데 실패했던 것은, 그가 독살 가능성을 생각하지 않았고 라스푸틴의 위내용물을 분석할 필요성을 느끼지 못했기 때문이다.

어쩌면 독극물이 너무 오래된 것이어서 독성이 약화되었는지도 모른다. 자로프는 "청산가리가 달콤한 케이크와 상호작용을 통해 독성을 상실했을지도 모른다"는 견해를 제시했다. 그는 심지어 구강 건조, 호흡곤란, 두통, 거친 음성 등의 증상을 예로 들며, "그리고리가 가벼운 중독 증상을 보였을지도 모른다"고 추론하기도 했다. 자로프가 최종적으로 내린 결론은 "라스푸틴이 섭취한 청산가리가 소량이어서, 라스푸틴에게 치명적인 독성을 초래하지 못했다"는 것이다.

유수포프와 푸리슈케비치가 발사한 세 발의 총탄 중에서 처음 두 발은 치명상을 입히지 못해, 라스푸틴의 생명을 단시간 내에 빼앗을 수 없었다. 그러나 세 번째 총탄은 라스푸틴을 즉사시켰다. 전설에 의하면 라스푸틴의 사인은 익사이며, 죽기 전에 손에서 로프를 풀고 십자가를 그었다고 한다. 그리고 알렉산드라는 1차 부검 결과를 보고받고 언짢아했는데, 그 이유는 사인 사유가 익사라고 적혀 있었기 때문이었다고 한다. 아마도 그녀는 익사보다 총격사를 더 선호했기 때문에, 사인이 총격사라고 적혀 있는 2차 부검 보고서를 원했던 것 같다. 왜냐고? 동방정교회에서는 "성자는 익사하지 않는다"고 가르쳤으므로, 라스푸틴이 성자임을 인정받으려면 총격에 의해 사망했어야 하기 때문이다.

그러나 라스푸틴의 사망을 둘러싼 전설들은 모두 난센스다. 라스푸틴은 익사하지 않았고, 부검은 단 한 번만 실시되었으며, 동방정교회는 '성자는 익사하지 않는다'라고 가르치지 않는다. 그리고 알렉산드라가 익사와 총격사라는 사인을 놓고 저울질했다는 증거도 없다. 라스푸틴의 팔에서 밧줄이 풀어진 건 물결 때문이었지, (라스푸틴이 갖고 있지도 않았던) 초능력이나 투지 때문이 아니었다.

또한 항간에 떠도는 소문에 의하면, "이리나의 남자 형제 중 여러 명이 라스푸틴 암살에 가담했다"거나, "라스푸틴이 암살당하던 날 밤, 모이카 궁전에 여성들이 머물고 있었다"고 한다. 그런데 두 번째 소문은 유수포프의 진술에서 유래한다. 왜냐하면 그는 경찰에게 행한 진술에서, "그날 밤 우리 집에서 열린 파티에 여성들이 참석했어요"라고 말한 바 있기 때문이다. 그의 진술은 거짓말이었지만, 소문을 퍼뜨린 사람들은 (여배우이자 가수이자 발레리나인) 베라 카랄리 또는 (드미트리의 이복 누이인) 마리안나 데르펠덴을 파티에 참석한 여성들로 지목했다. 그러나 그녀들이 파티에 참석했다는 증거는 어디에도 없다.

라진스키는 "라스푸틴에게 치명적인 총격을 가한 사람은 푸리슈케비치가 아니라 드미트리 대공이지만, 공모자들이 그의 황위계승권을 보호하기 위해 거짓 진술을 했을 것이다"라고 추정했다. '라스푸틴에게 치명상을 입힌 사람'으로 거론되는 또 한 명의 다른 후보자는 (유수포프의 하인인) 에티오피아 출신의 테스페다.

한편 패티 바럼은 황당한 주장을 했는데, 내용인즉 "라스푸틴의 성희롱에 분노한 펠릭스가 그의 성기를 절단했다"는 것이다. 이 주장으로 인해 프랑스 파리에 있는 라스푸틴 추종자들은 그의 성기를 성물聖物로 숭배했으며, 최근 상트페테르부르크의 박물관에서는 (진품이라고 주장되는) 라스푸틴의 성기를 자랑스럽게 전시했다.*

지금까지 언급한 전설과 소문들은 모두 신빙성이 떨어진다. 가장 최근에는 "영국비밀정보국의 요원이 라스푸틴 암살 임무를 수행했다"는 설이 제기되어 세계적으로 관심을 끌었다. 이러한 '영국 음모설'은 올레그 시슈킨, 앤드루 쿡, 리처드 컬렌이 함께 펴낸 책에서 제기되었다. 당시 널리 퍼져 있었던 '라스푸틴이 니콜라이 2세에게 독일과의 단독 강화를 종용한다'는 소문이 사실이라면, 영국의 첩보원들이 라스푸틴을 암살할 동기는 충분했다고 볼 수도 있다. 만약 러시아가 제1차 세계대전에서 발을 뺀다면, 동맹국들은 서부전선을 마지막으로 공략함으로써 프랑스와 영국으로 하여금 미국이 참전하기 전에 강화조약을 요청하도록 만들 수 있었을 테니 말이다.

1916년 영국 외무부는 새뮤얼 호어 중령을 페트로그라드에 파견하여 BSIS 페트로그라드 분실의 지휘권을 맡겼다. 라스푸틴 암살에 추가로 가담했다고 언급되는 세 명의 요원들은 스티븐 앨리, 존 스케일, 오즈월드 레이너다. 오즈월드 레이너는 유수포프가 옥스퍼드에서 유학할 때 사귄 친구로, 러시아어를 유창하게 구사했다. BSIS는 그의 어학 실력을 인정하여 바리스타로 훈련시킨 후, 1915년 페트로그라드에 파견하여 러시아의 동향을 감시하게 했다.

존 스케일의 딸 뮤리엘 스케일에 의하면, 그녀의 아버지, 레이너, 앨리 세 사람은 페트로그라드에서 함께 암약하며 모종의 임무를 수행했다고 한다. 영국 음모설을 주장하는 사람들은 뮤리엘 스케일의 말을 들먹이며, "그녀가 말하는 '모종의 임무'가 바로 '라스푸틴 암살'이었다"고 주장한다. 그들은 한 걸음 더 나아가, "라스푸틴은 '독일의 승리를 위해 활동하는 어둠의 세력의 리더'였다"고 주장한다. 페트로그라

✤ http://hoaxes.org/weblog/comments/rasputin.

드에서 부유층이나 요인들의 차를 몰던 영국인 윌리엄 컴튼의 일기장을 보면, "1916년 10월 말부터 11월 중순까지 여섯 번에 걸쳐 오즈월드 레이너를 유수포프의 궁전으로 모셨다"고 씌어 있다. 존 스케일은 처음에 네 번 레이너를 수행했지만, 11월 11일에는 위기에 빠진 루마니아를 돕기 위해 러시아를 떠났다.[*]

"내가 알기로, 우리 아버지는 라스푸틴 암살을 계획했던 사람들과 함께 있었어요"라고 스케일의 딸은 주장했다. 레이너도 라스푸틴이 암살당한 다음 날 아침에 유수포프를 방문하여, 24시간 동안 줄곧 유수포프의 곁에 머물렀다. "레이너는 그날 일어난 일들을 모두 이해하고 있었으며, 어떻게든 나를 돕고 싶어 했어요"라고 유수포프는 회고했다.

라스푸틴 암살 계획의 주도자로 어렴풋이 거론되던 니콜라이 미하일로비치 대공은 "매우 능숙한 영국 첩보원 여러 명이 라스푸틴 암살의 배후에 도사리고 있었다"고 생각했다. 그가 그렇게 생각한 이유는, 12월 17일 아침 다섯 시 삼십 분 페트로그라드 주재 영국 대사 조지 뷰캐넌 경이 대공에게 전화를 걸어, "라스푸틴이 죽었습니다"라고 말해줬기 때문이다. 외국인인 그가 상황을 그렇게 빨리 파악하고 있었다는 것은, 라스푸틴 암살에 영국이 깊숙이 개입했음을 시사한다.

BSIS의 요원 중 여러 명이 라스푸틴 암살 계획을 인지하고 있었던 것은 분명하다. 새뮤얼 호어는 푸리슈케비치에게 그 계획을 들었

---

[*] 루마니아는 러시아와의 우호조약에 따라 1916년 8월 제1차 세계대전에 참전했지만, 러시아의 엄청난 도움에도 불구하고 곧 패전했다. 그리하여 루마니아로 진격한 동맹국들은 유전油田을 막 점령하려던 찰나였다. 영국은 유전이 점령당하는 것을 막기 위해 정유시설에 폭탄을 투하하기 시작했고, 스케일은 영국의 군사작전을 지원하기 위해 부쿠레슈티로 급파된 것이었다.

고, 레이너와 스케일은 아마도 유수포프에게서 상세한 내용을 전해들었을 것이다. 그러나 사건이 일어난 지 아흐레 후 앨리가 스케일에게 보낸 통신문의 내용은 좀 다른데, 그 전문을 인용하면 아래와 같다.

스케일 귀하,

당신이 루마니아의 유전과 관련하여 제안한 건에 대해, 영국에서는 아직 아무런 반응을 보이지 않고 있습니다.

이곳에서는 모든 일들이 계획대로 진행되고 있지만, 우리의 목표는 명확히 달성되지 않았습니다. '어둠의 세력의 몰락'에 대한 각계각층의 반응은 괜찮은 편이지만, 광범위한 연루자들에 대해 몇 가지 난해한 의문들이 제기되고 있습니다.

레이너가 미진한 부분들을 설명하기 위해 노력하고 있는 만큼, 당신이 돌아오는 대로 자세한 내용을 브리핑할 수 있을 거라 확신합니다.

1917년 1월 7일 (구력舊曆 12월 25일)

스티븐 앨리 대위 드림.

통신문의 첫 번째 문장은 루마니아에서 일어난 사건을 언급하고 있으며, 세 번째 문장에 나오는 '어둠의 세력'은 라스푸틴의 암호명이다. 그리고 나머지 부분은 라스푸틴의 암살을 다루고 있는 게 분명하다. 이 통신문에서는 영국의 개입이 드러나지는 않지만, 라스푸틴의 죽음에 대한 러시아인들의 반응이 긍정적이라고 논평하고 있다. 스티븐 앨리의 관점에서 본 문제점은, 일부 러시아인들이 영국의 개입에 대해 난해한 의문을 제기하고 있다는 것이다. 그건 아마도 라스푸틴이 죽은 지 3일 후인 1916년 12월 19일, 니콜라이 2세가 뷰캐넌 대사를 불러 "영국 장교들이 그리고리의 암살에 개입했다는 소문이 계속 들리던데요?"라고 말한 것을 지칭하는 것 같다. 뷰캐넌은 천부당만부당한 말이라고 펄쩍 뛰며, "레이너가 유수포프의 친구라는 사실을 확대해석한 게로군요"라고 항변했다.

올레그 시슈킨은 아예 'BSIS의 페트로그라드 분실장인 새뮤얼 호어 경이 라스푸틴에게 총격을 가해 치명상을 입혔다'라고 생각했지만, 그것은 전혀 사실이 아니다. 호어가 런던에 있는 상급자에게 보낸 사건 보고서는 오류 투성이인 데다, 라스푸틴이 살해당하던 당시 그는 아내와 함께 손님들을 대접하고 있었다.

앤드루 쿡과 리처드 컬렌은 레이너를 암살 계획의 주도자로 지목했으며, 12월 16일 밤 유수포프의 궁전에서 라스푸틴에게 치명적인 총상을 입힌 장본인도 레이너라고 생각했다. 쿡은 던디 대학교의 병리학자로서 법의학을 지휘하고 있는 더릭 파운더 교수를 초빙하여, 코소로토프의 부검 결과와 (시신에 나타난) 탄도학적彈道學的 증거를 평가해달라고 의뢰했다. 파운더는 부검 보고서와 시신의 사진을 면밀히 분석한 후, "영국산 웨블리 455 구경 리볼버에서 발사된 큰 총탄으로서, 납이 포함되어 있고 피복이 없다"는 의견을 내놓았다. 웨블리 리볼버는 BSIS 요원들이 애용하던 독특한 권총이므로, 쿡은 파운더의 의견을 근거로 하여 다음과 같은 시나리오를 제시했다. "레이너는 그날 밤 웨블리 리볼버로 무장하고 유수포프의 집에 있다가, 라스푸틴의 이마에 치명상을 입힌 세 번째 총탄을 발사했다."

그러나 라스푸틴에게 치명상을 입힌 권총이 웨블리 리볼버일 가능성은 희박하다. 왜냐하면 파운더가 분석한 부검 보고서는 조작된 것으로, "암살범들은 구경이 각각 다른 세 개의 권총을 사용했다"고 적혀

라스푸틴에게 치명상을 입힌 사람은 누구일까?

있기 때문이다. 또한 파운더가 분석한 흑백사진의 이미지가 공교롭게
도 묘하게 왜곡되어 있어, 총상의 크기를 추정할 때 오류를 초래하기
에 안성맞춤이었다. 사실 코로소토프 박사나 자로프 박사는 권총의 종
류, 치수, 구경에 대해 전혀 언급한 적이 없었다. 게다가 '피복 없는 총
알unjacketed bullet이 총상을 입혔다'는 파운드의 생각도 타당하다고 볼
수 없다. 피복 없는 총알은 몸에 닿자마자 폭발하므로, 만약 피복 없는
총알이 발사되었다면 라스푸틴의 머리가 박살났을 것이다. 지금까지
남아 있는 사진들과 코로소토프의 뇌 검사 결과를 종합하면, 라스푸틴
의 머리는 그 정도로 심하게 파손되지 않은 게 분명하다.

그러나 레이너가 라스푸틴 암살 사건 전후에 유수포프 주변에 출
몰한 것은 사실이다. 유수포프의 진술서를 보면, "1916년 12월 19일,
오즈월드 레이너라는 영국 장교가 나를 만나러 왔다. 나는 옥스퍼드에
서 유학할 때부터 그와 친분을 유지해왔다"라고 씌어 있다. 크림반도
를 향한 기차가 출발하기 30분 전, 유수포프는 여러 명의 러시아인들
과 함께 기차에 올랐는데, 특이하게도 그들 사이에는 레이너가 끼어
있었다. 크림반도행이 저지된 후, 유수포프는 암살 사건 이후로 머물
고 있던 알렉산드르 미하일로비치의 집으로 돌아갔다. 그날 경찰들에
게 시달리느라 너무 피곤했는지, 그는 방에 들어가자마자 드러누웠다.
그리고 테오도르 공과 레이너에게 잠시 동안 자기와 함께 있어달라고
부탁했다. 잠시 후 니콜라이 미하일로비치가 유수포프를 보러왔을 때,
테오도르와 레이너는 유수포프의 방에서 나왔다. 그러나 불청객이 돌
아간 뒤에는 다시 유수포프와 합류했다.

그로부터 1년 후 우크라이나의 반反볼셰비키 정부가 적군Reds에
게 굴복했을 때, 유수포프와 레이너의 관계는 훨씬 더 중요해졌다. 영

국은 말버러 공작을 크림반도에 파견하여, 니콜라이 2세의 어머니 마리아 표도로브나 등을 안전하게 보호했다. 유수포프와 가족들도 1919년 4월 7일 전함戰艦에 올랐는데, 그 자리에 함께 있었던 사람은 다름 아닌 레이너였다. 1927년 유수포프가 『라스푸틴의 종말』이라는 책을 쓸 수 있었던 건, 아마도 BSIS의 요원이었던 레이너의 도움 덕분일 것이다. 영역판의 표지에는 레이너의 이름이 크게 등장하는데, 활자의 크기가 저자의 이름과 똑같아서 저자와 역자를 분간하기가 힘들 정도였다.

앤드루 쿡은 구전하는 역사에 레이너, 랠리, 스케일 삼총사가 수도 없이 등장한다는 사실을 지적하며, "세 젊은이가 페트로그라드에 머물 때 라스푸틴 암살에서 모종의 역할을 수행했을 것"이라고 주장한다. 암살을 앞두고 레이너를 유수포프의 집으로 여섯 번이나 실어나른 윌리엄 컴튼은 "라스푸틴을 진짜로 암살한 사람은 영국의 변호사였다"라고 늘 주장했다(참고로, 레이너의 직업은 바리스타였다). 전해오는 이야기에 의하면, 레이너의 반지에는 라스푸틴을 죽인 총알 중 하나가 새겨져 있었는데, 펠릭스 유수포프도 공교롭게 비슷한 반지를 끼고 있었다고 한다.

1961년 옥스퍼드셔 신문에 실린 레이너의 부고기사는 "라스푸틴이 암살된 궁전에 레이너가 있었다"고 주장하여 다시 세상을 놀라게 했다. 그러나 그 기사는 레이너의 먼 친척뻘 되는 사람이 쓴 것이었고, 레이너의 조카딸은 "우리 삼촌은 생전에 라스푸틴을 단 한 번도 언급한 적이 없어요"라고 회고했다. 스케일의 딸은 "우리 아버지는 라스푸틴 암살에 가담했어요"라고 주장했지만, 그녀의 주장 중 일부는 신빙성이 떨어진다. 뮤리엘은 "우리 아버지는 차르와 절친한 사이여서 늘 실과 바늘처럼 붙어 다녔고, 살인 사건이 일어난 밤에는 차르와 모처에 함께 있었어요"라고 주장하기도 했다. 레이너, 앨리, 스케일의 경우, 가족의 증언은 믿을 게 못 되니 전혀 신경 쓸 필요가 없다.

영국비밀정보국 MI6는 "라스푸틴 암살에 관한 파일을 출판하겠다"고 여러 번 약속했지만 번번이 지키지 못했는데, 거기에는 그럴만한 사정이 있다. 20세기 초반 라스푸틴을 둘러싼 논란이 표면으로 부상하자, 모스크바와 런던의 관계는 급속히 냉각되었다. 그리하여 러시아의 푸틴 대통령은 "영국 정부가 어떻게 러시아의 시민을 살해할 권리를 획득했을까?"라는 의구심을 품게 되었다. 앞으로 좀 더 많은 정보가 공개되면, 조지 5세가 지배하던 영국 정부가 라스푸틴 암살에 깊숙이 개입했는지 여부를 알 수 있을 것이다.

그러나 영국 정부가 라스푸틴 암살을 계획하거나 조종했을 가능성은 희박하다. 만약 그랬다면, 유수포프와 모이카 궁전을 이용하고, 차르의 사촌인 드미트리 파블로비치까지 끌어들일 수 있어서 금상첨화였을 것이다. 그러나 비밀 작전에 가담해본 사람이라면, 푸리슈케비치와 같이 정서적으로 불안정한 인물을 사용하지는 않았을 것이다. 수호틴과 라조베르트는 각각 다른 측면에서 심각한 결함이 있었다. 첫째로, 수호틴처럼 사회적 경험이 부족한 엘리트 젊은이들은 압력을 받을 경우 혐의를 자백할 가능성이 매우 높다. 둘째로, 만약 영국 정부가 의사를 요인 암살에 가담시킬 필요성을 느꼈다면, BSIS를 통해 라조베르트에게 제대로 된 독극물을 제공했을 것이다.

레이너가 모이카 궁전을 여섯 번이나 방문했다는 것은, 영국 정부가 유수포프에게 조언을 제공하는 역할을 수행했다는 것을 시사한다. 레이너는 유수포프를 사교적으로 방문한 게 아니었다. 그와 유수포프는 이미 오랜 친구였지만, 그들의 관계는 매우 정치적이었고 고위 첩보장교의 도움을 필요로 했다.* 레이너는 사건 다음 날 유수포프 주변을 배회했는데, 그건 우연이 아니었다. 그러나 그렇다고 해서 레이너의 상관들이 그에게 12월 16일의 격동적인 밤에 유수포프의 집에 얼씬거리도록 허용했을 리 없다. 또한 BSIS 요원들이 세 발 중 한 발이라도 발사했을 리 없다. 주도면밀한 그들이 왜 그런 짓을 했겠는가? 러시아인들이 라스푸틴을 얼마든지 죽일 수 있었고, 실제로도 그렇게 했는데 말이다.

❖ 그들은 호어나 뷰캐넌을 포함시키지 않으려 했을 것이다. 왜냐하면 페트로그라드의 요원들은 두 사람을 모두 싫어하고 불신했기 때문이다.

라스푸틴에게 치명상을 입힌 사람은 누구일까?

에필로그

라스푸틴이 죽은 후, 유가족의 운명은 서글픈 내리막에 접어들었다. 마리아와 바르바라는 작은 아파트로 이사한 후 가끔씩 차르스코예셀로를 방문했다. "차르는 매우 감성적이고 자상했어요. 심지어 우리 자매에게 아빠가 돼 주겠다고도 했어요"라고 마리아는 회상했다. 그녀들은 혁명이 일어났을 때 마지막으로 황실을 방문했는데, 성난 군중들이 알렉산드르 궁전을 점령한 것을 보고 깜짝 놀랐다. 니콜라이 2세는 스타프카로 가고 없어서, 알렉산드라가 그녀들을 맞았다. 마리아는 회고록에 이렇게 썼다. "황후는 흰 간호사복을 입고 있었다. 그녀는 눈물을 감추고 슬픈 미소를 지으면서도, 강한 확신에 사로잡혀 우리를 안심시켰다. '마음을 강하게 먹고 기도를 계속하라. 다른 세상에 있는 아버지가 너희를 위해 기도하고 있으며, 과거 어느 때보다도 너희와 가까운 곳에 있다'고 말했다."

알렉산드라는 프로토포포프에게 "그리고리 가족에게 10만 루블을 주세요"라고 지시했지만, 1917년 초에는 정부의 형편이 말이 아니어서 그럴 수가 없었다. 그해 3월 차르 체제가 몰락하자, 마리아와 바르바라는 체포되었다가 곧 석방되었다. 그녀들은 포크로프스코예로 피신했지만, 어머니마저 심신이 쇠약해져 있었다. 그녀들이 고향으로 돌아오기 직전, 병사들이 라스푸틴의 집에 침입하여 미망인을 옆으로 밀어놓고 (황실과 추종자들이 선사했던) 선물과 값진 물건들을 모조리 약탈해 갔다.

살아생전에 수십만 루블을 주물렀으니, 라스푸틴이 죽었을 때 꽤 많은 재산이 남아 있는 게 정상이었다. 라스푸틴은 아무런 유언도 남기지 않았으므로, 법원이 나서서 그의 재산 목록을 작성했다. 법원의 기록을 살펴보면, 그는 튜멘 주립은행에 5,092루블 66코펙*을 예치하고 있었지만, 부채를 차감한 잔고는 2,192루블 59코펙이었다. 페트로그라드에 있는 아파트 금고에는 3,800루블이 들어 있던 것으로 추정되지만, 그가 죽은 후 며칠 동안 군중들이 난입하여 싹쓸이하는 바람에 단 한 푼도 남아 있지 않았다.

법원은 라스푸틴의 고향집을 "통나무로 지은 2층짜리 목조건물로, 녹색 페인트로 칠한 널빤지와 양철지붕으로 마무리되었다"고 기술하고, 외양간, 헛간, 욕실, 창고와 대지를 합쳐 1만 루블로 평가했다. 8,145루블 상당의 개인 재산에는 모피코트(500루블), 금시계(700루블), 오펜바흐 피아노(900루블), 디스크 50장을 포함한 축음기(900루블), 각종 가구(식탁 2개, 의자 32개, 잔칫상 2개, 중국산 소나무 장식장 1개, 소파 1개, 시계 3개, 대형 거울 1개, 큰 주전자 2개, 은찻잔 1세트, 도자기 등)가 포

❖ 러시아의 화폐단위로, 1/100루블에 해당함. _ 옮긴이.

함되어 있었다. 라스푸틴이 보유했던 가축은 말 여덟 마리(가장 젊은 것은 시가 1,000루블 상당의 종마임), 암소 두 마리, 황소 한 마리, 양 여덟 마리를 합쳐 980루블로 평가되었다. 이상에서 열거한 재산들을 모두 합하면 2만 3,507루블 66코펙인데, 당시 러시아에서 주교나 장관의 연봉은 1만 8,000루블이었다. 따라서 그는 러시아의 수도에서 수십만 루블을 흥청망청 쓰며 살았지만, 죽은 직후에는 중산층 정도에 불과했다고 볼 수 있으며, 경제력만으로 따지면 그의 출발점, 즉 시베리아에 거주하는 농민과 비슷했다.

러시아의 법에서는 남편이 죽으면 6개월 이내에 미망인이 그 재산을 상속하도록 규정하고 있었지만, 프라스코바야가 라스푸틴의 재산을 상속하는 데 걸린 시간은 8개월이었다. 이에 법원은 튜멘 은행의 잔고 5,092루블 66코펙에서 벌금과 수수료를 공제하고 76루블 40코펙만을 남겨놓았으니, 벌금률이 무려 98.5퍼센트라는 계산이 나온다. 그러나 그건 별로 문제가 되지 않았다. 법원이 판결을 내린 1917년 12월 5일쯤, 볼셰비키가 정권을 장악한 러시아는 내전, 기근, 고삐 풀린 인플레이션의 위기에 직면했기 때문이다. 프라스코바야의 상속 재산을 약탈했던 군중들의 기쁨은 잠시였고, 프라스코바야의 상황도 날로 악화되었다.

외아들 드미트리가 군에 있는 상황에서, 마리아와 바르바라는 최선을 다해 어머니를 부양했다. 1917년 가을, 마리아는 약간의 경제적 안정을 위해 젊은 장교 보리스 솔로비예프와 결혼했다. 그러나 웬걸. 가족 부양 따위는 안중에도 없이, 솔로비예프는 로마노프왕조의 부활을 꾀하는 음모에 가담했다 체포되어 토볼스크 근처의 감옥에 갇혔다. 마리아는 솔로비예프를 감옥에서 빼내기 위해 돈을 썼지만, 아무 소용이 없었다. 정치적 상황이 더욱 악화되자, 마리아와 솔로비예프는 결국 프라스코바야와 바르바라를 남겨놓고 블라디보스토크로 탈출했다.

그즈음 드미트리가 제대하여 어머니를 돌봤지만, 새로운 소비에트 정부는 라스푸틴의 유가족을 가만두지 않았다. 라스푸틴은 차르 체제를 상징하는 인물이었으므로, 그의 부인과 자녀들은 공적인 비난에서 벗어날 수 없었다. 현금을 잃은 지 이미 오래지만 집과 부동산을 갖고 있었기에, 그들은 유산계급으로 분류되었다. 프롤레타리아 계급의 분노는 무서웠다. 1919년 11월 관리들이 그들의 집에 난입하여 피아노와 축음기를 빼앗아갔고, 그로부터 8개월 후에는 가구, 거울, 식기까지 모조리 가져갔다.

라스푸틴의 유가족은 점점 더 궁핍해졌다. 1920년 6월, 공산주의자들은 프라스코바야, 드미트리, 드미트리의 아내 페오크티스타를 집에서 쫓아내 마을의 폐가로 들여보냈다. 드미트리는 포크로프스코예 외곽에 조그만 집을 짓고 가족과 함께 조용히 살려고 했지만, 라스푸틴이라는 악명 높은 이름을 극복할 수 없었다. 드미트리는 가축 열 마리를 보유했다는 이유로 쿨라크kulak(부농)로 분류되었고, 1930년 관리들은 그의 재산을 몰수했다. 이제 옷과 생필품만 달랑 남은 드미트리는 가족을 작은 마차에 싣고 유랑을 떠났다.

세 식구는 시베리아 북부의 열악한 도시, 살레하르트에 정착했다. 드미트리는 숙련된 이민자로 분류되어 농사일에 투입되었고, 페오크티스타는 어업에 취직했다. 1933년에 또다시 재앙이 찾아왔다. 결핵이 살레하르트를 휩쓰는 바람에 드미트리의 아내와 어린 딸이 병약해졌고, 그로부터 3개월 후에는 드미트리가 이질dysentery에 걸려 세상을 떠났다. 당시 드미트리의 나이는 서른여덟이었다. 프라스코바야는 다시 혼자가 되어 1936년 세상을 떠날 때까지 소비에트의 구호에 의존해야 했다.

한편 바르바라는 포크로프스코예에서 혼자 살고 있었다. 그녀는 공산주의 체제에 잘 적응하여 법률기관의 속기사로 일했다. 1923년 아론 시마노비치는 옛 보스의 딸에게 편의를 베풀어, 독일로 이주하는 길을 터줬다. 그러나 모스크바의 관리들이 바르바라의 신원을 조사해 본 결과, 그녀는 예카테린부르크에서 황실 가족과 함께 생활했던 적이 있는 것으로 드러났다. 체포된 그녀는 소비에트의 감옥에 투옥되어, 1924~1925년에 의문의 독살을 당한 것으로 보인다.

라스푸틴의 유가족 중에서 유일하게 살아남은 사람은 마리아 라스푸틴이었다. 그녀는 남편과 함께 블리디보스토크에서 유럽으로 건너갔다. 1926년 솔로비예프가 사망하자, 마리아는 딸 타니야나와 마리아를 정성껏 키웠다. 그녀는 대중의 관심을 끄는 악명 높은 이름을 이용하여 카바레에서 노래하고 춤을 췄다. 나중에는 서커스단에서 사자나 호랑이를 데리고 공연하다가, 미국으로 건너가 책과 기사를 쓰면서 아버지의 과오를 축소하고 종교적 특징을 강조하는 데 몰두했다. 마리아 라스푸틴은 펠릭스 유수포프와 드미트리 파블로비치 대공을 아버지의 암살범으로 고소했지만, 프랑스 법원은 "러시아에서 행해진 범죄에 대해 관할권이 없다"고 기각했다. 마리아는 1977년 LA에서 죽으며, 아버지의 암살을 '러시아의 워터게이트'라고 불렀다.

드미트리 파블로비치 대공은 자신이 라스푸틴 암살 과정에서 수행한 역할을 단 한 번도 언급하거나 서술하지 않았다. 그는 1941년 스위스에서 향년 50세에 결핵으로 사망했다. 펠릭스와 이리나 유수포프 부부는 파리에 정착하여, 1934년 「라스푸틴과 황후」라는 영화에서 자신들의 명예를 훼손한 혐의로 MGM을 고소했다. 그 영화에서 라스푸틴(라이오넬 배리모어 분)은 이리나임이 분명해 보이는 여인을 유혹하는 것으로 묘사되었기 때문이다. 그 소송에서 MGM이 상당한 타격을 받았으므로, 영화사들은 '살아있거나 죽은 사람과 비슷한 배역을 내세울 때, 순전히 우연이 아니라면 처벌받아야 한다'는 교훈을 얻었다. 유수포프는 1967년 파리에서 사망했다. 블라디미르 푸리슈케비치는 내전에서 백군 편에 서서 싸우다, 1920년 장티푸스로 사망했다. 수호틴은 톨스토이의 손녀 소피아와 1921년에 결혼했지만, 곧 이혼했다. 수호틴이 1926년 병에 걸리자, 유수포프는 그의 치료를 위해 파리로 데려갔다. 그러나 수호틴은 파리에 도착한 직후 사망했다.

혁명 직후, 라스푸틴과 연루된 사람들 중 상당수가 체포되었다. 1918년 볼셰비키는 프로토포포프, 알렉세이 흐보스토프, 스테판 벨레츠키를 처형하고, 이듬해에는 안드로니코프 공과 바드마예프 박사를 처형했다. 일리오도르는 러시아로 돌아와, 마르크스주의에 동조하는 교회를 세우고 공산주의 체제를 지지했다. 그러나 일리오도르는 라스푸틴의 적인지 동지인지 분간하기 어려웠으므로, 1922년에 강제 추방되었다. 그는 뉴욕에서 여생을 보내며 러시아 침례교에서 설교하는 한편 메트로폴리탄 생명보험 빌딩에서 수위로 일하다, 1952년 벨뷰 종합병원에서 생을 마감했다.

안나 비루보바는 (한때 차르의 적들이 표적으로 삼았던) 페트로파블로프스카야 요새St. Peter and St. Paul Fortress에서 5개월 동안 머물렀다. 당국은 그녀를 처벌하려 했지만, 그녀는 순진무구한 척 가장함으로써 신문을 요리조리 피하다 결국 음모를 꾸밀 능력이 없음을 인정받고 석방되었다. 고리키는 그녀와 친구가 되었고, (러시아에서 가장 재능 있는 예술가 중 한 명인) 지나이다 기피우스는 비루보바를 일컬어 '알렉산드르 블로크나 발레리 브류소프 등의 시인들과 잘 어울리는 친구'라고 했다. 그녀는 1920년 핀란드로 건너가 러시아정교회 수녀가 되었지만, 건강이 나빠 자신의 아파트에 계속 머물렀다. 그녀의 아파트를 방문한 사람들의 증언에 의하면, 거실 한복판에 니콜라이와 알렉산드라의 커다란 초상화가 걸려 있었고 그 오른쪽에 라스푸틴의 조그만 초상화가 걸려 있었다고 한다. 안나 비루보바는 팔순 생일을 맞은 지 나흘 후인 1964년 7월 20일 헬싱키에서 세상을 떠났다.

니콜라이 2세의 여동생 올가는 라스푸틴의 암살을 회고하며 이렇게 신음했다. "그들이 성취하고자 했던 건 무엇일까? 라스푸틴을 죽임으로써 우리의 전황戰況이 호전되고, 후방의 수송 혼란과 물자 부족이 종식될 거라고 믿었을까? 그러나 결과는 정반대였다. 그들은 라스푸틴을 암살함으로써, 자신들이 섬기겠노라고 맹세했던 사람, 즉 차르에게 가장 큰 폐를 끼쳤다." 새뮤얼 호어도 올가의 의견에 동의했다. "라스푸틴 암살은 역사를 바꾸려고 노력한 대형 범죄 중 하나지만, 그 과정에서 명확한 윤리 원칙을 흐릿하게 만들었다." 호어는 당초 "라스푸틴이 없어졌으니 상황이 개선될 것"이라고 가정했지만, 차르의 위태로운 정부가 그 충격을 감당할 수 없음을 이내 깨달았다. 깜짝 이벤트란 늘 위험하기 마련이며, 설사 가해자가 선량한 의도를 품었을지라도, 체제가 위기에 처했을 때는 당국의 권한을 약화시키기보다 강화시키는 게 더 타당했다.

라스푸틴이 살던 상트페테르부르크의 아파트는 오늘날, 방문객들로 하여금 그가 한때 거기에 살았음을 알려주는 작은 전시물에 불과하다. 모이카 궁전의 지하실은 암살 장면을 환기시키기 위해 신중히 설계되었으며, 유수포프와 라스푸틴의 밀랍인형으로 잘 마무리되었다. 포크로프스코예의 구석구석에는 라스푸틴의 존재감이 아직도 배어 있다. 소비에트 당국은 프랑스 관광객들이 (오랫동안 방치된 채 판자로 막혀 있던) 라스푸틴의 집을 찾아 사진 촬영을 하는 것을 보고 당황했다. 1980년 레닌의 계승자들이 그 집을 철거하자 관광객들의 원성이 자자했다. 라스푸틴의 집이 있던 곳 근처에는 비슷한 크기의 박물관이 들어서, '포크로프스코예가 배출한 최고의 인물'과 관련된 공예품, 문서, 사진을 전시하고 있다.

차르스코예셀로의 공원에는, 라스푸틴이 임시로 매장되었던 무덤을 가리키는 나무 십자가가 새로 세워졌다. 라스푸틴은 안나 비루보바가 세운 작은 교회의 지하에 10주 동안 묻혀 있었다. 니콜라이 2세가 퇴위된 지 나흘 후인 1917년 3월 6일, 한 무리의 술취한 병사들이 (신문들이 '황량하고 으스스한 얼음 무덤'이라고 묘사한) 라스푸틴의 묘를 파헤쳤다. 그들은 음주가무를 하고 대소변을 보면서, 도끼와 꼬챙이로 아연 관의 윗부분을 파괴했다. 그들은 라스푸틴의 가슴에서 성화상을 발견했는데, 거기에는 황후, 네 황녀, 안나 비루보바의 서명이 적혀 있었다.* 한 신문기자는 당시의 목격담을 이렇게 적었다. "라스푸틴의 얼굴은 완전히 까맸고, 턱수염과 머리칼에는 얼음 덩어리가 오랫동안 매달려 있었다. 총상을 입은 이마 한복판에는 까만 구멍이 뚫려 있었다." 병사들은 라스푸틴의 옷을 벗기고, 벽돌을 이용하여 그의 성기 사이즈를 측정한 것 같았다. 공원의 벽에는 황후의 모습이 희미하게 그려져

---

* 그 성화상은 우여곡절 끝에 한 미국인 수집가의 손에 넘어갔다.

있고, 그 옆에는 누군가가 "로마노프가와 동방정교회의 수치 그리슈카 라스푸틴, 여기에 잠들다"라고 휘갈겨 써놓았다.

파헤쳐진 관은 너무 무거워, 1개 소대가 동원되어 겨우 운반했다. 관은 차르스코예셀로 시가지로 옮겨졌고, 시신은 시민에게 공개되었다. 한 신문은 이렇게 보도했다. "머리는 레이스가 달린 베개로 받치고, 팔은 잘 접어서 가슴 위에 올려놓았다. 머리 왼쪽은 가격 당해 형태가 일그러졌고, 전신은 새까맣게 변했다." 군중들은 관 조각을 서로 가져가려고 격렬하게 몸싸움을 했는데, 엄청난 경쟁을 뚫고 관 조각을 챙긴 사람은 횡재한 거나 마찬가지였다. 마침내 관은 트럭에 실려 어둠 속으로 사라졌다.

임시정부는 라스푸틴의 유해를 어떻게 처리해야 할지를 놓고 갈팡질팡했던 게 틀림없다. 공동묘지에 매장했다가는 데모와 시신 훼손을 초래할 게 뻔했으므로, 페트로그라드의 코뉴셴나야 광장에 있는 모처에 은밀히 매장했다. 그 후 고위층에서 "라스푸틴의 시신을 수도 밖의 (아무도 모르는) 먼 곳으로 이장하라"는 명령이 떨어졌다. 이에 대해 역사가 보하노프는 "그 명령을 누가 내렸는지 알 수 없지만, 케렌스키가 라스푸틴의 시신 문제를 일단락하고 싶어 했던 것만은 분명하다"라고 말했다.

겨울밤 눈길에서 라스푸틴을 싣고 가던 트럭이 고장을 일으켰고, 트럭에 승차하고 있던 병사들이 즉시 시신을 불태운 건 우연의 일치가 아니었던 것 같다. 러시아에서는 이런 식의 전격작전이 다양한 환경에서 종종 수행되곤 했다. 고위층은 자신의 의향을 부하들에게 (공식적인 서면지시 없이) 은근슬쩍 전달하기를 좋아했다. 왜냐하면, 만약 일이 잘못되거나 특정 행동이 문제가 될 경우, 모르쇠로 일관하며 "지역의 민심이 흉흉하다보니 그런 일이 일어났나보다"라고 둘러대면 그만이었기 때문이다.

라스푸틴 시신 연소사건의 전말은 이러했다. 3월 10일 밤, 시신의 운반과 매장을 맡은 팀은 시신을 트럭에 싣고 페트로그라드를 떠났다. 담당 장교는 "페트로그라드를 벗어나 비보르그 하이웨이 방향으로 멀리 떠나라"는 지시를 받았다. 기상 조건은 최악이었다. 병사들은 트럭이 고장난 척하며 숲속에 차를 세운 다음, 시신에 가솔린을 붓고 불을 붙였다(가솔린은 별도로 준비되어 있었다). 담당 장교의 최종 보고서에는 다음과 같이 씌어 있었다. "라스푸틴의 시신은 3월 11일 오전 7시~9시 사이, 레스노에서 페스카레프카로 가는 도로변의 숲속에서 불에 타 소실되었습니다. 현장에는 우리 외에 아무도 없었으며, 우리는 그저 상부의 지시를 이행하다가 이런 어처구니없는 일을 당했습니다." 임시정부 당국자들은 이제 라스푸틴의 시신이 어떻게 되든 알 바 아니었다. 당국자들은 하나같이 "라스푸틴? 그가 누구였지?"라며 시치미를 뗐다.

신문기자들은 뉴스를 듣자마자 사고 장소로 구름처럼 몰려들어, 사건의 일부라도 어렴풋이 아는 인터뷰 대상자들을 찾았다. 그들은 경멸과 만족과 기쁨이 뒤섞인 기사를 쏟아냈다. 「페트로그라드 리플릿」은 이렇게 보도했다. "라스푸틴의 시신은 모슬린*에 감싸인 채, 달빛과 불빛 속에서 환히 빛났다. 시신은 방부 처리가 되어 있었으므로, 얼굴에서는 방부제의 빛깔이 희미하게 드러났다. 팔은 십자가 모양으로 정리되어 있었다. 불길은 전신을 삽시간에 감싼 후 약 두 시간 동안 지

❖ 속이 거의 다 비치는 고운 면직물. _ 옮긴이.

속되었다." 이 사건을 기획한 장교들은 아마추어였던지, 성급하게 치른 화장으로는 시신을 잿더미로 만들 수 없다는 사실을 몰랐던 것 같다. 한 신문기자는 "병사들은 전소되지 않은 뼛조각들을 집어 시냇물 속으로 내팽개쳤다"라고 지적했다.

라스푸틴의 경력은 밝고 유쾌한 햇빛 속에서 시작되었는데, 그게 가능했던 것은 그의 당초 의도가 선량하고 태도가 낙관적이기 때문이었다. 그러나 그의 삶은 어둠 속에서 우울하고 비극적인 종말을 맞았다. 라스푸틴은 총명하고 흡인력이 있으며 많은 선善을 행한, 주목할 만한 인물이었다. 그는 탐욕적인 인물이기도 했다. 그는 권력을 탐했고, '권력을 얻으려면 특권층(예: 카잔의 주교, 몬테네그로의 자매들, 니콜라이와 알렉산드라)의 약점을 교묘히 이용해야 한다'는 사실을 간파했다. 그는 황후를 구워삶아 교회의 최고 지도자로 부상한 후, 나랏일에도 관여하기 시작했다. 라스푸틴은 이윽고 수상의 해임과 임명을 결정할 수 있는 위치에까지 올랐다. 그러나 그것은 자연의 순리를 거역한 것이었기에, 오래 지속될 수 없었다. 차르는 제위에서 물러날 생각이 전혀 없는 사람이었으니, 결국 라스푸틴이 죽을 수밖에. 라스푸틴의 죽음을 아쉬워하는 사람이 거의 없다고 해서, 그때나 지금이나 그를 추종하는 세력이 있음을 부정할 수는 없다. 그러나 이 책을 읽고 라스푸틴의 스토리와 그 결말을 모두 알게 된 사람이라면 이런 결론을 내리는 게 당연할 것이다. "만약 라스푸틴이 태어나지 않았더라면, 세상은 훨씬 더 나은 곳이 되었을 것이다."

참고문헌

기록 보관소

GARF: Gosudarstvennyi Arkhiv Rossiiskoi Federatsii. Fond (section) 612, opis' 1 is the record group devoted to Rasputin; *dela* [folders] 1 to 51. "*List, listy*" refers to the page numbers of the individual folders. The correspondence between Nicholas II and the Empress Alexandra is in Fond 640, opis' 1. See Fuhrmann, *Complete Wartime Correspondence*, pp. 8-10.

GATO: Gosudarstvennyi Arkhiv Tiumenskoi Oblasti. Fond I-177, opis' 1 and Fond I-239, opis' 1 are the record groups devoted to Rasputin. TFGATO: Tobol'skii Filial'nyi Gosudarstvennyi Arkhiv Tiumenskoi Oblasti. Fond 156, opis' 28 and Fond 164, opis' 1 are the record groups devoted to Rasputin.

기초 자료

AF to N: Letters and telegrams of Alexandra Fedorovna to Nicholas II: see Joseph T. Fuhrmann (ed.). *Complete Wartime Correspondence.*

Fuhrmann, Joseph T. (ed.). *Complete Wartime Correspondence of Tsar Nicholas II and the Empress Alexandra, April 1914-March 1917.* Westport, CT.: Greenwood, 1994. See also A. A. Sergeev, translator and editor, *Perepiska Nikolaia i Aleksandry Romanovykh*, vols. 3, 4, 5 covering 1914-1917 (Moscow, Petrograd, and Leningrad, 1923, 1926, 1927). See also *Letters of the Tsaritsa to the Tsar, 1914-1916* (London: Duckworth, 1923) and *The Letters of the Tsar to the Tsaritsa, 1914-1917*, translated by A. L. Hynes with valuable commentaries by C. E. Vulliamy which are often quoted in this book (London: The Bodley Head, 1929).

Maylunas, Andrei and Sergei Mironenko. *A Lifelong Passion: Nicholas and Alexandra, Their Own Story.* Trans. Darya Galy. New York: Doubleday, 1997.

N to AF: Letters and telegrams of Nicholas II to Alexandra Fedorovna: see Joseph T. Fuhrmann (ed.). *Complete Wartime Correspondence* ... above.

Nicholas II (Romanov). *Dnevnik imperatora Nikolaia vtorago.* Berlin: "Slovo," 1923.

_____. *Journal intime de Nicholas II.* Trans. A. Pierre. Paris: Payot, 1925.

The tsar's early diary is in *KA*, Nos. 4, 6, 9 (1931), its contents from December 16, 1916, to June 30, 1918, are in KA, Nos. 1-3 (1927) and No. 2 (1928).

_____. *The Secret Letters of the Last Tsar, Being the Confidential Correspondence between Nicholas II and His Mother, Dowager Empress Maria Fedorovna*. Ed. Edward J. Bing. New York: Longmans, Green, 1938.

Rasputin, Grigory. "Life of an Experienced Pilgrim." In Iliodor, *Mad Monk of Russia*, pp. 154-164. New York: Century, 1918. Reprinted in V. Tret'iakova, vol. 4, pp. 351-364.

_____. "Moi mysli i razmyshleniia. Kratkoe opisanie puteshestviia po sviatym mestam i vyzvannye im razmyshleniia po religioznym voprosam." First published in V. P. Semennikov (ed.), *Za kulasami tsarizma*, pp. 142-160, and the version cited in this book. Also see Maria Rasputin, *My Father*, as "My thoughts and Meditations" and V. Tret'iakova, vol. 4, pp. 365-382.

_____. "Velikie dni torzhestva v Kieve! Poseshchenie vysochaishei semi! Angel'skii privet!" Reprinted as Appendix XIV to V. P. Obninskii, *Poslednyi samoderzhets. Ocherk zhizni i tsarstvovaniia imperatora Rossii Nikolaia II*. Berlin, n.d.

Rasputin's Telegrams: "Kopii telegram i pisem G. E. Rasputina tsarskoi sem'e," Tret'iakova, vol. 4: pp. 383-395.

Shchegolev, P. E. (ed.). *Padenie tsarskogo rezhima, Stenografisheskie otchety doprosov i pokazanii, dannikh v 1917 g. v Chrezvychainoi Sledsvennoi Komissii Vremennogo Pravitel'stva*. 7 vols. Moscow and Leningrad: 1924-1927.

Smitten, B. N. "Poslednyi vremenshchik poslednago tsaria.(Materialy Chrezvychainoi Sledstvennoi Komissii Vremennogo Pravitelstva o Rasputine i razlozhenii samoderzhaviia.)." Edited by A. L. Sidorov and published in four parts in *Voprosy istorii* 10 (1964): 117-135: 12 (1964): 90-103: 1 (1965): 98-110: 2 (1965): 103-121.

Stremoukhov, P. P. "*Moia bor'ba s episkopom Germogenom i Iliodorom.*" *Arkhiv Russkoi Revoliutsii* 16 (1925): 5-48.

Tret'iakova, V. (ed.). *Grigory Rasputin: Sbornik istoricheskikh meterialov in four volumes*. Moscow: "Terra," 1997.

Vulliamy, C.E. (ed.). *Red Archives: Russian State Papers and Other Documents relating To the Years 1915-1918*. Translated by A.L. Hynes, London: Geoffrey Bles, 1929.

Contains "Letters [of the Yusupov family] relating to the Last Days of the Tsarist Regime," 98-130, and "Rasputin as Known to the Secret Police (Okhrana)," 21-56.

회고록

Alexander (Alexander Mikhailovich Romanov). *Once a Grand Duke*. Garden City, N.Y.: Garden City, 1932.

Beletskii, S. P. *Grigory Rasputin (Iz zapisok)*, in O. A. Shishkin, *Ubit' Rasputina*, pp. 217-342. See V. Tret'iakova, vol. 1, pp. 127-222 and V. S. Brachev, "S. P. Beletskii i ego 'Zapiski,'" in O. A. Shishkin, *Ubit' Rasputina*, pp. 349-374.

Beletskii, S. P. "*Vospominaniia*." *Arkhiv Russkoi Revoliutsii* 12 (1923): 5-75; reprint of "Grigory Rasputin: iz vospominanii." *Byloe* 20 (1922): 194-222, and 21 (1921): 237-269.

Botkin, Gleb. *The Real Romanovs*. New York: Revell, 1931.

Buchanan, Sir George. *My Mission to Russia, and Other Diplomatic Memories*. Boston: Little, Brown, 1923.

Buxhoeveden, Sophie. *Before the Storm*. London: Macmillan, 1938.

Cantacuzène, Princess. *Revolutionary Days, Recollections of Romanoffs and Bolsheviki, 1914-1917*. New York: Scribner's, 1926.

de Schelking, Eugene. *Recollections of a Russian Diplomat*. NY: Macmillan, 1918.

Dehn, Lili. *The Real Tsaritsa*. Boston: Little, Brown, 1932.

Dzhanumovaia, Elena. "Moi vstrechi s Grigoriem Rasputinym." *Russkoe proshloe* 4 (1923): 97-116.

Evlogii Georg'evskii. *Put' moei zhizni, vospominaniia mitropolita Evlogiia*. Paris: YMCA, 1947.

Gilliard, Pierre. *Thirteen Years at the Russian Court*. Trans. F. Appleby Holt. New York: Doran, 1921.

Kokovtsov, Count Vladimir Nikolaevich. *Out of My Past: The Memoirs of Count Kokovtsov*. Ed. H. H. Fisher. Trans. Laura Matveev. (Stanford, 1935). A useful abridgement of his two-volume *Iz moego proshlago*(Paris, 1933).

Kurlov, P. G. *Konets russkogo tsarizma*. Moscow and Petrograd: 1923.

Mosolov (Mossolov), A. A. *At the Court of the Last Tsar*. Ed. A. A. Pilenco. Trans. E. W. Dickes. London: Methuen, 1935.

Olga Alexandrovna, sister of Nicholas II : see Ian Vorres.

Paléologue, Maurice. *An Ambassador's Memoirs*. 3 vols. Trans. F. A. Holt. New York: Hippocrene, 1925.

Purishkevich, V. M. *The Murder of Rasputin*. Ed. Michael E. Shaw. Trans. Bella Costello. Ann Arbor: Ardis, 1985.

Rasputin, Maria. "Moi otets, Grigory Rasputin." IR 13 (March 26, 1932): 8-10.

_____, *My Father*. London: Cassell, 1934.

_____, *The Real Rasputin*. Translated by Arthur Chambers. London: Long, 1929.

_____ and Pattie Barham. *Rasputin: The Man behind the Myth*. Englewood Cliffs, NJ.: Prentice-Hall, 1977.

Rodzianko, M. V. *Reign of Rasputin: An Empire's Collapse*. Trans. Catherine Zvegiritoff. London: Philpot, 1927.

Shavel'skii, Georgy. *Vospominaniia poslednago protopresvitera russkoi armii I flota*. New York: Chekhov, 1954.

Simanovich. Aron. *Rasputin i evrei; vospominaniia lichnago sekretaria Grigoriia Rasputina*. Riga: n.d. Also in V. Tret'iakova, vol. 2: 351-478.

Tret'iakova, V. (ed.). *Grigory Rasputin: Sbornik istoricheskikh meterialov in four volumes*. Moscow: "Terra," 1997.

"V tserkovnykh krugakh pered revoliutsii: iz pisem arkhiepiskopa Antoniia volynskogo k mitropolitu kievskomu Flavianu," KA 31 (1928): 202-213.

Voeikov, V. N. S *tsarem i bez tsaria, vospominaniia poslednago dvortsovago komendanta gosudaria imperatora Nikolaia II-ogo*. Helsingfors : 1936.

Vorres, Ian. *The Grand duchess: Her Imperial Highness Grand Duchess Olga Alexandovna*. New York: Scribner's, 1964.

Viroubova (Vyrubova), Anna. *Memories of the Russian Court*. New York: Macmillan, 1923.

Witte, S. Iu. *The Memoirs of Count Witte*, trans. and ed. Sidney Harcave. London: Sharpe, 1990. Witte, S. Iu. *Vospominaniia*. 3 vols. Moscow: 1960.

Yusupov, Felix. *Lost Splendour*, trans. Ann Green and Nicholas Karkoff. London: Cape, 1953.

_____. *Rasputin*. New York: Dial, 1927.

Zhevakov, Prince N.D. *Vospominaniia*, 2 vols. Munich: 1923.

Zhukovskaia, V. A. "Moi vospominaniia o Grigorii Efimoviche Rasputine, 1914-1916 gg." in S. G. Blinov, ed. *Rossiiskii Arkhiv, Istoriia Otechestva v svidetel'stvakh i dokumentakh XVIII-XX vv*. Vols. 2-3. Moscow: Studiia Trite Nikity Mikhalkova, 1992. Pp. 252-317.

라스푸틴을 다룬 책과 기사

Bokhanov, A. N. *Rasputin, Anatomiia mifa*. Moscow: AST, 2000.

Chernyshov, A. V. "O vozraste Grigoriia Rasputina i drugikh biograficheskikh detaliakh." Otechestvennye arkhivy. No. 1, 1991, pp.112-114.

Cook, Andrew. *To Kill Rasputin, the Life and Death of Grigori Rasputin*. London: Tempus, 2006.

Cullen, Richard. Rasputin: *The Role of Britain's Secret Service in His Torture and Murder*. London: Dialogue, 2010.

de Jonge, Alex. *The Life and Times of Grigorii Rasputin*. New York: Coward, McCann and Geoghegan, 1982.

Fuhrmann, Joseph T. *Rasputin, a Life*. NY. Praeger, 1990.

Fulöp-Miller, René. *Rasputin, The Holy Devil*. Trans. F. S. Flint and D. F. Tait. Garden City, N.Y.: Garden City, 1928.

Iliodor (Sergei Trufanov). *Mad Monk of Russia*. New York: Century, 1918.

King, Greg. *The Man Who Killed Rasputin: Prince Felix Youssoupov and the Murder that Helped Bring down the Russian Empire*. Secaucus, N.J.: Citadel, 1995.

Kotsiubinskii, A. P. and D. A. *Grigory Rasputin: taunyi i iavnyi*. St.P.-M.: Limbus Press, 2003. Extremely important.

Pares, Sir Bernard. "Rasputin and the Empress: Authors of the Russian Collapse." *Foreign Affairs*. 6 (1927): 140-154.

Pereverzev, P. N. "Ubiistvo Rasputina." IR 21 (May 21, 1932): 6-11.

Platonov, Oleg. *Zhizn' za tsaria, Pravda o Grigorii Rasputina*. St.P., Voskresenie, 1996. Argues that the "image of Rasputin as the all-powerful favorite of the last tsar was created by the forces which were destroying Russia."

Radzinskii, Edvard. *Rasputin, zhizn' i smert'*. Moscow: Vagrius, 2000. Translated as *The Rasputin File* by Judson Rosengrant. New York: Talese, 2000.

Radziwill, Princess Catherine. *Rasputin and the Russian Revolution*. New York: Lane, 1918.

Roullier, Alain. *Raspoutine est innocent*. France: Europe Editions, 1998. His version of the autopsy is not reliable.

Shishkin, Oleg. *Rasputin, Istoriia prestupleniia*. Moscow, Eksmo "Iauza," 2004.

_____. *Ubit' Rasputina*. Moscow, "Olma-Press," 2000.

Smirnov, V. L., *Neizvestnoe o Rasputine*. Tyumen, "Slovo," 1999.

Smirnova, M. and V. L. Smirnov, *Rasputin, Post Scriptum*. Kurgan, Zaural'e, 2004.

Spiridovich, Alexander. "Nachalo Rasputina." *IR* 15 (April 9, 1932): 1-9. Adds valuable information to his books.

_____. *Raspoutine, d'après les documents russes et les archives privées de l'auteur*. Trans. M. Benouville. Paris: Payot, 1935.

Telitsyn, V. L. *Tainy velikikh Grigory Rasputin, zhizn' i smert "sviatogo greshnika."* St.P.: "Neva," 2004.

Ashton, Janet. "'God in all things:' the Religious Beliefs of Russia's Last Empress and their Personal and Political context." (Electronic) British Library Journal, article 6 (2006).

_____. "The Reign of the Empress? – A Re-evaluation of the War-Time Political Role of Alexandra Feodorovna," Atlantis, Vol. 4, issue 2 (January 2003), pp. 51-68.

Buxhoeveden, Sophie. Life and Tragedy of Alexandra Fedorovna, Empress of Russia. London: Longmans, Green, 1928.

Cockfield, Jamie H. White Crow, The Life and Times of the Grand Duke Nicholas Mikhailovich Romanov, 1859-1919. Westport, Ct.: Praeger, 2002.

Conroy, Mary Schaeffer. Peter Arkad'evich Stolypin: Practical Politics in Late Tsarist Russia. Boulder, Col.: Westview, 1976.

Cunningham, James W. A Vanquished Hope: The Movement for Church Renewal in Russia, 1905-1906. Crestwood, N.Y.: St. Vladimir's, 1981.

Curtiss, John Shelton. Church and State in Russia, The Last Years of the Empire, 1900-1917. New York: Columbia, 1940. Excellent work.

Erickson, Carolly. Alexandra, the Last Tsarina. New York: St. Martin's Griffin, 2001.

Florinsky, Michael T. End of the Russian Empire. New Haven: Yale, 1931.

Gurko, V. I. Features and Figures of the Past; Government and Opinion in the Reign of Nicholas II. Trans. Laura Matveev. Stanford: Stanford, 1939; reprinted, 1970.

_____. Tsar i tsaritsa. Paris: Vozrozhdenie, n.d.

Hall, Coryne. Little Mother of Russia, A Biography of the Empress Marie Feodorovna (1847-1928. New York and London: Holmes & Meier, 1999.

Healey, Dan. Homosexual Desire in Revolutionary Russia: the Regulation of Sexual and Gender Dissent. Chicago and London: The University of Chicago Press, 2001.

IR : Illiustrirovannaia Rossiia

"Khlysty," article in the Entsiklopedicheskii slovar' of F. A. Brokgauz and I. A. Efron, vol. 73 (1890), pp. 402-409, as reprinted in V. Tret'iakova, vol. 4, pp. 338-350.

King, Greg and Janet Ashton, "'It was heavenly in the forest:' Hunting in Poland with the Two Last Tsars," Royalty Digest Quarterly, issue 2 (2006), pp. 39-51.

Massie, Robert K. Nicholas and Alexandra. New York: Athenaeum, 1960.

Mel'gunov, S. Legenda o separatnom mire (kanun revoliutsii). Paris: Renaissance, 1957.

_____. Na putiakh k dvortsovomu perevorotu: zagovory pered revoliutsiei 1917 goda. Paris : "La Source," 1931.

MERSH: Modern Encyclopedia of Russian and Soviet History. Gulf Breeze, Fla., 1976- .

Monro, George. "Khlysty." *MERSH* 16: 152-153.

Pares, Sir Bernard. *Fall of the Russian Monarchy. A Study of the Evidence.* New York: Knopf, 1939.

Radziwill, Princess Catherine. *Nicholas II: The Last of the Tsars.* London: Cassell, 1931.

Semennikov, V. P., ed. *Dnevnik b. velikogo kniazia Andreia Vladimirovich, 1915 g.* Leningrad and Moscow: 1925.

_____. *Monarkhiia pered krusheniem, 1914-1917 gg., bumagi Nikolaia II-ogo i drugie dokumenty.* Moscow and Leningrad: 1927.

_____., Politika Romanovykh nakanune revoliutsii (ot Antanty k Germaniiu) po novym dokumentam. Moscow and Leningrad: 1926.

_____., *Za kulisami tsarizma; arkhiv tibetskogo vracha Badmaeva.* Leningrad: 1925.

Shelley, Gerard. The Blue Steppes, Adventures among Russians. London: John Hamilton, n.d.

_____. *The Speckled Domes, Episodes of an Englishman's Life in Russia.* NY., Scribner's: 1925.

Sofronov, V. I. *Svetochi zemli sibirskoi.* Yekaterinburg, "Ural'skii rabochy" Publishing House, 1998.

Spiridovich, Alexander. *Les derniêrs années de la cour de Tzarskoie-Selo.* 2 vols. Trans. M. Jeanson. Paris: Payot, 1928, 1929.

von Bock, Maria Petrovna. *Reminiscences of My Father, Peter A. Stolypin.* Ed. and trans. Margaret Patoski. Metuchen, NJ.: Scarecrow, 1970.

Warth, Robert D. *Nicholas II, The Life and Reign of Russia's Last Monarch.* Westport, Ct.: Praeger, 1997.

Wortman, Richard S., *Scenarios of Power, Myth and Ceremony in Russian Monarch from Peter the Great to the Abdication of Nicholas II.* New abridged one-volume paperback edition. Princeton, Princeton University Press, 2006.

Zaslavskii, D. *Poslednyi vremenshchik Protopopov.* Leningrad, n.d. Based upon the same author's "A.D. Protopopov," *Byloe,* n.s. 23 (1924): 208-242.

라스푸틴
그는 과연 세상을 뒤흔든 요승인가

1판 1쇄 펴냄 | 2017년 3월 20일

지은이 | 조지프 푸어만
옮긴이 | 양병찬
발행인 | 김병준
편집장 | 김진형
디자인 | 박연미(표지) · 이순연(본문)
발행처 | 생각의힘

등록 | 2011. 10. 27. 제406-2011-000127호
주소 | 경기도 파주시 회동길 37-42 파주출판도시
전화 | 031-955-1653
전자우편 | tpbook1@tpbook.co.kr
홈페이지 | www.tpbook.co.kr

공급처 | 자유아카데미
전화 | 031-955-1321
팩스 | 031-955-1322
홈페이지 | www.freeaca.com

ISBN 979-11-85585-34-5 03990

이 도서의 국립중앙도서관 출판시도서목록(CIP)은
서지정보유통지원시스템 홈페이지(http://seoji.nl.go.kr)와
국가자료공동목록시스템(http://www.nl.go.kr/kolisnet)에서
이용하실 수 있습니다.(CIP제어번호: CIP 2017006243)